擬制の論理　自由の不安

近代日本政治思想論

松田宏一郎

慶應義塾大学出版会

目次

凡例　vi
序……1
第一章　「東洋的専制」の運命から逃れられるか？……11
一　問題の所在　11
二　「水土」論──地形と「仁愛」　13
三　良好な「水土」ゆえの危機　19
四　「東洋的専制」概念の導入　24
五　多元性の欠如という批判の導入　27
六　「日本国の天職」と「亜細亜の日本」　30
第二章　「義気」と「慣習」──トクヴィルのモメント……41
一　問題の所在　41
二　「義気」とパブリック・スピリットの解釈──福澤諭吉　43

三　自発的かつ扱いやすい「自治」——大森鍾一　52
四　「封建」と「革命」への視線　55
五　トクヴィルのモメント　63

第三章　国家に「人格」は必要なのか？——穂積八束の「法理」と「主体」……69
一　問題の所在　69
二　「法理」上の国家　70
三　「統御の客体」から「共同団体」へ　78
四　「国家」に生命はあるのか？　84
五　「国家」は「社会」とどういう関係をもつのか？　90

第四章　大正・昭和初期における「国家」と「団体」の理論構成……103
一　問題の所在　103
二　ギールケと「団体」概念の精密化　104
三　法制史と「団体」理論——中田薫　106
四　「自働自治」の「団体」——織田萬　109
五　「個人主義」から「団体主義」へ——鳩山秀夫　112

六 「団体」と法源の多元性──末弘厳太郎 115
七 「団体」から「生命体」へ 123
八 「団体」なき「国体」論 127

第五章 戦後日本政治学におけるホッブズ …… 135
一 問題の所在 135
二 意思の所産としての国家 136
三 「ホッブズ的実証主義」と自由 139
四 als ob 理論の挫折？ 143
五 自発的結社への憧憬 148

第六章 擬制の再発見──丸山眞男にとっての福澤諭吉 …… 153
一 問題の所在 153
二 「イデオロギー」と「思惟範型」 154
三 「フィクション」と「ヒューマニズム」 159
四 「虚妄」に賭けることは可能か？ 164

補論一 『文明論之概略』を読む …… 169

第七章　福澤諭吉と明治国家……181
一　問題の所在　181
二　「専制」と「リベルチ」　182
三　「平均」と「争論」　184
四　「約束」と「信」　190
五　「気力」と「遺伝」　195
六　「収攬」と「緩和力」——福澤とモンテスキュー　204
七　「自治の習慣」——歴史による弁証　212
補論二　「民心」と「公論」……231
第八章　「天賦の通義」？——明治初期「自由」論争……247
一　問題の所在　247
二　「天賦」の「自由」　248
三　自発性と多様性の擁護　252
四　「私事」と「霊魂心思」の自由　258
五　「天賦」・「天良」　265

六 「通義」と「権理」 268

第九章 中江兆民における「約」と「法」…… 279

一 問題の所在 279

二 「約」による「邦」の基礎づけ 282

三 「義之所当然」と「人義の自由」 286

四 「衆意」と「一般意思」 293

五 「モラル」と「自由」 297

六 「一般意思」と「フィクション」 301

七 「民約」と法 306

あとがき 319

人名索引 *1*

引用・参照文献リスト *5*

凡例

・引用にあたっては、専門研究者ではない読者や日本語を母語としない研究者にとっての読みやすさを優先し、文意に影響を与えない限り、一々断らずに、旧字体を通用のものに改め、句読点・送り仮名を加え、仮名遣いを現行のものに改め、難読語にルビを振り、漢字をひらがなに開き（例：「抑々」→「そもそも」）、カタカナをひらがなにするなどの表記法の変更をした場合がある。正確な表記を知りたい読者は、それぞれの原典に当たってほしい。

・引用文中の（　）は原文のもの、〈　〉は原文中に割注で表示されているもの、［　］は松田による補足であり、／は原文中の改行を示す。

・本文の年号表記は、西暦に統一した。ただし、旧暦との月日単位のずれは調整していない場合がある。

序

「真実の解決方法いまだ備わらざるに先立って擬制［Fictiones］を捨てよというのは、あたかも松葉杖をついた跛行者に向かって杖を棄てよというにひとしい」というのは、イェーリングが『ローマ法の精神』の中で述べている言葉である。(1)法律家にとって、擬制は取り扱いの難しい理論的道具であるらしい。「そしてこれらの法のフィクションは、初めは学生諸君をびっくりさせるだろうが、よく考えれば、非常に有益かつ便利であることがわかるだろう」(2)というブラックストンの法的フィクション擁護がある。これに対して、ベンサムは、法的フィクションは近づくと知覚を麻痺させる「有毒な息」であると非難した。(3)また、ベンサムは『憲法典』(一八三〇年)で次のように述べる。

人民を一者または少数者の支配に馴化するために用いられる欺瞞手段の中で、人または人の諸集団を指称するにあたって、普通のしかるべき(ordinary and appropriate)名称を避けて、おびただしい抽象的擬制的な実体(abstract fictitious entities)の名をもってすることは、その目的にかなうよう案出された手段である。［この後に、王を玉座 The Throne と呼ぶとか、法律家を「法」The Law と呼ぶなどの例が挙げられる］(4)

とはいえ、法律家の世界については不案内なので何ともいえないが、(5)政治(学)の世界には「真実の解決方法

（wirkliche Lösung）」は存在しようがない以上、政治的「擬制」を放棄するのは、ほぼ無理かつ危険である。「自由」や「平等」や「国民の総意」は「擬制」で、「万世一系」や「民族精神」は「実体」だと言い張る人がいたら、これに対抗するには、いずれも「擬制」であるが、どれがよりましな「擬制」であろうかと応じるのが、とりあえずは見識であろう。もちろん、「国民の総意」も「擬制」に他ならず、「少数者の支配に馴化」するのに使えなくもないことは承知の上で、である。

政治的「擬制」には、「日本国」、「国民」、「皇位」といった、まるで実体がどこかにあるような共同体的象徴も含まれる。「政治とは、人間の共存と共存象徴との間に存在する矛盾の解決にほかならない」という、岡義達の名言があるが(6)、「共存象徴」が共同生活における実践と何の矛盾もないとか、矛盾はやがて完全に解決すると言い放つ者がいたら、かなり警戒してかからねばならない(7)。また共同体こそが実体であり、たとえば個人の信条や良心や権利は「擬制」であるから、実体のために「擬制」は必要に応じて変更や廃棄可能である、と居直る権力が出現するかもしれない。これに対して、「個人」こそが実体であるといって争うのは、賢明な判断とはいえない。どちらが本当の実体かを争うのは無意味であって、そもそも「擬制」が実体に屈服しなければならない理性的な根拠は存在しないと抵抗するのが適切である（もちろん「個人」も「理性」も「擬制」である）。

「擬制」に対抗できるのは「擬制」だけだが、象徴形式にはそれぞれの社会的実践にふさわしいものとそうでもないものという意味での優劣があって、いずれも象徴形式であるとしても、「理性」は「神話」よりも優位に立たねばならないと主張するのが、政治（学）の然るべき役割である。ただし、こういった主張が、ほぼいつもどの社会でもあまり好まれないのは、特に政治学者でなくとも気がつく一般的現象である(8)。

本書は、近代日本の政治思想の担い手が、新しい思考の技術ともいうべき「擬制」の力をどう認識したのか、その力による、「自由」や「自治」を「権利」として守り主張すべき主体（それが個人とは限らない）をどう理論的に構成したのかについて、必ずしも「自由」や「自治」を価値的に肯定しなかった論も含めて、分析・検討する。これは、後代の歴史研究者という特権的地点から、「擬制」の論理の出来具合や達成度如何を判定したり評価したりすることが目的ではない。たとえば、国家や社会による個人的あるいは集団的権利に対する侵害に、抵抗あるいは反撃するための言説と個人の自由の理念がたどった輝かしい道の検証ではない。権力ができるだけ都合良く恣意的に人々の権利を侵害することに役立つ「擬制」を生真面目に案出しようとする思想も、本書の検討対象に含まれる。もちろん、「自由」の悲惨な敗北への慨嘆でもない。権利主体はそもそも個人だけなのか、集団、あるいは国家でも主体たり得るのか、その場合相互の関係はどう説明できるのかといった問題について、それぞれの論者は個性的な見解を示しており、その間に深刻な対立や認識内容と概念使用法の相違があった。その対立と緊張自体が関心の対象である。その相互の対立や理論的コントラストが、それぞれの発言時点での時代相と密接に関係していることは明らかであるが、本書ではできるだけ思想作品そのものが内包している意図の解明に重点を置き、問題を人物像や社会的背景などだけに還元することは避けた。

「擬制」は、歴史的には特に新しい思考の技術とは呼べないのではという疑問があり得よう。『荀子』「正名」篇には「名には固宜無く、これを約して以て命《なづ》け、約定まりて俗成ればこれを宜といい、約に異なれば、これを不宜という。名には固実無く、これを約して以て命け、約定まりて俗成ればこれを実名という」とある。事物（出来事や実践も含む）は、命名されるのであって、あらかじめ固有の名を伴ってはいない。命名はいわば約束事である。荻生徂徠が「道なる者は統名なり。礼楽刑政凡そ先王の建つる所の者を挙げて合せてこれに命くるなり。礼楽刑政を離れて別にいわゆる道なる者あるにあらざるなり」（『弁道』）と述べたときの「道」もこれに通じるところがある。聖人は具体的に儀礼や音楽や刑罰などを制作するが、それらの実践を通じて実現されるべき社会的秩序や正しい生き方といったものの全体は、聖人である先王だけに理解できるものである。「道」はその諸制度の総合名称であるが、「道」そのものという実体はない。また、「道」は個々の制度を成り立たせている本質的価値や、あるいは抽象的な秩序の理念でもない。制度の内側に生きる人々にとって、個々の実践を束ねる呼称がないと不便であるため、「道」と呼ぶしかないということである。徂徠の狙いでは、人々は「道」を理想としたり、それによって望ましい秩序を実現しようと意識するのではなく、個々の制度が期待する実践のやり方にしたがってさえいればよい。権力の側からいえば、諸行為を秩序の中で意味づけるために、積極的に「道」とは何かを説明したり周知させる必要はない。そういう意味では、徂徠の「道」は「擬制」ではない。元来、徂徠の「道」は儒教経典の解釈学的方法であって、これをその政治思想に不注意に直結させることはできないが、徂徠の「道」の方法意識そのものが、いわば「擬制」を必要としない、あるいは拒否する思想である。(9)

徂徠は、「道」の内容を言葉で教育し、それを人々の心に価値的指針として埋め込むのは無意味だと考えていたが、そもそも徳川体制は、その政治体制を正当化するための周到な物語の構築にそれほど熱心ではなかった。近世の知識人たちも、その政治的な権威の根拠、制度を支える理念、システム全体の構造を説明する知識の筋道だった説明が、少なくとも体制崩壊の危機が迫るまで、どうしても必要であるとは考えなかった。国学者が心配するほど「道々しきこと」(本居宣長『直毘霊』)が支配していたわけではない。ところが徳川体制の解体と明治国家体制の組み立ての時期には、旧体制崩壊の余熱と余震もあって、多くの知識人が、場合によっては自発的に、場合によっては動員されて、望ましい個人の人生から、社会関係の然るべき在り方、そして政治的共同体がいかなる「共存象徴」を身にまとうべきかについての議論に参加した。

この現象は、やはり歴史的に特徴のあるものであった。たとえば、近世の「道」や「聖人」や「神洲」をめぐる論争と照らして、道具立てが一見新しくなっただけで、同じようなものであったと済ますことはできない。提出された議論の論立ての具体的様相を検討すると、多様、複雑かつ深度のある思考を見いだすことができるが、共通するのは、「共存象徴」の不安定さを自覚したがゆえの、戦闘意欲とおびえのないまぜになった態度である。

本書を構成する各章は、初めから本書の全体計画のもとに振り分けられてできたものではなく、それぞれの章の主題自体が動機となって書かれている。ただし、あとでまとめることができるように、だいたい同じような接近方法で、注意すべき論点を選択し、問題の検討をおこなった。侵害されてはならない権利主体は個人か集団か国家か、そのいずれでもよいのか、また政治的共同性を可能にしている集団的な価値や感情のようなものが実体としてあるのか、それは個人の頭の中にあるのかそれとも社会そのものに埋め込まれているのか、といった問題の発見や、それを分析したいという意図が見られる思想家、作品を選び、その論理の組み立て方を、その部品と全体構造との関係の中で、明らかにすることが狙いである。

第一章は、いわば「神話」的思考にもとづく「水土論」が、「擬制」的「アジア」論に、置き換わったり克服されるのではなく、吸収転用されていく過程を追っている。「アジア」は西洋による恣意的な命名であるがゆえに、日本の知識人にとって危険な概念であったが、そこに内包される社会的文化的類型化は、ある種の魅力をもっていた。特に、「アジア」といえば「専制」という強固な先入見に対抗する意識が、日本だけは特別の「使命」をもっているという明治期のナショナリズムに結びついた場合に、「水土」論的「神話」は「アジア」の「擬制」と手を組むことになった。

第二章は、「専制」が期待する状態とは正反対に、人々は自発的に自分たちの社会の秩序と活力を支える共有されたpublic spiritをもつものであり、それが社会の中に習慣的に埋め込まれているほど、当該社会は良いものになるという、「自治」の「擬制」の導入過程について、日本におけるトクヴィルの理解の諸例から整理したものである。トクヴィルはおそらく「公共精神 public spirit, esprit de cité」や「慣習 mores, mœurs」を、「擬制」ではなく「実体」であると考えていたであろうが、それを受容した日本の知識人も、日本の社会で歴史的に涵養されてきた

「義気」こそが「自治」の「精神」たりうると主張することで、あたかもそのような実体が日本社会に内在しているかのような議論を始めることができた。

第三章は、「公共精神」の「擬制」に対抗して、国家は「主権者」の命令だけで成り立つものであるという「擬制」をつきつけた、穂積八束の憲法論を検討した。穂積は、現実の共同体がそのまま「主権者」の命令で成立しているとは考えたわけではないが、法学的には、国家はそれ以上根拠を問われない命令者であって、いわば純粋な「主体」である。他の「法的主体」といわれるもの（個人や団体）は、その命令によってはじめて法的地位を得るという意味では、命令に対する義務の担い手がそう呼ばれるに過ぎないというのが、穂積の主張である。これは周到な勉強と職業的法学者としての野心が生み出した挑戦的な主張であったが、穂積が擁護したいと考えた明治国家にとってそれほど好ましいものではなかったため、見方によっては喜劇的な効果をもたらした。批判者からは、穂積が国家をフィクションだといっている、と非難される。穂積は、国家とはそういうもので、実体としての共同生活とは何の関係もないと居直ることはさすがにできなかった。それでは、天皇の慈悲によって国家的共同生活が成立しているという明治国家の神話を正面から否定するとの同じだからである。

第四章は、個人でも国家でもなく、団体（中間団体）こそが社会の実体であり、それに法的な位置を認めなければ、国家は、実際の社会生活や自生的な規範および価値意識とは無関係の、純粋な命令機構（などというものが成り立つとは登場人物の誰も思っていないが）になってしまうという危機意識の展開を、大正から昭和初期の法学者を対象にして、検討した。穂積が法学者として視野に入れるのを避けようとした「自治」的「主体」を主題化し、トクヴィルが「精神」と呼んだ何物かをより実定的に位置づけたいという意図が現れる議論のいくつかの事例をつきあわせて、継承や相克などの相互連関を描いてみる試みである。

第五章は、政治的「擬制」をぎりぎりに切り詰めた発想ともいえる、個人間の契約による主権の立ち上げというホッブズの論理が、戦後期の政治学者にどのようにとらえられていたかを検討した。いわば第四章で描いた環境で訓練を受けた知識人が、戦争による「大日本帝国」の神話の解体後に、あえて個人の約束だけから国家の正当性を説明する論理に魅せられ、同時に反発する様相をスケッチするのがねらいである。

第六章では、丸山眞男の福澤諭吉論に見られる、「擬制」を有効たらしめる思考の「方法」について検討した。丸山は、福澤の思考の特性を抽出するために、ヴェーバー、ジンメル、ケルゼン、シュミットなどを動員したが、その作業から得られたものは、丸山があらかじめ用意した理想的知識人像ではなく、「思惟方法」そのものへの意識という次元が福澤の中で成立していたという驚きであった。さらに、そのような「方法」意識の発見の価値が、戦後の知的世界でも必ずしも理解されていないことへの、丸山の警戒的視線を形作る背景にもなった。

補論を伴って、第七章以下は、個人の自由と自己決定を否定できなくするための「擬制」的論理構築に、明治期の思想家がどのような「方法」を意識し、考察手続きをおこなったのか、ミクロな視点で検討した。

第七章は、福澤諭吉が用いた、「平均」・「争論」・「約束」・「自治」といった、いわば理性的な「擬制」と、より情緒喚起的な「気力」・「信」・「民心」といった「擬制」との相克に着目し、それが、個人の意思と集合的精神特性との結びつき、および、社会と権力の相互関係様態の歴史的（「文明」史的）位置づけの中で、どのような役割を果たしていたのかを検討した。『文明論之概略』および「民心」についての補助的考察を、この章の前後に配置した。「民心」概念の歴史的位相は、続く章にも関連する。

第八章は、「良心の自由」という、明治初期の日本社会にとって、きわめてわかりにくい、よそよそしい抽象的概念を、主として外交的・政治的理由から政治的語彙として承認し、法的位置づけを与えねばならなくなった際に、では、その「自由」は何から何をどのように保護することで、何によって（「天」によって？）正当化可能なのかという、基本的かつ本質的問題に可能な限り回答しようとした事例として、中村敬宇、森有礼、加藤弘之、小野梓らの議論を検討した。

第九章は、中江兆民の『民約訳解』を、手が込んだ、しかもレヴェルの高い「社会契約」説批判として、解釈する試みである。『民約訳解』が、ルソー『社会契約論』の興味深い翻訳であることを否定するつもりはないが、兆民の翻訳を丁寧に解読すると、人はもともと社会的交わりの中で、のびのびとその道徳的本性を発達させるようにできているという、およそ「社会契約」説の論理的前提と整合しない人間観に到達する。「東洋のルソー」というよりは、ルソーの儒教化に、無意識にではなく、方法的に努力した成果が『民約訳解』である。そして、ここで、政治思想史上もっとも重要な「擬制」の一つである「社会契約」はどういう扱いを受けることになったのか、が問題の焦点となる。

以上、あえてクロノロジカルにではなく、むしろ問題の継承・影響関係を意識しながら章立てをすることで、思想の成長発展図や病巣の探求記録ではなく、水脈の関連図のような研究結果となった。現在のわれわれの政治学・思想史学がこの水脈のどことつながり、あるいはどこが塞がってしまっているかは、それぞれの章から、それぞれの読者が読み取れることと思う。

注

（1） Rudolf von Jhering, *Geist des römischen Rechts auf den verschiedenen Stufen seiner Entwicklung*, Teil 3, Bd. 1（Leipzig: Breitkopf und Härtel, 1865）, S. 288. 末弘厳太郎「嘘の効用」（『改造』一九二二年七月）中の引用による訳を用いた。

（2） Sir William Blackstone, *Commentaries on the Laws of England in Four Books*, Notes selected from the editions of Archibold, Christian, Coleridge, Chitty, Stewart, Kerr, and others, Barron Field's Analysis, and Additional Notes, and a Life of the Author by George Sharswood, in Two Volumes, Volume II（Philadelphia: J.B. Lippincott Co., 1893. 初版は 1765–1769）, p. 42.

（3） J. H. Burns and H. L. A. Hart eds., *The Collected Works of Jeremy Bentham: A Comment on the Commentaries and A Fragment on Government*（Oxford: Oxford University Press, 1977. 初版は 1776）. p. 411（Preface の note "r"）.

（4） Charles Kay Ogden, *Bentham's Theory of Fictions* (London: Kegan Paul, Trench., Trübner & Co. 1932), p. cxvii. Bentham, *Constitutional Code*, Chapter XI Delusion からの引用。岡義達「権力の循環と象徴の選択」『国家学会雑誌』第六六巻第一一・一二号、一九五三年六月）所引の訳を参照したが、若干修正した。

（5） ケルゼンは「国家契約 Staatsvertrag」は、「倫理的擬制」、「道徳的世界観の擬制」であり、「法学的擬制」ではないとする。したがって、その契約の擬制から、国家権力の強制力の法的正当性を導くことはできない。またそもそも法学は、そのような擬制によって権力を道徳的に正当化すること自体をやめるべきであるという。Hans Kelsen, "Zur Theorie der juristischen Fiktionen. Mit besonderer Berücksichtigung von Vaihingers Philosophie des Als Ob," *Annalen der Philosophie*, 1. Bd. (1919), S. 651.

（6） 岡義達「政治」（フランク・B・ギブニー編『ブリタニカ国際大百科事典　11』改訂版、ティービーエス・ブリタニカ、一九八八年）五八頁。

（7）「しかし元来政治とは分裂の存在を控えて一致の要請を掲げるものであり、しかも分裂が嵩ずれば嵩ずるほどそれだけ一致が求められるから、このさい逆に分裂は仮象化され、一致は実体化される運命にある」（岡義達「権力の循環と象徴の選択」四一頁）。

（8）「神話的思考」が「理論的思考」に劣るとか無関係なものであると見なすことを批判したカッシーラーでさえも、「われわれは神話が完全に過ぎ去った文化的心理的段階のものだと信じ込んできた。この「原始的」形式が再生し、現代の政治生活において決定的な役割を果たすなどということは、われわれの最も強い理論的確信と厳密に正反対の事実である」と概嘆した。Ernst Cassirer, "Judaism and the Modern Political Myths," in Donald Phillip Verene ed., *Symbol, Myth and Culture: Essays and Lectures of 1935–1945* (New Haven: Yale University Press, 1979), p. 235.

（9）「道者統名也。挙礼楽刑政凡先王所建者。合而命之也」（荻生徂徠『弁道』一七一七年刊、吉川幸次郎、丸山眞男、西田太一郎、辻達也校注『日本思想大系　三六　荻生徂徠』岩波書店、一九七三年）一三、二〇一頁。徂徠は「統名」を『弁名』でも用いていた。

「統名」という語は、『朱子語類』「性理三　仁義礼智等名義」中に「道はこれ統名、理はこれ細目」（「道是統名、理是細目」）とある。これだけで徂徠と朱熹の「道」の違いを云々するのは無理だが、朱熹の場合は、すぐ次の条に、「道は路と訓ず、大概人共に由る所の路と説く。理はおのおの条理界瓣あり」（「道訓路、大概説人所共由之路。理各有条理界瓣」）というたとえがあり、いわば、「道」は、道路の総合的な働きと価値をさしているが（そして人である以上その上を歩くべきである）、「理」は「条」・「界」＝筋目・切れ目であり、「道」を成り立たせているいろいろな要素のうちの筋目のところに着目しているということであろう。

10　都市全体の秩序そのものと、それを交通網や区画図に起こしたものとの対比とでもいえるであろうか。朱熹の場合も「統名」は「擬制」とは言いがたい。どちらかといえば、「統名」である「道」の方が「実体」的で、「理」の方が「擬制」的かもしれないが、「理」も事物に内在する、あるべき（そこできれいに切れるはずの）筋目として想定されている点で、やはり実体の一部である。木下鉄矢『朱熹再読　朱子学理解への一序説』（研文出版、一九九九年）第五章「「治」より「理」へ――陸贄・王安石・朱熹」を参照。徂徠と朱熹の「統名」の違いについては、高山大毅氏から貴重なアドヴァイスを得た。

第一章　「東洋的専制」の運命から逃れられるか？

一　問題の所在

「アジア」が、単に地形や気候的特性だけではなく、集合的な精神形態や社会規範の特性を示しているという発想は、当然ながらオリエンタリズムの刻印を受けている。このような視線をぶつけられると、当の「アジア」と見なされた地域から、つまり、たとえば幕末の日本から、その西洋中心主義的視点への反発が生まれた。しかし、「アジアにはアジア的な生き方がある」といったような主張がすぐに現れたわけではない。東洋には道徳があると主張しても、日本社会で儒教規範がほとんど守られていなかったことは、儒教を学んだ知識人はよく知っていた。[1]「アジア」という一種の「擬制」的な総称は、近世以降、日本の知識人による複雑な反応を引き起こしてきた。それは日本の知識人が格闘せざるを得ない中国優越主義を相対化するために都合よく利用されることもあった。他方で、「アジア」という操作的意図の込められた呼称そのものが、世界を認識する枠組として、結局はわれわれではない他の誰かが支配的地位を主張するための武器となっていると見なし、それに対する強い疑念と反発が生み出されることもあった。これらの点については以前に論じたことがある。[2]

本章で追跡する思想の流れは、ある意味、「西欧の眼の下に」おかれる「アジア」像にどうにか対処しようとする思想が次第に形を整えるプロセスである。しかし、これは、現代でも時々現れる、固有かつ肯定すべき「アジア的価値」を主張する思想とは別物である。「アジア的価値」の主張は、どうしても「アジア」というものを欧米に承認（できれば賞賛）させたいという欲望に突き動かされ、そのために逆説的なヨーロッパ中心主義を生み出すという皮肉な事態に陥る。もちろん近代日本でもそのような「アジア主義」はいくつも現れた。さらに「アジア的価値」の強調とオリエンタリズムの奇妙な相互補完現象は、現代において一層強く見られる。(3) 本章で検討されるのは、その先行事例ではない。また、きっぱりと割り切った脱「オリエント」論でもない。生活意識の隅々まで西洋に従おう（そもそも西洋自体が多様なので、そのうちどれが正しいのか誰にもわからないが）という主張は、皆無とはいえないが、強い影響力をもったとはいえない。

また本章は、「アジア」観の類型性や、そこに組み込まれる自国優越主義、あるいは侵略主義的意図を美化してアジアの解放を唱える虚偽意識を批判することを目的としない。本章での関心事は、近世から明治初期の長めのスパンをとって、地理的条件と精神態度の連関を説明しようとする論理立てとしての「水土」論が、「アジア・亜細亜」概念の受容あるいはそれへの対抗を経てその論理を再成形し、やがてそれが、「アジア」的運命から逃れることを可能にする、日本にだけ固有の理由、あるいはそうなるべき職分といった考え方へと組み立てられていく経緯を追うことである。このためには、西洋からもたらされた地理学的メタファーも積極的に活用された。それは巧妙にも、何かの価値の主体というより、媒介者としての価値を主張するという手の込んだナショナリズムを構築するプロセスである。同時に、日本は「東洋的専制」の運命に支配されるべきではない理由があるという主張でもあり、これが事態を複雑にしている。

二　「水土」論――地形と「仁愛」

人々が住む地域の地理的条件と風俗や精神態度には相関があるという考え方は、近代固有のものとは言い難い。[4] 室町時代に成ったといわれる『人国記』には、日本国内の諸地域の地理と風俗・気質などが類型化され整理されている。ただし、自然が風俗の原因であるというよりは、人々の風俗・気質もその土地柄の一つとして記述されている。[5]

近世では、「水土」を理由にして、日本の人々の性質が優れているという議論が現れた。[6]「水土」論は、陰陽五行説を用いながら、国土の形、太陽のあたる向き、季節の運行の安定などと、人の性質を結びつけている。多くの場合は「水土」から測るに、日本が中国に負けない望ましい条件と質の高い人や資源をもっている、という主張として展開されていた。つまり、中国の優秀さを認めた上で、日本も負けない、といった主張であった。

「水土」論による日本優位説は、日本のナショナリズムの萌芽として扱われることがある。中国中心の「華夷」観念に反発することを通じてナショナルな意識が形成されてきたことを示す言説が、広がりと深度を増していったことは確かである。しかし、同時にそれは、地形や気候といった自然的条件が一定地域の人々の心情や行動の特性を決定しているという発想を受容し理解する素地の形成をも示している。その限りでは、近代に導入された風土論と一定の親和性をもっている。当然のことながら、思考のプロセスとしては、社会的特性の方が先に同定されて、それに従って自然的条件が選び出され整理されるのであるが、説明順序は逆に記述される。こういった記述法があったからこそ、近代に導入される「アジア」地域の特性といった議論、そしてそれへの反論も出現したのである。

近世前期に、日本の「水土」的優秀性を論じた例として、よく引かれるのは、山鹿素行の『中朝事実』にある次のような一節である。

愚按ずるに、天地の運《めぐ》るところ、四時の交るところ、その中を得れば、風雨寒暑の会、偏ならず。故に水土沃して人物精《くわ》し。これすなわち中国と称すべし。万邦の衆《おお》き、唯《ひと》り本朝及び外朝その中を得て、本朝の神代既に天御中主尊《アメノミナカヌシノミコト》あり、二神は国中の柱を建つ。すなわち本朝の中国たるや、天地自然の勢なり。神神相生み、聖皇連綿し、文武事物の精秀、実に以て相応ず。これ豈誣《あにし》いてこれを称せんや。(7)

『中朝事実』では、日本が「中国」で、今日われわれが中国と呼ぶ国は「外朝」である。素行の主張は、日本が特に外敵を防ぐのに有利な地理的条件をもっていることと、「天地自然の勢」によって生み出される人の性質、物産の質の高さからいっても「中国」と呼ばれるにふさわしいというものである。

もちろん素行は「外朝」の優秀性を承認はしている。ただし、日本のほうが「外朝」よりも地理的に恵まれている条件がある。それは、日本の国土が「約」（コンパクト）であるため、侵略を防ぎやすいことである。「異朝［中国］の水土たる広きに過ぎて、教化及びがたく、四夷常に窺って、人民これに苦しむ(8)」ことに比較して、日本の国土が「約」であることが国防的利点であるという。(9)

また「水土」論は、道徳的行動の現れ方は多様であるという主張を支える役割を果たした。古代中国の聖人の教えは正しいとしても日本の「水土」には合わないという議論を導く根拠に使えたのである。熊沢蕃山の議論はその典型である。

日本は小国にて土地の気うすし。聖人の定めの時よりは、世もはるかに後世にて、人の情もうすく成りたり。

故に中夏より、官位、衣服のよろずの礼法を伝え給いしに、国の水土にかないて喪の法を制し給う時、三年の喪は期［一年の服喪］にし……［喪の制を簡素にしたのは］まことに殊勝の風俗なり。[10]

蕃山は日本だけが特別に優秀であるといっているわけではない。道徳を社会的に制度化する「礼」については、聖人を生んだ中国と比べて日本は見劣りする。日本は小国であるため「土地の気うす」く、しかも現代は聖人の時代から時間が経っているので「人の情もうすく」、そこに合わない喪の礼を適用しようとしても無理が大きい。[11]地形や気候が、その人々の気質や身体的特徴に影響を与え、さらには生活の作法や規範に結びついており、その限りで規範や価値には相対性が承認されるべきであるという考え方である。

西洋の天文学・地理学に示されている日本の国土の形状や位置についての知識は、漢訳書を通じて、一七世紀後半にはある程度導入されていたが、その導入は「水土」論を覆すのではなく、むしろその補強に一定の役割を果たした。当時の日本の知識人は、地球（つまり球体として認識された世界）上の国家の位置（緯度・経度）や世界地図に見られる陸地の形を念頭に置きながら、地理的条件と政治・社会制度や人々の性質を関連づけた意見を記している。特に、中国が大きいからといって優れていることにならないという主張を、世界地図は補強してくれるものであった。

たとえば、朱熹の学説の尊重と華夷思想への反発がないまぜになっていた山崎闇斎門下でそのようなことが起きる。日本の優秀性を主張することにこだわった浅見絅斎は、「万国の図を以って見れば、唐のはばわずか百分の一にも及ばず、唐を十ほど合せたる国いくつもあり」として、中国を相対化するために世界地図に言及していた。[12]また、山崎闇斎・浅見絅斎に師事した谷秦山は、天文学者であると同時にまた闇斎門下でもあった渋川春海に入門し、天文暦学を学んだ。渋川は西洋の天文学に関心をもっていたが、その知識は伝統的な中国の易学に組み合わせて利用された。(13) 秦山は、日本が外敵からの侵害から守られているのは日本を覆う星座のおかげであるという議論を、渋川の言葉として引いている。また、対照的に中国が常に外敵に脅かされているのも、インドの人々が現世よりも輪廻の思想にとらわれているのも、星座で説明される。

そもそもかつてこれを源の春海の翁に聞く。日本の野、張・翼に当たりて、太微宮全く之を掩《おお》う。張・翼は已の宮、物生じて窮まらざるの象。太微を天子の庭と為す。帝坐《ていざ》太子、月卿雲客《げっけいうんかく》、上下済済《しょうかせいせい》、班列《はんれつ》愆《あやま》らず、堅垣域を限り、将相護衛し、毎日天に臨み、四極法を受く。本朝皇統磐石、外夷窺を絶つ、その符此の如くなる者有り。……［西土＝中国のこと］は道学大明、文物極盛にして、終に簒弑夷狄《さんしいてき》の禍を免ること能わざる者は、それ日中すれば則ち昃《かたむ》き、垣無くして垝《やぶ》れ易きの応か。……［天竺＝インド］の俗、専ら人道の顕明を捨てて、輪廻因果の冥報に従事す。その気の偏を受たるか。(14)

しかし、たとえばどのような地理的条件がどのような人々の性質に影響することになるのだろうか。西川如見『日本水土考』は、そこに踏み込んでいる。

この国艮震《ごんしん》極端の地にして陽気発生の始めなり。陽物初て生ずるものは、その質稚若にその気強壮なり。故に日本の人仁愛の心多き者は震木発生気を稟《う》くるに篤く、勇武の意に専らなるものは、艮山強立の精を得たるに因てなり。(15)

八卦で「艮」は不動のもの、正象は「山」、安定を表し、方位は東北。「震」は始動、前進を表し、方位は東。「震」

は五行で「木」に配され、成長、発育を表す。日本は「艮震極端の地」であり、これらの性質を凝縮して保持した国とされる。

如見は、マテオ・リッチの万国図にならって「亜細亜諸国」という表記のある地図を『増補華夷通商考』に載せており、その図を見れば「万国の東頭」という表現は、地理的には理屈にあわないということに気づくはずである。日本の東には海があるが、その先はアメリカ大陸があり、ずっと東に向かえば地球を一周してしまうことは地図でわかる。しかし、陰陽五行説が日本人の性質の説明原理に利用され、「陽気」発生が「日本の人仁愛の心多き」という根拠とされると、そういった認識は途中で遮断される。それでももちろん当時は、渋川春海の天文学と同じようにこれで十分「合理的」な科学の一部であった。陰陽から始まる演繹的論理に筋が通っている（ように一応見える）からである。

同様の見解は、対馬の儒者雨森芳洲にも見られる。

我の国たるや、太陽のよりて始るところにして地の東にあり。あるひといわく、君子の国と、その仁をいうなり。……しからばすなわち我が東の典章文物中原に譲るは宜しく賀すべきことにして慨すべきにあらざるなり。それ上下歓洽《かんこう》、その食甘くその服美しくその俗を楽しみその居を安し、刻薄の風無く人慈惻の心有り、国の形たる屹然として瀛海《えいかい》の中に立ち、未だ嘗て干戈《かんか》を外国に受けず。皇皇如たり熙熙如たり、域内の民を挙げて無事の境に相安ず。いずくんぞ中道夭折の患有らん。(16)

日本の文物が「中原」に劣るところがあるとしても、人情が濃やかであることと、外敵の侵略の恐れがないことが日本の利点としてパッケージになっており、それは地理的条件に支えられている。(17)

日本と中国について、国土の位置が調度良いことが「善国」の理由であるという議論は貝原益軒にもある。益軒は、学問では、日本が中国にかなわないことは認めているが、道徳と国の豊かさではさほど見劣りしないと主張した。

わが日の本は、天地の内において、南北の中央にあること、中華と同じければ、日月のめぐれる道正しく、四時そなわり、寒暑陰陽の時にたがわざること、四夷の諸国にくらぶるに、すぐれたる善国なり。五穀ゆたかに衣食器財とも［之］しからず。まことに豊秋津洲といえるも、品物の多くしてゆたかなること、外国にまされ ばなり。その風気正しき故に風俗和順にして、慈愛ふかく、節義を守りて勇武なり。礼法正しく、威厳行われ、仁義にちかし。一たび変ぜば、道にいたりやすかるべし。……わが国にたらざる所は、ただ学問の一事のみ中土に及ばず。(18)

益軒は、中国の学問的水準の高さを賞賛していたが、風俗の善良さについては、むしろ日本や西洋に優れたものがあると見ていた。益軒は、オランダ人の道徳的規律の厳しさを高く評価している。

紅夷人、礼儀正しく法度を守る事諸夷にまされり。毎朝父母の床の前にいたり、謹んで礼拝す。有妻者長崎に来りても、妓女をおかさず。その妻の像を絵がき長崎に持来り、日々これを見る。男色を好まず。その禁甚厳なり。(19)

オランダ人は、父母への礼儀を尊重し性的欲求を抑制する道徳的決まりを堅持している。たとえ中国の学問的優位性を前提としても、それに対抗できる生活規範をもった文明人は西洋にすら存在する。

日本の風俗について、人の性質として思いやりが深く、お互いが仲良くするといった自己評価が、西川如見、雨森芳洲、貝原益軒の主張の共通点である。同時代の朝鮮知識人の日本人観は、ほとんど好戦的で残忍といったものにつきるので（益軒のいう「勇武」を裏返して評価するとこうなる）、いかに外からの認識と自己認識は一致しないかの良い例といえる。[20]

三　良好な「水土」ゆえの危機

東に面して優れた「水土」という考え方は、その後も継承される魅力的なアイデアであったが、これを相対化しようと試みる例が、一八世紀後半になると、蘭学者や西洋地理学に通じた知識人の議論にいくつか見られる。

蘭学者との交流が深かった福知山藩主朽木昌綱は、『泰西輿地図説』（一七八九年）の中で、「その［泰西の］地、気候常和、穀類豊饒、果実獣畜諸金玉石酒等を多く産す。その外数多の産物各その分洲に説けり。人民蕃盛土俗明慧純行にして、かつ勇壮なることもまた他洲に勝れり。故に「アジヤ」「アメリカ」「アフリカ」等の諸国もこの「エウロッパ」に服従するもの多し」と記している。[21] 気候が良く人々の性質が優秀なのはむしろ西洋の方かもしれないのである。

もちろん、西洋の地理学からしても日本の位置は最良であるという見解もありえた。天文学、数学を講じていた本多利明は、その西洋地理学の知識を用いて、「それ我日本国は、中分赤道線より北方へおよそ三十六度程傾き、地面の幅二、三度、長さ十度程ありて、丑寅［北東］の隅より、未申［西南］の隅へ斜に所在せし国土なり。亜細亜洲の東端に所在して、一つの小島なり。赤道以北三十一度より四十一度の間に所在して、寒暑等分、気候最良なり」と述べている。ちなみに中国も緯度は似たような位置にあるが、他国と地続きのため「猛獣入来りて国民の災害多し」とされる(22)。

ただし本多は、「国土」の位置が良いからといって、それが国力の発展につながるとは限らないという。ヨーロッパは寒国だからこそ国外に資源を求めるが、中国は大陸に地続きで海に面しているのが南だけであるため、自国の資源に頼り、かえって国力の発展ができない。日本もその影響を受けたため海外に目が向かなくなっている。

> 殊に欧羅巴の内、剛強豊饒の高名なるは、皆北辺の寒国なれば、その国の力を以て大造《たいそう》なる贅託《ぜいたく》はならぬことなり。然るに日本の風俗人情は、支那の教訓に染て立たる風俗人情なれば、外に善事美事を求ることをせず。故に支那の聖賢の教訓に洩たる四大急務［硝石、鉱山、船舶、植民地の開発をさす］などは夢にも知らず。かつ支那は欧羅巴、亜夫利加にも地続の山国にて、南面一方に海洋を帯び、国中へ渡海、運送不便利の国なり。……よりて周廻に海国を包巻せし日本に比すれば、大に悪国《あしきくに》なり。その証、国務に闕《けつ》あり洩《ろう》ありて、亀鑑《きかん》とするに足らず(23)。

このように本多は、中国中心主義に対抗するだけでなく、日本中心主義をも相対化している。たとえば、本多によれば、オランダの緯度が日本より高く、そのため「日本より見れば所産物の出来大に乏しき土地」であり、米を食用にすることもないが、だからといって「米のない国は皆悪い国と一概に思う」のは間違いであるという(24)。日本は最高の米がとれるから最上の国であるという主張は、一八世紀後期に時折見られるものであり(25)、本多はそういった主張に水を差しているのである。たとえば本居宣長は、「まず第一に稲穀は、人の命をつづけたもちて、この上もなく大切な者なるが、その［日本の］稲穀の万国にすぐれて、比類なきを以て、その余の事どもを准《なぞら》えしるべし」と主張していた。[26] 宣長は、視点を自身の立っている地点から引きはがす地理的ヴィジョンを嫌っていたわけではなく、世界地理に不案内だったわけでもない。若い時から日本の国土の地理的形態に強い関心をもっており、西洋地理学をもとにした世界地図にも親しんでいた。[27] 世界が球体であることも知っており、球体である以上、国土の位置に上も下もないのだから、中国が世界の一番上にあるという考え方はできないと述べていた。[28] しかし、宣長の場合、その相対主義は日本には適用されなかった。

他方、西洋地理学の知識が流通しても、「水土」論はしぶとく生き延びた。会沢正志斎は、西洋地理学を踏まえた上で、日本と中国は、地理的に「陽気」を発する条件にあるので、道徳も優れているといった主張を、さらに強めようとした。会沢は、「陽気」の主張を継承し、それを西洋との対抗という議論の土台に据えた。

戎狄《じゅうてき》は偏気の国なれば、その教とする所、邪僻にして、人倫明かならざる事多し。神州と漢土とは、東海に臨める地勢にして、太陽の出る方に向い、陽気の生ずる所にして、正気の国なれば、その教も正しくして、前にも論ぜしが如く、天地の初よりして五倫の教具《そなわ》れり。神州の古えは、人民淳樸にして、自から神明の大道に合いたれども、……［やがて孔子の教がその道徳を更に明らかにした］。[29]

会沢によれば、日本が道徳的に優れた国家であることは、そもそもその国土の位置と形状から明らかである。世界地図を見るとユーラシア大陸はちょうど東側が頭のようで、「神州は大地の首に位」しており、ヨーロッパ側は手足のようなので、頭の側が優れているのだ、という。しかも、「西夷もまた神州及び清・天竺・韃靼《だったん》を称して、亜細亜といい、また朝国という。皆、自然の形体に因りてこれを称」している。[30]「朝国」はオランダ語で東洋を指すMorgenland と考えられる。西洋から見ても東洋諸国は「朝気」の国なのである。東洋が「朝国」と呼ばれているという知識を会沢がどこから得たのか確証はないが、山村才助が、新井白石のまとめた『采覧異言』に増補をした、『訂正増訳采覧異言』（一八〇二年）巻之七には、「昌永［山村才助］按《あんずる》に、この洲［「亜細亜」］、羅甸［ラテン］呼て「アシア」といい和蘭呼て「アシイン」といい、其地欧羅巴の東にあるを以て又呼て「モルゲンランド」といい、「モルゲン」は朝なり、「ランド」は国土なり」と記されていた(31)。会沢はこれを参照したと推測される(32)。

会沢は西洋の地理学の詳しさに感心していた。そしてそれ故に恐怖をいだいていた。「亜細亜」という地域名称が西洋の地図に現れることも、その恐怖を強めた。これは西洋人による傲慢な「私称」に過ぎないが、当面対抗手段がない。いつか日本の国力が盛んになった時には、こちらから世界各国や地域に名前をつけてやろうというしかない(33)。

「亜細亜」は、西洋人が勝手に付けた地域総称に過ぎないという反発は、会沢が最初ではない。山片蟠桃は、『夢之代』で次のように述べていた。

> 西洋人天下を巡りて、見出す処の大洲三つ。曰、亜細亜州、曰、欧羅巴州、曰、亜弗利加《アフリカ》州。後又二つ。曰、亜墨利加《アメリカ》州、曰、墨瓦羅爾加《メカラニカ》州［一八世紀後期まで南半球に存在すると信じられていた大陸］。これを五大洲というなり。みな西洋人の見出す処にして、五大洲とするも、また国々の名を付るも、みなその命ずる処なり。ゆへに天竺といえども、漢土といえども、我大日本といえども、みなこれ西洋人に名づけられて、印度とし、支那とし、「ヤーパン」とす。恥べきにあらずや(34)。

ユーラシア大陸の東端にあることは、この「恥べき」現実にとってまったく救いにならない。むしろその恵まれた「水土」に安住したため、「亜細亜」と勝手に外部から名づけられるような危機的状況をもたらした。

この危機意識は、ヨーロッパは気候的に恵まれていないから努力して国力を発展させたのだという、本多利明のような評価と表裏の関係にあった。アヘン戦争以降、清国の国防についての怠慢を非難する議論がいくつか現れ、「水土」論のいわば裏がえしの展開として、気候が温暖で産物に恵まれたからこそ「亜細亜」は停滞し、気候・土地には恵まれていないために積極的に海外に打って出た西洋列強に圧迫されることになる、と指摘されるようになった。

横井小楠は「国是三論」の中で次のように述べている。

五大洲の内亜細亜中の支那は東面海に臨みたる巨邦にして、文物早く開らけ、稲・麦・黍・稷をはじめ、人類の生活において足らざる事なく、その他智巧・技芸・百貨・玩好《がんこう》に及ぶまで、皆内地に取て欠く事なくして豊饒なれば、上朝廷より下庶民にいたるまで誇大驕傲の風習あって、海外の諸国来て貿易するを准《ゆる》せども、往《ゆき》て事物を求るに意なく、また人に取りて智識を開くことを知らず。これ支那の兵力衰弱にして諸州の凌辱を受る所以なり。欧羅巴は是に異なり、……地球の西北に位し、亜細亜に比すれば尤も偏小にして、事物缺欠多きを以て他に求めざる事を得ず。(35)

会沢（あるいや雨森芳洲や貝原益軒）が誇った日本や中国の恵まれた地理的条件が、かえって驕りと怠慢を生む原因であると小楠はいう。ここには、太陽の昇る東向きの豊かな国土に恵まれたからこそ停滞したという逆説的論理が入りこんでいる。

四　「東洋的専制」概念の導入

貝原益軒の時期には少数であったかもしれないが、その後、少なくとも一八世紀末頃から幕末に至るまでの時期には、西洋の諸制度（国土の開発、人材の登用、病院や孤児院その他）が、儒学的基準に照らしても立派であるという評価は広がった。本多利明、渡辺崋山、吉田松陰ほかにそういった発言があり[36]、先に引用した横井小楠の議論もそれに連なるものである。

ここで、着目したいのは、いわゆる「東洋的専制」の考え方、つまり、アジア固有の政治的欠陥という評価が、幕末期以降に認識されるようになった点である。早い例では、箕作省吾は次のように記している。

この州［漢土］の政事も、一種の亜細亜風にして、一定の規度［規則と法度、『淮南子』などに典拠あり］あることなし、然れども間々その祖先、堯舜の遺法に則り、又夫子の謨訓《ぼくん》に本づき、一種適宜の政度をなすこともあり、皇帝の行状は、皇天に則とりて、幾微も偏倚のことなしといえり、然れどもその行幸のとき、路傍に在て、これに敬跪匍伏せざる者は、皆捡《とり》て死刑に処し、少も仮借愛憐することなし、これ亜細亜人の殺伐なる通弊なり。[37]

『坤輿図識補』はいくつかのオランダの地理書を用いて編まれた地理書であるが、「東洋的専制」の考え方に言及した比較的早い事例である。この記述の具体的な引用元は分からないが、中国の君主が「天子」と呼ばれ、古代から継承された絶対的権力であったとする記述は箕作が参照していた Hübner や Nieuwenhuis などの地理書の「中国」

の項にある。(38)

まだ徳川政権が続いている時期に、加藤弘之は、中国の伝統では政治的討論の公的制度化という発想がなかったことを批判していた。加藤は『鄰草《となりぐさ》』で、「実に漢土の缺典と云うべきは所謂公会なり。唐虞三代の頃よりこの公会を設けざるが故に、後世暗君暴主等出るに至りては、あるいは政権を奸臣貪吏の為に盗まれ、あるいは君主独り其権を専にして遂に天下国家を失い易きなり」と述べた。儒学の理想である「三代」ですら「公会」（ここでは議会のような合議制度をさす）が欠如していたことは大きな欠点であり、「仁政の施し易く、亦人和を得易き一術」である「公会」は専制を防ぐ制度として有用であるという。(39)加藤は中国に仮託して、実は日本の政治体制がどうあるべきかを論じている。

気候と政治的制度の関連を強調し、「東洋的専制」とヨーロッパの自由と対比する図式を明確にした立役者はモンテスキューであった。モンテスキューのこの議論は明治になって紹介された。箕作麟祥は、そのモンテスキューの『法の精神』第三部第一七編からの抜粋・翻訳を「人民の自由と土地の気候と互に相関するの論」と題して『明六雑誌』に掲載し、気候的条件のために、ヨーロッパに比べて「亜細亜」では、「自由」ではなく「奴隷」がその政治的原理をなしているという議論を紹介した。ここでモンテスキューは、ヨーロッパでは比較的均衡した国力の諸国がせめぎあっているために、「人民自由の権」が強くなったが、「亜細亜」では、強国が弱国の人民を奴隷化してきたため、「自由」の原理ではなく、「専制」の原理が支配しているとしている。(40)興味深いのは、箕作が、原文にはないアリストテレス『政治学』の一節を挿入している点である（『法の精神』の他の箇所ではいくつかアリストテレスの引用はある）。

昔時、「希臘《ギリシア》」の碩儒「アリストートル」が云わく、およそ「亜細亜」人は、機智ありて技芸に巧みなりといえども、志気なきがゆえにつねに聴順して、あえて自由なるを欲せずと。[41]

この絶妙な補足引用を箕作がどうやって思いついたのか、確実な証拠を見つけることはできなかった。この引用部分は『政治学』第七巻第七節（1327b）において、寒冷な「ヨーロッパ」の民は気概（テュモス）に富み、「アジア」の民は知能と技術はあるが気概に欠けるため常に専制君主の支配下にある、ギリシアはちょうどその中間である、と記した節である。[42] もちろんアリストテレスが「アジア」といっている地域は、モンテスキューのように中国を視野におさめているわけではないが、アリストテレスの議論は、『法の精神』の中でたびたび引用されているだけではなく、先に触れたオランダ語の地理学書にあった中国の専制君主の記述にも類似の表現があり（アジアでは技芸は古くから発達しているが奴隷的な政治制度が継続しているといったもの）、一八世紀西洋のアジア観の構成要素の一つである。[43]

箕作の翻訳は、気候と人々の性情にそもそもの問題があるという、一種の裏返しの「水土」論的根拠づけを、モンテスキューおよびアリストテレスを用いて再導入したものである。そして、この箕作の翻訳に植木枝盛が反応していた。植木は「亜細亜人の思想如何を論ず」と題した論文で、箕作訳「人民の自由と土地の気候と互に相関するの論」を引用した上で、アリストテレスの言に着目し、次のようにいう。

> 吾儕《ごせい》亜細亜洲人は、彼の上に掲げたる蒙古人種はその才智において敢て欠乏あるなし、然れども深思密考して創始発明するよりは模擬倣傚の才に長ぜりとの語を大書して坐右の正中に当て、しこうしてかの亜立斯度徳爾《アリストテレス》、孟徳斯咎《モンテスキュー》等の言を以てその側に書し、朝夕之を見て以て心胸に銘服し、更にまた思想を長養するの方法を究めて速にこの大辱を雪《そそ》がんことを欲すべきなり。[44]

植木は、日本人は特に模倣にばかり優れており、その手本を中国から西洋に置き換えているだけであるから、日本人の「思想」こそが最も「亜細亜人」的であるという。そして、だからこそ真剣に専制からの解放を説かなければならないという方向に議論を誘導していた。

五　多元性の欠如という批判の導入

日本を「東洋的専制」から離脱させることができるのかと考える過程で、「東洋的専制」が「亜細亜」人のおかれた地理的環境と人々に染みついた性質によるというよりは、むしろ、人々の自由な活動を阻害する厳格な社会的儀礼とそれを監視している強力な官僚制が原因だとする分析が導入された。ここから「東洋的専制」の運命に抵抗する糸口が見いだされた。

内田正雄纂輯『輿地誌略』は、中国について、以下のような辛辣な評価を記している。

風俗古より礼譲を重ずと雖も徒に虚飾の末を趁《お》うて細礼に区々とし、しかのみならず数千年来君主専治の政令に基き、下民を駕御《がぎょ》するが故に、開化の風教世を追て逡巡し国民の智覚もまた随て消滅す。かつその民情一般に詭詐狡黠にして頑固俗をなし、……また古を貴み今を賤み自ら尊大にして中華中国と称し、外国を視る夷狄禽獣の如く……故に国勢振わず政令行われずして数千年前の開化の域に止り進歩せざるのみならず次第に却歩《きゃくほ》してその人情風俗の日々に衰頽するを見る。(45)

中国（そして朝鮮）の方が日本よりも「礼」制がきちんとしているという劣等意識は、日本の儒学者が常に抱いていたものであったが、ここではそれを逆手にとっている。「礼」が整っているのは、それが「君主専治」による管理だからであり、そのため「人情風俗」が衰えたのだという。内田が参照した、**J. Kramers** の『地理・統計・歴史ハンドブック』には、中国人の性質は控えめ、質素、誠実であり、かつての愚かしい外国蔑視もアヘン戦争以降は弱まったと書かれているので、右の部分は内田の考えかもしれない(46)。

『輿地誌略』が提示した認識は、福澤諭吉の議論と共通のものであった。福澤について、文明の程度を歴史的発展の中で序列化し、日本は西洋には劣るが他のアジア諸国やアフリカより上と見なす、単線的な発展段階論者の先駆であると性格づける議論がある。しかし福澤は、中国にもかつて「異説争論」と「自由の気風」があったことを否定しない。それは政治的抑圧によって当該社会から失われたのである。

支那の文明三千余年の間に、異説争論の喧《かまびす》しくして、黒白全く相反するものをも世に容るることを得たるは、特に周末を以て然りとす。〈老荘楊墨その他百家の説甚だ多し〉。孔孟のいわゆる異端これなり。この異端も孔孟より見ればこそ異端より論ずれば孔孟もまた異端たるを免かれず。今日に至て異端は遺書も乏しくしてこれを証するに由なしといえども、当時人心の活潑にして自由の気風ありしは推して知るべし(47)。

「異説争論」が文明を発達させるという考え方には、福澤が『文明論之概略』を書くために読んでいたいくつかの西洋の自由主義的な思想家の著作が影響を与えている。たとえば、「争論」の効果について、もっとも明確に対応するのは、J・S・ミルの『代議政体論』にある **"the function of Antagonism"**（第七章、大文字はミルの原文のママ）ではないかと思われる(48)。

ミル、トクヴィル、ギゾーなど、福澤が多大な影響を受けた思想家たちは、中国には、社会的権威や価値が一元的であるため「自由」が存在しないという考え方を共有していた。[49] それは地理的な条件による決定論でもなければ、文明の発展段階の問題でもなかった。ギゾーは『ヨーロッパ文明史』の中で、ヨーロッパでは異なる階級同士の闘争があったために「自由」が発達したが、「アジア」では、一つの階級が圧倒的な勝利を収めたため、その社会は「停滞状態」に陥ったと記している。[50] 社会を停滞させたのは、その社会が抱えている政治的特質そのものであった。ミルは『自由論』の中で、中国の強力な中央集権的官僚制を批判し、その最大の問題は、社会の優秀な人材を官僚機構以外の分野で活躍させる可能性を奪うことであると述べている。[51] トクヴィルは『アメリカのデモクラシー』の中で、中国では、中央集権が完全すぎたために、幸福も進歩も公共精神もないのだと論じていた。[52]

つまり、中国と日本が、普遍的な人類史の時間軸上、どのあたりにいるのか、という問いかけ方では、問題の性質が明らかにならない。権力の集中と公平な競争システムという点では、中国は先進国といえるからである。[53] 福澤は、西洋の自由主義者の中国観に着目し、それを、「東洋的専制」というくくりから日本の政治的特質を引き剝がすきっかけとして利用しようと試みた。日本は中国に比して発展段階のステップの上の方にいる、というのではなく、そもそも違う通路を歩いているという主張である。それが『文明論之概略』における「支那人は無事にして日本は多事なり」という主張であった。[54] なお、『文明論之概略』は、刊本では「亜細亜」や「支那」となっているところが元の草稿では「日本」であった箇所もあり、[55] 日本が抱える問題を「亜細亜」「支那」に仮託している可能性は否定できない。

ギゾーやトクヴィルの中央集権批判は、ヨーロッパにおける feudal society の再評価も含んでいた。[56] これは、日本には「封建」制度が長く続いたために、「分権」的な政治的・社会的習慣が定着し、それが改革を推進する気風の醸成に役立ったという、福澤の主張と結びついた。[57] ただし、日本には「封建」があったが中国では失われた、という議論は、西洋の自由主義思想からの影響だけではなかった。清国の「郡県」体制に比べて近世日本の「封建」体制の方が、人民一般の協力が期待しやすいという議論はすでに徳川体制末期に出現していた。安積艮斎は、アヘン戦争の後、「諸侯各その国を有すること数百年。士民恩沢を感戴すること父母の如く、一旦蛮夷之患有れば、則ち君臣上下同心脇力し封彊を守り社稷を護らんとす」として、「封建」制度故に対外的危機の際に「君民」の協力が期待できることを論じていた。(58) これは、福澤が『分権論』(一八七七年)あるいは『通俗国権論』(一八七八年)で述べていた主張に通じる議論である。日本には「封建」時代の経験があったことが、国民国家形成に役立ったといった議論は、これよりのち、学問的精緻さを身にまとって生き残った。日本以外のアジア社会では、「封建」制度が失われてしまったために、中央権力からの命令と恩恵をまたずに、地域における「自治」を発達させる能力が欠如しているのではないか、という論は後の時代にもたびたび現れる。(59) 福澤は、西洋の思想家による「東洋的専制」観をいわば逆手にとって、その運命に日本だけは支配されていないという論理を構築しようとしていた。

六 「日本国の天職」と「亜細亜の日本」

皮肉か当然か、ある程度体系的な西洋語による教育を受けた世代の活躍が盛んになる一八八〇年代後半頃からは、「アジア」という認識枠組みそのものへの違和感は弱まっていった。むしろ、「アジア」概念は根拠の怪しい「人種」論と「日本固有の国家的使命」といった大仰なスローガンの奇妙な混淆によって受け入れられ広がっていった。「アジア」人は一般的には「専制」的体制の下に暮らす運命にあったかもしれないが、日本「人種」だけはもともと西洋「人種」に劣らず優秀であって、そこから抜けだし、あるいは「アジア」を指導する職分をもつ、という劣等意識と優越意識の奇妙な混合物に、それは次第に回収されていった。

福澤自身、一八八〇年代にはしばしば「人種」概念を利用するようになる。たとえば、バックル『英国文明史』にも見られる、アリストテレス以来の、寒冷地にこそ知的発達があったという想定を否定して「寒国瘠土《せきど》は文明開化の母なりと速了したるや……世間あにかくの如き道理あらんや欧米人の説に従へば自家欧米人種を以て世界第一等のものと為し、我輩日本人種を目して之に一等を譲るものなりと云ふといえども、これ固より一人種が妄想の私言」(60)と主張する。日本「人種」もがんばればできるという主張で風土決定論を覆そうとするものだが、今度はそのために「人種」概念にしばられることになった。福澤はこの頃、F・ゴルトンの優生学に関心を持ち始めていた。「人種」は改造可能なのではないかという発想は、福澤の議論に奇妙な影を落とすことになる。

かりに「人種」が「改造」できるとしても、なぜある「人種」が自己を改造しようとする意思をもつことができるのかは説明が難しい。三宅雪嶺が学生時代に書いた「日本人民固有の性質」という論文(61)は、「日本人民」の「忍耐力に乏しく軽装浮薄」な性質は、その「人種」の発生地である「蒙古満州の間」の気候風土によってできたのであって、すでに長い間「日本群島」にすんでいるのだから改造可能であるという。悪趣味ともいえる荒唐無稽な論文だが、この議論にしたがえば、そもそも「日本人民」という概念も「蒙古人種」という概念も意味をなさないことになるはずである。「固有の性質」はどうなってしまうのだろうか。

もともと特定の「人種」には、ある使命が用意されていたとする方が、前提さえ承認してしまえば説明は苦しくない。明治以降の高等教育に導入された西洋の歴史学・地理学によって、「亜細亜」の東端に位置しているからこそ、「日本国の天職」があるという主張は補強されることになる。内村鑑三は、「日本国の天職」の中で、古代の「ギリシア人」になぞらえて、日本人の「天職」を説く。

教授フリーマン希臘国《ギリシア》を評して曰く「若し希臘国に希臘人なかりせば希臘人のなせし事をなし能はざりしなら

ん、また若し希臘人にして希臘国にあらざりしならば希臘国は彼の大事業を見ることを得ざりしならん、然るに国土は国民に適し遂に彼の大事業を遂げり」と。名言と謂《いい》つ可し。今日本国の天職何処にあるかを知らんと欲せば先づ第一に我国自然物殊に地理学上の形状に就て推究せざるべからず。[62]

「フリーマン」は、英国や米国で教科書として使われ、日本でも学校教科書作成のために参照されることのあった **Edward Augustus Freeman**（1823–1892）の『歴史学概論』の内容をさしていると考えられる。フリーマンはオックスフォードの近代史欽定講座教授で自由主義的な政治活動家でもあり、また古代ギリシアの政治的自由と豊かな文化を称揚した。[63] ただし、ここで内村の引用に正確に対応する箇所はつきとめられなかった。

内村は、日本の東海岸に良い港湾が多いことから、日本が東西の「飛石［a stepping-stone］」に適しているという。近世の「水土」論では、日本は東側に海があるため「陽気」の生まれる地形だとされていたが、それが海運という技術に関係する説明にヴァージョンアップしたようなものである。そしてそれが日本の「天職」を決定する。

日本国は実に共和的［英文では democratic］の西洋と君主的［同じく imperial］の支那との中間に立ち基督教的の米国と仏教的の亜細亜との媒酌人の位地に居れり。[64]

東西両岸の中裁人、器械的の欧米をして理想的の亜細亜に紹介せんと欲し進取的の西洋を以て保守的の東洋を開かんと欲す。是日本帝国の天職と信ずるなり。新文明の紹介者として日本国の亜細亜に対するの関係は昔時希臘の欧州大陸に対せし関係の如し。[65]

先にモンテスキューに関連して触れた、アリストテレスの『政治学』以来の、寒冷な地に住み気概に富むヨーロッパ人と、知能と技芸の優れた「アジア」人の中間にあるギリシア人という評価方法が、ここにも影響している。東西文明の「媒酌人」こそが最も重要だという論理である。内村が言及する「ギヨー」（Arnold Henry Guyot, 1807–1884）がその著書『地と人』で、中国やインドなどの進歩が止まったのは相互に異なる人種や性質の交流がヨーロッパほどではなかったためであると記述していることも、ここに影響しているかもしれない(66)。これは地理的に「亜細亜」の周辺部にあることを逆手にとって、その固有の価値を強調する企図からきている。

こういった「人種」的職分論は、意図がある種良心的であるだけに、手の込んだナショナリズムの一事例である。ただし、この時期このような言説ばかりがもてはやされたわけではない。本章の締めくくりに、日清戦争の休戦直後に竹越三叉が発表した「世界の日本乎、亜細亜の日本乎」という論文に触れておきたい(67)。

竹越は、西洋への対抗意識から「亜細亜の日本」を主張する言論に対して、はっきりと挑戦していた。竹越は「亜細亜の日本」ではなく「世界の日本」という考え方を採用すべきであると主張する（竹越は後に『世界之日本』という雑誌の主筆に就任する）。それは「亜細亜の日本」という考え方が、西洋に対する劣等意識と感情的な反発を強めるだけだと考えるからである。

竹越は「人種、歴史、地理」的説明によって「亜細亜」がひとまとまりの思想や文明の単位であるとされることに明確に反論する。

その人種相似たりというか。亜細亜列国の人種相異なるや、日本人種と欧羅巴人種の相異なると毫も異ならず。……亜細亜は人種上においても、確固たる一個の形体をなすものにあらざるや明かなり。已に人種上の形体にあらず。然らば則ち文明の性質において、亜細亜は一種の形体を具うるか。釈迦は曾て印度より起れるが故に、仏教を亜細亜の猶太より起りしが故に、基督教を亜細亜文明と称するか。耶蘇は亜細亜文明と称せんとするか。孔子が支那山東の地に起りしが故に、儒教を亜細亜文明と称せんとするか。

宗教を発生地で考えるならキリスト教はヨーロッパのものとはいえないではないか、というわけである。そして「亜細亜」という呼称の恣意性を攻撃する。

亜細亜は已に人種的結成体にあらず、また文明的結成体にあらず。いわんや政治的形体にあらず。然らばただこれ地理上の一空名の外何の実かある。……亜細亜といい欧羅巴という、畢竟古人の随意自由に命名したるものに過ぎず。……〔日本は地勢から見て〕その文明も蒙古人種の文明にあらず、東西南北の精英を集め、咀嚼、鍛錬して、別に一個の文明を有す。もし亜細亜旧時の思想によりて、亜細亜総連合を起さんとせば、中心は日本にあらず。最も能く之を代表するものは、即ち支那也。故に亜細亜説は即ち支那中心説とならざるを得ず。

「亜細亜」という呼称は、命名する側の高みに立つ西洋中心主義だという指摘は、いわば会沢正志斎が提起した議論の継承である。また、「亜細亜」という呼称は、日本が中国の周辺国であることを認めることになり、承服できないという、反・中国中心主義の動機もここに織り込まれている。

竹越は「日進文明の自由なる大気」を擁護し、「亜細亜」をいう名称を嫌った。竹越のように「亜細亜」という呼称そのものにあからさまに反発する主張は、一八九〇年代にはおそらく多数とはいえない。では、竹越は、地理的決定論や、地域総称による政治・社会的性格の不当な一般化を十分に批判できたのだろうか。竹越は、日本列島が地理的に暖流と寒流が交差するところに位置することを、「世界の日本」の根拠の一つにしている。これは内村の場合と似て、「水土」論の近代版である。そして、内村と同様に、竹越の議論も、「天下の文明は日本国民の為めに消化せられ、鍛錬せられて、此に一個新奇の撰択文明を生ぜんとす」という日本固有の使命を強調する。しかし、日本だけが「撰択文明」を獲得することができると主張する根拠は何だろうか。「歴史、人種、地理の区分」に縛られる必要はないといいながら、日本は特別に優れた「水土」に恵まれているという枠組みをさらに補強しただけにも見える。「歴史、人種、地理の区分」を疑い相対化していく視野の獲得は、「世界の日本」を掲げる竹越にとっても困難なものであったことがよくわかる。

注

（1）　たとえば佐藤信淵『存華挫狄論』（一八四九年自序、早稲田大学図書館蔵の写本を用いた）の序文には「亜細亜洲の人は礼を崇び義を行い、各確然としてその境界を守り」（つまり亜細亜の人は礼と義を尊重するので他国を侵略しない）というが、そのあと同書は、西洋の火器の技術を学び、日本と清国が武備を固める必要を説くのみで、道徳を守ろうとはいわない。

（2）　松田宏一郎「「亜細亜」の「他称」性」（松田宏一郎『江戸の知識から明治の政治へ』ぺりかん社、二〇〇八年）。また、植村邦彦『アジアは〈アジア的〉か』（ナカニシヤ出版、二〇〇六年）、三谷博「「アジア」概念の受容と変容」（渡辺浩・朴忠錫編『韓国・日本・「西洋」――その交錯と思想変容』慶應義塾大学出版会、二〇〇五年）も、見取り図を得るのに役立つ。

（3）　Leigh K. Jenco, "Revisiting Asian values," *Journal of the History of Ideas*, volume 74, number 2（April, 2013）. 秋田道子、工藤献「東アジアにおける政治文化と地域意識――「アジア的価値」論に内在するオリエンタリズムの考察」（『立命館言語文化研究』二一巻三号、二〇一〇年）、押村高「アジア的価値の行方――デモクラシーをめぐるアジアと西洋の対話」（天児慧編『アジアの21世紀――歴史的転換の位相』紀伊國屋書店、一九九八年）、T. N. Harper, "Asian Values and Southeast Asian Histories," *The Historical Journal*, vol. 40, no. 2（1997）.

（4）　Marian J. Tooley,"Bodin and the Mediaeval Theory of Climate," *Speculum*, vol. 28, no. 1（1953）; Michael Curtis, *Orientalism and Islam: European Thinkers on Oriental Despotism in the Middle East and India*（Cambridge: Cambridge University Press, 2009）.

（5）　浅野建二校注『人国記・新人国記』（岩波文庫、二〇〇二年）。

（6）　澤井啓一「「水土論」的志向性：近世日本に成立した支配の空間イメージ」（大貫隆編『歴史を問う　三　歴史と空間』岩波書

店、二〇〇二年）。

（7）山鹿素行『中朝事実』（一六六九年自序）、広瀬豊編『山鹿素行全集思想篇』巻一三（岩波書店、一九四〇年）一八―一九頁。

（8）山鹿素行『武家事紀』（一六七三年自序）、山鹿素行先生全集刊行会『山鹿素行先生全集』武家事紀下巻、巻三八、続集、地理上（一九一八年）一頁。

（9）前田勉「山鹿素行『中朝事実』における華夷観念」（『愛知教育大学研究報告　人文・社会科学編』五九輯、二〇一〇年）、桂島宣弘『思想史の十九世紀――「他者」としての徳川日本』（ぺりかん社、一九九九年）第七章、亘理章三郎『日本魂の研究』（中文館、一九四三年）二九七―三〇三頁。

（10）熊沢蕃山『孝経小解』（一六九一年）、正宗敦夫編『増訂　蕃山全集』第三冊（名著出版、一九七九年）「喪親章第二十二」五二頁。

（11）田世民『近世日本における儒礼受容の研究』（ぺりかん社、二〇一二年）、Kate Wildman Nakai, "The Naturalization of Confucianism in Tokugawa Japan: The Problem of Sinocentrism," *Harvard Journal of Asiatic Studies*, Volume 40, Number 1 (1980), W. J. Boot ed., *Critical Readings in the Intellectual History of Early Modern Japan*, Vol. 1 (Leiden; Boston: Brill, 2012) に再録。

（12）浅見絅斎「中国辨」（一七〇一年奥書）、西順三、阿部隆一、丸山眞男校注『日本思想大系　三一　山崎闇斎学派』（岩波書店、一九八〇年）四一七頁。

（13）川和田晶子「元禄時代に於ける天文暦学伝授：澁川春海・谷泰山往復書簡の研究」（『科学史研究』第II期三九（二一五）、二〇〇〇年）。

（14）谷秦山「元亨釈書王臣伝論の後に書す」（一六九六年）、『秦山集』巻四十三（谷干城、一九一〇年）第五冊、四丁裏―五丁表。

（15）西川如見『日本水土考』（一七〇〇年）、飯島忠夫、西川忠幸校訂『日本水土考・水土解辨・増補華夷通商考』（岩波文庫、一九九七年）二一頁。

（16）雨森芳洲『橘窓文集』（一七九四年刊）、泉澄一、中村幸彦、水田紀久編『関西大学東西学術研究所資料集刊　十一―二　雨森芳洲全書二』（関西大学出版部、一九八〇年）巻之一、一二―一三頁。

（17）桂島宣弘「雨森芳洲再考」（『立命館文学』五五一号、一九九七年）。

（18）貝原益軒『五常訓』（一七一一年）、益軒会編『益軒全集』巻之三（益軒全集刊行部、一九一〇年）巻之一、二四三頁。内田秀雄「貝原益軒に於ける地理学思想」（『地理學報』大阪学芸大学地理学会、第三号、一九五二年三月）。

(19) 貝原益軒『扶桑記勝』(年代不明)、益軒会編『益軒全集』巻之七（益軒全集刊行部、一九一〇年）巻之八、五三九頁。
(20) 河宇鳳（井上厚史訳）『朝鮮実学者の見た近世日本』（ぺりかん社、二〇〇一年）。
(21) 朽木昌綱『泰西輿地図説』（一七八九年序）早稲田大学図書館所蔵、巻之一、二丁表。
(22) 本多利明『西域物語』上（一七九八年序）、塚谷晃弘、蔵並省自校注『日本思想大系　四四　本多利明・海保青陵』（岩波書店、一九七〇年）九一頁。
(23) 本多利明『経世秘策』巻下（「後編序」は一七九八年）、『日本思想大系　四四　本多利明・海保青陵』三一頁。
(24) 本多利明『西域物語』上、九一頁。
(25) 藤田雄二「近世日本における自民族中心的思考――「選民」意識としての日本中心主義」（『思想』八三二号、一九九三年）。
(26) 本居宣長『玉くしげ』（一七八六年成立、一七八九年刊）、大久保正編『本居宣長全集』第八巻（筑摩書房、一九七二年）三一一頁。
(27) 上杉和央『江戸知識人と地図』（京都大学学術出版会、二〇一〇年）特に第一章、第三章。
(28) 本居宣長「沙門文雄が丸山八海解嘲論の弁」（一七九〇年）、大久保正、大野晋編集校訂『本居宣長全集』第一四巻（筑摩書房、一九七二年）一六四頁。
(29) 会沢正志斎『退食間話』（一八四二年序）、今井宇三郎、瀬谷義彦、尾崎正英校注『日本思想大系　五三　水戸学』（岩波書店、一九七三年）二五二頁。
(30) 会沢正志斎『新論』（一八二五年撰）、『日本思想大系　五三　水戸学』一四五頁。同様の記述は、会沢正志斎『迪彝篇』（一八三三年述、一八四三年刊）、塚本勝義訳注『新論・迪彝篇』（岩波文庫、一九六九年）二四九頁。
(31) 山村才助『訂正増訳采覧異言』（一八〇二年）、『蘭学資料叢書　訂正増訳采覧異言』下（青史社、一九七九年）七一五頁。
(32) 前田勉『江戸後期の思想空間』（ぺりかん社、二〇〇九年）八四―八五頁。
(33) 会沢正志斎『退食間話』、二四九頁。この点については、松田宏一郎「「亜細亜」の「他称」性」も参照。
(34) 山片蟠桃『夢之代』（一八〇二年自序、一八二〇年自跋）、水田紀久・有坂隆道校注『日本思想大系　四三　富永仲基・山片蟠桃』（岩波書店、一九七三年）二五三頁。
(35) 横井小楠「国是三論」（一八六〇年）、佐藤昌介、植手通有、山口宗之校注『日本思想大系　五五　渡辺崋山・高野長英・佐久間象山・横井小楠・橋本左内』（岩波書店、一九七一年、四五〇―四五一頁）。

(36) 渡辺浩『東アジアの王権と思想』（東京大学出版会、一九九七年）第九章「「進歩」と「中華」」。

(37) 箕作省吾『坤輿図識補』（一八四七年）早稲田大学図書館所蔵、巻二、五丁表―五丁裏。

(38) Johann Hübner, *Vollständige Geographie; 2, Von Dänemarck, Norwegen, Schweden, Preußen, Polen, Rußland, Ungarn, Türckey, Asia, Africa, America und von den unbekannten Ländern*（Hamburg, 1743）, S. 539–540; Gerrit Nieuwenhuis, *Algemeen Woordenboek Van Kunsten En Wetenschappen, C-E*（Zutphen: H. C. A. Thieme, 1821, 静岡県立中央図書館、葵文庫蔵）, blz. 108. 一八―世紀後半から一九世紀初期のヨーロッパで、百科事典の普及とともに、中国皇帝の専制的な権力のイメージが定着していた。オランダの地理書もその流れの中にあったと見てよい。Georg Lehner, *China in European Encyclopaedias, 1700–1850* (Leiden; Boston: Brill, 2011), pp. 195–198.

(39) 加藤弘之『鄰草』（一八六一年）、『明治文化全集』政治篇（日本評論社、一九六五年）五頁、九頁。

(40) モンテスキュー（野田良之、上原行雄、三辺博之、稲本洋之助、田中治男、横田地弘訳）『法の精神』中巻（岩波書店、一九八九年）一〇五―一一五頁。

(41) 箕作麟祥訳「人民の自由と土地の気候と互に相関するの論」（『明六雑誌』第四号、一八七四年）、山室信一、中野目徹校注『明六雑誌』（上）（岩波文庫、一九九九年）一四五頁。

(42) Aristotle, *The Politics*, ed. Stephen Everson（Cambridge: Cambridge University Press, 1988）, p. 165.

(43) Michael Curtis, *Orientalism and Islam*, pp. 72–102; Roger Boesche, "Fearing Monarchs and Merchants: Montesquieu's Two Theories of Despotism," *The Western Political Quarterly*, Vol. 43, No. 4（December 1990）.

(44) 植木枝盛「思想論後編上　亜細亜人の思想如何を論ず」（『郵便報知新聞』一八七六年一一月四日、九日）、家永三郎、外崎光広、松永昌三、川崎勝編『植木枝盛集』第三巻（岩波書店、一九九〇）五八頁。

(45) 内田正雄『輿地誌略』巻二（文部省、一八七四―七五年）巻之二、五丁表―七丁表。早稲田大学図書館所蔵、山梨県版および石川県版を利用した。

(46) Jacob Kramers, *Geographisch-statistisch-historisch handboek of Beschrijving van het wetenswaardigste uit de natuur en geschiedenis der aarde en harer bewoners*, Tweede Deel（Gouda: G. B. Van Goor, 1850）, blz. 539–540.

(47) 福澤諭吉『文明論之概略』（一八七五年）巻之一、三五丁表。

(48) John Stuart Mill, *Considerations on Representative Government*（1861）, in *Collected Works of John Stuart Mill, Volume XIX Essays on Politics and Society*[**], ed. J. M. Robson（Toronto: University of Toronto Press, 1977）, pp. 458–459.

（49）Michael Levin, *J. S. Mill on Civilization and Barbarism*（London: Routledge, 2004）; Geogios Varouxakis, *Victorian Political Thought on France and the French*（Basingstoke and New York: Palgrave Macmillan, 2002）; Robert Kurtfirst, "J. S. Mill on Oriental Despotism," *Utilitas*, Vol. 8, Number 1（March, 1996）.

（50）François Guizot, *General History of Civilization in Europe*, with occasional notes by C. S. Henry（New York: D. Appleton & Co., 1870）, Lecture VII.

（51）John Stuart Mill, *On Liberty*（1859）, in *Collected Works of John Stuart Mill, Volume XVIII Essays on Politics and Society*[*], ed. J. M. Robson（Toronto: University of Toronto Press, 1977）, p. 309.

（52）Alexis de Tocqueville, *Democracy in America*, trans. Henry Reeve（London: 1862）, Vol. I, p. 93.

（53）Alexander Woodside, *Lost Modernities: China, Vietnam, Korea, and the Hazards of World History*（Cambridge, Massachusetts: Harvard University Press, 2006）; Sebastian Conrad, "What Time Is Japan? Problems of Comparative（Intercultural）Historiography," *History and Theory*, vol. 38（1999）.

（54）『文明論之概略』巻之二、三七丁裏。

（55）進藤咲子『研究資料『文明論之概略』草稿の考察』（福澤諭吉協会、二〇〇〇年）五九頁、中井信彦、戸沢行夫「『文明論之概略』の自筆草稿について」（『福澤諭吉年鑑』二、一九七五年）。

（56）本書第三章、Koichiro Matsuda, "Patriotism and Nationality in the 19th Century Japanese Political Thought," in *Patriotism in East Asia*, ed. Jun-Hyeok Kwak and Koichiro Matusda（Abingdon, Oxon; New York, NY: Routledge, 2014）.

（57）松沢弘陽『近代日本の形成と西洋体験』（岩波書店、一九九三年）三三九―三四二頁。

（58）安積艮斎『洋外紀略』（一八四八年序）立教大学図書館大久保利謙文庫所蔵、下巻「防海」の章。

（59）松田宏一郎「「封建」と「自治」、そして、「公共心」というイデオロギー」（松田宏一郎『江戸の知識から明治の政治へ』）、および本書第四章参照。

（60）福澤諭吉「日本も亦富国たるを得べし」（『時事新報』一八八三年三月七日）、慶應義塾編『福澤諭吉全集』第八巻（岩波書店、一九五八年）五六七―五六八頁。

（61）三宅雪嶺（石浦居士）「日本人民固有の性質」（『東洋学芸雑誌』一六、一七号、一八八三年一月、二月）、松沢弘陽『近代日本の形成と西洋体験』三七二―三七三頁。

（62）内村鑑三,"Japan's Future as Conceived by a Japanese（Japan: Its Mission）"（*The Japan Daily Mail*, 一八九二年二月五日、日本語版は、「日本国の天職」『六合雑誌』一三六号、一八九二年四月一五日）、いずれも鈴木俊郎他編『内村鑑三全集』第一巻、岩波書店、一九八一年）二四五、二八七頁。

（63）Freeman,Edward A., *General Sketch of History, Edition adapted for American students*（New York, H. Holt and company, 1874）; Edward A.Freeman, *Outlines of History*（New York: H. Holt, 1873）.

（64）『内村鑑三全集』第一巻、二四九、二九〇頁。

（65）『内村鑑三全集』第一巻、二五二―二五三、二九三頁。ただし「器械的」などの形容詞は日本語版のみで、英文にはない。

（66）Arnold Guyot, *The Earth and Man: Lectures on Comparative Physical Geography, in Its Relation to the History of Mankind*, trans. C. C. Felton（Boston, Gould, Kendall, and Lincoln: 1849）, p. 288.

（67）竹越與三郎「世界の日本乎、亜細亜の日本乎」（『国民之友』一八九五年四月一三日）、柳田泉編『明治文学全集　三六　民友社文学集』（筑摩書房、一九七〇年）。

第二章　「義気」と「慣習」——トクヴィルのモメント

一　問題の所在

前章で検討した水土論と日本の天職論が、「東洋的専制」の運命から脱する手がかりを得ようとしていたことは、その意図が独善的ではあったとしても、確認できた。しかしながら、「水土」や「人種」では、漠然と国土や集団にそれにふさわしい性質があるという主張はできても、それでは個々人がなぜその役割に責任をもたなければならないのかについて、あたりまえだが、うまく説明できない。当該社会が保持している制度が個人に内面化および習慣化され、一種の精神的傾向となって政治的共同体が期待する規範や責務の意識を定着させるはずであるという論理の導入が必要であった。その文脈にとって重要な手がかりをもたらすものとして、トクヴィルの『アメリカのデモクラシー』（以下、『デモクラシー』と記す）の読解がどのようになされたのかを検討したい。

トクヴィルが言及される比較的初期のものとしてあげられるのは、トクヴィルの著作そのものでなく、サミュエル・スマイルズの *Self Help* の中村敬宇による翻訳である。(1) 同書ではトクヴィルがその高貴な家柄に自足することなく、困難を厭わずにアメリカを視察し、優れた著作によって学問に貢献した人物として称揚される。中村自身、スマイルズのこういった紹介からトクヴィルに関心をもち、『デモクラシー』を読み始めたと述べている。(2)

さらに、トクヴィルの著作の最初の翻訳は、『デモクラシー』の中の「出版の自由」について論じた章の訳出であった(3)。この場合は明治新政府による言論統制を批判する理論的武器として採用されたものである。また、肥塚龍による『デモクラシー』第一部のほぼ全体の翻訳が、一八八一年から翌一八八二年にかけて出版された(4)。これはヘンリー・リーヴによる英訳からの重訳であるが、比較的丁寧に訳されたものである。

こういった翻訳や紹介を通じて、近代日本にトクヴィルがもたらした知識と思想は、いくつかの観点と深さに分けることができる。『デモクラシー』は、立場や関心の異なる多くの人々に読まれ、あるいは引用されてきたために、近代日本にとってのその受容の問題は多様な面をもつものであった。しかし、おおまかにいえば、トクヴィル受容のあり方として、最も一般的なものはアメリカという国家の政治システムそのものを理解する手がかりとしての扱いである。さらに、実際のアメリカ社会で生きる人々が生活や社会についていだいているものの見方について、トクヴィルが共感しながらもきわめて冷静で時に皮肉たっぷりの筆致で描いている点もまた、当時の日本の知識人にとって重要な情報であった。もちろんこういった情報や分析は、共和制や連邦制という西洋における国家体制の類型的特性と歴史的背景、さらにデモクラシーの思想など、アメリカという具体的な国家の背後にある、西洋の政治的伝統と理念についての知識と理解に大きく貢献した。

すでに、日本の政治思想におけるトクヴィルの受容については多くの専門的研究があり、ここでその業績についていちいち振り返る必要はないと思われる(5)。そこで、本章ではトクヴィルが描くアメリカの政治制度と理念がどのように日本で理解あるいは誤解されたかといった検討は避けて、やや特定の観点からトクヴィルの近代日本の政治思想への影響を考察する。

第一は、トクヴィルによって描かれた、デモクラシーと共和政を支える市民の「精神の習慣」とでも呼ぶべき資質について、日本の歴史的伝統の中からそれに対応する精神的要素を見いだそうとする努力がなされたこと、そして第二に、トクヴィルが示した旧体制の社会と革命の意味づけが、日本ではどのように理解されたのか、以上の二点に絞って検討をしたい。

二　「義気」とパブリック・スピリットの解釈――福澤諭吉

慶應義塾によって刊行されていた『家庭叢談』という雑誌に、一八七六年、『デモクラシー』の第一部の中からいくつかの節が、小幡篤次郎による翻訳で掲載された[6]。先に触れたようにすでに一八七三年に、小幡は出版の自由に関する章を訳出していたが、『家庭叢談』での翻訳は、一八七七年刊行の『分権論』などにも引用され重要な役割を果たした。福澤所蔵本には一八七七年六月から七月にかけて読んだことを示す書き込みがあるため、福澤自身が『デモクラシー』の英訳版を読んだのは、おそらく『分権論』脱稿よりも後である。ただし小幡篤次郎の訳から学んだり、あるいは福澤本人による部分的な拾い読みはその前からなされていたのではないかと思われる。小幡篤次郎の業績は、今日あまり注目されることがないが、福澤の著作活動にも深くかかわっており、福澤がトクヴィルを自分で読む以前にトクヴィルの思想についての紹介役をはたしていると考えられる[7]。

小幡は、『家庭叢談』誌上に public spirit という概念が用いられた部分を訳載した。そして、おそらく執筆者が福澤諭吉であろうと推測される紹介文が、小幡の訳の前に掲載されている。ここで、「我邦人の義気」という言葉に「パブリックスピリット」とルビを付している。

今や我邦人の義気《パブリックスピリット》漸く衰え人々国の存する所を知らずして、五里霧中に漂泊するは吾人の共に慨嘆する所なり。余輩頃日小幡氏の訳文トクヴヰールが米人の義気を論ずる一篇を読むに及で大に感ずる所あり。それトクヴヰールは仏人なり。一千八百三十二年に当り米国に渡航してその建国の基く所を探り、以てこの一大奇書を著せしは実に一千八百三十五年にして、今より四十一年前なり。しかりしこうしてその論ずる所を見れば、現今自ら我邦に渡来して殊更に我邦人のために論述したるが如きものなきにあらず。よりて今その全文を掲げて以て同憂の士に示し、あわせて義気振興の一助となさんと欲す。［ルビ原文］

「義気」という用語についていえば、福澤諭吉は、トクヴィルの著作に接する以前に、『西洋事情』外編（一八六八年）において、「およそ人として義気廉節を守り心力を労して憚ることなくば、たとい相競い相争うの世と雖ども、活計の路を得ること疑なし。即ちこれ文明の世界中に求むべき活計の路なり」と記していた。(8)「義気廉節」という熟語は、元になったChambers社の経済学教科書に照らすと、“honest and industrious”の訳であり、政治的責務への関心という意味は込められていない。ところが後に、『学問のすゝめ』（第一一編「名分をもって偽君子を生ずるの論」一八七四年年七月）の中で「義気」が用いられていた例がある。ここで福澤は、日本は義の国だと主張するような主張を皮肉っている。徳川時代に、日本国民の内どれだけ「義気」をもった人間がいたのか、計算してみようという。

或人云く、かくの如く人民不実の悪例のみを挙ぐれば際限もなきことなれども、悉皆然るにもあらず、我日本は義の国にて、古来義士の身を棄てて君のためにしたる例は甚だ多しと。答云く、誠に然り、古来義士なきにあらず、ただその数少なくして算当に合わぬなり。元禄年中は義気の花盛りともいうべき時代なり、この時に赤穂七万石の内に義士四十七名あり。七万石の領分にはおよそ七万の人口あるべし。七万の内に四十七あれば、七百万の内には四千七百あるべし。物換り星移り、人情は次第に薄く、義気も落花の時節となりたるは、世人の常にいうところにて相違もあらず。故に元禄年中より人の義気に三割を減じて七掛けにすれば、七百万につき三千二百九十の割合なり。今、日本の人口を三千万となし義士の数は一万四千百人なるべし。この人数にて日本国を保護するに足るべきや。三歳の童子にも勘定は出来ることならん。(9)

元禄年間に赤穂藩の全人口の内四七人しか「義士」がいないのであれば、現在の「日本国」全体では一万四一〇〇人しかいないことになる。武士の「義気」は、赤穂の「義士」のように勤め先の上司である藩主への忠誠心や自己犠牲の精神であるかもしれないが、国民の国家への忠誠心とは関係がないではないかというわけである。この一節が書かれた時点では、トクヴィルの影響はなかったかもしれない。しかし、『西洋事情』外編とは、含意が異なることは明らかである。「義気」という言葉は、中国では、董仲舒作とされる『春秋繁露』において、君主への忠誠心故に自己の生命を犠牲にした臣下をさして用いられている例が代表的であろう。(10)つまり、一般的な責任感や節度ではなく、君主への忠節という意味合いが強い言葉である。その語感を逆手にとって、忠節の「義気」で満ちているはずの徳川時代に、皮肉にも、あるいは当然にも、いかに「義士」が不足していたのかを指摘したのである。『学問のすゝめ』からさらに『分権論』に進むまでに、トクヴィルが与えた影響は大きい。トクヴィルによる、権力の中央集中への批判が、国民国家の基礎をなす一般人民の政治的共同体への献身という考え方と組み合わされ、福澤の議論に、精神論的な鼓吹以上の政治制度論的な性格が込められることになった。

『分権論』（一八七七年）のアイデアに関係すると考えられるメモには、以下のような一節がある。

治権分布の慣習なきこと日本の如き国においては、情実の政を施すこと板倉大岡の流に従うより外は、如何なる政体にても、政府に人物集りて政治の行届く程、ますます国力は衰微すべし。政治行届きて国の衰微するとは迷惑なる次第なり。然ば則ち態《わざ》と不行届きにしては如何というに、若し不行き届きならば各地方に幾多の専制力を生じて又難渋なるべし。されば板倉大岡の流に復古せん歟、開国以来再び行うべからず。この復古が出来る位なれば、徳川は滅亡せざる筈なり。結局今の処にては治権分布の慣習を養うより外なし。この事行われざれば日本は慥《たしか》に無に属すべし。(11)

明らかに「治権分布の慣習」という概念は、トクヴィルの『デモクラシー』における行政 administration の分権という議論から引き出されていた。この言葉はすでに小幡の『家庭叢談』上の訳文に現れていた。もちろん「慣習」もトクヴィルのいう mœurs（Reeve 訳では manners, mores）を引いたものであろう。そして福澤は「治権分布の慣習」をつくりださなければ、政治権力はますます干渉的にならざるを得ず、国民はますます自立心や活力を失うと論じている。

福澤は、国家の統合と「治権の分布」は相互に補強し会う関係にあるということを、『分権論』の中で次のように説明した。

まず中央集権論が日本の文脈では否定できない説得力をもつことをある程度認める。

集権論者はまた一歩を進め、ただに治権を集合するのみならず、商売工業の権をも一処に合併して、殆ど人民の私を制せんとするの考あるが如し。けだし日本の商工は数百年の久しき睡眠の如く麻痺の如く、至静の有様に沈て、ただよく他の命に従うのみにあらず、求めてこれに従い悦てこれに依頼するに慣れたる者なれば、これを放頓してそのなす所に任ずるときは際限あるべからず。……今政府に在る人は、その官位を問わず履歴を尋ねず、ただその智力のみに就て論ずるも、日本国中の人民において先進先覚の人物といわざるを得ず。然ば則ち先進は後進を導かざるべからず。先覚は後覚を教えざるべからず。これすなわち人民の睡眠を驚破し麻痺を感覚せしむるの一策なり。この一段に至ては、日本の政府は西洋諸国の政府に比して少しく趣を異にし、あたかも公務の外に一の私務ある者の如し。故に自国の形勢をも考えずして西洋の空談を聞き、一概に自然放頓の旨を主張して政府の多事繁務なるを咎るは、実地に暗き者の紙上論のみ。(12)

日本のような後発国では、社会の自発性に期待できないので、政府が「公務」だけでなく、社会を啓発し覚醒を促す「私務」を兼ねるのも仕方が無い。とはいうものの、やはり「習慣」から実際的な知恵をすくいださなければ、統治は機能しない。

然りと雖ども、そのこれを導きこれを教るの方法に就ては頗る考案を要することなれば、軽々着手すべからず。政府を人民の先進先覚というと雖ども、ただかくの如くすべしとの説を発明したるのみにして、いまだかくの如くするの術を得たる者にあらず。実際の術に至ては、たとい理論に乏しきも、人民の習慣に由て熟知する所なれば、固より政府の及ばざるものなり。(13)

この一節は、『デモクラシー』においてトクヴィルが、中央集権のメリットとデメリットを吟味しながらも、結局、通常の政府の能力を考えると中央集権主義には限界があるのみならず有害であるとしている箇所を踏まえている。中央政府があらゆる地方と分野を指導することは処理能力を超えてしまうと福澤は考えるからである。

この記述での「人民の習慣」は村落レヴェルの地域秩序を運営する伝統的習慣であって、国家構造全体を意識した自治的な責任意識を意味する「治権分布の慣習」とは別である。しかし、福澤は、この二つの習慣を結びつける可能性を提示しようとしていたと考えられる。この「習慣」が新しい自治の習慣への基礎条件的な役割を果たすと考え、その転換を実現するために、地方分権制度によって経験を通じてわざわざ「教え導く」必要があると考えたのである。ここで、福澤は後発国である日本の条件に即して、中央集権主義批判の調子をやや弱めたのではないだろうか。トクヴィル自身、『デモクラシー』第一部出版の後、一八三〇年代後半に、産業化の進展が政府の干渉に多分に依存している事態に着目し、社会そのものがもつ活力に期待するだけではすまなくなり、中央集権化についての評価がより複雑なものになっていったといわれる。(14)福澤にも同様の振れ幅が生まれていた。

国民が権力と権威への無自覚的依存から自由になるように、国家が制度を通じて教育するという逆説的な課題設定は、同時に、集団への本能的な執着心を、秩序への理性的な貢献意識に転換するという課題にも結びついていた。西南戦争の頃の「覚書」に、「薩摩の社会を評すれば、藩政の大綱は専制なれども、藩士相互の細目は自由自治の風あり、あたかも自由の精神を以て専制の君に奉じたるものなり。薩兵の強きは特に此自治自動仲間申合せの致す所なり」(〔頭書〕トウクビルデモクラシ初巻第三百二十八葉を見れば、カトリキ宗の同権を論じたり。其旨暗に本論に符合する所あり。トウクヴビルは先ず余が心を得足るものなり。専制の下に同権の人民ある可し。間違なき議論なり」)といったメモを福澤は残している。ハイアラーキカルな組織形態をもつカトリック教会の下でも「同権 the equality of conditions」の結社的関係は形成可能であるというトクヴィルの考え方に共鳴したのである。これにヒントを得て、薩摩藩士の独立的精神の秘密は、「専制」の制度の中に「同権」という横のつながりをもった「自由自治」の精神を働かせる仕掛けがこっそり仕組まれていたことであると福澤は考え、それを高く評価した。(15)

一見古くさく、非合理的に見える、権威に対する畏怖や伝統への愛着が、うまく「自由自治」・「自治自動仲間申合せ」を奨励する制度と組み合わせになれば、政治的共同体を支える自発的な精神的基盤として機能するというアイデアを、福澤はトクヴィルを通じて得た。『分権論』は士族の精神的資質を近代国民国家への忠誠と貢献の意識に転換しようとする論旨になっているが、その論理構成にトクヴィルは強く影響を与えた。

概してこれをいえば士族の生は国事政治の中に在て存し、四十万の家に眠食する二百万の人民は、男女老少の別なく一人として政談の人にあらざるはなし。伝え聞く、亜米利加の人民は所謂「ポリチカル・アイヂヤ」なるものを抱て、人々一国公共の事に心を関するの風ありというと雖ども、日本の士族が国事に意を留る程の甚しきはなかるべし。固より東西習慣を異にし、日本にては君家に忠義といい、戦場に討死といい、文武の嗜といい、武士の心掛といい、亜米利加にては報国の大義といい、国旗の栄辱といい、憲法の得失といい、地方の議事といい、その趣は双方全く同じからずと雖ども、国事に関して之を喜憂する心の元素に至ては、正しく同一様なりといわざるを得ず。(16)

ここでもちいている「ポリチカル・アイヂヤ」(political idea)は英訳『デモクラシー』には見あたらないので、福澤が自身の判断で用いたか、あるいはギゾー『ヨーロッパ文明史』にあった表現を転用したのかもしれない(17)。

個人の精神的活力を危険視するのではなく、それを利用して社会全体の精神的活力(これも「義気」であろう)を生み出すというアイデアについてもトクヴィルは貢献した。福澤所蔵本で、第一部第一七章「合衆国の民主的共和政が維持している最大の原因」の所に、「不徳も亦社会に益を為す」という書き込みが見られる。これは新世界では、貪欲が必ずしも悪徳とはいえず、それが国家を発展させていることを記した箇所にある(図1)。

福澤がこの付箋を貼り付けたページで、トクヴィルは、旧世界では礼儀や故郷への愛着によって人々が抑え込まれ、静的な秩序が維持されることが国家の存立のために重要であるのに対して、アメリカでは事情が全く異なると述べている(18)。アメリカでは、豊かになる事への欲望と移動を好む精神とが、社会の活力を生むと同時に、うまく秩序の中に織り込まれているとトクヴィルは論じていたが、福澤はこの記述に関心をもったのである。

さらに「競争」の効用が付け加えられる。『通俗国権論』（一八七八年）に、『デモクラシー』を用いたと思われる記述がある。

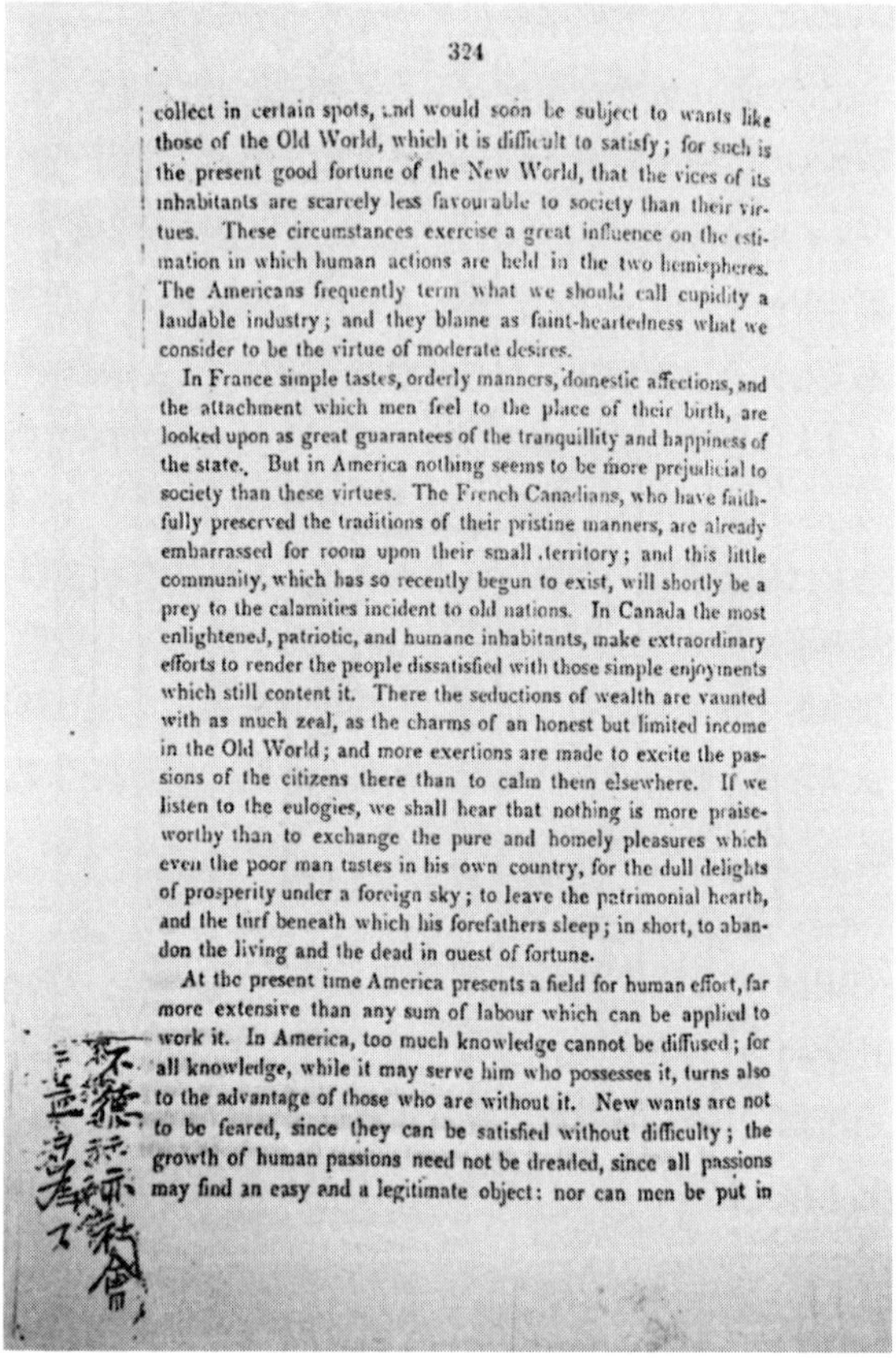

324

collect in certain spots, and would soon be subject to wants like those of the Old World, which it is difficult to satisfy; for such is the present good fortune of the New World, that the vices of its inhabitants are scarcely less favourable to society than their virtues. These circumstances exercise a great influence on the estimation in which human actions are held in the two hemispheres. The Americans frequently term what we should call cupidity a laudable industry; and they blame as faint-heartedness what we consider to be the virtue of moderate desires.

In France simple tastes, orderly manners, domestic affections, and the attachment which men feel to the place of their birth, are looked upon as great guarantees of the tranquillity and happiness of the state. But in America nothing seems to be more prejudicial to society than these virtues. The French Canadians, who have faithfully preserved the traditions of their pristine manners, are already embarrassed for room upon their small territory; and this little community, which has so recently begun to exist, will shortly be a prey to the calamities incident to old nations. In Canada the most enlightened, patriotic, and humane inhabitants, make extraordinary efforts to render the people dissatisfied with those simple enjoyments which still content it. There the seductions of wealth are vaunted with as much zeal, as the charms of an honest but limited income in the Old World; and more exertions are made to excite the passions of the citizens there than to calm them elsewhere. If we listen to the eulogies, we shall hear that nothing is more praiseworthy than to exchange the pure and homely pleasures which even the poor man tastes in his own country, for the dull delights of prosperity under a foreign sky; to leave the patrimonial hearth, and the turf beneath which his forefathers sleep; in short, to abandon the living and the dead in quest of fortune.

At the present time America presents a field for human effort, far more extensive than any sum of labour which can be applied to work it. In America, too much knowledge cannot be diffused; for all knowledge, while it may serve him who possesses it, turns also to the advantage of those who are without it. New wants are not to be feared, since they can be satisfied without difficulty; the growth of human passions need not be dreaded, since all passions may find an easy and a legitimate object: nor can men be put in

図１　慶應義塾福澤研究センター所蔵

また封建の時代に各藩相対するの事情は競争の最も甚しきものにして……。これらの事実に由て考れば、日本の人民決して報国心に乏しからず、ただその心の狭小なりしのみ。心の狭小なるにあらず。これを用る場所の狭小にして、彼の広大なる日本国なるものを知らざりしのみ。報国の心は殆ど人類の天性に存するものにして、その元素は何等の事情事変に遭うも、あるいは専制暴制等の働を用るも、決して消滅すべきものにあらず。あに日本人にして独りこの心を欠くの理あらんや。(19)

『デモクラシー』においてトクヴィルは、「本能的な愛国心 instinctive patriotism」が、伝統的な社会のあり方にも存在することを認めながら、それがそのままでは、トクヴィルが「思慮によっている愛国心 reflecting patriotism」として近代国家における国家への貢献と責任意識には結びつかないと論じていた（『デモクラシー』福澤所蔵本の Reeve 訳では第一部一四章中の「合衆国における public spirit について」の節）。おそらく福澤はそのトクヴィルの議論を踏まえて、「天性」にある萌芽的な patriotism を、いかにして国民国家を支える「報国心」に再編成していくかという課題を示そうとした。ここで「封建」の中に見られる「競争」的要素の効用というアイデアは、トクヴィル自体からではなく、むしろフランソワ・ギゾーの文明論からの影響があると考えられる。

福澤による「封建」概念の肯定的な使用については、すでに論じたことがあるので詳しくはそちらに譲りたいが、福澤が「封建」の精神の中に専制に対抗する自由主義的な要素や自発的な秩序形成への精神的伝統といった要素を読みとろうとしていたのは、トクヴィルをギゾー的な文脈で理解すると同時に、日本には専制から離脱することのできる歴史的条件がそもそも用意されているという希望的認識が作用したためである。トクヴィルは『デモクラシー』で中国に言及しているが、それがさらにはミルの『自由論』における中国官僚制への言及を思い起こさせ、アジア的専制の伝統から、日本だけは自由なのではないかというアイデアが生まれたと考えられる。(20)

トクヴィルの提示した中国官僚制の姿については、『デモクラシー』第一部第五章「合衆国における行政的分権の政治的効果」には次のような一節が見られる。

現代において、私の見るところ、中国は、完全な中央集権的行政をおこなっている国家が、国民にいかなる意味での幸福を提供するかについて、もっとも完全な事例を示している。旅行者の見聞によれば、中国人が享受しているのは、幸福なき自由、進歩なき産業、力なき安定、公共道徳なき公共秩序である。社会の状態は常に、我慢できるものであっても決して優れたものとはいえない。ヨーロッパ人の眼からすれば、中国はこの世界でもっとも完全な中央集権的行政のモデルとなるに違いない(21)。

これは、中央集権的な行政によって社会が完全な睡眠状態に陥っていることが、平和な秩序ある望ましい状態と見なされてしまう危険性を述べた箇所につけられた脚注である。ここで、自由・産業・安定・秩序は、完全に統制され社会が活力を失った状態でも成立するという逆説的な指摘がなされ、「中国」はその象徴として扱われている。以上、福澤諭吉の場合、アメリカ社会を知るための個別の論点や断片的知識の収集ではなく、ある社会に習慣化した心的態度の中に人類にとっての新しい政治秩序形成への手がかりを発見しようとする方法論そのものが、トクヴィルの貢献であることがわかる。

三　自発的かつ扱いやすい「自治」――大森鍾一

福澤とは対照的に、トクヴィルを、柔軟だがしぶとく壊れにくい、しかもおそらく安上がりな、秩序構築のヒントとして使うものもあった。井上毅の下でフランス語の法・政治関係文献を翻訳し、さらに山県有朋を支えて地方制度の設計に深くかかわった大森鍾一は、その「地方治体論」（東京市政調査会『大森文書』五九）と題する草稿で、トクヴィルに触れている。

トクヴィルは大に集権の非を鳴せし人なり。曰く central［isation］ administ［ratife］は常に cité（壕）の心を減じきたり、遂に何れの時か何れの町かに於て全力の民力 force を集会し終りて再び続き生する Reproduire の力を失わん。戦時に於ては利あらしむべしと雖も遂には国力を失わしめん。(22)

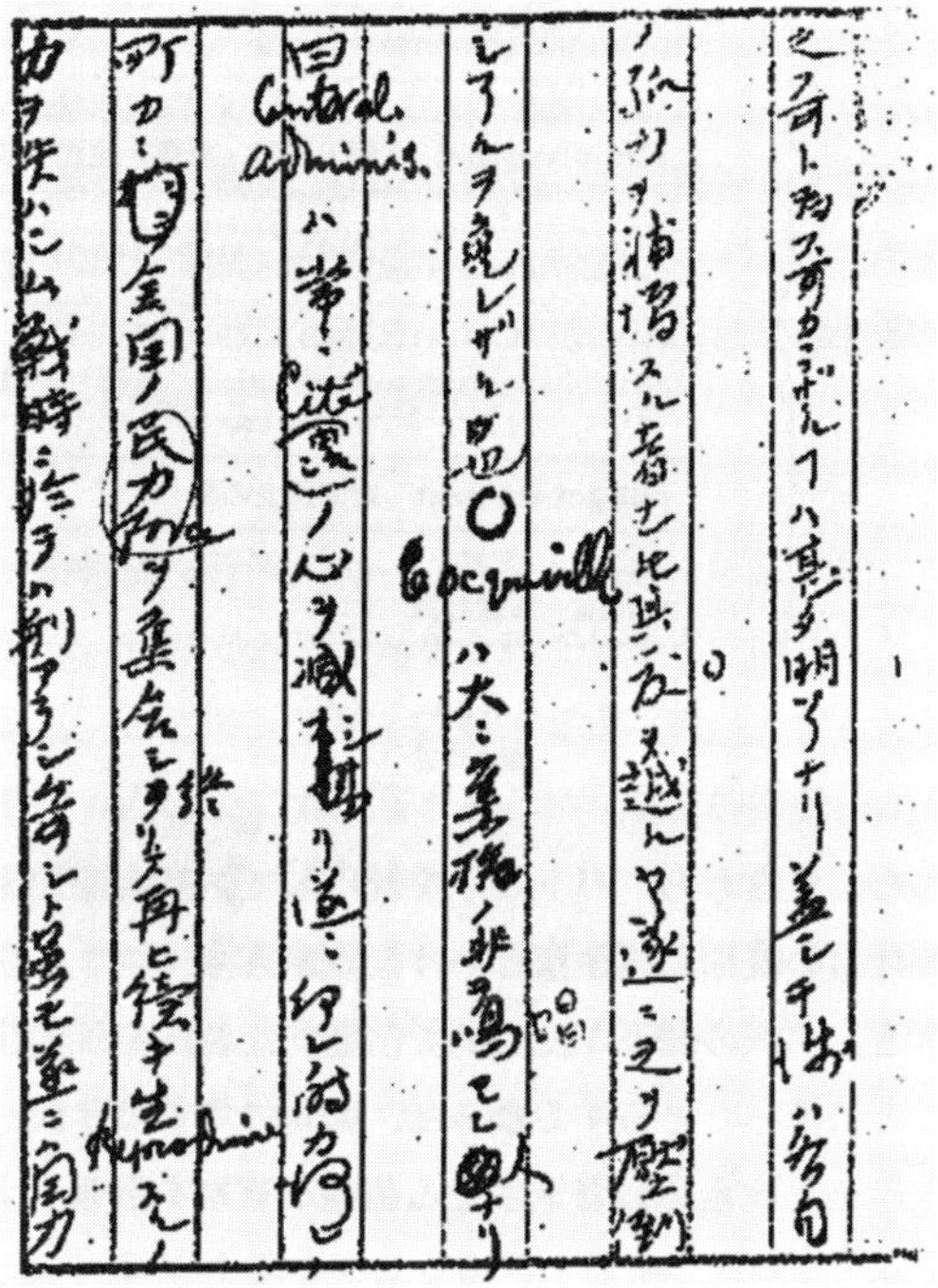

図２　公益財団法人後藤・安田記念東京都市研究所市政専門図書館所蔵

これはメモなので翻訳としてはこなれていないが、『デモクラシー』の「行政的集権」の章で、行政的集権が公共精神（esprit de cité）を弱め、一定の時と場所に国民の力を集中するには良いが、それを再生産することは長期的には難しくなると論じている箇所からの抜粋である。つまり福澤が着目した箇所と同じである（図２）。

大森の場合は、地方行政をナショナルな政治的紛争から切り離し、安定した地域社会の秩序を維持することが、長期的には「国力」を維持し再生産することに貢献す

図３　筆者作成

るという主張をトクヴィルからくみとっている。結局、狙いとしては、国家が大規模な財源と労力を払わなくても、自発的に社会の esprit や force を維持できる方策を考えるための材料としてトクヴィルが用いられている。

おそらく、大森はトクヴィルの地方分権論について、フランスの法学者バトビーの行政法に関する書物から学習したと思われる[23]。バトビーの名前が同じ草稿の随所に見られるためである。上記トクヴィルの引用文も、バトビーからの孫引きであろう[24]。大森はバトビーに触れながら、過度の中央集権は、頭の大きすぎる人間と同じでバランスを欠き、それは精神の中央依存（centralisation morale）を生み、不健康であると記述している。またバトビーに従って、中央集権を政治的、行政的、文化的（morale / intellecture）な諸領域に対応する三つの下位カテゴリーに分け、また逆に行政制度については集権・分権、自治、後見的監督（tutellel）といった運営原理があるという考えを記している。

試みに大森がここで記述している諸論点を図にすると上のようになる（図3）。

大森は、これらの内のどの制度が優れているかを論じるのではなく、こういったカテゴリーの検討を通じて、国家全体が包括する諸権力機構のバランスの中に自治と分権の制度を位置づけようとした。バトビーを経由して、社会が地域レヴェルでもっている秩序維持能力の長期的再生産という観点からトクヴィルを理解したと見なすことができる。福澤の関心が意欲的で活動的な個人を「国民」のモデルとして描き出すことにあったとするならば、大森の場合は、同じ材料を使いながら、地域的秩序を非政治化し安定させる制度モデルを引き出すことに関心があった。

四　「封建」と「革命」への視線

福澤の場合は、日本の「封建制度」に、中央集権による弊害が顕著な中国的専制とは異なる「分権」的伝統をあえて読み込み、大森は、行政的分権の制度的狡知をトクヴィルから都合よく引きだそうとしたわけだが、『デモクラシー』の同じ箇所を読んだ他の日本の知識人の中には、トクヴィルが指摘する、集権のもたらす危険性を他人事ではないと感じたものもいた。

一八八〇年代前半、徳富蘇峰が、東京で新聞記者として名を挙げたいという願いがかなわず、野心を抑えかねながら、熊本で勉強し、民権運動にかかわり、大江義塾で英語や他の西洋知識を教えていた頃読んでいたとされる『デモクラシー』には、ちょうど第一部第五章の中国をめぐる記述の部分にアンダーラインが引かれている（図4）[25]。さらには、第二部第四巻第六章の「民主政下の国民が怖れるべき専制とは何か」と題された章の中で、権力が人々を完全にコミュニティの中に押さえ込み、決して暴力的ではないが、あらゆる個性や活力を否定して標準化された従順な秩序を達成することの危険性を論じた箇所に、「支那之如是也」と書き付けている（図5）。トクヴィルが警戒するのは、暴力的な支配者として現れる古いタイプの専制的権力ではなく、平準化された国民に対して保護者として立ち現れる新しいタイプの専制的権力である。トクヴィルはこのような権力を、家畜を扱う羊飼いにたとえているが、蘇峰には「牧民」が肯定的な概念である「支那」にその典型例を見いだしたのであり、またそれは明治日

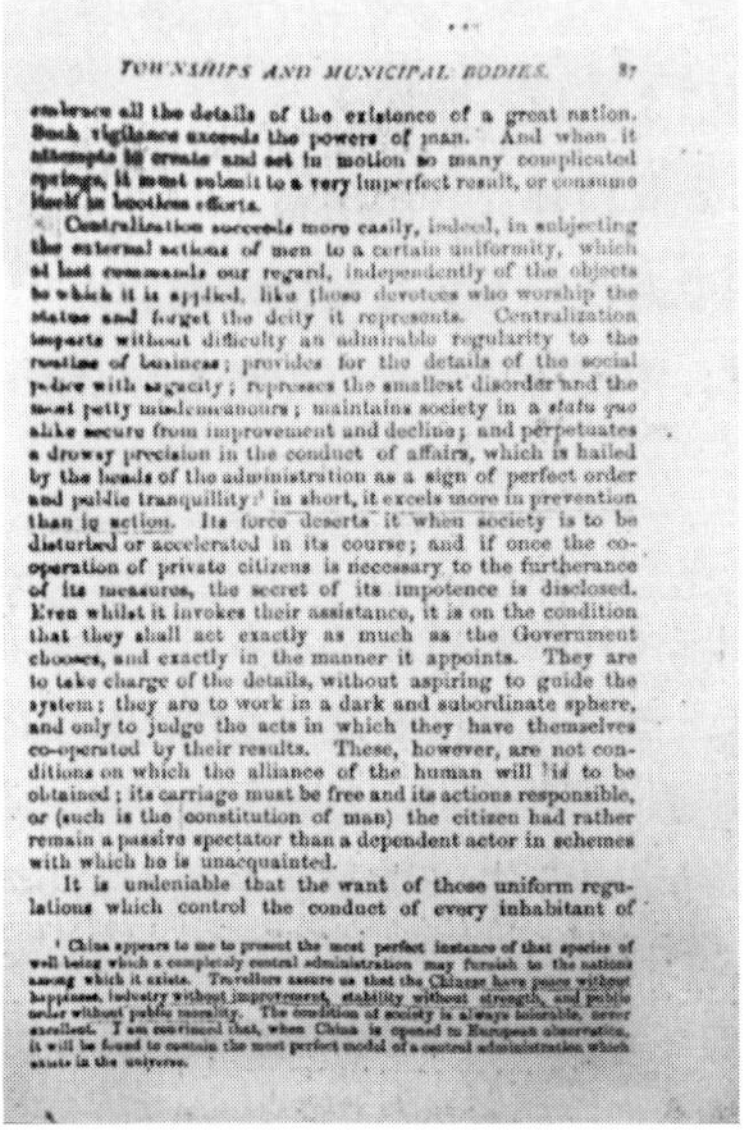

TOWNSHIPS AND MUNICIPAL BODIES. 87

embrace all the details of the existence of a great nation. Such vigilance exceeds the powers of man. And when it attempts to create and set in motion so many complicated springs, it must submit to a very imperfect result, or consume itself in bootless efforts.

Centralization succeeds more easily, indeed, in subjecting the external actions of men to a certain uniformity, which at last commands our regard, independently of the objects to which it is applied, like those devotees who worship the statue and forget the deity it represents. Centralization imparts without difficulty an admirable regularity to the routine of business; provides for the details of the social police with sagacity; represses the smallest disorder and the most petty misdemeanours; maintains society in a *status quo* alike secure from improvement and decline; and perpetuates a drowsy precision in the conduct of affairs, which is hailed by the heads of the administration as a sign of perfect order and public tranquillity:[1] in short, it excels more in prevention than in action. Its force deserts it when society is to be disturbed or accelerated in its course; and if once the co-operation of private citizens is necessary to the furtherance of its measures, the secret of its impotence is disclosed. Even whilst it invokes their assistance, it is on the condition that they shall act exactly as much as the Government chooses, and exactly in the manner it appoints. They are to take charge of the details, without aspiring to guide the system; they are to work in a dark and subordinate sphere, and only to judge the acts in which they have themselves co-operated by their results. These, however, are not conditions on which the alliance of the human will is to be obtained; its carriage must be free and its actions responsible, or (such is the constitution of man) the citizen had rather remain a passive spectator than a dependent actor in schemes with which he is unacquainted.

It is undeniable that the want of those uniform regulations which control the conduct of every inhabitant of

[1] China appears to me to present the most perfect instance of that species of well-being which a completely central administration may furnish to the nations among which it exists. Travellers assure us that the Chinese have peace without happiness, industry without improvement, stability without strength, and public order without public morality. The condition of society is always tolerable, never excellent. I am convinced that, when China is opened to European observation, it will be found to contain the most perfect model of a central administration which exists in the universe.

図 4

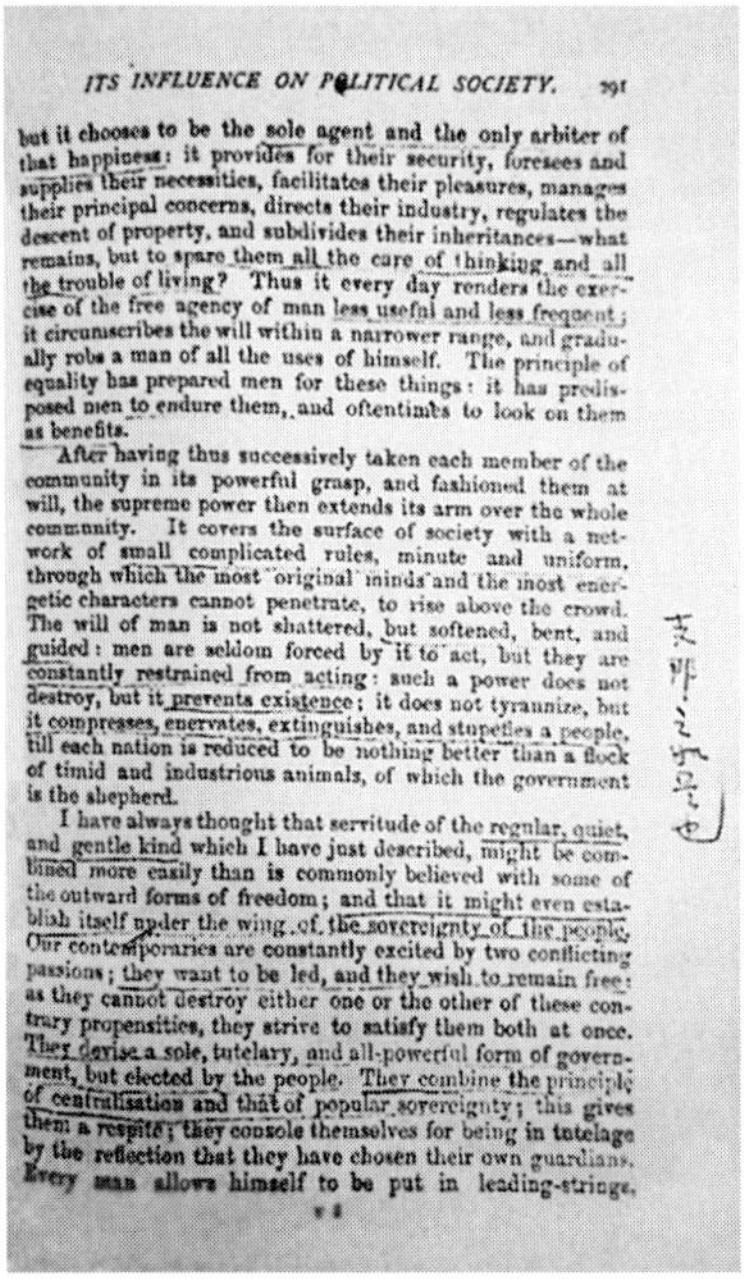

ITS INFLUENCE ON POLITICAL SOCIETY. 291

but it chooses to be the sole agent and the only arbiter of that happiness: it provides for their security, foresees and supplies their necessities, facilitates their pleasures, manages their principal concerns, directs their industry, regulates the descent of property, and subdivides their inheritances—what remains, but to spare them all the care of thinking and all the trouble of living? Thus it every day renders the exercise of the free agency of man less useful and less frequent; it circumscribes the will within a narrower range, and gradually robs a man of all the uses of himself. The principle of equality has prepared men for these things: it has predisposed men to endure them, and oftentimes to look on them as benefits.

After having thus successively taken each member of the community in its powerful grasp, and fashioned them at will, the supreme power then extends its arm over the whole community. It covers the surface of society with a network of small complicated rules, minute and uniform, through which the most original minds and the most energetic characters cannot penetrate, to rise above the crowd. The will of man is not shattered, but softened, bent, and guided: men are seldom forced by it to act, but they are constantly restrained from acting: such a power does not destroy, but it prevents existence; it does not tyrannize, but it compresses, enervates, extinguishes, and stupefies a people, till each nation is reduced to be nothing better than a flock of timid and industrious animals, of which the government is the shepherd.

I have always thought that servitude of the regular, quiet, and gentle kind which I have just described, might be combined more easily than is commonly believed with some of the outward forms of freedom; and that it might even establish itself under the wing of the sovereignty of the people. Our contemporaries are constantly excited by two conflicting passions; they want to be led, and they wish to remain free: as they cannot destroy either one or the other of these contrary propensities, they strive to satisfy them both at once. They devise a sole, tutelary, and all-powerful form of government, but elected by the people. They combine the principle of centralisation and that of popular sovereignty; this gives them a respite; they console themselves for being in tutelage by the reflection that they have chosen their own guardians. Every man allows himself to be put in leading-strings,

図 5

水俣市立蘇峰記念館（旧淇水文庫）所蔵

本にとっても起こりうる危機を示唆していた。蘇峰にとって「支那」は民主化され平準化された社会に現れる可能性のある、新しい専制を先取りしていた(26)。

トクヴィルは民主政治の先に現れる平均化され活力を失った社会について警告したのだが、もちろん蘇峰は民主政治の未来にある危険な可能性に着目したのではない。トクヴィルが指摘する中国のような社会になったら、自分のように才能のある人間も生涯世に認められることなく終わるという恐怖を実感したのであろう。

そして若い蘇峰にとっては、こういった徹底的に集権化され完全に停滞した国家としての中国というイメージは、日本が容易には脱却できないかもしれない近い過去でもあった。トクヴィルの描くアジア的専制国家は、かつてのヨーロッパが経験した中世の「封建社会」と同じであり、それがなぜ革命によって破壊されなければならなかったかをトクヴィルの議論はわかりやすく説いていた。

したがって、蘇峰に引用されるトクヴィルは、自由のために専制とたたかう理想主義者のような捉えられ方である。

トクフウイル氏曰く、道徳の観念に続てもっとも高尚なるは権理の観念にしくものあらず、更にこれを明白に言わば二者の観念は一に合せざるべからず。権理の観念とはただ政治世界に引き用る道徳の観念に外ならず、と。(27)

トクブウイル氏曰く、自由の徒弟となるより難きものはあらじ。かの専制制度の如きは甘計美言を以て人民を誘致するに足るものなり。しかれども自由は混雑糾紛の際に生じ、内乱を経て漸くに完備し、しこうしてその効用は彼れが生長老大に到らざれば顕れざるなり、と。(28)

蘇峰にとって、専制の危険性は「士族社会」制の残滓という形で、明治国家に受け継がれていた。

知るべし。封建社会の教育なるものはもっとも簡疎なるものにして、……しこうしてその教育の精神なるものは、いわゆる忠孝の二字に止り、三百年間士族社会の脳底はただこの二字の支配する所なりしことを。トクブウヒル氏曰く「封建社会〔英文原典では feudal society〕全体の組織はただ君主に忠を尽すの一念によりて維持せらるるものなり。いやしくも之を撃破するものは、これ乱政の関門〔同じく anarchy〕を啓くものなり」と。(29)

この『新日本之青年』の一節は、「封建社会」においては、古代国家における政治的共同体としての「国民」理念は失われ、直接の支配者に対する忠誠心だけが政治社会の原理となっていると指摘をした章を引いている。トクヴィルがこの章でもちいたfeudal societyという概念は、福澤がギゾーから学んだような団体的な自治の伝統としてではなく、人格的な権威と忠誠がハイアラーキーを構成している状態をさしていた。ここから、蘇峰は「封建社会」における人格的上位権力への忠誠と近代国家における愛国心とはまったく別のものであるという論理を学んだ。それゆえに蘇峰の「封建」攻撃は激しい。福澤諭吉が、「自治」と関連づけることにより「封建」概念にポジティヴな含意を与えて使用し、日本の過去の中に「専制」を否定する要素を見いだそうとしていたのとは対照的に、蘇峰は「封建制度」との訣別の必要性を説いた。

『将来之日本』（一八八六年）では、次のように述べている。これも先に見た『新日本之青年』で引用されていた『デモクラシー』の一節と同じ箇所を引いたものと考えられる。

封建社会においては、上《か》み征夷大将軍より下《し》も庄屋に至るまで、皆一様に上に向ては無限の奴隷にして下に向ては皆無限の主人なり。然るが故に社会の位置なるものは唯一の鉛直線にして、何人といえども、何時といえども、決して同地位に立つことを許さず、いかなる場合においてもその関係は皆上下の関係なり。(30)

蘇峰は徳川体制を「封建社会」ととらえ、そこに「自由の精神」などが生まれる余地をまったく見いださない。蘇峰の理解する「封建社会」は、西洋にとっては過去であり、中国では現状であり、そして日本にとってはそこから抜け出せるかどうかわからない危険な直近の過去の遺制であった。

本章第一節でも触れたが、中国像を利用して、極端に標準化され従順な民と極端に強力な権力の組み合わせという政治体制の危険性を警告する方法は、当時の西洋でトクヴィルによってだけ用いられたのではない。当時日本でよく読まれたJ・S・ミルやF・ギゾーの著作にも同じような意味をもった中国像が登場していた。もちろんこれはトクヴィル、ギゾー、ミルの相互の影響関係が背後にあるが、一九世紀ヨーロッパの自由主義的知識人にとって、中国をそのように描くことは、本来ヨーロッパの文明がもつ健全さを強調し、それを失ってはならないと警告するために必要な鏡のようなものであった。そしてその鏡は日本の知識人が文明化の目標を設定するために輸入され利用された(31)。ただし、福澤と徳富蘇峰には違いが見られる。福澤にとってはミルらが描く中国的専制は日本にとって異質の政治的伝統である（あるいは、でなければならない）のに対し、蘇峰にとっては日本がまだ完全には脱却できていない極めて近い過去だった。

蘇峰が『旧体制《アンシャン・レジーム》と革命』（以下『旧体制』と記す）に接する機会があれば、もっと立体的な「封建社会」認識が得られたかもしれないが、その機会はなかったと思われる。旧体制の中に革命に向かう動因がすでに胚胎していたといった、トクヴィルらしい逆説的な歴史観は蘇峰には見られない。

トクヴィルが『旧体制』の著者であり、革命に対して慎重な評価を下していたことは、一八八〇年代以降であれば、ある程度知られていた。しかし、この著作の直接の受容様相については十分な材料がない。ここでは間接的な受容について中江兆民と陸羯南の二つのケースを取り上げたい。

中江兆民は、アルフレッド・フイエの『哲学史(32)』を翻訳しており、その中に、トクヴィルの『旧体制』が引用された次のような記述がある。

　トックウィルその著わす所の昔時の政治法朗西［フランス］の革命と題する書中言う有り、曰く、それ旨趣の極めて温厚なると行為の極めて凶暴なるとまさに相反せしは、これ法朗西革命に係る奇事の一なり、然れども学士輩少く当時の事情を察するときは、この事初より怪むに足る無し、何ぞや、法朗西の革命はこの邦の人士の最も純明篤学なる者これが旨趣を掲出して、しこうしてその最も不学無術にして志気剛暴なる者、これを実行せり、その相合ざるや固より宜なり、云々。[33]

「学士」の主張がいかに正しくとも、学問が無く暴力的な人間による「実行」がよくないという見方である。これはフイエが、モンテスキュー、ルソー、チュルゴー、コンドルセなど一八世紀フランスの思想を論じて、人間の進歩や平等についての理想が革命における暴力の原因であると決めつけることは適切ではなく、むしろフランス革命における行き過ぎた犯罪的な行為は、思想家によって提起された原理に対する明白な冒瀆であると擁護した箇所の注として付いている一節である。この翻訳そのものにおける兆民の読解に特に個性的なところはない。しかし、兆民にとってトクヴィルの名前は、自由主義的かもしれないが、知識教養階級の優位と大衆の情動的な行動の危険性を論ずる保守的な議論に結びついていたのではないかと思われる。

兆民はトクヴィルへの言及をあまりしないが、一八九〇年の『選挙人めざまし』の中で、『デモクラシー』に触れた一節があり、「トックウィル氏曰く、米利堅聯邦に在ては議会の任期甚短し、これは代議士をして単に国民希望の大体に適合せしむるがためのみならず、更に彼の最も推移しやすく最も変転しやすき国民の感情に迄適合せしむるがためなり、云々」[34]としている。『選挙人めざまし』は兆民のいう「有限委任」、すなわち国民から代議士への命令的委任 mandat impératif という原理の重要性を説いた書である。「変転しやすき国民の感情」といった翻訳の言葉遣いから考えると、兆民にとってトクヴィルの議論は、国民の政治的判断力を全く信用していない保守的なものに見えているのではないだろうか。先のフイエによる一節もそういった印象を強めることに役立ったのであろう。

兆民とは対照的に、民主主義に警戒的な政論家であった陸羯南もトクヴィルに言及していた。兆民の『選挙人めざまし』と同年、羯南は「自由主義如何」（新聞『日本』に連載された原型の論文「自由主義」は一八九〇年）という論文の中で、『旧体制』の第三部第三章「いかにフランス人は自由よりも改革を優先するか」に触れている。

日耳曼［ゲルマン］人種は殆んど天性的に個人自由を好む。索遜［サクソン］人種もまたしこうして拉典［ラテン］人種は理論上に於て個人自由を好むもその天性はむしろ社会平等を好む。故に自治制分権制は夙に彼処に行われ、しこうして干渉制集権制はいまなお此処に行わる。一長一短、国民各々異同ありてしこうして自由主義に消長の差を生ず。この情態は夫のトクヴヰールをして嘆息せしめたり。「圧制に逆らいて起れる自由主義は一時の火焰たるに過ぎず。圧制の薪木尽くるときは自由主義の火焰もまた頓に熄む。かかる反動的の自由は恃むに足らず。真正の自由主義は人々が居常その言動に於て自由ならんと欲するに在り。神聖なる憲法の外に服従せざるにあり」と。[35]トクヴヰールの生国の情態は彼をしてこの嘆声を発せしめたり。仏国の人民は能くその口に自由を唱う。しこうしてその実行を見れば英雄を崇拝せり、虚名を崇拝せり、奇怪なる理論を崇拝せり、むしろ自由平等といえる字象、人権宣示といえる木像を崇拝せり。この木像の蔭には往々かの籠絡家と称する悪魔の冷笑して佇立するあり。しこうして崇拝者は毫も知らざることあり。噫《ああ》理論上の自由主義。[36]

これは、『旧体制』から直接とられたのではなく、スイス出身の公法学者ブルンチュリによる『科学としての政治学』（一八七六年）の中からとられたものである。陸が参照したのは、そのフランス語訳『政治学』（初版は一八七九年）である。[37]ブルンチュリは穏健なリベラル・ナショナリストといった立場の法学者であるが、ここでは「人種」や「天性」と政治的傾向が関係するといった記述が羯南の気に入ったのであろう。もちろん、羯南は、日本人にもフランス人と同じような「木像崇拝」的要素が強いと考え、警戒をしていたのである。

この「自由主義如何」という論文は、一見すると自由主義の政治理論をあつかったもののように見えるが、実は同時代の自由党系知識人の一種の路線闘争である「国家自由主義」対「個人自由主義」論争（『朝野新聞』などに掲載された）の全体を批判し、ばかばかしいので議会開設にそなえてもっと実際的な政策論争をしたらどうかと皮肉った論文である。[38] もちろん自由党系の知識人達も、ほとんどの場合、自由主義の理論的可能性を追究したいのではなく、当時の自由党内部での主導権争いを、言論・集会の自由などの権利論重視か条約問題などの国権論重視かという形に転換して、関係の新聞紙上で繰り広げていただけである。羯南は哲学的な意味での個人の尊厳や自由の問題にはほとんど関心がないので、トクヴィルによるフランス人の理論崇拝志向についての記述を見てこれは使えると考えたのであろう。

類似したトクヴィルの引用としては、慶應義塾出身で徳富蘇峰率いる『国民新聞』などで活躍した竹越與三郎（三叉）によるものがある。竹越は『政海之新潮』（一八八七年、これは竹越が蘇峰の民友社に入るより前である）の中で、民主的ではない政治体制において非現実的な理論信仰が発生する病理を指摘する際に、トクヴィルの『デモクラシー』第二部第一巻第一章にある、アメリカでは哲学はあまり重視されない、という一節を引用していた。竹越によれば日本の学風が「無形《アブストラクト》の学問」ばかりで「有形《コンクレート》の学問」が弱いのは、「社会の組織が不平等」で「人の理想上の楽土」から遠いためにかえって「哲学風」の言論が盛んになってしまうのであるという。[39] トクヴィルのアメリカ論は、「哲学風」が必要のない社会の好ましさを描いたものとして触れられている。

またこれに関連して、徳富蘇峰は、『将来之日本』の中で、「商業社会」をあからさまに肯定するアメリカの新しさという点に関連してトクヴィルを引用していた。[40] 蘇峰は「平民主義」を掲げるにあたって、士族がふりまわす天下国家の理念よりは、「平民」がもつ自己の利益への合理的な計算にこそ、結局は国家の発展に役立つ精神的要素があると考えていたが、『デモクラシー』もその発想にある程度貢献したかもしれない。

一八八〇年代末の新聞雑誌などに現れる政論では、「主義」の政治から「実業」の政治への転換がしばしば唱えられていた。[41] 中江兆民、陸羯南らは、評価の仕方は異なるが、トクヴィルをやや保守的で穏健なリベラルで、悲憤慷慨の革命論を牽制する立場の論者と見なしていた。これと比較すると、蘇峰や三叉は、「哲学」への執着を「旧世界」的として批判する点に、いわばトクヴィルの一種のポジティヴィズム的傾向、人類の発展の道筋を法則的に説明しようとする斬新さを見いだし、それに共鳴していた。

五 トクヴィルのモメント

本章で見た中では、福澤諭吉のものがトクヴィルの政治理論の本質にもっとも肉迫しているといえる。個人の自由と社会全体の活力の問題、統治の効率化と知識や才能の中央集中のコスト、政治的自由の拡大と社会的な平準化がもたらす凡庸で愚かしいものの優勢といった、ひとまとまりの現象の中に国家および個人にとってのメリットとデメリットを両方見いだす手法が福澤の資質にあっていたためであろう。また、それはトクヴィルへの読み込みということだけではなく、福澤がトクヴィルのおかれていた英・仏の知識人社会のコンテクストを、ミルやギゾーの読解を踏まえてよく理解していたからである。もちろんその背後には福澤が日本と中国の政治的伝統の違いに極めて敏感であり、また西洋の知識人が描く「東洋的専制」像が日本に当てはまらないことを願う気分が強く反映していた。

しかし、福澤も含めて立場や理解の程度の異なる知識人に、トクヴィルが与えた共通の影響はおそらく次のようなものであろう。すなわち、政治的権力の集中が近代国家形成にとって一定の役割を果たすことを否定できないとしても、それは人々の責任意識を涵養することを妨げる。政治制度の設計にあたっては、社会的秩序への貢献、参加の意識が、地域社会に広がりをもち、自治意識として定着するよう企図されるべきである。またいかに望ましいとも思われる政治的理念であっても、実践的経験や伝統的習慣によって涵養された精神態度から支えられなければ、無力であるだけでなく有害でもある。最後に、おそらくそういった問題群の自覚こそが、日本が「東洋的専制」と停滞から抜け出す重要な基盤となる。いずれもトクヴィルとの出会いがなければ、明確に描き出すことの困難な、しかし重要な着眼であった。

ただし、トクヴィルから学んだものは、必ずしも好ましい結果につながったとは限らない。『デモクラシー』はしばしば地方自治制度と強く関連づけられて参照されたため、self-government は、地域単位の自治として発想されることが多かった。人類の社会形成・集団形成の形態や規範の在り方が多様で、「自治」を支える精神態度も具体的には多様にならざるを得ないといった観点は脱落しがちだった。たとえば、二〇世紀以降、日本の知識人が中国や朝鮮社会を見るときに、なぜ中国・朝鮮の人々は強力な集団性とネットワークをもっているのに、地域レベルでの自己統治システムがあまり機能していないのかという疑問を示すことが多かったが、これは日本の知識人が「地域」と「自治」の結びつきばかりをあまりに強く考えていたための、知的な視野狭窄である。

また、おそらく中江兆民が感づいていたように、あまりにも容易に「理論信仰」を非難するために、理論が理論として整合的に構築されているかという問題に関心が薄く、政治体制が整合性をもった理論によって正当化できるかどうかを厳密に検討してみるという試みがなかなか発展しなかった。

もちろんこれらはトクヴィルに責任があるのではない。近代日本の知識人が知的形成をする条件の中に、あるいは言説空間を生み出す条件の中に、そうならざるを得ない要素があったためである。

注

（1）中村正直訳、サミュエル・スマイルズ『西国立志編　原名　自助論』（木平謙一郎蔵版、一八七一年）第一編、三二章「窩図富士の論弁に多克未爾の事」、三三章「多克未爾他人より助けを得たることを招認する事」。

（2）中村正直訳、ギルレット『共和政治』（同人社、一八七三年）、序文。

（3）小幡篤次郎訳『上木自由之論』（一八七三年）。

（4）肥塚龍訳『自由原論』（有隣堂、一八八一―一八八二年）。この訳については出原政雄『自由民権期の政治思想――人権・地方自治・平和』（法律文化社、一九九五年）第三章参照。

（5）丸山眞男「『福澤諭吉著作集』解説」（丸山眞男著、松沢弘陽編『福澤諭吉の哲学　他六篇』岩波文庫、二〇〇一年）、山下重一「トクヴィル・福澤諭吉・徳富蘇峰」（『福澤諭吉年鑑』福澤諭吉協会、二、一九七五年）、安西敏三「福澤におけるトクヴィル問題――西南戦争と『アメリカのデモクラシー』」（『近代日本研究』慶應義塾福澤研究センター、第二二巻、二〇〇六年四月）、安西敏三「福澤諭吉とA・D・トクヴィル『アメリカにおけるデモクラシー』序説」（『福澤諭吉年鑑』六、一九七九年）。安西敏三の論文は、『福澤諭吉と自由主義――個人・自治・国体』（慶應義塾大学出版会、二〇〇七年）に改訂の上収録された。

（6）小幡篤次郎訳『家庭叢談』二三、二九、三四号、一八七六年一一月、一二月。これは、Reeveによる英訳、*Democracy in America*, First Part, Chapter V の中の Political Effects of the System of Local Administration in the United States の節および、Chapter XIV の中の Public Spirit in the United States と Notion of rights in the United States の節を翻訳したものである。なお、福澤所蔵本の福澤諭吉が読んでいた Alexis de Tocqueville, *The Republic of the United States of America, and Its Political Institutions: Reviewed and Examined by Alexis de Tocqueville*, trans. Henry Reeve (New York: A.S. Barnes, 1873) には福澤自身による書き込みが残っており、注（5）に記した安西敏三がそれを詳しく検討している。

（7）しかし、近年以下のような有益な研究が現れた。住田孝太郎「小幡篤次郎の思想像――同時代評価を手がかりに」（『近代日本研究』慶應義塾福澤研究センター、第二一巻、二〇〇四年）、西澤直子「小幡篤次郎と「モラルサイヤンス」」（『三田評論』慶應義塾、一〇八一号、二〇〇五年七月）。

（8）福澤諭吉『西洋事情』外編（一八六八年）巻一、一四丁裏―一五丁表。これは "It may be safely said, that even in the most high-strained system of competition there will be a place for every honest and industrious man, if it could be found out: an improvement in the means of finding it out is one of the things which may be reasonably expected us civilisation advances." を翻訳した箇所である。*Chambers's Educational Course, Political Economy for Use in Schools, and for Private Instruction* (London and Edinburgh: William and Robert Chambers, 1852), p. 8. 慶應義塾所蔵の福澤家蔵書 1873 版も参照した。

（9）福澤諭吉『学問のすゝめ』第一一編（一八七四年）八丁表―八丁裏。

（10）『春秋繁露』に「魯隠之代桓立、祭仲之出忽立突、仇牧、孔父、荀息之死節、公子目夷不与楚国、此皆執権存国、行正世之義、

守惓惓之心、春秋嘉気義焉、故皆見之、復正之謂也」とある（巻第四　王道　第六）。現在通用のテクスト（たとえば台灣中華書局、一九七五年）では右に引いたように「気義」とされているが、「義気」の用例として羅竹風主編、漢語大詞典編輯委員会、漢語大詞典編纂処編纂『漢語大詞典』（上海、漢語大詞典出版社、一九八八年）に採録されている。

（11）福澤諭吉「覚書」、慶應義塾編『福澤諭吉全集』第七巻、岩波書店、一九五九年、六八三頁。

（12）福澤諭吉『分権論』（一八七七年）六四―六六頁。

（13）福澤諭吉『分権論』六六頁。

（14）Seymour Drescher, *Dilemmas of Democracy: Tocqueville and Modernization* (Pitsburgh: University of Pittsburgh Press, 1968), pp. 82–83; 小山勉「トクヴィルとサン・シモン派――「産業国家観」をめぐって」『思想』（七三三号、一九八五年七月）を参照。

（15）福澤諭吉「覚書」『福澤諭吉全集』第七巻、六八一頁。トクヴィルの該当箇所は、"Religion Considered as a Political Institution" である。なお『全集』版の「覚書」は「同権」とすべきところを「国権」と書き起こしている。この『全集』の間違いは、松沢弘陽『近代日本の形成と西洋体験』（岩波書店、一九九三年）三四二頁および安西敏三『福澤諭吉と自由主義――個人・自由・国体』一七四頁以下がすでに指摘している。筆者は過去の論文で、ここをそのまま「国権」として引用したことがあり、不注意であった。

（16）福澤諭吉『分権論』六―七頁。

（17）François Guizot, *General History of Civilization in Europe*, with occasional notes by C.S. Henry (New York: D. Appleton & Co., 1870), Lecture XIV The French Revolution, p. 289.

（18）"In France simple tastes, orderly manners, domestic affection, and the attachment which men feel to the place of their birth, are looked upon as great guarantees of the tranquility and happiness of the state. But in America nothing seems to be more prejudicial to society than these virtues," 福澤所蔵本 Tocqueville, *The Republic of the United States of America*, p. 324.

（19）福澤諭吉『通俗国権論』（一八七八年）一〇七頁。

（20）松田宏一郎「エリート形成と能力主義の定義」および「「封建」と「自治」、そして「公共心」というイデオロギー」（『江戸の知識から明治の政治へ』ぺりかん社、二〇〇八年）。

（21）ここでは、福澤所蔵本、Alexis de Tocqueville, *The Republic of the United States of America*, Vol. I, p. 91 から訳出した。

（22）「地方治体論」（東京市政調査会蔵『大森文書』五九）。

（23）Anselme Polycarpe Batbie, *Traité théorique et pratique de droit public et administratif*, t. 1–7 (Paris: Cotillon, 1862–1868) のうち Tome

4, pp. 422ff.

（24）　Batbie, *Traité théorique et pratique de droit public et administratif*, Tome 4, pp. 423–424.

（25）　水俣市立蘇峰記念館所蔵、Tocqueville, *Democracy in America*（London: Longmans, Green, and Co., 1875）, First Part, Chapter V, p. 87. 注（21）に記した、福澤所蔵本では、p. 91 にあたる。本章の執筆にあたっては、同記念館所蔵本を用いたが、蘇峰手沢本『デモクラシー』の書き込みメモについては、福井純子「蘇峰が読んだトクヴィル——手沢本の解説と翻刻」（1）（2）（『言語文化研究』立命館大学国際言語文化研究所、第一一巻三巻、一九九九年一二月、四巻、二〇〇〇年二月）で読むことができる。

（26）　水俣市立蘇峰記念館所蔵、*Democracy in America*, Second Part, Fourth Book, Chapter VI（「民主政下の国民が怖れるべき専制とは何か」）, p. 291.

（27）　徳富蘇峰「自由、道徳、及儒教主義」（一八八四年）、植手通有編『明治文学全集　三四　徳富蘇峰集』筑摩書房、一九七四年、四三頁。蘇峰記念館蔵、Tocqueville, *Democracy*, First Part, Chapter XIV（「アメリカ社会が民主政から得る利点」）の中、「合衆国における権利の観念」の節、p. 247.

（28）　徳富蘇峰「明治廿三年後の政治家の資格を論ず」（一八八四年）、『明治文学全集　三四　徳富蘇峰集』二九頁。Tocqueville, *Democracy*, First Part, Chapter XIV, p. 250.

（29）　徳富蘇峰『新日本之青年』（一八八七年）、『明治文学全集　三四　徳富蘇峰集』一二八頁。Tocqueville, *Democracy*, Second Part, Third Book, Chapter XVIII（「合衆国と民主的社会における名誉について」）, p. 211 を参照している。

（30）　徳富蘇峰『将来之日本』（一八八六年）、『明治文学全集　三四　徳富蘇峰集』一〇二頁。Tocqueville, *Democracy*, Second Part, Third Book, Chapter XVIII, p. 211 に、「あらゆる人が、領主であると同時に臣下である。命令すると同時に服従しなければならない」と記している部分を引いたと考えられる。

（31）　Geogios Varouxakis, “Guizot’s Historical Works and J. S. Mill’s Reception of Tocqueville,” *History of Political Thought*, Vol. XX. No. 2.（Summer 1999）; Robert Kurtfirst, “J. S. Mill on Oriental Despotism,” *Utilitas*, Vol. 8, Number 1（March 1996）; Michael Levin, *J. S. Mill on Civilization and Barbarism*（London: Routledge, 2004）, 特にその Chapter 6 を参照。

（32）　Alfred Fouillée, *L’ Historie de la philosophie*（Paris: C. Delagrave, 1875）, p. 391. フイエはここで *L’ Ancien régime et la revolution*（1856）, Livre troisième, Chapitre VIII Comment la Révolution est sortie d’elle-même de ce qui précède を引用している。フイエが記している『旧体制』の章の番号からすると1857版以降の版を見ていたかと思われるが、たとえば *L’ Ancien régime et la revolution*,

Troisième édition (Paris: Michel Lévy frères, 1857), pp. 337–338.

(33) 文部省輯局（中江兆民）『理学沿革史』第四編近代ノ理学第七章本論（一八八六年）、松本三之介、松沢弘陽、溝口雄三、松永昌三、井田進也編『中江兆民全集』第六巻（岩波書店、一九八五年）一五一頁。

(34) 中江兆民『選挙人めざまし』（一八九〇年）、『中江兆民全集』第一〇巻（岩波書店、一九八三年）一一〇頁。

(35) *L'Ancien régime et la révolution*, Livre troisième, Chapitre III Comment les français ont voulu des réformes avant de vouloir des libertés. かりに第三版であれば、p. 278 が該当箇所になる。ただし後述するように、羯南はブルンチュリから再引用している。

(36)「自由主義如何」（一八九一年に『近時政論考』に収録）、西田長壽、植手通有編『陸羯南全集』第一巻（みすず書房、一九六八年）三三頁。

(37) **J. C. Bluntschli, *Lehre vom modernen Staat, Bd 3 : Politik als Wissenshcaft*** (Stuttgart, J. G. Cotta, 1876). 羯南はその仏語訳を読んだと考えられるが、仏語版での該当個所は Bluntschli, *La politique*, Tr. de l'allemand et précédé d'une préface par M. Armand de Riedmatten (Paris, Guillaumin et cie, 1883), Livre deuxiéme Idés politiques modernes, Chaptire premier Liberté, pp. 24–25. トクヴィルの引用は "*Ancien régime*, p. 247" と注記されているが、ブルンチュリがどの版を用いたかはわからなかった。

(38) 松田宏一郎『陸羯南——自由に公論を代表す』（ミネルヴァ書房、二〇〇八年）第四章も参照されたい。

(39) 竹越三叉『政界之新潮』（一八八七年）、柳田泉編『明治文学全集　三六　民友社文学集』筑摩書房、一九七〇年、一〇五—一〇六頁。

(40) 徳富蘇峰『将来之日本』（一八八六年）、『明治文学全集　三四　徳富蘇峰集』七九頁。

(41) こういった一八八〇～九〇年代の政論の傾向については松田宏一郎「『近時政論考』考——陸羯南における《政論》の方法（一）」『東京都立大学法学会雑誌』第三三巻第一号（一九九二年七月）および松田宏一郎『陸羯南——自由に公論を代表す』参照。

第三章　国家に「人格」は必要なのか？——穂積八束の「法理」と「主体」

一　問題の所在

前章で見たように、「分権」化された社会でこそ発達する「自治の精神」というトクヴィルの主張に明治期の知識人は強い関心を向けた。そこから学んだのは、社会への責務の意識が人々の精神に根づくには、それを涵養するような社会的制度との、長い時間をかけた相互作用が必要ということである。では、「自治の精神」が浸透した社会が、そのように望ましいものであるとすれば、国家は、中小規模の「自治」の混成体を表象するものとして擬制的に存在すればよいのか、あるいはそのようなものになることが望ましいのだろうか。あるいは、国家には固有の権力の根拠があるべきであり、それによってはじめて、しかるべき政治体制が構築できると考えるべきなのだろうか。

本章で着目するのは、国家権力には固有の根拠づけが必要だとする立場からの見解であり、その立場からの権力の根拠づけの問い方が生み出す緊張である。もし人々がひたすら専制的権力を畏怖し、それに黙って従うか、少なくとも目を付けられないことだけを願って生活していたなら、そのような問いは必要ない。ところが、そのような体制下で人々がただ生存しているだけの社会は望ましいとはいえないという一定の了解が、政治的立場を越えて定着してきたとするなら、国家固有の権力の根拠は何かという問いを避けることはできない。特に、民主的な政治体制の導入に警戒的で、人々の政治的判断力を信用していない立場の知識人にこそ、この問いは深刻である。

ここでは、権力とは法的人格の権能であるという原則を、明治国家の権力の正当性の問題と結びつけようとした穂積八束の議論を検討することで、国家の固有の権力は何に基礎づけられるかという問いかけの内容を吟味したい。

二 「法理」上の国家

日本にオースティンの学説を紹介したとされるテリー Henry T. Terry の東京大学における講義の具体的な影響が、どれほど穂積八束に対してあったのかは、明確な証拠がない。しかし、具体的な命令内容を決定しサンクションを与える力をもたない規範や決まり事を、法と見なすべきではないという主張はある程度学習されていたと考えられる。(1)

穂積の実証主義的法学への共感は、ヨーロッパ滞在中に強くなったと考えられる。ヨーロッパ留学から帰国した直後の穂積の国家論には、「法理」と政治的な共同体としての国家とは区別されるべきものであり、「法理」上は、国家とは結局主権者の命令をその内実とするという傾向が明らかである。つまり、この時点では、国家は理論上の擬制としてとらえれば法学者としてはとりあえず十分であると考えていたか、もしくはその割り切り方がもつ政治的インプリケーションにあまり考えが及んでいなかった。

帰国直後に発表された「帝国憲法の法理」(一八八九年)において、穂積は「国家は有機体なりとかいう説あれども、それは国家学上の解釈にして決して法理上の解釈にあらず国家が無機体なるや有機体なるや、それは法理上にて少しも論究するの必要なし(2)」と主張していた。この論文では有機体的国家論を批判するためにクリーケン Albert

Th. van Krieken の *Über die sogenannte organische Staatstheorie*（『いわゆる有機体的国家論について』一八七三年）という書物に依拠しているところが大きい。クリーケンは国家有機体説を徹底的に攻撃し、国家を実在する共同体と見なすことや、法がそのような有機的な団体的構成から生まれたと考えることを明確に否定していた。クリーケンは随所でブルンチュリの国家論を非難しており、当時、ブルンチュリが政府内外でよく読まれていたことを考えると、穂積は、国家を有機体的な実在と見なす傾向のあるブルンチュリの国家論に対抗して、国家への純粋に法理論的なアプローチに惹かれたのであろう(3)。

具体的には、穂積の主張は、たとえばクリーケンの次のような一節からアイデアを得ていたと考えられる。

ここまでで、有機体の概念について検討してきたことからすれば、国家は有機体ではありえない。また、人格概念の示すところによれば、国家が有機体としての性質をもつか否か、という問題は、法的な意味での人格には無関係であり、国家が有機体であると仮定したとしても、その法的人格とは、有機体だからではなく、他の権利及び義務をもつ人格に対抗しうる個体であるか否かにのみかかわっている。あらゆる有機体が法的人格なわけではなく、またあらゆる法的人格が有機体ということもない。ある場合について、その人格が有機体であるか否かは、法的性質についていえば無意味である(4)。

国家が（法理上は）有機体ではない以上、帝国憲法は、命令者と服従者（および支配される物）との基本原理を記述した物とされる。これを穂積は統治の「主体」「客体」という概念を用いて説明する。「法理」としての憲法体制はすべて「主体」による命令の体系である。

大日本帝国は即ち統御の客体なり。帝国という語は地理学上の国土と人民とを合したる語にあらず。公法上における国境と臣民との二者を合して帝国とはいうなり。……国家と帝国とを混同すべからざること是なり国家は主体にして帝国は客体なり。

天皇は統御の主体なり。統御の主体は国家なり。ゆえに天皇は即ち国家なり。しかりしこうして天皇の大権は決してこれ憲法に依て制限されたる者にあらず。何となればこれ憲法は天皇の命令にして、命令とは主権者が主権者自身に向てなす者にあらざればなり。(5)

この「主体」「客体」という語が、いつから法学用語として使われるようになったのかについて、確定は難しいが、(6)たとえば、国家が法的権利の「主体」(君主の体という意味でなら『漢書』にある)であるという表現は、ヘルマン・ロェスラー Hermann Roesler(日本語表記はいろいろあるが、とりあえずこうしておく)の『社会行政法論』(『ドイツ行政法』第一巻、一八七二年)を江木衷が翻訳したものの中に、次のように現れる。

国家は一個の擬為人《パーソナリチー ペルソン、モラール》たる資格を有し権利の主体たることを得れども、社会にありてはすなわち然からず。これ国家社会二者の間その区別ある所以の主たる者たり。

(按)およそ人にあらざれば権利の主体たること、すなわち権利を有すること能わざるは法理におきて已に明かなる所なり。しこうして国家は無形の一個人なるがゆえに、権利の主体すなわち一国家たるの資格を以て権利を有することを得れども、社会は単に民衆の一団なるがゆえに、社会たるの資格を以て権利を有することを得ず。ただ社会中に存する各人各個の資格においてすることを得るのみ。しこうして国家を以て一個人と見做さざるべからざる所以は、スタイン氏行政学及ゲルベル氏独逸国法論に詳論せり。今ここに喋々せずといえども、かのルーソー氏が民約説の如きにありては、決して国家を以て一個人と見なすこと能はざるに至るべし。(7)

このロェスラー『社会行政法論』ではRechtssubject（現代の綴り方ならRechtssubjekt だが原文どおりにしておく）という語が用いられており、法的権利の「主体」という訳語がそれにあてられている。ただし、「客体」にあたる語は、『社会行政論』の原本、および翻訳にはない。江木の翻訳と按文はだいたい正確で、国家は法的な擬制としての人格をもつことができるが、社会は人々の歴史的文化的集団性を総合してさしたものであって、それ自身は法的な権能の担い手たり得ない、社会においては法的「主体」は個人しかあり得ない、というロェスラーの主張を的確に伝えている。これを踏まえてよいなら、少なくとも「帝国憲法の法理」を読んだ法学学習者には、法的な人格としての国家が「主体」であるという言葉の意味は、ある程度は伝わったと推測できる。

また、穂積が関心をもっていたJ・オースティンの『法学講義』（一八六一年）も法的権利義務の主体と客体という意味でsubject とobject という語を用いていたが、これが「主体」「客体」という用語法に影響していた可能性もある。(8)

穂積が留学前、あるいは留学中にRechtssubject としての国家という考え方にどの程度接していたのかは、はっきりしない。しかし、たとえば留学中に熱心に学んだと思われるラーバントの『ドイツ帝国の国法』（第一巻は一八七六年）には、「権利（法的）主体としての帝国」あるいは「帝国権力の主体について」という議論がある。ただしこれは帝国と各邦がともに法的な人格であって権利主体たりうるという考え方を理論的に説明しようとしたものである。(9) 穂積の場合、当面日本の「帝国」内部に、国家との法的地位関係を説明しなければならない独立性の高い権力主体は想定されておらず、またラーバントの場合、皇帝は帝国という法人の機関であるが、もちろん穂積はそれを日本にあてはめて議論する意図はない(10)。

「帝国憲法の法理」における穂積の「主体」「客体」の含意は、国家は国民の共同性を表現するものではないというところにある。穂積は国民がある種の共同体であることを否定するわけではないが、その共同体をそのまま法的な主体として認定することはあり得ないと考えている。この点では、ロェスラーの（国家と区別された）社会に対する認識に近い。穂積にとって国家とは、実定的な命令を下す権力の所在を純粋に法的に表現した場合に用いられる概念であり、閉じた「法理」の体系の中で、その頂点（あるいは基礎）にある、権力の純粋な「主体」である。「法理上」という言葉は、それ以上その権威の根拠を問うことに意味がないという宣言である。

穂積は「統御と名づけられたる命令の権は自立自存即固有《オリヂナル》の命令権なり。統御という語の法律上の意義は命令というより外になし(11)」と述べ、「統御」を成立させる権力は「固有《オリヂナル》」であって、それ以上根拠づけの必要がないと主張する。この「オリヂナル」という考え方が、何をヒントにしているのか、確定は難しいが、たとえばオースティンは、「固有」というよりは「原初の」という意味で、original covenant, original sovereign, original subjects といった語を用いていた。ただし、オースティンはこれらの語を、いわゆる原初の社会契約という考え方を否定するためにこれを用いていた。原初の契約という考え方は歴史的にあり得ないだけでなく、論理的に破綻していると、オースティンは主張する。その positive law の立場からすれば、命令の制作者とそれに服従するものの関係を、そのような命令―服従関係への原初的合意という仮定に還元するのは、無意味である。命令と服従の関係は、その事実以前には根拠づけができない(12)。しかしながらオースティンはその根拠づけが不可能であることを original と呼んでいるわけではないので、穂積の「固有の命令権《オリヂナル》」という語は他に典拠があるのかもしれない。

さらに穂積によれば、国家は主権の所在の法的な表現としては「国家」と呼ばれるが、そこには実体が想定されており、それは天皇である。これが先の引用における「天皇は即ち国家なり」という表現の意味である。ここから穂積八束の憲法論を、天皇絶対主義の法学と分類してしまうことは便利かも知れない。しかし、もしも穂積の主張が、実体的価値についての検討を、それは天皇であると言い切る形でいったん留保して、「法理」を構成的形式主義の内部で貫徹しようとしただけであったとすれば、必ずしもそれは一般的な意味で、天皇があらゆる制度と社会的価値を意味づける絶対的な源泉であるという主張にはならない。法の形式的統一性を担保する装置として天皇が配置されたとも考えられ、またその論理の組み立てにラーバント法学が役だったともいえるからである。[13] たとえば、次の一節を見てみよう。

国家は公法上の法人にしてその法人の体を成す者は即ち君主なり。甲君主崩御し乙君主即位せらるるに方り、公法は之を目して法人の変化となさず。王者不死なる古諺はけだし法理を認めたる者なり。そもそも国家の法理上の主体すなわち法人たる性質（Persönlichkeit）は無窮にして、皇位継承なる者は専ら皇室の定にして殆ど国法上の定めにあらずというべきなり。〔皇位継承は〕ただ政治上の定めたるのみなり。先帝と今帝とは法律上同一の人を組成し、建国以来歴代帝王の皇位は悉皆今帝の継続する者なり。されば憲法の上に即位の事を掲げざるもまた同一の法理に出たる者にして、即位なる者は国法上之を待ちて主権の譲渡が完成したりと申す効力あるにあらず。[14]

論理の道筋としては、自然人としての天皇が、擬制的「法人たる性質」としての「皇位」を媒介として「国家」の実体性を担うという説明がなされている。ただし、ここでは、もし国家が「法人」なのだとしたら、穂積が主張する「主権」もまた「法人」を承認している法的秩序の内部にあるのであって、主権者は法律上の制限を受けないとする主張と矛盾するのではないかという問題、さらには「皇位」もまた擬制としての法人なのかどうかという問題があるが、その点はあやふやな形で素通りされている。

この論理上の困難は、ラーバントがそもそも抱えていたものである。ラーバントによれば、国家は公法上の「人格」であるが、その公法上の地位が国家が国家自身に与えた、というやや奇妙な構成になっている。(15)

「帝国憲法の法理」論文に対して、有賀長雄が「穂積八束君帝国憲法の法理を誤る」(『憲法雑誌』第六―八号)で詳細な批判を加えた。有賀は穂積の論文を批判するときに、かなり自由に補足しながら引用をおこなっているが、このパラフレーズは、穂積が抱え込んでいる論理的な綱渡りの危うさを的確にとらえている。

たとえば、先にも一部引用した次のような穂積の議論、

法理上にいわゆる国家とはこの統御の主体というに外ならず。ゆえに法理上の国家は国土にもあらず、人民にもあらず、また国土人民の合併したる者にもあらず。学者によりその説を異にし、国家は国土と人民の合したる者なりとか、あるいは国家は有機体なりとかいう説あれども、それは国家学上の解釈にして決して法理上の解釈にあらず国家が無機体なるや有機体なるやそれは法理上にて少しも論究するの必要なし。(16)

と、その前後の公法と私法との区別を論じた箇所に対して、有賀は次のように引用する。

国家は統御の主体なり。国家とは法律上の想像(Fiction)にして国土にあらず、国民にあらず、また国土と国民の複合物にあらず、政令の出る本体即ち主権を指す公法上の述語にして、物質的の有形体を指すにあらず。民法にはこれを(Fiscus)と称し、公法にて国家と称するも、共に学術上の便宜に出るに外ならざるなり。(17)

有賀は、fiction の語の説明として「法律上の想像」という言葉を用いているが、これは、fiction が概念上の形式合理性だけを与えられたものに過ぎないと考え、また穂積に対して、それでいいのか、と詰問しようとしているからである。

確かに、穂積の「憲法の法理」論は、憲法問題を公法上の擬制的（fiction としての）関係という論理を基礎にしている。有賀は、そこに着目し、もしも穂積が一方で皇位が擬制的人格であることをみとめているとしたら、その主張するような、憲法が主権者を拘束しないという議論はおかしいではないかと追及した。かりに穂積のいうように主権者が憲法に違反する法律をつくることもできることになるなら、それは「憲法の明文外において統治権を行うもなお法人なり」という説明不能の矛盾に陥ることになり、結局は自然人としての君主が恣意的な命令を発しているのと同じことで、「レボルション」が起き、憲法の失効と国民の服従の解除という事態が訪れても、それに対抗する論理を確立できないという。

有賀の批判に対して穂積は反論した。穂積は、まず「政理」と「法理」の区別をすることが自分の議論の前提であって、有賀の批判は、「主権者の違法というがごときは法律字書中に存すべきものにあらず[18]」という点が理解されていないためになされた非難であるという[19]。

穂積と有賀の論争は、ちょうどラーバントが共有された知識となっていることで明白なように、君主の人格とは区別された国家の人格の概念を、日本でどう取り扱ったらよいのかという問題が発生したことを示している。少なくとも、有賀は穂積の議論が、穂積が意図したか否かはともかく、その問題に接触してしまうことを指摘していた。おそらく穂積はラーバントの名をもちだして、自説への批判を強行突破してしまおうとしたようであるが、有賀は、穂積の主張とラーバントのそれとは原理的にあっていないことに気づいていた。そしておそらく両者とも、すでにドイツでは、君主の人格と国家の法的人格を無媒介に一致させる議論は、特に連邦国家的性格をもつ帝国秩序の国家意思とは何かという問題を解決するためには時代遅れになってしまっており、また国民や国土という「客体」も、それが私法的な権利を含む人と土地のことではなく、行政権力の対象として扱われる法的対象をさすに過ぎないことを知っていた。

三 「統御の客体」から「共同団体」へ

有賀と穂積の論争で表面化したように、「統御」の「客体」とは何かという問題は重要である。穂積の憲法理論において「客体」とされる「帝国」および「臣民」がどのように構成されていたのか、ここであらためて考えたい。「帝国憲法の法理」において穂積は、帝国憲法第二章の「臣民の権利義務」規定について次のように注意書きをする。

立法の手続きを以て本条［第二二条にある居住及び移転の自由］以下に規定する事項に対して、一個人の自由を保護する法律を作り、かつそれに引き続て、もし行政官の処置がその法律以外に渡りしときには、これを違法の処分なりとしてこれが訴を起す手続が未だ定まらざる内は、一個人の権利という者は、未だ成立せざる訳なり。しかりしこうして、ここには立法及び行政に関して原則を定めたる者にして、直接にこの所において、我輩臣民は斯々の権利義務を得たりという法理を説くことを得ざるなり。

あるいは、次のようにも述べる。

第二章の主意は行政の原則を定めたる者なるゆえに、行政法律と名づくるところの法律の種類がこれに伴うて制定せらるるを待ち始めてその意味を全うする者なり。本章に掲げたる者が直に臣民の権利義務を惹起するという注解はそもそも誤りなり。本章は立法行政官に対するの命令にして、これを法理上にていえば、いわゆる法令の主格は臣民にあらずして、臣民に対して法令を発し、または行政の処分をなす者にあるなり。(20)

これは、皮肉な感じもするが、ラーバントが、国家の行政権力の限界を指摘した議論の転用である。

自由権あるいは基本権は、国家権力が自身に課す国家権力の基本的規範である［したがって、人が主体としてもつ権利という意味 Rechte im subjectiven Sinne ではない］。それは政府の権限の範囲を定め、個人の自然的行為の自由を、一定の範囲において保障するものである。しかし、これは国家市民の主体としての権利ではない。これが権利ではないというのは、これが客体［Object］をもたないからである。

ラーバントはこのように述べ、さらにここに注を付けて、次のように記す。

自由権あるいは基本権［Freiheits- oder Grundrechten］とは、個人が主体としてもつ権利［subjective Rechte. 通常は「主観的権利」と訳される］ではない。そうではなく、統治権力の限界のことである。古くからの慣用のために、この統治の客観的規範を国家市民の権利［Rechte der Staatsbürger］と表記するのである。(21)

つまり、ラーバントによれば、個人の権利として法に規定されている内容は、国家権力が個人の行動を制限できる範囲がどこまでなのかを、国家権力自身が法規によって自分で決めていることから反射的に記述されているのであって、法が個人の権利そのものの成立を宣言しているわけではない（国家の法は、そもそもそういうことができない）。一般に自由権と呼ばれるものは、その権利を行使する対象物である「客体 Objekt」がないので、したがって、その権利の「主体」も確定できない。政府はここまでは権力を行使して命令や干渉ができるという範囲の限界についての規定が、慣例的に自由権と呼ばれているに過ぎない。

［国家が干渉しない諸領域］内においては、個人の行動の自由は無数の多様なあり方で行使される。しかしながらこれらは、個人の主体的権利 subjective Rechte ではなく、国家権力が客観的に［したがって客体に対して］設定する制限 objective Abgrenzung の反射的作用に過ぎない(22)。

穂積は、おそらくラーバントに着想を得て、帝国憲法における臣民の権利の章は、国家は法規によってどこまで個人の自由が制限できるかについて書いてあると主張した。

よく知られているように、憲法草案についての枢密院会議（一八八八年六月二二日）で、森有礼は、「権利義務なる字は、法律においては記載すべきなれども、憲法にはこれを記載すること、すこぶる穏当ならざるがごとし。何となれば、臣民とは英語にて「サブゼクト」というものにして、天皇に対するの語なり。臣民は天皇に対しては独り分限を有し、責任を有するものにして権利にあらざるなり」と主張した。さらに、森は、「臣民の財産および言論の自由等は、人民天然所持する所のものにして、法律の範囲内においてこれを保護し、またこれを制限する所のものたり。ゆえに憲法においてこれらの権利始めて生じたるもののごとく唱うることは不可なるがごとし」と付け加えており、帝国憲法では、天皇と臣民との法的関係を規定しているのだから、個人の自由権がこの憲法の規定によって生じたかのような記述はすべきでないと主張している。これは穂積の議論と、目的の違いはともかく、論理的意図は同じである。[23]憲法では、「法理」上の「客体」としての「臣民」規定がなされるべきであって、法による命令や行政処分の対象として以外の、実体としての個人の一般的権利の根拠や内容について記述することは、無意味であるという主張である。

ここまで見る限り、おそらく、穂積の思考の中で国民あるいは「臣民」については、「客体」としての個人について、法がそれをどう扱うのかを記述していれば十分だった。

ところが、一八九六年の『国民教育　憲法大意』（以下、『憲法大意』と呼ぶ）では、「国家」（「国民」や「臣民」ではないが）は「団体」であるという考え方を受け入れることを表明している。これによって穂積は自己の学説を変更したのだろうか。

> 国は一定の土地および人民を基礎とし、唯一独立の主権これを統治するの団体なり。人類は、合衆共存をその通性とす。しこうしてその共同生存の状態は一ならず。家を成し、民族部落を成し、また国を成す。近世国家の思想は、その共同団体が一定の彊土により、独立自存の目的を有し、唯一の主権によりて統治せらるることをその要素とす。[24]

同書では、「臣民の国権に服従するは、絶対なり。人民はその天賦固有の権力を国家に譲り、一定の範囲においてこれに服従することを約諾したるものにあらず。……国権強制の力なり」、「臣民は国権に対抗するの権能なし」[25]と明言しているので、「帝国憲法の法理」の中で、「国家」は「法人」であるとしていたところを「団体」に言い換えただけということかもしれない。しかし、初めは承認したくなかった「団体」概念を、穂積は自分の学説の中に持ち込みはしたものの無力化する努力を続けていたとも思われる[26]。

確認しておくならば、「団体」という語は、漢語としても日本語としても定着した用法や含意の歴史的蓄積があるものではない。おそらく穂積がドイツ留学から帰国した頃の時点では、行政上の格付けや個々の事情とは区別された、法的概念として扱うことのできる「団体」あるいはそれにかわる日本語の語彙は決まっていなかった。「団体」概念の初出は不明であるが、内務省の法律顧問であったモッセ Albert Mosse が一八八八―八九年におこなった地方自治制に関する講義で次のような発言をしている。

市町村は独語にて「ゲマインデ」と称し、仏語にて「コンムーン」と称す。日本において従来各種の「ゲマインデ」を総括すべき適当の語なきは余のはなはだこれを遺憾とする所なり。元来「ゲマインデ」はその種類一ならず。大小の異なるものあり、あるいは国家に対し及国民の経済に対してその関係を殊にするものあり。しこうしてその此の如き異同あるにも拘わらず、法律上より視るときは、皆均しく「ゲマインデ」なり[27]。

モッセは Gemeinde に相当する一般名称が日本語の語彙にないため、聞き手が、(現実に存在する様々な生活形態としての共同体ではなく) 法学的概念としての Gemeinde を理解しにくいのではないかと考えている。「団体」という語は、おそらくモッセが指摘するような法学的概念としての Gemeinde を翻訳するために導入されたものと考えられる。一八八九年七月に『自治新誌』に掲載された論説には「新制実施後は親和有力の完全なる自治団体となるべき」といった言葉使いが見られる[28]。

国家が「団体」であると規定するとき、それがどのような意味をもつことになるのかは、見通しを得るのが難しい問題であった。たとえば、穂積の著作として公刊された、同じく一八九六年の『行政法大意』には、次のような記述がある。

国法はまた国家の目的に背かざる範囲において、個人に自主の権能を認めこれを保護す。これを国法上に人格という……人が国家団体の分子として有する人格は、国法の認知し保護するに因る者にして、国権に服従するの成果たり。これに対抗する独立の権力にあらざるなり。(29)

また『行政法大意』では、「公法上の権利」として、その「人格」の「自主・自由」が承認され、「国権の濫用」にも対抗できるとしている。

公法上の権利は、法に依り意志を以て人格を主張するに由りて発動す。私法は主として権利関係を規律す。故に権利の看念を基礎とし権利の帰属する所（権利の主体）を人格と称す。公法は主として人格関係を規律す。故に人格の看念を基礎とし人格の発動する所を権利と称す。

公権は人格権なり。人格と権利とを同一物なりというにあらず。ただ公法上の権利の実質は人格その物の保全に在るの意なり。公権は人格を防衛し主張するがために存在す。……

人格は自主の権能なり。自由および権利は自主権能の実行たり。近世の行政は人格の自由を保護す。既に著大なる進歩なり。これに加うるに公法上の権利を認め、国権の濫用に対し人格の独立を自衛するの途を啓く。これ立憲行政の特色にしていわゆる法治の理想に合う者なり。(30)

この「国権の濫用」という概念は、国家が国権を違法に「濫用」することがあるということを認めたことを示している。つまり、単なる「国権」の客体としてではない、保護すべき権利主体としての「人格」が個人に対して認められるということに読める。

この著作は、実際には清水澄が執筆したと推測されるため、[31]こうなったのであろう。明らかに穂積の「法理」や『憲法大意』とは合致しない。たとえば『憲法大意』では、「人の権能は国法に因りて成立」[32]するとしており、「国家の目的に背かざる範囲において……認め」よりも明確に、国法の外に「権能」は存在しないとしている。とはいえ、これが穂積の名で公刊されたことは、ただの不注意によるのかもしれないが、穂積にとってだけではなく、「団体」としての国家という概念が、次第に無視できなくなっていた事情を反映している。

また、穂積は、実際の共同的生活が法的に無意味であり、法とはつまるところ、国家の個人に対する命令であると割り切りたかったわけでもない。「新法典及社会の権利」（やはり一八九六年）と題する論文において、「個人」ではなく、「社会の権利」に着目し、「共同団体《ゲノッセンシャフト》」を重視する「近世社会の形成」が、ローマ法的個人主義を克服しようとしていることを評価し、「政治経済における国家社会主義と法理における「ヂルマニステン」と相提携して」いる法理論の趨勢を知るよう呼びかけていた。[33]

しかし、国家とは別に「社会」が「団体」であるとする理論の含意は、穂積にとっては明らかに危険であり、その後も警戒すべきものであった。

四　「国家」に生命はあるのか？

「帝国憲法の法理」の時点では、穂積は、国家が有機体として固有の意思をもつと見なすことや、国家を有機体として扱うことに明確に反対であった、あるいはより正確には、それは法学にとっては無意味だと考えていた。また法学的には、国家による承認以前に実体性をもつ「社会」という考え方も無意味なはずであった。法は国家による命令の体系であり、命令の体系は内部で完結する整合性をもち、「国家有機体」や「歴史」や「自然」というような、命令の外部の価値に法が依存するべきではないと穂積は考えていた。

ところが、おそらくは一八九〇年代、民法典論争を経験した頃から、国家が、法的擬制というよりも、社会的実体を基礎にした「団体」であると見なす理論への傾斜、というより目配りが穂積の著述の中にも見られるようになる。そして、クリーケンが主たる論敵としていた、オットー・フォン・ギールケを参照したと思われる記述が見られるようになる[(34)]。

まず、統治権力の限界を定める根拠は何かについて、それは主権者が「国家の生存」のためにおこなう判断そのものであるという主張があらわれた。すでに、先にも触れた『憲法大意』には次のような説明がある。

国家は本なり憲法は末なり、憲法のために国家存在するにあらず。国法は国家の生存を円満に保全するの用をなすの具にして、これに拘わりて、その生存を危《あやう》うするは、ただに政策の過失なるのみならず、実に法理の大本に反す。法は人生の目的にあらず、その要具たるが故に、法理は人生の目的に合うにおいて正理たり、国家事変の場合においては統治権は、その生存を全うするがために国法の条章に拘わらず緊要の行動をなすにおいて妨げあることとなし。統治権は憲法に因りて生存せず、臣民の服従は絶対にして無限なり。国家の変事に際し、その［国家の］生命を全うするがためには法令の分界に拘らず、急に応ずるの国権の行動あることはこれを憲法の明文に掲ぐると否とに論なく主権者の行務にして法理の望む所たり（憲法第三十一条）[(35)]。

ここで保全すべき「生命」をもつとされる「国家」とは何をさすのだろうか。「帝国憲法の法理」のままだとすると、国家に自然人的な「生命」はないはずなので、実体としては天皇の生命としなければならないかもしれないが、この文章が与える印象では、国家は共同体として実体性をもたされているように読める。しかし、公法上の「客体」である「臣民」は、その「生命」の構成部品になるのだろうか。穂積は何食わぬ顔で「国家」に有機体的な実体性を認めようとしているのだろうか。

慎重にこれ以降の穂積の議論を読むと、たとえ「団体としての国家」という考え方を用語法的には承認したとしても、それが法的な擬制であることを離れて実質的な意思や価値を担う実体とすることは、巧妙に回避し続けたと考えるのが妥当である。

『憲法提要』（一九一〇年）に至って、穂積は「団体」概念に積極的に取り組むようになっている。しかし、それは穂積が国家という「団体」をより実質的な有機体として受け止め、彼が考える明治国家の法体制の中に取り込んだことを意味しない。

『憲法提要』の第一篇「国家」第一章「国家」では、「国家は一定の民族、一定の領土に依り、独立の主権を以て之を統治するの団体なり」(36)としている。ここは以前の『国民教育　憲法大意』とほぼ同じに見えるが、「民族」という概念を入れているところが新しい仕掛けである（これについては後述する）。また、「団体」概念の説明がかなり詳しくなっているのは、『憲法大意』との違いである。

穂積は、「団体の団体たるは、目的の統一、行動の一致とにあり。……団体は、単純なる群衆にあらず。団体として個人の上に超越独立するの自主の本体をなすものなりと観念するなり……団体は社会生活の最濃密なるものなり」として、「団体」が法的に人格であるかどうか以前に、「社会生活」による実体的な共同性をもつことを一応承認する。その上で穂積は「平等団体」と「権力団体」との区別をたてる。ここで用いられている「平等団体」と

「権力団体」との区別は、おそらくギールケによる、Genossenverband（対等の仲間であることを原理とする団体）とHerrschaftsverband（支配服従を原理とする団体）との対比から採用されたのではないかと考えられる。[37]「平等団体」は対等な個人の自由意思によって成立した団体であり、「権力団体」は「優勝なる権力」に劣位の者が従属する関係によって成立した団体である。「国家」は、「権力団体」でなければならず、また、その団体としての目的から定義すれば「政治団体」である。事実上の政治的共同体が一般的に「国家」たる資格をもつのではなく、単一の主権、その主権に服する明確に他国と区切られた領土と人民がなければ「法理」上「国家」と認めることはできない。[38]

注意すべきことは、ここでもあくまで「国家」は法的な「人格」として理解されねばならない点である。一般的に「人格」は、生活事実とは明確に区別され、人であれ国家であれ、法がその「自主の生存」という権利能力を承認し、保護することで成立するという。「国家の人格」もまたその原則から離れるものではない。穂積によれば、西洋においてすら、法的「人格」と「肉体人」の生存とが区別できないことがあり、そのため「無形団体自主の活動」を「肉体人」にわざわざなぞらえ、その論理的操作を「法の擬制」と見なす学説がある。しかし穂積によれば、これは無意味である。なぜならそもそも「人格」とは、法的なものであり、そのようなものとして以外には、法にかかわる存在として認める必要がない。それは「肉体人」であるか「無形団体」であるかとは無関係である。法にとって「人格」と「肉体」とはそもそも関係がない。

国家は法理上の観念において人格を具有す。人格とは、法の認て保護するの自主の生存の主体たるの謂なり。肉体個人に人格あることと、国家に人格あることとは、その理毫も異なるところなし。

人格に法上と非法上との差なく、もとより有形無形の別なし。人間は肉体あるが故に人格あるにあらず、自主の生存あるが故なり、自主の生存あるが故に必ず人格あるにあらず、法の認めてこれを保護するが故なり。人間にして人格なき古代法の奴隷の如きあり、人間にあらずして人格ある近世の社団の如きあり、人格は抽象的の法上の観念たるを知るべきなり。故に予は人格を解して法の認めて保護する自主の生存なりという。自主の生存は社会的の事実なり。この事実なくんば人格なからん、この事実あるも法の認知保護なくんばまた人格なからん、この二要素を具有するにおいて初めて人格あるなり。国家の法上の人格あるをいうは、ただこの意義においてするのみ。学者あるいは国家人格を人類に比類して説き、神秘霊妙の理義あるが如くいうは予の採らざる所なり。(39)

つまり、「自主の生存」とは自然な肉体の生存をさすのではなく、法的な「生存」である。国家の「人格」とは、国家自体が社会的事実として生存しているとする「神秘霊妙の」実在論的な理解とは全く区別された、法的な関係を構成する権利能力主体という意味で理解されねばならないという。国家が「団体」であることを認められるのは、国家が自然人とは区別された、法的に構成された権力の「主体」であることを指し示す限りにおいてである。国家の「生命」を保護するというのは、国家の法的な「人格」を保護することであって、共同体としての存在を保護することとは無関係ということになる。「国家」が「法理」外の意味をもつことを、穂積は注意深く排除し続けていたことがわかる。

ただし『憲法提要』では、「権力団体」としての国家が統治の「客体」としての「臣民」を支配するという論理が、綻びかかっていると思われるところがある。それは、「臣民」についての解説の章に現れた、国家とは別に、「民族」あるいは「国民」が「団体」としての「人格」をもっているのではないかと思わせる次のような記述である。

国の統治権は個々の人につき、各別に独立して成立する幾千万の権力関係の平行線たるにはあらず。円満なる権力の概括して民族に及ぶなり。したがいて、その下にあるの国民は合体して一団となり、もって国の構成要素をなし、もって統治の客体をなす。……分子個体の新陳代謝するにかかわらず、国民は永遠統一の客体をなすものなり。

ここに付した解説では、さらに次のようにいう。

今ここに臣民を領土と並べてこれを統治の客体なりというは、総括抽象の意をもってする……しかれども、その根底においては、すなわち特定個々の人の、絶対の従属の義に外ならざることは、また言を待たざるところとす。本文のいうところは、臣民に対する統治の権を、特定個々の人と国家との対人的個別の関係と視ることを否定せんと欲するのみ。(40)

臣民は統治の「客体」なので、その国家との関係は、あくまで（「その根底においては」）各人の服従だけが、「臣民」という法的概念の内容となる。ところが、他方で、国家と国民との関係は、一人一人との命令服従関係の総称ではない、「合体して一団」となった何者か（これは「団体」なのだろうか？）との関係であるという。ここには、「国家」の章でも使われた、「民族」という、憲法とは関係のない用語が使用されている。かりに、国家の「客体」は、生物学的個体ではなく、法的擬制としてその集団を「臣民」とか「国民」と呼んだに過ぎないと当面言い繕ったとしても、その集団は、国家の統治権力が一々その権力を行使する対象として扱うからこそ、「客体」であり続けることができるのではないだろうか？　それとも実体としての「民族」は永続性をもっていて、その法的表現が「臣民」なのだろうか？　それではつまるところ国家の絶対性の放棄ではないだろうか？

五　「国家」は「社会」とどういう関係をもつのか？

「民族」が登場したあたりで、論理が揺らいではいるものの、いまだ穂積にとって、帝国憲法に書かれていることは、「法理」的に構成された「主体」である国家による、「法理」上の「客体」である限りの個々人（これを「臣民」と呼ぶ）に対する支配関係のことだけである。これが穂積の固執している論理のエッセンスである。しかしこれは、明治国家が常に失わないように注意していた神話的外装をはぎ取ってしまいかねない論理であった。この穂積の論理は、国家とは実質的な共同体ではなく、権力が体系的に破綻なく行使される制度をまとめて命名したものと考えればかまわないといっているように受け取ることが十分可能だからである。(41)

『憲法提要』の中で異質な章がある。第二篇「統治の主体」第一章「皇位」についての章である。当然ながら、帝国憲法において天皇は法的な「人格」なのか否かが問題になる。「国家の人格」が「法理」上の「主体」として構成されるとするなら、その意思を実体的に担う天皇の「人格」もまた法的な構成の産物と見なされてもしかたがない。つまり先行する法によってその存在が確認されるものであるはずである。しかし、穂積はこれを認めるわけにはいかない。

そこで、この面倒な問題に対して、穂積は天皇の「人格」だけは、自然的であるという。これに法的形式を与えるのは「民族の確信」である（「我が建国の歴史と民族の確信とは、我が万世一系の皇位をもって、統治主権の本体となす」）。では、「民族の確信」は、「主権」の所在に先行するのだろうか（「主権の所在は、歴史の成果にして、民族の確信に出ず」[42]）。では、「民族」、「皇位」、「国家」、「国民」のいずれが、論理的に優位に（あるいは先行して）、統治を正当化するのか。

これはなかなか面倒な概念操作である。そこで導入されるのが、「血統団体」の法的フォルムとしての日本国家という考え方である。「国」は「家」の「大なる者」であって、「社会団体」の成長した形態である。日本の「国体」は、西洋とは異なり、「社会団体」のうち、「血統」を根拠とする「血統団体」として実在する。「血統団体は生存競争で蛩固」なのでそれは「社会進化の理法」に照らして合理的な進化をとげてきたものであるという。これは「もとより無稽の迷信にあらず、荒唐の虚構にあらず、社会進化の必要のために、社会進化の理則に従いて遺伝せるの歴史の成績」である[43]。

それでは、なぜそのような「血統団体」に公法が必要なのか。穂積によれば、「そもそも社会団体は権力の関係を経とし、平等の関係を緯とし、これを組織するにあらざれば人の合同生存を全うする能わざるの理はその形体の大小に通じて同じ」である。「社会団体」には、「権力の関係」と「平等の関係」という二種の形式が両方備えられていなければならない[44]。この箇所もまた、ギールケが『ドイツ団体法論』第一巻でドイツ民族の団体原理の発展史を段階論的に論じている部分に示唆を受けたと考えられる。たとえば、ギールケは、**Herrschaft** 団体の成立にとって家族 **Familie** が重要な役割を果たしていたことを次のように述べる。

全てのヘルシャフト諸団体の成立は、ゲノッセンシャフトの成立と同様に、家族（Familie）にさかのぼる。ゲノッセンシャフトが氏族の拡大と模倣にその存在を負うように、ヘルシャフト団体は、家（Haus）の拡大と模倣にその存在を負っている[45]。

ギールケによる「団体」の歴史観は、Genossenschaft の原理が Herrschaft の原理と戦い、ある時代には劣位に置かれながらも、それを乗り越えて再生するという図式でできていた。国家は、団体的「人格」をその内部に取り込んでいくことによって、より有機体的な Gesammtpersönlichkeit（総体人格）としての Gesammtstaat（総体国家）へと成長する。(46) これに対し、穂積八束は、日本の「国体」は Genossenschaft と Herrschaft とがそもそも調和するようにできていると主張する。

穂積の説明では、日本の「国体」において、「統治の実質は［家長が家族に対するのと同様に］保護(47)」であるが、そのような血統団体（もしギールケの使っている語によるとすれば、Blutsverwandtschaft）といえども、統治の普遍的形式を獲得しなければ「国家」たりえず、「統治の形式は権力」として現れる。権力とは意思の発動である。ところが、穂積は「団体」の意思の固有の実在を認めない。それでは、天皇を上回る共同体の意思が先行してしまうからである。「意思なければ権力なし……団体の権力というも、遂に自然人の自然意思に帰属するなり(48)」とし、あくまで国家意思の実質を構成するのは自然人としての君主の意思であると断言する。

我が国体は、皇位に在る自然人の自然意思を以て国家の法律意思とする者なり。……権力は意思なり、意思を離れては権力なし、意思を動機とせざるの力は自然力なり、風の動き水の流るるが如し。意思は人を離れては存立せず、人に離れたるの意思は体に離れたるの影の如し。これを観念して国家の意思といい、権力というは法理の抽象のみ、その本体は必ず自然人の自然意思に帰属するなり。(49)

天皇の「自然人」としての意思が国家の「法律意思」とされるためには、天皇の意思を法に転換するための認証装置が必要なはずである。つまり、穂積の説明をもってしても、天皇は法人格を得るための法の保護と法形式の拘束から逃れることはできない。つまり、天皇を中心とする「血統団体」が「国家」という法的形式を獲得するためには、その形式的合理性を認証する何者かが論理的に先行しなくてはならない。もちろん、穂積はそのような先行存在を認めるわけにはいかなかった。

おそらく、『憲法提要』で現れた国家権力構成の整合性を成立させるためには、天皇が自己の地位である皇位に自ら法形式を付与し、なおかつその形式合理性に自己が拘束されなければならないと宣言してしまう以外に、道はなかった。ところが穂積にそこまでの論理的視力はなかった。

穂積がこの点で、国家を「団体」としての法人格と見なすべきか、天皇という絶対的な「主体」によって認定された擬制的な「法人」なのかという問題で混乱していたことを見抜き、辛辣に批判していたのが北一輝である。『憲法提要』より以前の穂積の著作を対象にしているが、北は、「博士の憲法第一条を博士の思想によりて組織し見よ、誠に下の如き奇怪を極めたる者となるべし。曰く、国家にあらざる大日本の国土及び人民は（然らずんば人格なき国土及び人民の二要素なる中世時代の大日本帝国は）、君主の利益と目的とのために存する私有地と奴隷にして、万世一系の大日本帝国之を統治す。皇位あるいは天皇は大日本帝国なりと」と述べ(50)、穂積の論理では国家に法的な地位を与えることができなくなる点を突いていた。

穂積八束の憲法論は「団体」概念を導入しない方が、少なくとも整合性の保持に苦労しなかったと考えられるが、日本の法学の潮流は、脱・方法的個人主義、団体主義の方向に向いており(51)、しかもそれが歴史的共同体を国家の実体的担い手と見なす傾向にあったために、穂積にとっても拒否しにくいものであった。

すでに触れたように、「新法典及社会の権利」と題する論文において、「個人」ではなく、「社会の権利」に着目していたが、この論文の中では「国家社会主義」という言葉も用いていた。穂積は Genossenschaft 概念を重視する法学の導入が、自己の憲法理論を掘り崩す可能性を見抜いていなかった。

穂積と対立した美濃部達吉は、比較的若い時期のものと考えられる東京法学院での講義で（『行政法』。ただし、年代不明）、「地方自治団体」を「公法人」と呼び、Körperschaft と呼んでいた。[52] この「団体」は単なる擬制的人格ではなく、固有の「生存の目的」や「自己の独立の意思」をもっていることになっている。美濃部は、「団体」の社会的な実体性を支持する方向に自己の議論を進めていった。

美濃部達吉は、穂積の『憲法提要』と同じ時期に、明確に「国家＝団体」説をとっていた。美濃部は『日本国法学』（一九〇七年）において、ギールケに言及して、「国家は多数人類の集合よりなる団体なり」とし、国家についての法人擬制説（ローマ法によるフィクションとしての法人説）を否定し、「集合人」（Gesamtperson）あるいは「団体人」（Verbandsperson）の概念がドイツで注目されていることを紹介している。[53] 美濃部にとって、国家は実体的な人格をもった団体として扱われるべきであり、有機体としての国家の構造の中で、天皇がその身体を通じて国家の「機関」（Organ）となっていることは当然であった。もちろん美濃部は、議会が国家の意思を構成するという方向で、帝国憲法を解釈しようとしていたわけだが、その際に「団体」概念が役立った。「国家は団体なり。君主も国民も等しく国家の分子として国家の内に在り。君主が国家の外に立ちて国家を統治するにあらず。国民が国家の外に立ちて君主に統治せらるるにもあらず」と美濃部は主張する。[54]

美濃部の論理は、決して個人主義的ではない。国家の定義は、「団体」としてその実体性が法形式に先行しており、憲法体制とはいわば国家という「団体」が自己に付与した法形式である。「君主」の「人格」は、その法形式の内部で承認された権利能力であり、君位というのもいわば一つの団体的人格の法形式である。

穂積の場合は、自然人を超えた人格の実在性を認めることはなかった。これは個人の人格の尊重を優先したからではもちろんなく、主権者以外に、法的な意思をもった社会集団などを認めることが、単に耐えがたかったからである。穂積は、それ故に「法理」的には反・共同体論者であった。穂積にとっては、日本の「国体」を性格づける

「家」は、生活共同体ではなく（正確にはその点は「法理」からは捨象してよいものであって）、なによりも公法的秩序と見なされた。有名な「民法出でて忠孝亡ぶ」で、「我国は祖先教の国なり、家制の国なり、郷なり、権力と法とは家に生れたり。不羈自由の個人が森林原野に敵対の衝突に由りて生れたるにあらざるなり。氏族といい国家というも家制を推拡したるものに過ぎず[55]」としており、この「家制の国」では、そもそも「家」自体が「命令―服従」関係の法形式を体現した制度である。「親族法は公法」であり、「夫婦関係親子の関係其の外総て権力の関係」である。そして、祖先崇拝は「公法の源」となる。

なぜ古人が死人の霊魂を崇拝したるかという事は、哲学上の問題に属するを以て、我輩はその解釈を試みざるも、法律の関係より見るときは、おそらくは権力を崇拝したるものならんと察せらるるなり……権力とは命令して服従さする義なり……故に親を崇拝する事は権力を崇拝する事なり[56]。

「親族法は公法」という考えは「ゾームまたはラバント等の説」としている。確かに、たとえばゾームはその『ローマ法制度』（一八八四年）で、次のように述べていた。

親族関係は、法によって定める法的性格が与えられたものとしてのそれに限れば、権力関係と財産関係とによってなっている。私法の概念としては、財産関係のみが含まれる。しかし、財産関係はその性質上、それに対応する権力関係の性質を前提としているので、いわゆる「純粋親族法」（親族の権力関係についての法 des Rechts der Familiengewaltverhältnisse）が、「親族私法」（親族の財産関係法）と一緒に論じられねばならない[57]。

それでは、穂積にとって、「崇拝」を公法関係としての「家制」たらしめた「主体」はどこに存在するのだろうか。家父長が、まず自己が法的人格としての家父長であることを一方的に宣言して、そこから法的状態に入ったというのだろうか。残された論文を見る限り、穂積の議論はそこまでは及んでいないように思われる。国家と君主との関係と同様の困難は、穂積の「家制」論でも消えることはなかった。国家の起源を「家」に求めても、法的論理の問題はまったく解決できなかった。

穂積にとって、本当の理論的敵は個人主義や自由主義ではなく、個人を超えた共同体に実体的な人格を認め、それを法形式の、結果ではなく、前提とする法理論である。いわば歴史主義と共同体主義が法学に組み込まれることが、穂積の「国体」論にとっては危険だった。ところが、国家主権説および天皇機関説を批判する時には、穂積はそれらが共同体を根拠とした国家の権能の先験性（「民族の確信」）を否定するものだと反駁した。これでは自己の理論的枠組みを自身で否定しているのと同じである。

穂積の学説の中心は、国民の共同性という観念が実定的命令―服従関係という法形式上の別表現に過ぎないといっているのと同じであり、国家を倫理的な共同体として表現したい政府のイデオロギー政策方針からしてもそれほど役立つものとはならなかっただけではなく、穂積自身にとっても、真剣に突き詰めると危険な理論であった。つまり天皇と国家は実体的価値として認めるべきで、法的概念操作によってその権能が認められるようなものであってはならないという要請と、穂積の学説とはかみあわない。穂積の学問的影響力が、本人が期待するほど浸透しなかったのは、こうした方法的混乱のためである。

注

（1）R・H・マイニア『西洋法思想の継受――穂積八束の思想史的考察』（東京大学出版会、一九七一年）一九頁。長尾龍一「八束の髄から明治史覗く」（長尾龍一編『日本憲法史叢書　七　穂積八束集』信山社、二〇〇一年）は、ラーバントへの関心と東京大学でのテリーの影響の可能性について言及している。テリーの自然法批判については、Henry Taylor Terry, *The First Principle of Law*, Tenth Edition（Tokyo: Maruzen, 1914), Section 149 以下を参照。

（2）穂積八束「帝国憲法の法理」（一八八九年）、穂積重威編『穂積八束博士論文集』（増補改版、有斐閣、一九四三年、以下『論文集』と記す）一三頁。

（3）「方今公法学に二派あり。一を有機的国家理論（organische Staatslehre）という。この学派はブルンチュリーなど初にこれを唱え、シュルツェに至り大にこれを伝説せり。この学派は国家を機関視する者にして、政治学社会学等と公法上の法理とを折衷参酌したる者なり。しかりしこうして他の一派は十年来に勢力を得つつある者なり。この派を法人的国家理論（Persönlichkeitstheorie）という。この学派は前説を駁していわく、国家の無機なるや等の議論は法律上においてなすべきことにあらず。法律上にていわゆる国家とは権利義務を有しうる無形人を指すのみと。しこうしてこの学派にて勢力あるはゲルベル、ラバンド等の鴻儒なり。ゲルベルはこの学派に大功ある人なれども、なお前学派の説に譲るところありしに、オランダ人のクリーケンといふ人（壮にして死せり）一小冊子を著述し、明白に前学派の非を法理上より弁駁せり。余はこの人やラバンドの研究法等を採用して我憲法法理を講述せり。ラバンド氏は有名なる碩学にしてその研究法等はもっとも探るべき者なれども稍々僻説あり」（『論文集』）九六頁。

（4）Albert Th. van Krieken, *Ueber die sogenannte organische Staatstheorie: ein Beitrag zur Geschichte des Staatsbegriffs*（Leipzig: Duncker & Humblot, 1873), S. 136. 法学における「有機体」概念批判とクリーケンの役割については、Hubert Rottleuthner, "Biological Metaphors in Legal Thought," in Gunther Teubner ed., *Autopoietic Law: A New Approach to Law and Society*（Berlin: Walter de Gruyter. 1988）を参照。

（5）「帝国憲法の法理」（『論文集』）二〇、九四頁。

（6）中井正一は「外国語の subject なる言葉を、人々は「主観」と訳していた。ところが昭和七、八年頃から、それは「主体」と訳されはじめたのである」（「言語は生きている」、中井正一『増補　美学的空間』新泉社、一九七七年）と記しているが、これは哲学分野でのことで、法学では、以下本文で示すように一八八〇年代から用いられていた。

（7）ヘルマン・リョースレル（江木衷訳）『社会行政法論』（警視庁、一八八五年）二〇—二一頁。Hermann Roesler, *Lehrbuch des Deutschen Verwaltungsrechts I. Band: Das sociale Verwaltungsrecht*（Erlangen: Verlag von Andreas Deichert, 1872), S. 7.「按」は訳者江木衷による補足説明。

（8）John Austin, *Lectures on Jurisprudence, or, The Philosophy of Positive Law*, vol. I, ed. Robert Campbell（ここでは London: J. Murray,

1885, Fifth Edition を参照した), Lecture XII, p. 347ff. 早くも一八八〇年に大島貞益訳『豪氏　法学講義節約』（文部省編輯局、一八八〇年）が出されている。これは学生向けの簡約版（John Austin, *Lectures on Jurisprudence, or, The Philosophy of Positive Law*, ed. Robert Campbell, the Students Edition, London: John Murray, 1875）の翻訳であるが、"subjects or objects of rights" の訳語としては「その権利の棲むところとなり、あるいはその及ぶところとなり」としている。*Lectures on Jurisprudence*, the Students Edition, p. 162. 大島貞益訳『豪氏　法学講義節約』三七〇頁。

（9）Paul Laband, *Das Staatsrecht des Deutschen Reiches*（Tübingen: H. Laupp'schen Buchhandlung, 1876）, Erster Band, Zweites Kapitel. Die rechtliche Natur des Reiches, § 7. Das Reich als Rechtssubjekt, § 9. Das Subject der Reichsgewalt.

（10）ラーバントの国家法人説および「権利主体」については、水林彪「憲法と経済秩序」の近代的原型とその変容：日本国憲法の歴史的位置」（『企業と法創造』九（三）、早稲田大学21世紀COE《企業法制と法創造》総合研究所、二〇一三年二月）、門脇雄貴「国家法人と機関人格——機関訴訟論再構築のための覚書」（一）—（三）（『法学会雑誌』首都大学東京法学会、四八巻二号、四九巻一号、五〇巻一号、二〇〇七年一二月、二〇〇八年七月、二〇〇九年八月）。

（11）「帝国憲法の法理」（『論文集』）一九頁。

（12）John Austin, *Lectures on Jurisprudence, or, The Philosophy of Positive Law*, vol. I, pp. 307ff（「原初契約という仮定について」の節）.

（13）「ラーバント学派の実証主義とその構成的形式主義は、新カント主義法哲学の書傾向と適合している。その諸傾向とは、法を生み出したすべての歴史的・社会学的事象や形象を、法外的なものとして法概念から放逐し、古き理性主義の偏見に従って、実体なき一元的単純性を、方法上の、更には形而上学的・倫理的な価値実体として信奉する傾向である」（カール・シュミット『政治神学——主権論四章』一九二二年、長尾龍一編『カール・シュミット著作集Ⅰ　1922–1934』慈学社、二〇〇七年）一九頁。

（14）「帝国憲法の法理」（『論文集』）二二頁。

（15）ラーバントのこの論理構成上の問題については、Chris Thornhill, *German Political Philosophy: The Metaphysics of Law*（London: Routledge, 2007）, p. 200.

（16）「帝国憲法の法理」（『論文集』）一三頁。

（17）有賀長雄「穂積八束君帝国憲法の法理を誤る」（『憲法雑誌』第六—八号、一八八九年四—六月、松本三之介編『近代日本思想大系　三一　明治思想集Ⅱ』筑摩書房、一九七七年）七七頁。Fiscus は、ローマ法で国家を財産法上位置づけるための「国庫」という概念。末弘厳太郎「法人学説について」（『末弘著作集Ⅱ・民法雑記帳　上巻〔第二版〕』日本評論社、一九八〇年）によれば

「サヴィニーは国家の法人格についても、それを財産法的関係のみに関する法律技術的のものにすぎずと考えているのであって、今日多くの人々が考えているように、国家は国民全体によって構成せらるる社団であるというような意味において国家を法人であるといっているのではなくして、国家は国家としてその独自の存在と作用とを有することを認めつつ、その財産法的関係のみを法律的に把握する技術として国庫（fiscus）なる概念が必要であることを主張しているにすぎないのである」。

(18) 穂積八束「有賀学士の批評に対し聊か主権の本体を明かにす」（『法学協会雑誌』第七巻第六二号、明治二二年五月二五日、『論文集』）一四〇頁。

(19) 「帝国憲法の法理」をめぐる、穂積と有賀長雄の相互批判については、長尾龍一「八束の髄から明治史覗く」二九七―三〇五頁が詳しい。

(20) 「帝国憲法の法理」（『論文集』）六一、六八―六九頁。

(21) Paul Laband, *Das Staatsrecht des Deutschen Reiches*, Erster Band, § 15. Der Inhalt des Reichsbürgerrechts, S. 149.

(22) Paul Laband, *Staatsrechtliche Vorlesungen. Vorlesungen zur Geschichte des Staatsdenkens, zu Staatstheorie und zum deutschen Staatsrecht des 19. Jahrhunderts, gehalten an der Kaiser-Wilhelm-Universität Straßburg 1872–1918*, bearb. und hg. v. Bernd Schlüter (Berlin: Duncker & Humblot, 2004), Zweiter Teil Staatsrecht, § 8 Die subjectiven öffentlichen Rechts, S. 189. 水林彪「「憲法と経済秩序」の近代的原型とその変容：日本国憲法の歴史的位置」一二三頁所引（訳文は若干表現を改めた）。

(23) 国立公文書館蔵『枢密院会議筆記』一、憲法草案、明治二一年自六月一八日至七月一三日）、明治二一年六月二一日、「第二章臣民権利義務」の条、国立公文書館アジア歴史資料センターデータベースにて閲覧可能、二〇一五年一一月二五日アクセス、レファレンスコード：A03033488000、画像一二六―一二七。こうやって穂積と森を並べると、subject を鍵として「主体」＝「従属」というおなじみの問題が気になる読者もいるだろうが、ここでは立ち入らない。

(24) 穂積八束『国民教育　憲法大意』（八尾書店、一八九六年）一頁。

(25) 穂積八束『国民教育　憲法大意』三一、三七頁。

(26) すでに一八九三年における東京法学院での憲法講義で、「(地方) 自治団体」について論じていた。ただし、そこでは、団体としての固有の実体性に関心があるのではなく、連邦制と明確に区別され（日本は連邦制ではないので）、国家の行政単位でありながら、同時に「自治」能力を認められた機関という概念を説明する。したがって「自治団体」は、連邦国における州とは異なり、「権力の主体」ではないとされていた。この点はラーバントとは合わないことになる。穂積八束述、窪田欽太郎編『帝国憲法』（東

京法学院明治二六年度二年級講義録、東京法学院、一八九三年）第七章。
(27) モッセ「自治制講義　市町村総論」（一八八八年一一月九日講義、海野福寿・大島美津子編『日本近代思想大系　二〇　家と村』岩波書店、一九八九年）二五七頁。
(28) 無署名「町村組織ははたして永続の見込みあるか」（『自治新誌』一七号、一八八九年七月、『日本近代思想大系　二〇　家と村』）二九五頁。
　なお、地方自治制度内の組織としての「自治体」という言い方は普及していたと考えられる。たとえば、井上毅は「自治体」という言葉を用いているが、「団体」とは言っていない。「日本において地方自治の萌芽は、村邑において夙に封建の時より発生したるは左の三つの事実に依り之を証明することを得べし。……明治四年以来数度の変革を経て、遂に従来の自然の自治体を多少行政上の区画に変形せしめたり。四年には庄屋を廃し改めて戸長となし、今より三年前十七年には戸長を以て官吏となし、また連合数個村の共同コムモン首領支配人アドミニストラトールたらしめたり。……自治の美名を以てすともその実は必ずこの共同首領の支配のために各自団結の精神を妨げられ、その利益を失い、数百年来養成したる固有の慣習を敗り、あわせて一村各家相倚て生活し患難相救い疾病相扶くるの良風美俗をも蕩尽するに至らんとす」（「自治論」一八八七年と推測される。『井上毅伝史料編』第二、東京大学出版会、一九六六年）四七頁。
(29) 穂積八束『行政法大意』「第二章人格、公法上の人格」（八尾書店、一八九六年）一六頁。
(30) 『行政法大意』一九―二〇頁。
(31) 長尾龍一「八束の髄から明治史覗く」三五四頁以下。
(32) 穂積八束『国民教育　憲法大意』三五頁。
(33) 穂積八束「新法典及社会の権利」（『法学新報』第六〇号、一八九六年三月二九日、『論文集』）三二三―三二七頁。
(34) 坂井大輔「穂積八束の「公法学」（一）」（『一橋法学』一二（一）、二〇一三年三月）は、主として民法典論争での論点に即して、穂積へのギールケの影響の検討および両者の比較をおこなっている。
(35) 穂積八束『国民教育　憲法大意』一二〇―一二一頁。
(36) 穂積八束『憲法提要』上巻（有斐閣、一九一〇年）一頁。
(37) ギールケのGenossenverbandとHerrschaftsverbandの原理の区別については、オットー・フォン・ギールケ（庄子良男訳）『ドイツ団体法論　第一巻』（全四冊、信山社、二〇一四―一五年、Otto von Gierke, *Das deutsche Genossenschaftsrecht. Bd 1, Rechtsge-*

schichte der deutschen Genossenschaft (Berlin: Weidmann, 1868) の内、特に第一分冊第一部第一一章以下。また、村上淳一「ゲノッセンシャフトとヘルシャフト」(『新装版 ゲルマン法史における自由と誠実』東京大学出版会、二〇一四年)を参照。

(38) 『憲法提要』上巻、六—七、一〇、二五頁。

(39) 『憲法提要』上巻、四二—四四頁。

(40) 『憲法提要』上巻、三五二頁。

(41) 井上毅が穂積を「ラバントの新説に心酔せる男」として警戒し、『憲法義解』審査のメンバーに入れなかったことは、穂積をというよりも(この時はまだ「帝国憲法の法理」は公刊されていなかった)、ラーバントの学説を警戒していたことを窺わせるが、井上の勘はあたっていたといえる。稲田正次『明治憲法成立史』下巻(有斐閣、一九六二年)八三三頁、長尾龍一「八束の髄から明治史覗く」三〇四—三〇五頁。

(42) 『憲法提要』上巻、一八九、一九一頁。穂積は、この章で、自分の説が学界に認められず、天皇機関説が優位であることをしきりに嘆いているが、この点は、ここでは立ち入らないことにする。『憲法提要』上巻、一九九頁以下を参照。

(43) 『憲法提要』上巻、一九四頁。

(44) 『憲法提要』上巻、一八七頁。

(45) Otto von Gierke, *Das deutsche Genossenschaftsrecht. Bd 1, Rechtsgeschichte der deutschen Genossenschaft*, S. 90. 訳は、庄子良男訳『ドイツ団体法論 第一巻』第一分冊による。

(46) Otto von Gierke, *Das deutsche Genossenschaftsrecht. Bd 1, Rechtsgeschichte der deutschen Genossenschaft*, S. 9–10. 綴法は原典のママ。

(47) 『憲法提要』上巻、一九三頁。

(48) 『憲法提要』上巻、一九六頁。

(49) 『憲法提要』上巻、一九五頁。

(50) 北一輝『国体論及び純正社会主義』第四編(一九〇六年、『北一輝著作集』第一巻、みすず書房、一九五九年)二二六頁。

(51) 本書第四章を参照。

(52) 美濃部達吉『行政法』(東京法学院、出版年不明)第三章。

(53) 美濃部達吉『日本国法学』(有斐閣、一九〇七年)六、三四頁。なお『日本国法学』は「穂積八束、一木喜徳郎両先生に捧ぐ」とある。ただし「今日においては不幸にして両先生と鄙見を同じうせざる」ことを断ってはいるが。

（54）美濃部達吉『日本国法学』一七頁。
（55）穂積八束「民法出でて忠孝亡ぶ」（『法学新報』第五号、一八九一年八月、『論文集』）二四六頁。
（56）穂積八束「祖先教は公法の源なり」（『国家学会雑誌』第五巻第六〇号、一八九二年、『論文集』）二三六、二三八頁。
（57）Rudolf Sohm, *Institutionen des römischen Rechts*（Leipzig: Duncker & Humbolt, Dritte Auflage, 1884）, § 77, S. 266.

第四章　大正・昭和初期における「国家」と「団体」の理論構成

一　問題の所在

本章では、国家ではなく、中間「団体」を権利主体として扱う理論構成がどのように展開されたかを検討する。対象時期は大正デモクラシー期から昭和初期にかけてである。ここでの関心はその法理論的構造そのものの分析ではなく、あくまで当時の時代思潮を背景として、その法学理論がいかなる政治・社会思想と結びついていたかにある。

戦間期の法学を思想史的視角から見る場合、資本主義批判、労働者や農民の社会的連帯に共感する立場と、それを警戒する保守的な立場との対抗関係としてとらえることがこれまで一般的であった。しかしながら、こういったとらえかたは、通常、ある法学理論がどれだけ進歩的であるか、良心的であるかといった、いわば理論構成の外側にある評価軸にそって配置されるにとどまることが多く、理論の内側にある概念構成の同時代的特性や、その特性の生まれた要因を説明する努力は必ずしも十分に尽くされていない。

分析の焦点を定めるために、本章では、日本におけるギールケの「団体」理論の受容と、中田薫、末弘厳太郎をはじめとする、法制史および民法学の「団体」概念の展開を中心に検討することにしたい。社会における「団体」

の役割への関心は、もとより法学だけに課された課題ではなかった。しかし、法学においては、抽象的に人間集団の法的位置づけを論じるにとどまらず、政治学・経済学あるいは憲法学などと比較して、具体的な権利関係や紛争処理を念頭において議論がなされるため、時代的な要請がいかに学問的な論理として再構成され、ある種の時代思想の表現となっていくのかという点がより明確に観察できると考えられる。

二　ギールケと「団体」概念の精密化

まず本節では、法的な権利主体としての「団体」という概念が導入されるにあたって大きな役割を果たしたギールケの理論の簡単な整理と、西洋の法学および政治・社会思想に対する影響力を概観する。

前章でも穂積八束に即して紹介したが、ギールケは、一九世紀後半、ドイツにおける民法典の制定をめぐる論争において、個人のみが権利の主体たりうるとするいわゆるローマ法的な前提に異議を唱え、ゲルマン法における **Genossenschaft** を主体とする権利関係の理論的再構成を構想した。この理論は、中世国家の性格づけをめぐる論争が重要な出発点になっているが、もちろんドイツにおける工業化、労働者や小農の困窮と協同組合運動の発生といった社会経済的な問題に対応しようとする意図が存在していた。実際、ギールケは協同組合運動に強い共鳴を示している(1)。

ギールケは社会集団の法的類型について周到な議論をしていた。書物のタイトルである『ドイツ団体法論』は *Das Deutsche Genossenschaftsrecht* だが、議論の中では、**Genossenschaft** だけではなく、**Gemeinschaft, Gesellschaft, Verband, Körperschaft, Korporation** などの語が使われている。これらの用語はある程度概念的に明確な区別が立てられる場合と、大体同じ現象をさすが、強調したい性格の違いを表現するために使い分けられている場合とがある(2)。

たとえば一般的には、Körperschaft と Korporation とは似たような意味で使われるが、ギールケは両者に強い区別を立てていた。Korporation はローマ法でいう擬制人であり、法律用語では、個人が個人の利益を確保するために結成する「社団」（と訳されることが普通）である。この場合「社団」それ自体にはローマ法の立場からは、固有の意思や行為能力は認められない。したがって、いわゆるゲルマニステンが重視する Genossenschaft の「団体」性とは対峙する概念である。ギールケによれば、Genossenschaft はむしろ「団体」に一個の人格としての意思があって、個人はその「団体」という一体性をもった人格を有機的に構成している部分である。[3] ギールケは Genossenschaft 的な団体を論じる中で、Körperschaft という用語を使う場合がある。その場合、団体それ自体の人格が、個々の構成員の人格とはいったん区別される独立性をもつことに強調点がある。Körperschaft は擬制的に人格を認められるのではなく、意思をもった実在的な人格である。

同時期の西洋諸国には、ギールケの理論がもたらすインパクトが思わぬ広がりをもつ場合もあった。それは、いわゆる資本主義の発展と「市民社会」的要求（株式会社の発達など）に法学が応答するといった問題領域にとどまるものではなかった。[4] 国家の法によって個人の権利が守られることになっていても、現実には「社会問題」化している貧困や犯罪や無知が解消されることはなく、社会の秩序が危機にさらされているとすると、その解決は、大きな漠然とした大文字の社会全体ではなく、もちろん国家権力による命令や操作によるのでもなく、具体的な職業・地域集団の団体的な自治能力によるしかないのではないかという考えは一定のアピール力をもった。[5]

たとえば、英国の法制史家メイトランドは、一九〇〇年にその法制史的関心と社会理論的関心からギールケの『ドイツ団体法論』第三巻（原典は一八八一年）の一部分を英訳した。英国におけるいわゆるギルド社会主義や多元的国家論の論者は、社会集団単位の自治をたばねたものとしての国家というアイデアを得ることになった。この関心は継続し、一九三三年にはアーネスト・バーカーが同書第四巻の一部を英訳した（原典は一九一三年）。英国ではローマ法ともドイツ法とも異なる法体系と概念が使われていたが、メイトランドはトラストという英国法の概念を Genossenschaft に対応するものとしてとらえようとしている。(6)

フランスの法学者の間では、一般にギールケの理論に対する反発が非常に強かったといわれている。民法学者プラニオルは、ギールケの団体概念をフィクションとしての人格を現実と混同していると強く非難しており（ギールケ自身は団体の人格こそ実体的であると主張していたが）(7)、社会集団を、個人の集合体以上の実体性をもつものとしてとらえる考え方に強く反発していた。ただし、カトリック系の社会主義的運動やデュルケームのような社会学者の中には、集団が個人を超えた実体としての能力と意思をもつ（べきである）と考える傾向を示すものがあった。(8)

また直接ギールケに学んだアメリカの有名な政治学者チャールズ・メリアムは、『ルソー以来の主権論の歴史』（一九〇〇年）においてギールケの Genossenschaft 論を詳しく紹介している。ギールケの国家論は、連邦制の法的な構成というアメリカ合衆国にとって具体的な問題点ともからんでおり、メリアムのこの著作は主権論の理論史ではあるが、国家自体の実在的な「団体」性の問題と「主権」の概念および連邦制国家という諸「団体」によって構成される大きな「団体」の問題を整理するために、ギールケほかドイツの議論を詳しく紹介している。(9)

このように、「国家対個人」の枠で考えることの限界が強調され、人間をあらかじめ「団体」的な存在として把握することの必要性を論じる傾向は、二〇世紀初頭の西洋の政治・社会思想における一つの大きな潮流となっていた。

三　法制史と「団体」理論——中田薫

民法上のいわゆる法人擬制説の是非については、すでに明治期の民法講義などにおいて一定の解説がなされていた。しかし、大正期、あるいは特に米騒動以降に、国家の下位組織や部分的な行政権力としてではなく、固有の権利主体としての「団体」という概念の理論的な構成が、法学・政治学・経済学・社会学などのアカデミズムの世界で問題化した。法学の世界では、「団体」としての村の性格規定や、近代に至っても存続する入会権の問題を説明する必要が一つの契機となって、個人や擬制としての法人ではなく、「団体」による土地所有の法的な理論構成に関心が向けられた。特に、法制史の中田薫、民法の末弘厳太郎らの論文ではこの問題が詳しく検討されていた。これには現実に存在する土地の用益に対する法的な説明体系が破綻しないようにという法学者らしい関心も支えになっていたが、それ以上に、「社会問題」に対する実定法学によるサポートができないかという正義観が、理論構築の動機づけになっていることは見て取れる。

まず、ギールケを用いて果敢に「団体」の法的な理論構成を試みた例として、法制史家の中田薫の議論を検討したい。中田は近世の「村」が、擬制的な法人や行政単位とはことなる「団体」としての実体性をもっていたことを強調した。

　第一に徳川時代の村は一の独立せる人格者である。第二に然れどもこの人格は羅馬寺院法的法人の如く擬制人(persona ficta)では無くして、日耳曼《ゲルマン》独逸法の(Genossenschaft)の如き実在的総合人(reale Gesamtperson)であるというべきである。(10)

そして、近世の村の「共同訴訟」・「共同利用地」・「共同債務」は、成員個々人の権利義務の集合ではなく、独立した「団体」としての権利義務の問題であったことを強調する。

かくて Genossenschaft の多くは中世の後半以来、いわゆる Körperschaft の性質を示すにいたったのであるが、これら Körperschaft の人格は羅馬法の法人の如くに、組合員の人格と全然分離し独立しているものでは無くして、依然彼の前身たる Genossenschaft に特有なりし、単一性と複多性との両面を持っていた。すなわち Körperschaft は、総体の人格と組合員の人格とが、互に不即不離の関係を保持している所の総合人である。総体の単一的総体権と、組合員の複多的特別権との、結合を許す所の団体である。したがってまた Körperschaft の財産も、その総体に専属するものでは無くして、総体と組合員との間に、その所有権の内容がある関係において分属しているのである。すなわちここには学者のいわゆる団体的総有権（körperschaftliches Gesamteigentum）が存在しているのである。(11)

この主張の根拠づけにはギールケが使われた。そして「総有」・「実在的総合人」といった訳語によって、このような「団体」の人格に法理的な位置を与えようとしている。

Gierke の説に拠ると、独逸の Körperschaft は、擬制人では無く実在的総合人であって、各組合員において支持され彼らに附属する共同体である（Die deutsche Körperschaft ist als reale Gesammtperson das von den verbundenen Einzelpersonen getragene und ihnen zugehörige Gemeinwesen）。その特徴は genossenschaftliches Prinzip を骨子とすることに存する。すなわち、総合体とその構成分子たる組合員とが全然分離独立せずして、ある種の人法的連鎖（ein personenrechtliches Band）によりて結合され、団体の単一的総体権と組合員の複多的特別権とが、組織的に有機的に相結合することに在る。……当時の村が日耳曼法系の Genossenschaft（Körperschaft）に全然一致しないまでも、最もこれに近似している法人であるということだけは断言し得ると思う。(12)

中田は、明治初年においても徳川期と同様の法人格が村に認められていたと考え、明治の町村制によってその性質が変化してきたとしている。中田の議論自体は、その変化の方向性が社会にとって望ましくないとか、本来の日本社会の構成論理に合っていないといった主張を明示的にはしていない。しかし、中田の執拗ともいえるギールケからの引用から窺えるのは、ドイツ法学の世界で、ローマ法の支配力によっていったん失われ、一九世紀終わりに再発見された「団体」とパラレルな事象が、日本の近世に見いだされるという主張であり、またそこに、旧来の伝統と輸入された法体系の齟齬だけでなく、当時の新しい社会の動きに対応できなくなっている法体系の見直しのきっかけがあるという発想であった。そして、この時代、中田の研究に呼応する発想が、現実の私人の権利義務を扱う民法学によっても展開されることになった。

中田よりも、より政策的意図を込めて、「個人主義」の克服の必要性という同時代的な思潮から逆算し、日本の近世社会の制度を再評価した例としては、穂積陳重『五人組制度論』（一九二一年）を挙げることができる。陳重は、アメリカの社会事業家であるフォレットの書を引きながら近世における団体的人格を前提とした制度を評価しようとした。フォレットの影響は、大正後期、昭和初期の日本でそれなりに大きかったと思われるが、ここでは立ち入る余裕がない(13)。

四　「自働自治」の「団体」——織田萬

中田が日本の過去の法制度から団体的人格の問題に光をあてたとするなら、植民地統治のための必要性から同様の問題に関心を向けたケースとして、後藤新平の委嘱により、清国の法制の研究をおこなった行政法学者織田萬に簡単に触れておきたい。

織田の研究は、台湾の法慣行の調査と関連して清国の法制度を把握するための文献調査であった。織田がまとめた清国法制の概説は、『臨時台湾旧慣調査会第一部報告　清国行政法』として刊行された（一九〇五年以降随時刊行。このあと改訂版もある。汎論の部の中国語訳一九〇九年もある）。織田はその中で、中国社会の地方「自治」能力の欠如を指摘し（「清国における自治制度は固より幼稚のものたるを免れず。故に近世法の観念をもってこれを解説することあたわず」）、その原因を中国的な団体の特殊な性質に求めようとした[14]。

支那における地方自治は、近世国家の地方自治とその趣を異にするものあること自ら明なるべし。けだし近世国家の地方自治は地方団体を以て固有の生存目的あるものとしてその共同事務を独立自営せしむるの制度にして、かつそのいわゆる地方団体は法律上国家と同じく一箇の領土団体に属し、地域によりてその自治権の範囲を画するものとす。しかるに支那における地方制度はこれと異なり、その地方団体は専ら戸数を以て定められ、領土を有することなく、またその組織は単に国家行政上の必要より出でたるものにして、いまだ固有の生存目的を認められたるものと謂うべからず。要するに、国家が自己の行政機関の不備を補わんがために人民をして一種の自営制度によらしめたるに過ぎず。たといその制度が隣保団結の事実と相関係して行わるるも、真正の意義における自治にはあらざるなり。

問題は、一般的に人々の組織力が弱いといったことではなく、地域的（「領土的」）な共同体の権利を守るための行政規範を自治的な組織の内部から生み出すことができず、自治的組織は国家による管理の末端の機能を果たすだけであるという点にある。この特殊性を生み出したのは、強圧的な国家権力と、「固有の生存目的」をもたない地域組織の組み合わせが古来維持され続けていることにある。中国では、団体は、制度形式上、「自治」的な機能を果たしているとしても、近代国家が承認する権利主体ではない。これを織田は「自治の精神」の欠如という。したがって、たとえば、清国の保甲制度は、「国家が警察行政の不備を補うの目的をもって、隣保団結を利用し、もって警察機関の補助たらしむるに過ぎず」と断じる。

権利主体として承認されているか否かを、織田は「自働」と「他働」という用語で区別する。

近世国家における自治は自働自治にして、支那における自治は他働自治なりというもまた敢て不可なし。けだし欧州諸国において今日の自治制度を樹立するに至りたるは、専ら人民の権理思想に本づきたるものにして、その発達の事蹟に就きてこれを観るときは、常に官権と相対抗し、中には干戈に訴えて自治権を取得したるの例なきにあらず。これに反して支那古来の自治は一に義務観念に基づき、人民は政府の命を受けてその制度を行えるに過ぎざるなり。

中国社会には、「領土的」団体とは別に、「自治的」団体が存在してきたのではないかという問題を立てることは可能だったかもしれないが、これが「行政法」の研究であるため、直接検討対象とはならなかった。そのため、中国社会がどのような分節の原理をもっているのかについては、織田の分析では把握できていないという批判は可能であろうが、ここではその問題には踏み込まない(15)。織田の議論の背景に、社会の中に自発的な団体の意思の事象を見いだしたいという欲求と、それが欠けている場合は、法秩序構築がきわめて難しくなるという危機意識が存在していたことを確認しておきたい。

五　「個人主義」から「団体主義」へ——嶋山秀夫

権利主体としての団体への着目は、大正期における社会的不安への意識の強まりに伴い、「個人主義」的な民法典の限界が深刻に検討されはじめた学問的かつ政治的な潮流があった。もっとも大抵の場合、この問題は西洋法の継受に無理があるために、古来の社会的秩序感覚が忘れられているという表現形態をもって、政策争点とされた。たとえば、臨時教育会議において、「国俗」と「法律規則」が適合していないという批判がなされ、一九一九年一月に、「我国固有の淳風美俗を維持し法律制度の之に副わざるものを改正する」必要があるという建議が提出された。「淳風美俗」と民法が齟齬をきたしているという議論が、この時期あらためて関心を集めていた。そして、一九一九年七月九日に原敬内閣は、臨時法制審議会に対して「現行民法中我国古来の淳風美俗に副わざるものありと認む其改正の要領如何」という諮問をした。(16)

これは、政治的動機としては、「社会問題」の発生に対抗して、その問題の所在を積極的に分析し解決をめざすというよりは、むしろあいまいな道徳的観念を普及させて、不満を押さえ込んでしまいたいという意図の現れであった。つまり社会の新しい動向を承認し、観察し、問題の所在を明確にするのではなく、元来健康であった秩序感覚が無理のある「法律制度」によってないがしろにされているという話に置き換わっているのである。(17)

しかし、こういった政策論争に呼応して、むしろ新しい農村の地主—小作関係や、急速に進む都市化と土地家屋の権利問題、さらに都市の商工業における労使問題などに対応できる法的な制度とそこでもちいられる概念の整備が必要という意識が、法学者の間で強まっていった。これに合わせて、「個人主義」から「団体主義」へという世界的な趨勢が論じられるようになった。

鳩山秀夫は、「財産法改正問題概論」（一九二〇―二一年）において、「財産法近世の傾向は、個人主義より団体主義に移り行くの点に存する。個人の利益を保護することを目的として認められたる財産権は、団体の利益、社会の利益を増進するがために認めらるるものと考えらるるに至った」と主張した。[18] 鳩山は「団体」の観念を次のように説明する。

団体は、個人の混和ではなく、コングロメラートではなく、個人に依って成立するも、統一的一体として、自由に選択せられたる動機に基づいて、統一的なる行動をなし得るものとして個人を支配し得る存在を有するものであるから、団体自体の生活を脅威すべき現象の存在するときは、個人に対して極端なる場合にはその生命の抛棄をも要求し得るものである。かくの如く団体の存在は個人を通じたる、しかも個人と併立せる存在であるから、いわゆる社会的利益、社会的理想の内容を定むるにおいては個人の生活、個人の性質、個人の人格を無視すべからざると共に、これに優越したる存在を有する団体のそのものの生活、団体そのものの発達を主眼とせねばならぬのである。[19]

この「団体自体の生活」を根拠として、いわゆる労働契約や賃貸契約における「契約自由の原則」もまた、いわゆる一般的な「公益」による制限とは別に、「団体的利益」という目的に合致しなければならないものと論じられる。

傾向の基調のみを述ぶるならば、……総ての私法的制度と同じく、契約自由の原則もまた社会全般の利益を保護することを目的とするものであり、その団体的利益を保護するという目的を達する手段として、個人の意思の自由を認むるものなりという団体主義に基づけるものとなったのである。[20]

すなわち個人の意思の自由を制限する合理的な理由として、一般的な「公益」だけでなく、個人をメンバーとしている「団体」という権利主体にとっての利益という要素を法的に承認することが要請されている。

論文「債権法に於ける信義誠実の原則」（一九二四年）では、「「個人主義から団体主義への変化の」原因は種々あるが、その最も重要なるものは疑もなく、個人の自由、個人の意思を基本とする社会観が、ややその勢を失って、社会、団体を基本とする社会観が次第に力を得来ったことである。パウンドが前世紀の終より現世紀の初にわたって、法律家は人間の意思（human wills）よりも人間の需要または欲望（human wants or desires）を考うるに至ったといったように、[21]西洋における法に対する社会的な要求の構造的変化が強調される。

鳩山は、パウンド Roscoe Pound や牧野英一の「社会学的法学」および「自由法論」の主張と、「団体主義」の趨勢を結びつけて論じている。ただし、鳩山がここで引用している牧野英一の議論[22]は、契約自由の原則における個人主義前提を批判し、「社会的連帯」や「社会的使命」が契約や所有権の行使に制限を加えることも認めるべきであること（たとえば硫酸を作る工場が周辺農地に被害を与えたケース、あるいは関東大震災後のバラックと土地所有権の問題など）を論じてはいるが、法的主体としての「団体」について議論しているわけではない。[23]ところが鳩山は、牧野の議論を利用しながら、個人によって構成される一般的な「社会」と「国家」との関係としてではなく、「社会」の内部に、分節化された諸「団体」の存在があり、それをどのように法的に位置づけるべきかという問題に読者の関心を誘導しようとしているのである。

民法典内部の論理の整合性にこだわり、そこで使われている概念の操作から離れずにいたのでは、鳩山から見て、「社会」問題に対応する法理論を構成することはできない。実際、少なくとも西洋から Genossenschaft や association

といった概念が、法学理論として本格的に導入されるまでは、日本の法学者は「団体」の法的な主体としての能力を精密に論じることができなかった。「社会主義」についての紹介は日露戦争以前から存在し、「社会問題」や「社会政策」についての知識はそれなりに広まってはいたが、「社会」は個人の意思や利害の加算的集合とどのように概念的に区別できるのかについて、つきつめた考察はなかなか進まなかった。その限界を鳩山は問題にし、議論しようとしていた。

六　「団体」と法源の多元性——末弘厳太郎

末弘厳太郎は、「我国固有の淳風美俗」に法律を従わせよなどという議論には、明確に批判的であり、臨時法制審議会の落ち着いたところが、民法と日本の現実の親族関係や財産問題とがあまり乖離しないように、「今日社会的に存在する「家」に向って新に法律上の地位を与え、以てこれをして、社会的職能を遂げしめんとしている」といった程度であったことに、安心していた(24)。しかし、だからといって、復古的な「淳風美俗」論から近代的な民法の原則を守ることで、満足していたわけではなかった。末弘は、むしろ「社会的に存在する」制度の法的な含意を解明し、それを積極的に法的概念として鍛え上げる必要を主張する。

たとえば、入会権の法的な構成を説明するために次のような理論的前提から議論をはじめている。

たとい多数人が共同して一個の「物」を所有しては居るものの、その多数人は互に競合せず、排斥せず、むしろ互に共力し協働して「物」の利用を完全ならしめ、以て多数者全部の福利を増進せむとする思想を根柢として、多数人全部が一体として権利の持主たる場合がある。学者のいわゆる「総有」ないし「合有」Gesamteigentum はすなわちそれであって、欧洲においては日耳曼民族の間に生まれた法律思想である。多数の人が「物」の所有者たる点においては「共有」と「総有」との間に何等区別せらるべきものがない。けれども前者は個人主義的・排他的のものなるに反し、後者は団体主義的・協働的であって、二者は全く根本精神を異にするものである。(25)

ここで用いられた「総有」という語は、先に見たように、法制史学の中田薫が Gesamteigentum の訳語として使用していたものである。そして、明治以降の法律思想は、日本近世の歴史的経験として理解可能であったはずの「総有」というあり方を失わせたと末弘は批判する。

個人主義的な排他的な独占的な所有権思想が骨身までも滲み込んだ現代の我国人には、「共有」を理解し得る。また、「社団法人」または「財団法人」の如く――少なくとも形式上だけでも――権利をある「一個」の「人格者」――実はそれは事態を簡明にするための方便に過ぎないのだが――に属せしめる制度ならば、またこれを理解することができる。ところが「物」が多数人の全体に属してはいるものの、多数者各自は何等独立の権利をその「物」の上に有せぬ、各人は共同の目的のためにそれを利用して全部の福利を増進しようというような、団体主義的な協働主義的な制度は現代人の容易に理解し得ざる所である。……明治以来の法律思想は、全くこの「総有」思想を排斥して受け付けないように見える。現にかく信じかく主張する人が多い。けれども、事実は果してそうであろうか。私はそれを大に疑うのである。(26)

このように、「総有」という所有観念の理論的な有効性を主張するのは、共同的所有の実在性は物の方にあって、農村を一個の主体と見なすことは擬制に過ぎないという学説に対抗することが一つの狙いであるが、末弘はさらに議論を敷衍して、法学を「法律万能主義」・「国家至上主義」から解放すべきであると考えていた。

> 世の温情主義者、淳風美俗論者は、ややともすれば労働者・雇主間の関係、地主・小作人間の関係は、温情相親しみ互譲相輔くるの関係でなければならぬという。誠にそのいう通りである。けれども彼等は、その理由に依って直ちに法律上労働者の地位を確保し小作人の権利を保全すべき手段を設けることに反対する。そうして彼等は「万事が法律的になっては困る。雇主と労働者と、地主と小作人とが法律を以て相対峙するのは面白からぬ現象だ」という。成程それは面白からぬ現象に違いない。けれども法律を以て雇主と労働者、地主と小作人の関係を正確に規律することを以て彼等相互の日常生活関係を法律的ならしむるものと考える思想は――実をいうと――世の温情主義者、淳風美俗論者の自らのはなはだしく恐れている法律万能思想に過ぎない。彼等は一般に国家至上主義者である[27]。

ここで重要なのは、末弘が「社会問題」や資本主義批判に関心をもって「国家至上主義」と「個人主義」の両方を批判したというような政治的スタンスのあり方ではなく、法学理論として、実在としての「団体」に分節化された社会から、法的関係が多元的に出現するという主張を選び取った点にある。したがって、団体を法的主体と考えるかどうかについての問題が、実定法によって擬制的に権利能力を認められているのか否かという問題（いわゆる「人格なき社団」の能力をどう考えるかという問題）に限定されることは、「法理」の探求として欠陥がある。「団体」が現実に明らかに法的な主体として社会で振る舞っているにもかかわらず、法学がそれを現行民法の概念操作だけで辻褄をあわせることは、批判されるべきであり、また「団体」には固有の「意思」があることを認めるべきだという、末弘のいわば社会哲学に基づく主張が述べられる。

次に、現在吾国の民法および民法学は余りに個人法的であり、余りに団体法的法理を欠いている。なるほど団体に関する規定として社団法人を規定している。けれども、その規定する所ははなはだ個人法的である。機関関係の説明にすら代理の規定を援用せざるを得ない有様であって、社団そのものの団体法的機構を明かにしていない。またすべてを個人法的に考えているから、個人の意思 **Kürwille** に基づいて人為的に合成された集合我的もしくは利益社会的団体 **Gesellschaft** は、よくこれを理解しこれを法律的に説明し得るけれども、人々の本質意思 **Wesenwille** に基づいて自然に成り立っている普遍我的もしくは共同社会的団体 **Gemeinschaft** は充分にこれを理解し法律的に補足し得ない有様である。

例えば入会関係を理解し得るがためには、入会権の主体たる入会団体の普遍我的性質を理解する必要がある。これを理解せずして入会関係を説かんとするも到底その真相を捉え得ない(28)。

ここで用いられている概念は、テンニエスの類型を引いたものである。テンニエスの語法によれば、「本質意思」**Wesenwille** は、自然的、有機的なものであり、ゲマインシャフト自体の意思を構成する。もちろんそれはゲマインシャフトの個々の成員にとって、自己の自由な意思と一致するとされる。これに対し、「個人の意志」**Kürwille**（自由に選択する意思、とでもいえるか）は、計算的なもの、目的合理性を含意とし、ゲゼルシャフトの成員個々人の利害計算の意思である(29)。末弘は、これを参照しながら、利益を目的とした組織としてではなく、有機的な行為主体として、入会団体の固有の人格と意思（「普遍我」）を認めるべきであると主張する。なお、「普遍我」という語は、末弘がフィヒテの **das allgemeine Ich** 概念を引いてきたのではないかと思われる。テンニエスの『ゲマインシャフトとゲゼルシャフト』には、フィヒテからの直接の引用はない。

末弘が、労働組合を民法でいう「組合」ではなく、法的な主体としての「社団」として扱うべき事を主張するのも、ここでいう「本質意思」への信頼に関係している。民法でいう「組合」は契約による共同事業を行うための形式に過ぎず、組合員個々の意思と利益がその実体とされる。またその財産も個々の組合員による共同所有であって、かりに脱退すればその持ち分を金銭換算して払い戻しの請求ができる。しかし、末弘は労働組合をそのような「組合」として扱うべきではないと主張する。末弘によれば労働組合は各個組合員の契約関係ではなく、「社会的実体関係」としての「社団」と見なすべきである。[30] ここで末弘は、「人格なき社団」という概念の肯定的意義を強調する。すなわち現行法で人格が認められなくても、労働組合は社会的実体性がある存在として認めるべきであるという。

そもそも末弘は、「社団はそれ自身社会的の存在である。法律をまって初めて存在するのではない。ただ法律はその中あるものには法律上の人格を認め、あるものにはこれを認めないのである」と述べて、社団を、現行法上認められた擬制的な法的主体としてだけ考えることに反対した。[31] 法による技術上の承認によって個人間の契約関係に、いわば便宜的に人格を設定することが社団の本質なのではなく、「社会的実体関係」が先行し、法はその権利を後から承認もしくは限定しているに過ぎないと考えるべきだという主張である。ここには、「社会的実体関係」の「実体」性は、自然人の「実体」性からの類推や理論的操作の産物ではなく、真に実在的であるという点から法の理論構成が出発すべきであるという要請が込められている。

国家はすべての人間に対して同様に私権の享有を許し法律上の機会均等を作り与えねばならぬと同様、社会の必要が自然に産み出した社団のためにも――もしもそれが自ら人格なき状態に甘んずるならば格別然らざる限

り――すべて同様に私権の享有を許し法律上の機会均等を作り与えねばならぬ。(32)

「法律上の機会均等」が個人間や団体間のそれではなく、個人も団体もひとしなみに考えるべきであるとしていることがわかる。いわば意思の実在性は個人だけに限定する必要はないと考えられているのである。社会的実体的関係を法に積極的に取り込んでいこうという考え方は、さらに法源の多元性を認めるべきではないかという主張と結びついた。たとえば、「慣習」やそれ以外の社会での規約などを法源として認めることは、国家が用意した法が不十分だからしかたなく補足的に利用すると考えるべきものではなかった。末弘にとっては、「団体」から発生した法もまた法であり、国家によって制定された法を相対化するものである。

いわゆる社会的法律規範とは、国家が直接制定しもしくはその授権によって間接に制定した以外の法律規範であって、慣習法はその最も顕著な実例である。しかしそれ以外においても、労働協約・就業規則等によって制定された団体規約の如きまたすべてこれに属する。……けだし社会上一定の法律規範によって規律されている関係は、国家においてもまた国家的見地から見て差支ない限り、その規範によって規律するを適当とするからであり、また国家が社会的規範を国家的に利用する以上、その規範が慣習法なると否との関係なく、すべて一様の標準によってこれを利用するを適当とするからである。(33)

社会の内部に規範を発見することは、「団体」がもつ固有の秩序と規範の実在性を発見することである。それがなければ、社会は国家によって一方的に与えられる以外の規範をもつこともできず、個人の欲望を自発的に統制する方法をもたないということになり、さらには、国家の法も実体的な権利主体を統治する装置として機能できなくなってしまう。これが、末弘の主張するところであった。

末弘の団体論において展開された、社会の中で――個人の内面にではなく――多元的に規範の根拠が存在するという主張は、主として西洋の法思想をヒントに、日本社会の抱える問題を考察することによって形成された。しかし、この問題関心は日本の植民地統治にも関連せざるを得ない性質をもっていた。実際に朝鮮社会や中国社会に触れたことのある官僚・知識人は、法学的関心そのものに導かれたわけでは必ずしもないかもしれないが、それぞれの社会における「団体」の「伝統」の発見に関心をもっていた。それがなければ、秩序と規範の自発性を担保するものがなくなってしまうからである。[34] 末弘も、この関心領域に踏み込んでいった。

末弘は、一九四〇年から四四年にかけておこなわれた華北農村を対象とする「支那農村慣行調査」の理論的および方法論的指針作成にあたって指導的な役割を果たした。「慣行調査」という試みは、法源としての「慣習法」の確定を期したいという動機を窺わせ、そしてその背景には中国の社会構造に対する一種の予期的な想定が働いていた。[35]

ところが、「団体」の本来的な実在性はどの社会でも観察できるはずであり、そこに「社会」から生まれる規範の根拠があるという、末弘が前提としていた法思想は、植民地統治上の要請から深まっていったアジア社会の観察によって、いわば法学の概念操作の世界での論争とは別種の懐疑にさらされた。たとえばデュルケームのいう「分節化した社会」（société segmentaire）、つまり自生的な団体は存在するものの、それらが有機的な連関をもたず、相互にばらばらにせめぎ合っているような状態が、それなりに中国では一種の秩序として成り立っていたとしたらどうなるのか。[36] その場合、単位は集団であったとしても、社会全体が有機的な結びつきを獲得できるわけではない。それでも「法」が成立しているといえるのだろうか。末弘とその影響下の民法学者たちは、中国社会を調査する体験によって、実際にそのような理論的挑戦を受けることになった。

慣行調査の打ち合わせ会議の中で末弘は、「社会内部に成立している Norm を摑むということを目標とする」という表現をしていた。[37] 言葉自体は、「生ける法」の重要性を主張したエールリッヒ Eugen Ehrlich から引いたものだが、末弘の主張にはさらに、社会には抽象的な個人ではなく「団体」が存在し、その「団体」によって社会「内部」の規範が担保されているという信念、あるいは思いこみが作用している。「社会関係を規律し成り立たしめている法的慣行即ち法的規範を明らかにするによって、その実質的組織と動的機構とを明らかにすることにつとめる」といった表現も見られる。[38] 調査対象の社会にはきっと「組織」があり参照すべき「規範」がそこに存在するという期待が読みとれる。

またそこで期待される「法的慣行」は、「伝統的にして従って固定的傾向をもつ在来の秩序と日に日に生成発展してやまない新しい社会形成力との接触面に、不連続線的渦流の形で発生し動きつつあるものこそ法的慣行存在の実相に外ならない」と末弘は強調した。[39] この「不連続線」の部分をどのように解釈し、評価するかというところで、いわば中国社会における「団体」のリアリティの見方に分裂が発生した。

末弘に学んだ法学者であり、この調査をおこなった、戒能通孝と平野義太郎との間で論争が起きたように、現実の華北農村は規範をなりたたせる「団体」が確実なものかどうかを疑わせる、理解の難しい社会だった。戒能は、調査した中国農村に、日本の「村」のような「組仲間的共同体」(Genossenschaft) は認められないと主張したが、これとは反対に、同じ村の調査結果に基づいて、平野はむしろ「行政村」と「自然村」との、つまり行政機構としての組織と伝統共同体的な集団生活の規範とが、急速な近代化の過程で分裂した状況を読み込んだ。[40]「社会内部に成立している Norm」という想定自体を反省する契機が、この両者の対立から浮かび上がってきていた。

日本の国家が支配しようとする地域の社会的構造を知ろうとするほど、またそれに随伴して法学者が法的規範の存在根拠を理論化しようとつとめるほど、「団体」の法的能力の確からしさは自明性を失っていった。ギールケがドイツ中世に見いだそうとした「団体」的なものを、華北農村の伝統の中に発見することはできなかったのである。もちろん同時に、中国において、国家の保証に依存するわけではなく、社会において自発的に意識された規範の存在とそれを支えるギルド的性格をもった商業組織などは観察されていた。しかし、はたしてそれを「団体」と見なすことができるかどうか、真面目な知識人ほど悩むことになった(41)。

七　「団体」から「生命体」へ

法の根拠を「団体」が保有する「本質意思」に求めようとする発想は、国家が抽象的かつ平準化された個人という単位によって構成されるのではなく、自律的な「団体」がさらに全体の国民国家という有機的共同体を形成して成立するという考え方と不可分である。これは、法の出現以前に国家が意思をもった主体として成立するのか否かという面倒な問題、特に、国家の生成と一体でなければ都合が悪い天皇の位置づけの説明について面倒な問題をはらんでいた。「団体」が人間の法生活の実体であるなら、国家より以前に法が成立していたことになる。そもそもギールケの理論には、国家以前の法生活の実在性を重視し強調する傾向があり、その発想が必然的に「団体」論の法理論には組み込まれている(42)。民法ではともかく、憲法や行政法においては、この論点を理論的につきつめると危険な問題を提示せざるを得なくなる。

社会の「団体」的構成の中に法の根拠を求めようとする理論は、戦時動員体制にとっては飼い慣らす必要があった。動員と自発性の融合の難しさが明らかになってしまう領域だからである。一九三〇年代後半以降、「団体」の法的位置づけがいかなる変化をとげたのかについては、別の論考を用意する必要があろう。ここでは、簡単に見通しを述べておきたい。第一に、この時期のいわゆる国体論的な法学の掲げる秩序観が、かりにある種の理論的なまとまりもっていたとすると、それはどのような社会的実体がどのような法的能力を保持し、紛争や契約にかかわっていくと考えられたものであったのか、その理論構成を検討する必要がある。第二には、統制経済の編成とともに、業界団体の組織化はいかなる法的主体の能力を想定していたのかといった点が特に問題となろう。

「国体」論的な法学の社会観は混乱していてつかまえにくいが、それを唱導した当人達は、次のような二分法的前提を保持しておけば、とりあえずやりすごせると考えていたのではないだろうか。すなわち、「国体」的法理は「具体的・歴史的・家族的・民族的・日本的・東洋的」なものであり、これは「抽象的・自然法的・個人主義的・西洋的・世界市民的」な法理に対抗して、後者を乗り越えることのできる原理であるといった枠組みである。しかし、「団体」はどこに位置するのか。「団体」には理論的落ち着き先がない。

たとえば、刑法学者の小野清一郎による「日本法理の自覚的展開」（一九四二年）は、上記の図式がひたすら「日本法理」の弁証のために繰り返される論文である。その中で、小野は国家から独立した「人倫関係」の実在性は承認できないと主張している。

一切の国民生活はその「日本の「根本法理」である「国体」という」最高道義の上に発展する道義生活である。……国家を離れて個人生活・社会生活というものは日本においてはない。否絶対に非国家的な人倫関係は少なくとも現代においていずこの国にもないのである。ただ西洋においては相対的に国家と無関係な個人生活・社会生活の面が顕著であり、それに基づく個人主義的な倫理思想、法理思想が根強く存在し、その私法的表現として民法、商法が発達しているのである。日本においても個人生活・社会生活の面が無いのではない。しかしそれは国家生活・国民生活の中に包蔵され、内含されたものであり、有機的にその一部をなすものである。(43)

ここで国家の外の個人生活や社会生活など「どこにもない」というのは、あらゆる法的主体の存在と法的関係は国家による承認によって決定されたものに限られるといった、実定的な法のみによって法の世界での「人格」の意味を確定しようとする理論上の約束事をいっているのではない。一般的に国家を離れた「生活」領域は、二〇世紀の世界では観察不能という意味で、実在しない、もしくは、実在してはならないということである。

小野は、現代社会の法における個人主義的原理の克服という主張という点では、大正期以降の動向を継承しているが、個人であれ「団体」であれ、社会の内部にあらゆる法的主体の実在性を認識することも、また理念として承認することもできないと主張した。そして結局は、私法の存在自体が原理的に（法的な概念操作としてだけでなく）間違っているという議論にまで至っている。私法は社会に実在する権利主体間の紛争がそのもともとの前提だが、そのようなものは日本には存在してはならないからである。小野は「日本法理」の「家族的性格」を主張するが、決して「家族」を「団体」として承認することはできない。

さらには「国家」でさえも、他の社会的「団体」と法的な関係に入ったり権利の衝突を起こしたりする可能性のある、固有の意思を持つ「団体」であってはならなかった。国家の人格は個人や家族などを「包摂」するものであって、それを構成する個人や家族と、権利上の対抗関係に入ることはありえないからである。

個人に対立する「団体」は未だ真の全体・普遍ではない。真の全体、真の普遍としての国家は一切の個人と家族とを生かすのである。(44)

国家以外に「法秩序の実体」はなく、それ以外に、個人や社会的団体を律する法を認めないとする主張は、小野の刑法学の前提でもあった。「日本刑法学序説」（一九四一年）には次のように記されている。

「社会あるところ法あり」という格言がある。この格言は近時我が邦において社会学的および自然法学的思想傾向の下に広くおこなわれているが、これは必ずしも無条件に肯定することは出来ない。なるほど国家以外に法が無いとはいえぬであろう。家には家憲があり、自治体にはその条例がある。宗教団体には宗制・寺法あるいは教会法があり、工場には工場規則があるであろう。しかし、いやしくも「法」という以上、それは単なる風俗・慣習ないし礼・道徳ではなくして、ある政治的統制の意味を含むものでなければならない(45)。

小野は「国家的・民族的共同体」という言葉も用いるが、『日本法學の樹立』（一九四二年）では、「ばらばらの個人から成立つところの個人主義的な社会ではなく、生命的な全一体となりきっておる。これが日本の国柄であり、国体の精華である」といい、あるいは「国家的生命を道義的に展開して行くところに国体法理がある」といった表現を採用している(46)。「国体」を「生命体」としてとらえる主張は当時の国体論的思想に多く見られるため(47)、それ自体とりたてて個性的な表現ではないが、これが「生命体」であって、たとえば「有機体」ではなかったことには意味がある。「有機体」では全体を構成する複数の organ＝「機関」の自律性が意識されざるを得ないが、「生命体」であれば媒介項なしに「ばらばら」な状態を解消して「一体」になりきってしまうというイメージを表現できるからである。小野の「法理」は有機体論とは対立せざるをえなかったことになる。ただしここでの小野の議論の根拠づけはすでに法学の通常の論理形態を逸脱しているので、そのような「生命体」における法とは何なのかは、小野の著作からは理解不能である。

八　「団体」なき「国体」論

本章で検討した、戦間期の法思想における「団体」概念の扱いは、錯綜する政治的思惑と学問世界での理論的戦いの中で、きわどい位置取りをしながら展開された。明治期においては、民法の導入は西洋先進国と同様の制度を整備するための、いわば外的原因から必要とされたものと論じられることが多く、民法典とそれに基づく法概念操作は、社会が必要としている法の役割に適合していないという疑念も、いわば日本固有の歴史的事情と西洋から継受された法体系の間の摩擦として語られていた。しかし大正期には、法学における「団体」論の導入によって、この問題がむしろ西洋でも発生している近代国家形成共通の悩みであるとして再提起された。つまり「国体」の特殊性といった主張を相対化する役割を果たしたのである。確かに「団体」論は、法理論における方法的な個人主義を批判するが、それ故にある意味で逆説的にも、そもそも自然な社会関係において法は不要であるとする「淳風美俗」的な思想の不自然さを明確に指摘していた。「淳風美俗」論においては、共同体的な生活を法の外にあると見なすために、逆説的にも法的関係をなす主体としては国家と個人しか登場しないからである。

さらに、法源あるいは法生活の多元性についての主張は、国家以前に存在する多様な社会関係の法的実在性を主張することにつながり、いわば明治国家による秩序の正統性の独占に抵触する視角を提起することになった。

以上のように「団体」の理論構成のインプリケーションは皮肉な副産物を得た。たとえば文部省編纂の『国体の本義』（一九三七年）は、「団体」論の論理構成をうまく簒奪し、「団体」ではなく「国家」（正確には日本の国家）のみが唯一の実体であるという形に作り替えたテクストのようにも見える。しかも、他に対抗できるもののない、個性的な唯一の実体なので国家が法的主体である必要すらない。

「個人主義」は、「団体」論にとっても「国体」論にとっても敵役であった。しかし、「団体」論の法学の場合、それが「個人主義」を批判したのは、人間観・社会観における価値意識としての個人主義を批判したのでは（少なくとも当面は）なく、法学者が概念操作の方法論としての個人主義を所与の前提としたまま、それが現実社会の権利保護や紛争にどれだけリアリティがあるのかという関心を放置していることを問題にしていた。その意味で、末弘（あるいは鳩山、中田）らが批判したのは、日本における法学理論の前提がリアリティのない「個人主義」に置かれているという点にあった。つまり法理論が現実社会の法的問題から遊離し、借り物の方法論に安住し続ける怠慢を批判していたのであって、「個人主義」的価値意識一般と対決していたわけではなかった。

対照的に、「日本法理」や「国体」と「個人主義」との対決は、根本的な価値意識の対決ではあるが、実はそれほど現実的かつ深刻なものではなかったはずである。『国体の本義』が断罪するような「個人主義」を「原理」として主張するものが、脅威となるほどの強さで日本に存在したのかどうか疑わしいからである。「国体」論が攻撃する「個人主義」は、「国体」というイデオロギー的身振りを現前化するための架空の敵であり、民法学でおこった議論に比べて明らかに擬制的に演出されたものである。しかし、その擬制的な敵の「原理」を示すために、「国家を以て、個人を生み、個人を超えた主体的な存在とせず、個人の利益保護、幸福増進の手段と考へ、自由・平等・独立の個人を中心とする生活原理」（『国体の本義』）という、おそらく近代日本のテクストの中で最も簡潔かつ磨き上げられた「個人主義」についての説明が成立したことは皮肉であった。

『国体の本義』において、「個人主義」原理への批判は精密に彫琢されたが、他方、「国体」論は「団体」論にそれほどまでの明確な敵役のすがたを与えることなく、「国体」論と「団体」論の間の、法と社会の関係についての原理的な対立は前景化する機会を得なかった(48)。それを前景化させることの方が、「個人主義」との対決より危険な可能性があったからであろう。

注

（1）ギールケの「団体」思想とドイツの法典論争および当時の社会的背景については、遠藤泰弘『オットー・フォン・ギールケの政治思想』（国際書院、二〇〇七年）、川角由和「オットー・フォン・ギールケの法思想と「私法の社会化」」（『龍谷法学』三四（四）、二〇〇二年三月）、Chris Thornhill, *German Political Philosophy: The Metaphysics of Law* (London and New York: Routledge, 2007), pp. 210–212; Antony Black, *Guilds and Civil Society in European Political Thought from the Twelfth Century to the Present* (Ithaca: Cornell University Press, 1984), pp. 210–217、西村稔『知の社会史——近代ドイツの法学と知識社会』（木鐸社、一九八七年）第六章、Michael John, *Politics and the Law in Late Nineteenth-Century Germany* (Oxford: Clarendon Press, 1989), pp. 108–116、村上淳一「ドイツの協同組合運動とギールケ」（『ドイツの近代法学』東京大学出版会、一九六四年）。

（2）遠藤泰弘「ギールケの私法学——団体人格概念を中心として」（『オットー・フォン・ギールケの政治思想』）参照。

（3）Antony Black は Genossenschaft を英語には翻訳不可能な用語と述べた上で、あえて Fellowship と訳している。*Guilds and Civil Society in European Political Thought*, p. 210.

（4）村上淳一「ドイツの協同組合運動とギールケ」。

（5）「国家対個人」という枠組みを相対化しようとする政治理論に対してギールケが果たした役割については、以下の研究を参照。David Runciman, *Pluralism and the Personality of the State* (Cambridge: Cambridge University Press, 1997); Michael Dreyer, "German Roots of the Theory of Pluralism," *Journal Constitutional Political Economy*, Vol. 4, No. 1 (December, 1993); J. A. Mack, "Group Personality — A Footnote to Maitland," *The Philosophical Quarterly*, Vol. 2, No. 8 (July 1952); Francis W. Coker, "The Technique of the Pluralistic State," *The American Political Science Review*, Vol. 15, No. 2 (May, 1921). 特に Coker の論文は、当時の英国とフランスにおける多元的国家論を手際よく解説している。

（6）David Runciman, *Pluralism and the Personality of the State*, p. 69.

（7）フィリップ・レミィ「基調報告ベル・エポック期のフランス民法学——プラニオル」（『北大法学論集』五二巻五号、二〇〇二年一月）、H. S. Jones, *The French State in Question* (Cambridge: Cambridge University Press, 1993), p. 74.

（8）Daniela S. Barberis, "In Search of an Object: Organicist Sociology and the Reality of Society in Fin De Siècle France," *History of the Human Sciences*, Vol. 16, No. 3, 2003; William Logue, *From Philosophy to Sociology: The Evolution of French Liberalism, 1870–1914* (DeKalb: Northern Illinois University Press, 1983).

（9）　Charles Edward Merriam, *History of the theory of sovereignty since Rousseau*（Kitchener, Ont.: Batoche, 2001）, pp. 59–66.

（10）　中田薫「徳川時代に於ける村の人格」（一九二〇年、中田薫『法制史論集　第二巻』岩波書店、一九三八年）九八五頁。

（11）　中田薫「徳川時代に於ける村の人格」九八七—九八八頁。

（12）　中田薫「徳川時代に於ける村の人格」九八九—九九〇頁。Otto von Gierke, *Deutsches Privatrecht*, Erster Band（Leipzig: Dunckel & Humblot, 1895）, § 62, S. 479. ギールケからの引用にミスがあるようなので、そこだけ改めた。

（13）　M. P. Follet, *The New State, Group Organization the Solution of Popular Government*（New York: Longmans, Green, 1918. 穂積陳重が引用したのは一九二〇年版）。フォレットの国家論の研究としては、岡本仁宏「M・P・フォレットの「新国家」——地域統合構想として」（一）（二・完）（『名古屋大学法政論集』九八号、一九八三年一一月、九九号、一九八四年二月）がある。また丸山眞男は回想の中で多元的国家論ではフォレットの *The New State* が最高だと思うと述べている（松沢弘陽、植手通有編『丸山眞男回顧談（上）』、岩波書店、二〇〇六年、一四〇頁）。丸山がフォレットに触れたのは一九三〇年代であろう。

（14）　以下、初版よりも記述が詳しくなった一九一四年版から引用する。臨時台湾旧慣調査会『臨時台湾旧慣調査会第一部報告　清国行政法』第一巻下（臨時台湾旧慣調査会、一九一四年版）一一五—一二二頁。坂野正高「日本人の中国観——織田万博士の『清国行政法』をめぐって」上・下（『思想』四二五号、四五六号、一九六二年二月、六月）も参照。

（15）　織田のような議論は、法学の外皮をまとった政治学であり、「植民地的近代性」にとらわれたディシプリンに過ぎないという批判は、王泰升（鈴木賢、松田恵美子、西英昭、黄詩淳、陳宛妤、松井直之、阿部由里香訳）『台湾法における日本的要素』（国立台湾大学出版中心、二〇一四年）二一五—二一六頁。しかしすでに当時、日本における中国社会分析の視野がもつ限界については吉野作造が指摘していた。それについては、松田宏一郎「「封建」と「自治」、そして「公共心」というイデオロギー」（『江戸の知識から明治の政治へ』ぺりかん社、二〇〇八年、第二部第三章）を参照。

（16）　当時の政治的言説としての「淳風美俗」論については、伊藤孝夫『大正デモクラシー期の法と社会』（京都大学学術出版会、二〇〇〇年）九五頁以下。

（17）　ただし臨時法制審議会での司法次官鈴木喜三郎の説明には「我国古来の家族制度におきましても、その当時適当を思ひしものも、今日の時勢に適応せざるものもありまする。すなわち昔あった事柄悉くを今において復古せしむるという趣意ではないのでございまする」とある。『臨時法制審議会総会議事速記録　諮問第一号（民法改正）』（臨時法制審議会総会、一九一九年）四頁。

（18）　鳩山秀夫「財産法改正問題概論」（一九二〇—二一年、鳩山秀夫『債権法における信義誠実の原則』有斐閣、一九五五年）二二七頁。

（19）鳩山秀夫「財産法改正問題概論」二四四頁。

（20）鳩山秀夫「財産法改正問題概論」二三三頁。

（21）鳩山秀夫「債権法における信義誠実の原則」（一九二四年、鳩山秀夫『債権法における信義誠実の原則』）二五五頁。

（22）牧野の「自由法論」については、芹沢一也『「法」から解放される権力――犯罪、狂気、貧困、そして大正デモクラシー』（新曜社、二〇〇一年）参照。

（23）牧野英一「具体的妥当性」（一九二二年、牧野英一『法律に於ける具体的妥当性』有斐閣、一九二五年）。

（24）あるいは、次のようにも述べる。「法律上の家と社会上の家とを合致せしめんとする努力は大いによろしい。けれども伝統的の家とその社会的機能とが今後にもそのまま長く存続すべきことを予想し、これと法律上の家とを合致せしめんとするがごときは全然不当であり、また事実不可能を企つるものなりといわねばならぬ」、「ともかく「伝統」を重んじ、「我国固有の淳風美俗」を維持せんとして企てられた親族法の改正が、結局においてだいたい「現実の要求」を容れて現代社会と法制との乖離を減少せしむるだけの仕事になり終わったことを私は心から喜ぶものである」。末弘厳太郎「淳風美俗と親族法の改正」（末弘厳太郎『法窓閑話』改造社、一九二五年）二八一、三六五頁。

（25）末弘厳太郎『農村法律問題』（改造社、一九二四年、『明治大正農政経済名著集』一六巻、農産漁村文化協会、一九七七年）六六頁。

（26）末弘厳太郎『農村法律問題』六七頁。

（27）末弘厳太郎『農村法律問題』一一六頁。

（28）末弘厳太郎「私法関係の当事者としての家団」（末弘厳太郎『民法雑考』日本評論社、一九三二年）四五―四六頁。

（29）Ferdinand Tönnies, *Gemeinschaft und Gesellschaft: Grundbegriffe der reinen Soziologie*, Dritte Auglage（Berlin: Curtius, 1920）, Zweites Buch Wesenwille und Kürwill, S. 85ff. Wesenwille は一八八七年初版から使われているが、その時は Willkür と対比されている。Kürwille という概念が使用されるようになるのは、一九二〇年版からである。Ferdinand Tönnies, edited by Jose Harris, translated by Jose Harris and Margaret Hollis, *Community and Civil Society*（Cambridge: Cambridge University Press, 2001）, p. xlii（Glossary）.

（30）末弘厳太郎『労働法研究』（改造社、一九二六年）一一八頁以下。

（31）末弘厳太郎『労働法研究』一二三頁。

(32) 末弘厳太郎『労働法研究』一三五頁。

(33) 末弘厳太郎「法解釈における理論と政策」（一九三一年、末弘厳太郎『民法雑考』）二八頁。

(34) これについて詳しくは、松田宏一郎前掲「「封建」と「自治」、そして「公共心」というイデオロギー」を参照。

(35) 中国農村慣習調査が期待する社会像と実際の中国社会における法源意識のずれについては、滋賀秀三『清代中国の法と裁判』（創文社、一九八四年）、第五章が参考になる。

(36) たとえば、社会学者清水盛光はデュルケームを引用して、中国社会を「環節社会」（société segmentaire）と見なしていた。清水盛光『支那社会の研究』（岩波書店、一九三九年）一三七頁。Émile Durkheim, *De la division du travail social* (Paris: Félix Alcan, 1893), Chapitre VI Prépondérance progressive de la solidarité Organique et ses consequences (suite), I. Structures sociales correspondant à ces deux sortes de solidarités; type segmentaire; sa description; correspond à la solidarité mécanique. Ses formes diverses., pp. 189–197.

(37) 満鉄調査部総合課「支那慣行調査打合会諸会議議事録」一九三九年一二月一一日（中国農村慣行調査刊行会篇『中国農村慣行調査』第一巻、岩波書店、一九五二年）、七二頁。小口彦太「中国法研究における末弘博士の今日的意義」（『早稲田法学』五五巻二号、一九八〇年三月）も参照。

(38) 福島正夫「岡松参太郎博士の台湾旧慣調査と、華北農村慣行調査における末弘厳太郎博士」（『東洋文化』東京大学東洋文化研究所、二五号、一九五八年）。

(39) 末弘厳太郎「法律と慣習」（『法律時報』一五巻一一号、一九四三年一一月）。

(40) この論争については、武藤秀太郎「平野義太郎の大アジア主義論——中国華北農村慣行調査と家族観の変容」（『アジア研究』四九巻四号、二〇〇三年一〇月）を参照。また旧慣調査をめぐる中国社会論のより広い文脈については、黄東蘭『近代中国の地方自治と明治日本』（汲古書院、二〇〇五年）第二章、浜口裕子『日本統治と東アジア社会——植民地期朝鮮と満洲の比較研究』（勁草書房、一九九六年）「補論　旧中国農村調査にもとづく戦後日本の研究成果について」を参照。

(41) 中国農村慣行調査に加わり、その成果をふまえて中国社会におけるギルド的結合のあり方を考察した仁井田陞の戦後の著作『中国の社会とギルド』（岩波書店、一九五一年）および『中国の農村家族』（東京大学東洋文化研究所、一九五二年）には、社会集団の結合力の強さと、その規律を支えているはずの規範意識の弱さという矛盾した現象を、同時に説明するための苦心が読みとれる。

(42) 「古き良き法の発見」という、しばしばゲルマン法の原理と見なされる考え方が、実は二〇世紀初めのドイツの中世法研究において、実際の中世社会の様相以上に強調された面があるといわれる。村上淳一『〈法〉の歴史』（東京大学出版会、一九九七年）一〇八頁以下参照。
(43) 小野清一郎『日本法理の自覚的展開』（有斐閣、一九四二年）一二七―一二八頁。
(44) 小野清一郎『日本法理の自覚的展開』一二九頁。
(45) 小野清一郎『日本法理の自覚的展開』一六〇―一六一頁。
(46) 小野清一郎『日本法學の樹立』（日本法理研究會、一九四二年）三五―三六頁。
(47) たとえば、藤沢親雄は、「国体とは天皇を渾然たる生命中枢とし、臣民をそれから派生的に顕現する生命粒子と直観する我民族生命原理の形而上学的構造である」と述べていた（『日本民族の政治哲学』巌松堂書店、一九三七年）。
(48) 小野清一郎は石田文次郎『オットー・ギールケ』に対する書評の中で、ギールケの団体論は、個人主義と対立するものではあるが「普遍的な文化そのものに於ける原理的統一」へと「止揚」するには至っていないと批判していた。小野清一郎「ギールケの法律思想」（一九三六年、小野清一郎『法学評論』下巻、弘文堂書房、一九三九年）。ここでいう「普遍的」とは、人類的な普遍性ではなく、国家レベルの共同性を意味し、国家の制度としての法と個人の道徳意識が、区別や緊張なしに完全に一体化した状態が「統一」の意味である。

第五章　戦後日本政治学におけるホッブズ

一　問題の所在

前章では、「団体」概念に着目し、その意思を固有の実在として法と政治制度に位置づけようとした試みの軌跡を検討した。本章で考察するのは、個人のみを実体とし、共同体そのものの意思の実在性を認めないところから国家の正当性のあり方を考察する方法に、強い関心と反発を示した政治学者達の議論である。

手がかりはホッブズへの言及のされ方である。近代日本における西洋思想の受容の一部分としてこの問題を考えるならば、すでに、明治以降のホッブズの受容について、明治期に重点を置きつつも、戦後まで視野におさめた、高橋眞司『ホッブズ哲学と近代日本』（一九九一年）という労作があり(1)、史料および参考文献については、同書につけくわえるべきものはほとんどない。ここでは、検討対象の時期を主として戦後とし、その時期の政治学が国家と権利主体としての個人の関係をいかにして理論的に彫琢したのか、その手法の特徴を明らかにする一つの鏡として、ホッブズ問題に焦点をあてる。

二　意思の所産としての国家

簡単に、すでに「団体」論に一定の関心が集まっていた、明治末から昭和前期までの国家論で、ホッブズの理論がどの程度理解され、どのような文脈が設定されていたのかを見ておきたい。戦後とは異なり、ホッブズの理解については、法学分野の方が充実しており、またその戦後政治学への影響も明らかであるため、この節では、穂積陳重と恒藤恭の二人の法学者を素材とする。

まず、明治末の講義ノートが原型となっている、穂積陳重による社会契約説の学説史におけるホッブズの位置づけを見ると、個人の合意による「社会」という「人格団体」の成立と、その合意を根拠とした、主権者への自然権の「全面移付」への移行という、一見整合性を見いだすのが難しい問題をホッブズが提示していたことがすでに紹介されていた。

「ホッブス」は、つとに社会の起源を君民契約によって説明するの非なることを覚り、彼は、自然状態における恒久戦争を恐れる者が相集まって、各個人相互に契約をなしたのであると論じた。（Hobbes, De cive. c. 5; Leviathan. c. 14. 17）……「ホッブス」は、衆人の合意によって、一旦は社会なる人格団体を生ずるけれども、その合意の結果として、該民団は即時に人格を失い、主権は君主に帰するものであるとした……

「ホッブス」の説に従えば、民約はその形式において、第三者［契約の当事者ではない君主］のためにする契約であって、各個人が同時に一切の自由、権利を抛棄して、これを統治者に移付するもののようである（De cive.

c. 5–7; Leviathan. c. 14. 17–19）彼は、自保［自己保存］権を留保するがごとくに論じているが、（Leviathan. c. 14.）、これを立論の全体から推すときは、その自保権留保権は、革命権否定論その他の結論に矛盾するものであって、むしろ全部移付説なりとする方が、あたっているようである。(2)

また穂積陳重は、ホッブズのいう自然法の第三則「各人はその契約を履行しなければならない」について、ホッブズが自分の理論前提を自分で裏切っているのではないかと批判する。

各人互に豺狼《さいろう》にして詐欺、掠奪を事とした自然状態の人類が、如何に「恒久戦争」の惨害に懲りたればとて、翻然としてたちまち親愛、信義を本とする契約なるものを発明して、これによって国家状態に移りたるものとするのは、その論理の前提と断案との間に連絡を欠くものであるといわなければならぬ。(3)

そもそも、穂積陳重は、「民約説」に対して、国家「団体」説の立場から批判的であった。

かくの如き個人的［個人を基本とした］観察は、歴史を無視しまたはこれを敵視する自然法説の全体に通ずる謬根であるといわなければならぬ。およそ人類は、性愛、親愛に因って個人間に継続的関係を生ずるものであるのみならず、生活の需要より協力分業を生じ、協力分業のために継続的組織的関係を生ずるに至るものであって、人類の団体組織が独立的政治組織をなして国家と称し得べき程度に達せざる以前においても、その生活状態は団体生活であって、決して独立、自由、平等なる個人の散在もしくは群居ではなかったのである。(4)

穂積陳重にとって、国家は、国家成立以前にすでに生まれている「団体生活」の成長したものと考えるべきであった。それを背景として、戦後の研究で問題とされた「設立国家の場合に、自然人がなぜ理性的な自己批判を行い得るのか[5]」、「ホッブズ的自然人がいかにして自然状態を理性的に自己批判し、「共通の平和と防衛と」を目的として意識し、それを動機として自然権の放棄を受け入れるのか[6]」といった論点について、すでに関心を示していた。

一つ昭和初期の事例を挙げたい。自然法思想の流れにたいするホッブズの革新的意義を強調する議論として、恒藤恭は、テンニエスのホッブズ論が指摘する、その「自然権」概念の特徴を紹介しつつ、次のように述べる。

グローチウス型の自然法理論にあっては、社会契約は実証法の存立しない状態からしてそれの存立する状態へとみちびく動因を成すものの、その意味は、いかなる法的拘束も存しない状態を除却して、法的拘束の存する状態を初めて生成せしめることにあるのではなく、自然法的拘束のみの与えられている状態の代りに、実証法的拘束の与えられている状態を招来することにある。これに反して、ホッブスにあっては、一般に法的拘束の存せぬ状態を除却して、一般に法的拘束の存する状態を初めて生成せしめることが、社会契約の意味であり、法的拘束は人間の意思の所産たることが、徹底的に主張されている次第である[7]。

また、ホッブズが自然法を客観的秩序から切り離し、個人の内面に持ち込んだ点について、次のような指摘がなされる。

［ホッブズの］自然法はその要請を実現せんことの欲求にまで各人を拘束するに止まり、かかる欲求にもとづく行動にまで各人を拘束するものではないから、自然法の拘束力のみを以てしては、平和条項にしたがって現実

の平和を招来することは不可能である。言いかえると、自然法の諸原則が各人の私的理性によって認識され、その要請が各人の個別意思によって実行されるに任せられてある限りは、到底自然状態は克服され能わず、そのためには、公的理性にみちびかれる所の統一的普遍意思が存在し、かつこれに服従せない個別意思を抑圧するための強制力がこれに伴って与えられることが必要とされるのである。(8)

自然法の「私的理性」化ゆえに、圧倒的な一個の普遍意思としての強制力が成立するという、ホッブズの論理構造が説明されている。戦前においても、君主主権論のイデオローグのひとつとして整理される以上の、ホッブズの思想への踏み込んだ検討があったことがわかる。

次節以降で検討する戦後の政治学では、それまでの蓄積を受け継ぎながらも、やや角度を変えたホッブズへの、しかもポジティヴな評価があらわれた。それは昭和の戦争下の知的状況と深い関連をもっており、絶対主義のイデオローグでもブルジョア階級の代弁者でもない、自由な精神生活を擁護する理論的装置を提供するホッブズ、という像が形成された。

三　「ホッブス的実証主義」と自由

新しいホッブズ像を明確に示し強い影響力をもったのは、ホッブズを直接の研究テーマにしたわけではないにもかかわらず、丸山眞男のいくつかの論考であった。たとえば、よく知られているように、戦時中に丸山は徂徠論および宣長論の中で次のように述べている。

かくしてはじめて、徂徠が聖人観念からあらゆるイデア性を払拭してこれを現実化したこと、聖人の道を「理」を以て推す事を以て聖人の冒瀆として激しく拒否したこと、先験的な正邪の存在を否定し、「先王の道に循ふ、之を正と謂ひ、先王の道に循はざる、之を邪と謂ふ」（弁明上）という、ホッブスの **Auctoritas, non veritas, facit legem** を思わしめる如き命題を立てたこと、——こうした論理的工作のもつ客観的意義が生々しい価値を帯びて再認識されるのである。(9)

秩序の妥当性が純粋に主権者の形式的実定性に由来し、その内在的価値——真理性乃至正義性——と全く無関係だというホッブス的実証主義が「よくてもあしくても」という副詞句にいみじくも表現されている。(10)

戦後の論壇に強い影響力をもった「超国家主義の論理と心理」（一九四六年）における、次の言葉が同様のホッブズ観を提示していることは明らかであろう。

国家主権が精神的権威と政治的権力を一元的に占有する結果は、国家活動はその内容的正当性の規準を自らの内に（国体として）持っており、従って国家の対内及び対外活動は何ら国家を超えた一つの道義的規準には服しないということになる。こういうとひとは直ちにホッブス流の絶対主義を思い起こすかもしれない。しかしそれとこれとは截然と区別される。「真理ではなくして権威が法を作る」というホッブスの命題における権威とは、その中に一切の規範的価値を内包せざる純粋の現実的決断である。主権者の決断によってはじめて是非善悪が定まるのであって、主権者が前以て存在している真理乃至正義を実現するのではないというのがレヴァイアサンの国家なのである。(11)

しかも、この論理は、同時代政治状況・知識状況への批判的提言であっただけではなく、政治学の領域と方法へのアカデミックな関心にもとづく提言にも結びつけられていた。一九五〇年の日本政治学会年報における「討論　日本における政治学の過去と将来」の中で丸山は、蠟山政道『日本における近代政治学の発達』への批判として、蠟山に対して次のような議論をしている。

丸山　蠟山先生がこの御本の最後に暗示された政治学のポジティヴな立場に対しては、二つの点で疑問をもっているのです。……私自身は、政治学は一方では、さきほど申しました様に、諸社会科学に共通するシヴィリゼーションとか生産力とかいった基底を意識することが大切であり、その意味では広い意味で価値的なものを前提としているともいえるわけですが、他方、まさにそれゆえに政治学の内部の体系構成からは価値的、目的的な要素を徹底的に排除しなければならないと思うのです。……〔他の文化現象ではなく〕あたかも政治だけが人間の目的意思による活動であるかのように見えるのはちょっと恣意的な感じを免れないのですが。

蠟山　しかしむしろ私はその一面は徹底して追究すべきだという考えです。つまり政治学はアートであるということをいいますね。そのアートはむろん科学的基礎をもったアートですが、ますますヒューマニズムに基礎をおいたエンジニアリングという点に徹底したい。……

丸山　……私はもし政治的価値ということを言うとすれば、それはどこまでも内容的価値と区別すべきもので、他の経済、道徳、宗教といった内容的価値を、いわば、すべて横断している手段的価値だと思うのです。……その意味では政治学は手段の科学です。(12)

政治の領域は「手段」の世界であって、ホッブズにおいてはその「形式的実定性」（特定の「内容的価値」に奉仕しないとう意味での）が主張され、同時にまさにそのゆえに、領域的に「内容的価値」とは峻別されるということになる。この主張は、おそらく、必ずしもホッブズの著作そのものからではなく、カール・シュミットから得たヒントと丸山の置かれた状況から生まれたものである。

たとえばシュミットは、次のように論じている。

ここでレヴィアタンの体系の中に内的信仰と外的礼拝の区別が登場したのである。ホッブズは奇跡を「私的」理性でなく「公的」理性の問題となしつつ、「思想は万人に自由なるが故に」(quia cogitatio omnis libera est) 各人の私的理性に伴って内面において自ら信不信を決すること、自らの「胸中」(intra pectus suum) の「裁判権」(judicium) を守ることを妨げないとした。ただそれが外的礼拝に至るや私的判断は終わり、主権者が真偽を決するのである。(13)

シュミットは、ホッブズが『リヴァイアサン』第三七章において、faith と confession、private reason と public reason とを区別し、confession、つまり信仰を公的に表明することについては、private reason は public reason に従属しなければならないことを論じた箇所に注目する。シュミットによれば、ホッブズの「内外区別論」は、「政治体系の中に内的・私的な思想と信仰の自由の留保をとりこんだ」がゆえに、リヴァイアサンの論理に「破れ目」(Bruchstelle) を生じさせ、「可死の神」＝リヴァイアサンにとって「死に至る病」となった。(14) シュミットは、その「破れ目」を利用して、その意味を逆転させ、個人の思想の自由の原理的優越性をひきだしたものとして、スピノザをあげる。(15) 丸山はさらにシュミットの議論を読み替えて、ホッブズの「破れ目」そのものの可能性のほうから、ホッブズのポジティヴな読み方を引き出そうとしていると考えられる。

荻生徂徠に「公私の分裂」を読み込む丸山の解釈と、上記の座談会などで見られる主張は明らかに軌を一つにしており、この「科学としての政治学」は、戦中から構想されていたものであろうと思われる。もちろんそれは、徂徠における「公・私」概念の歴史的理解にとって疑問の残る解釈を生み出してはいるが(16)、少なくとも個人の「内面」と「政治」が対峙するという、戦後政治学者の少なくない部分に共有された二元論的な枠組み――多分に規範的な――の形成に、強い影響とおそらく反発の契機とを与えた。

四　als ob 理論の挫折?

南原繁は、ホッブズについて次のような見方を示している。


彼［ホッブズ］の哲学の自然的方法の結果は、そのいう絶対的な国家は「人工的人間」――一箇の技術的工作物にほかならず、それには価値的内面性が欠けている。およそ政治的＝社会的なものは、ただ物理力に依存する強制機構であり、宗教の国定化をもふくむ包括的な文化国家の外観にもかかわらず、それは外的秩序の強制国家、否、一つの権力国家以上のものではない。また、その強調するところの平和と秩序も、単に機械的な力の均衡と統一の状態にほかならない。……

その精密な論理の構造によっても、彼の立てたものは真の政治社会ではありえない。それは、なお一つの自然状態であって、各個人の自然状態に代えて、今や君主一人の自然状態を成立せしめたに過ぎない(17)。

これは、南原がホッブズの学説に対して立てた「批判」の節からのものである。丸山眞男は南原のこのようなホッブズ評価を当然知っていた。丸山がホッブズを評価する最も重要なポイントである「価値的内面性」と国家との切断が、南原によって欠陥としてとらえられていることに注意したい。南原にとっては、個人と国家とを媒介するものは「内面的価値」でなくてはならず、「外的秩序」のみの国家は「真の政治社会」ではないことになると考えられる。

南原のホッブズ批判を積極的に継承し、さらにおしすすめた福田歓一の場合、より明確に「ホッブスは、自然認識の対象となる唯一の人間存在、個人を出発点にとり、この個人から、直接に、唯一の社会としての国家を作ることによって、entia moralia［これはプーフェンドルフの用語］を個人と国家とに分極したのであった」と、ホッブズにおいて理論的には、政治社会を構成する要素が個人と国家しかないことを、指摘した上で、「こうして自然状態においては、あくなき欲望追求の体系として、もはや個人のうちにはこれを抑制できる何者をも期待しえない社会内の人間のグロテスクな姿は、やがて否定態として中立的な国家権力を喚び起すほかはない」とされる。グロテスクな欲望だけの個人とそれを外的に抑制する国家という図式がホッブズに投影される。そして、ホッブズにおいて、「近代政治原理」は「未熟」なものにとどまり「挫折」したとされる(18)。

ホッブスが基本的には未成熟ながら近代的人間像への志向をもち、平和を愛する多数のコモン・マンを引き合いに出しながら、しかもその主知的立場から愚民観を克服し得なかったことは、そのまま経験論の自己破滅を意味せざるをえない。「忠誠なる臣民」と「野心ある少数者」との実体的な区別は、本来普遍性を要求する彼の政治理論の内部においては許されないことであった。しかも、それが理論内にもちこまれるとき、ここに一切を包括する機能的専制の立場は不可避となり、このような人間観の実質的分極と形式的同質性とは、契約説による隷従の説得という逆説を生み出したのであった。……このような人間に対するペシミズムが克服せられないかぎり、個人的打算と全体的福祉との間に媒介は成立せず、近代政治原理は挫折せざるをえない。権力に対する特権的決済から普遍的決済への移行が決定的となり、自然法の問題が理性の自律として、しかも機構論的処理への方向づけを見出し得るためには、かかる人間に対するペシミズムが権力に対するペシミズムにおきかえられるロックの政治理論が必要となるゆえんである。[19]

さらにホッブズの限界は、その理論が、形式化された個人と、外面的強制だけを実質とする国家という、あくまで擬制的な関係として取り扱われねばならないという方法そのものにあったという。

ホッブスの臣民はただ自然人としての自由を外面国家によって制限せられるのみで、ついに国民としての自由をもちえない。まさにこれが国民国家を志向しつつついに挫折した als ob 理論の悲劇なのであり、内面の要求からピュリタン革命に迸出したすべての急進思想を、素朴なイデオロギーとして嘲笑した冷徹な知識人の運命にほかならなかったのである。[20]

「内面」的なものによる媒介を認めないホッブズの理論は、「als ob」（あたかも……であるかのような）によって論理的形式だけを認められた個人と、それを力学的に制御する、同様に擬制的な国家によって成り立っている。これは、福田が考える正しい「国民国家」に到達し得なかった、方法的失敗として位置づけられる。

ホッブズにおける「挫折」という問題の立て方は、「市民社会」理論の未成立という形で再解釈された。次にあげる松下圭一の議論はその好例である。

いわばホッブズは、絶対主義国家をめぐる階級対立の激化によって先鋭化された《自由》と《権力》の政治的緊張を、《個人》と《国家》との論理的緊張に置換したのである。……ここでの国家対個人の対立は、「絶対主義」君主対「市民」的個人の対立ではなくして、個人の結合体としての「人工」的国家対「自然」的個人である。個人の理性＝契約的結合体が、人工的理性としての国家である。……ホッブズにとっては「国家」の《個人》にたいする位置が問題となり政治正統論のみしか成立しえなかったのにたいして、ここでロックは政治正統論を「社会」の観念によって解決しながらさらに「政府」の機構性の提起というかたちで政治機構論を形成する。ロックは市民「社会」理論の形成者となることによって同時に市民「政府」理論の形成者となっている。(21)

厳密には、ホッブズのいう「人工的理性」artificial reason（『リヴァイアサン』序文にある）は、「法」について述べているのであって、「国家」についてではない。「国家」が契約によって作られたという意味で「人工的」であるのと、「法」は「主権者」が作ったという意味で「人工的」であることとは区別されるべきである。しかし、ロックを際立たせるために、そうなったのであろうが、松下の理解では、「人工的」であるということと、完全に利己的な個人間の「契約」によるということが直結していて、それがホッブズにおける「社会」の欠如、という図式に使われている。(22)

ホッブズが、「契約」による国家を、すでに社会化された個人のコミットメントによるものではなく、ただ、ばらばらの欲望を制御する、「人工的」な、機械論的な形式合理性のみの国家と見なした、というのが松下の批判の主眼である。したがって、松下は、共同性の中に生きている「市民」によって内面的に支持された「国民国家」の確立、「近代政治原理」の確立に理論的に失敗したホッブズという位置づけをするのである。「人工的」な構築物には、力学はあっても、実質的価値は内在化されない。それが欠陥であるという。この見解もまた、丸山眞男がシュミット経由でホッブズに見いだした革新的な意義を、逆に限界や挫折として位置づけるものであった。

このようなホッブズ理解に批判を加えたのは、「外面国家」の意義を強調する立場からではなく、階級闘争を重視する立場の論者である。水田洋は、『近代政治原理成立史序説』への書評において、次のように指摘した。

第一に、なによりも外面国家であることが、近代国家の性格ではないのか。「ホッブズに典型的に例示せられるような、作為の論理」が、「社会を人間の、自然を超え行く能力による構成物と見る擬制観」であり、これこそ「一九世紀社会科学が見失ったもの」(p. 433)であるならば、擬制としての国家は、外面国家以外のなんでありえようか。「公的なものがただ個人の公共表象にのみ存在をもつというノミナリズムの立場」とは、そのことではないのか。第二に、それにもかかわらず、ルソーのように、内面国家(諸個人の内発的統合)としての国民国家を求めるとすれば、国民内部の等質性＝無階級性を想定しなければならず、このことは、むしろルソー(別の意味でホッブズ)にとって例外的に可能であっただけで、近代一般にとっては、不可能ではないのか。ルソーにとっても、この想定にはかなりの無理があり、それが著者のいう「人間理論の回避」をうんだのではないか[23]。

丸山のように「外面国家」に個人の自由を求める立場と、ブルジョワ国家が全国民から内面的に支えられるなどというのは欺瞞であり危険だと考える立場が、「内面国家」への懐疑という点で、接点をもってしまったわけである。

五　自発的結社への憧憬

ホッブズ理解の対立軸がどこに位置していたのかを顧みると、戦後政治学がだいたい同じような価値を共有していたという割り切り方に疑問が生じる。

溝部英章は、丸山の仕事が強く影響を与えた戦後政治学の一つのパラダイムについて、「パラダイムとしての「日本政治思想史」は、次の四点を自明の前提とし、構成要素としてきた。第一に「主体性の哲学」、第二に政治の共和制的理解、第三に日本＝特殊観、第四に「嘆き」としての歴史観がそれである」といった指摘をしている。[24] また、大嶽秀夫は、丸山の「超国家主義」および「日本ファシズム」分析が、少なからず学問的禁欲と実証性を欠いたエモーショナルな主張によって構成されており、実は丸山の政治学方法論における議論とは逆に、「価値判断と分析内容が分かち難く結ばれていることに、丸山政治学の魅力が存在する……その後の日本政治学の展開において、以上の丸山政治学の特徴が日本政治分析に広く浸透し、長くその価値中立化と多元化とを阻むことになった」と批判していた。[25] 実は「超国家主義」についての論文は、先に見たようにホッブズに触れつつ価値と政治的決断との峻別が、日本の国家には欠けていたことを問題にしていたのであるが、大嶽と同様の印象をもち、あるいはそこに魅せられた読者によって「戦後政治学」らしきものが想像され得たことも完全には否定できない。

確かに、たとえば一九七〇年代終わりの丸山眞男の発言には次のようなものがある。

ウェーバーの場合はご承知のようにプロテスタントの「ゼクテン」（セクト）でしょう。ゼクテンが自発的結社の典型であり、良心の自由のとりでであり、イェリネックの研究から彼が示唆されたように基本的人権の基盤です。……ところがシュミットの思考モデルは一つはホッブスの「レヴァイアサン」だし、もう一つは、ド・メイストルとか、ドノソ・コルテスとかいった反革命の権威主義者です。『レヴァイアサン』においてなにより否定されるのは国家と個人との間の「中間団体」の自立性なんですね。だから、まさに「ゼクテン」も教会も政党もたたきつぶさないと本当の全体国家は出てこない。「身分権（Standesrecht）もなければ、抵抗権（Widerstandesrecht）もない」とシュミットが言葉のしゃれまで使って得意になって言っているように、まさに中間団体が抵抗権のとりでになるからこそ、「政治的統一《アインハイト》」とは氷炭相容れない敵になるんです。(26)

この発言を読むと、丸山が、彼のとらえるところのシュミット的国家観にホッブズも組み込んで、それを批判し、「良心の自由のとりで」たる「自発的結社」を擁護して、「主体性の哲学」を日本社会に注入しようとする「戦後政治学パラダイム」を提唱していたように見える。しかし、このようなパラダイムは、問題なく共有されていたわけではなく、丸山自身もそれをコミットすべきものとして納得していたわけでもなく、おそらく善意の無意識によって特には表面化しなかった亀裂が実は存在していたことは、これまで検討したとおりである。

そもそも、丸山が自己の方法論に内部亀裂を抱えていたと見なすことが可能である。これは、政治学の固有領域の構築という、丸山がホッブズに即して主張した課題がいつのまにか退場し、結局「内容的価値」如何の問題に収斂してしまう、日本の知的環境条件そのものについて歴史的に検討すべき問題であって、丸山個人の責任問題ではない。

注

（1）高橋眞司『ホッブズ哲学と近代日本』（未来社、一九九一年）。

（2）穂積陳重「民約説」（『法律進化論叢　第一冊　神権説と民約説』岩波書店、一九二八年）一五九—一六〇、一九六—一九七頁。

（3）穂積陳重「民約説」一八一頁。この自然法第三則 "[T]hat men perform their covenants made." は Thomas Hobbes, *Leviathan* (1651), chapter 15 Of Other Laws of Nature にある。

（4）穂積陳重「民約説」一六九—一七〇頁。

（5）水田洋『近代人の形成——近代社会成立史』（東京大学出版会、一九五四年）二八一頁。

（6）福田歓一「トマス・ホッブスの自由論——「抵抗権」論議との関連において」（『国家学会雑誌』第九〇巻第九・十号、一九七七年九月）。

（7）恒藤恭「自然状態と法律状態」（一九二九年、恒藤恭『法の基本問題』岩波書店、一九三六年）四一二頁。ここで参照されているのは、Ferdinand Tönnies, *Thomas Hobbes: Leben und Lehre* (Stuttgart: 1925).

（8）恒藤恭「自然状態と法律状態」四三〇頁。

（9）丸山眞男「近世日本政治思想における「自然」と「作為」」（初出一九四一—四二年、丸山眞男『日本政治思想史研究』新装版、東京大学出版会、一九八三年）二三八—二三九頁。

（10）丸山眞男「近世日本政治思想における「自然」と「作為」」二七四頁。

（11）丸山眞男「超国家主義の論理と心理」（一九四六年、丸山眞男『現代政治の思想と行動』増補版、未来社、一九六四年）一七頁。

（12）「討論　日本における政治学の過去と将来」（日本政治学会編『日本政治学会年報　一九五〇　政治学』岩波書店、一九五〇年）六〇—六一頁。蠟山政道『日本における近代政治学の発達』（ぺりかん社、一九六八年）にも収録されている。

（13）カール・シュミット（長尾龍一訳）『リヴァイアサン——近代国家の生成と挫折』（福村出版、一九七二年）八九—九〇頁。Carl Schmitt, *Der Leviathan in der Staatslehre des Thomas Hobbes: Sinn und Fehlschlag eines politischen Symbols* (Köln: Hohenheim, 1982), S. 85. 以下、同書第五章が重要な影響を与えたと推測できる。

（14）カール・シュミット『リヴァイアサン』九一—九二、一〇〇頁。Carl Schmitt, *Der Leviathan in der Staatslehre des Thomas Hobbes*, S. 86, 99.

（15）Carl Schmitt, *Der Leviathan in der Staatslehre des Thomas Hobbes*, S. 86–87.

（16）荻生徂徠における「公・私」概念に対する丸山の理解に問題があることについては、平石直昭「戦中戦後徂徠論批判——初期丸山・吉川両学説の検討を中心に」（『社会科学研究』第三九巻第一号、一九八七年）に詳しい。

（17）南原繁『政治理論史』（東京大学出版会、一九六二年）二〇九、二一〇頁。

（18）福田歓一『近代政治原理成立史序説』（岩波書店、一九七一年）四六、六八頁。同書の原型となった論文は一九五二年から一九五五年にかけて発表された。

（19）福田歓一『近代政治原理成立史序説』六九頁。

（20）福田歓一『近代政治原理成立史序説』三三二頁

（21）松下圭一『市民政治理論の形成』（岩波書店、一九五九年）三七、四九、五八頁。原型となった論文は一九五二年。

（22）ホッブズの artificial reason という概念が、国家の意思についてのものではなく、クック Edward Coke への批判（法律家の習熟による理性という意味で artificial とし、国王の「自然的理性」より重要視する）が込められていることについて、Larry May, *Limiting Leviathan: Hobbes on Law and International Affairs* (Oxford: Oxford University Press, 2013), pp. 90-91.

（23）水田洋「書評　福田歓一『近代政治原理成立史序説』」（『歴史学研究』三九六号、一九七三年五月）。

（24）溝部英章「近代化の〈終焉〉」（溝部他『近代日本の意味を問う』木鐸社、一九九二年）一五七頁。

（25）大嶽秀夫『新装版　戦後政治と政治学』（東京大学出版会、二〇一三年）第二章。

（26）丸山眞男・安藤英治対談「ウェーバー研究の夜明け」（『人類の知的遺産　六二　マックス・ウェーバー』月報、講談社、一九七九年、丸山眞男『丸山眞男座談　八』岩波書店、一九九八年）二〇〇―二〇一頁。

第六章　擬制の再発見——丸山眞男にとっての福澤諭吉

一　問題の所在

明治期から、少なくとも職業的法学者にとって、擬制はいわば法の体系を閉じるための装置であるという捉え方が、一定の了解枠組みとして存続していた。もちろん、それが現実の社会生活と遊離しているのではないか、あるいは、何より、望ましい政治的共同体のあり方についての価値表明をあらかじめ排除しているために、そもそも法の目的に適っていないのではないかといった危惧もまた表明されていた。しかも、その危惧は、事の性質上、法学者にとどまらず、また、望ましい政治と社会のあり方について必ずしも一致しない見解を抱く人々の間で、問題としては共有され続けてきた。

では、擬制は、常によそよそしい、制度の形式合理性を維持するための技術的装置としてのみ、取り扱われてきたのだろうか。人々は、社会的共同性のために、そもそも擬制を必要としている、あるいは擬制があるからこそ、人々は実感が生み出す虚偽から解放されうる、という別のアプローチは無視されていた、あるいは存在しえなかったのだろうか。

本章で検討対象にする、丸山眞男による福澤諭吉研究には、擬制の積極的意義がすでに福澤によって提起されていた、といういわば系譜学的アプローチが示されていた。これが歴史研究として適切であったか否かについては、議論の余地が多分にあることは当然だが、そのようなアプローチの採用を可能にした思想的素材が何であったのかが、むしろ本章の関心の所在である。

二 「イデオロギー」と「思惟範型」

丸山は、その福澤研究の初期の時点から、「ひとびとは、日本の社会的病理現象に対する彼の具体的な批判の的確さと華麗さ目を奪われて、深くその批判の底に流れる思惟方法に注意を向けようとしない」ことを問題にしていた。(1) 丸山は、福澤を賛美する言葉をつむぐのではなく、福澤の「思惟方法」(2) に批判的(否定的という意味ではない)検討を加えることに、福澤研究の意義があると考えていた。福澤の著述においては、「思惟方法」が観察可能である、つまり、とりあげられている事柄についての意見内容から、いったん自身の「視座」を引きはがし、言うべきこと、およびその言い方を再構成する作業工程が見て取れる、また何よりも、福澤自身が作業工程を意識している(とは丸山思った)という点に、丸山は惹きつけられた。おそらく、丸山から見て、荻生徂徠と本居宣長と福澤諭吉を例外として、日本にはそういったタイプの思想家が歴史上とても少なかったということである。福澤が自己の思考を自分で見つめる「方法」意識をもっていたこと、つまり自分が主張していることがどのような原則に沿っていて、それはいかなる道具立てとスタイルで論じられるべきかについての意識が貫かれていたということが、日本思想史上の例外的事例であり、丸山にとっての驚きであった。アジアにはそういった自己の思考を批判的に吟味する意識はなかなか生まれないというのが、ヘーゲルの歴史哲学に忠実ともいえる、丸山の想定であった。

さらには、福澤の「方法」の発見は、丸山自身の「方法」の発見でもあった。おそらく、一九四二年の論文「福澤諭吉の儒教批判」の時点から、丸山は自己の発見を意識していた。あるいは、福澤を日本のマンハイムとして論じたいという希望が作用していたのかもしれない。丸山がこの論文で、「イデオロギー曝露」から「イデオロギー論」へと福澤の議論が「成熟」していったと述べているのは、福澤が単に儒教的な徳目の建前が現実の権力構造を隠蔽して支配関係を正当化するための「虚偽」であると暴き立て、その滑稽さを明らかにすることで満足するのではなく、それが「思惟範型」(Denkmodell. マンハイムの用語)として「歴史的社会構造との照応性」を検討することに取り組んでいった点を評価したいからである(3)。つまり、敵対する立場を非難するためにその虚偽性を問題にするというレヴェルを克服して、「歴史的社会構造」(geschichtliche gesellschaftliche Struktur)(4)がいかに人々の「思惟」や「視座構造」を拘束するものかについて考えるようになったところに、丸山は福澤の優れた点を見いだそうとしている。「福澤諭吉の哲学」(一九四七年)では、次のように述べる。

　彼はあらゆる立論をば、一定の特殊的状況における遠近法的認識として意識したればこそ、いかなるテーゼにも絶対的無条件的妥当性を拒み、読者に対しても、自己のパースペクティヴの背後に、なお他のパースペクティヴを可能ならしめるような無限の奥行を持った客観的存在の世界が横たわっていることをつねに暗示しようとしたのである(5)。

あらゆるテーゼのさらに後ろに回り込んで、一段深いレベルの遠近法《パースペクティヴ》を成立させるような「無限の奥行きを持った客観的存在」というところは、少し説明が苦しそうである。無限の奥行きがあるということはいくらでも後ろに回り込めるわけだから、これを「客観的存在」と呼ぶ根拠が怪しい。これは学生時代の論文「政治学に於ける国家の概念」(一九三六年)に対して、「存在被拘束性(Seinsverbundenheit)(6)」ということでは、国家についてポジティヴな根拠づけがまったくありえなくなってしまうと南原繁に言われたこと[7]への言い訳めいた言葉遣いであろうが、この点についてはここでは立ち入らない。

とはいえ、これは福澤が「思惟範型」の観察者に落ち着いてしまったということではなかった。また、丸山自身もおそらくそのようなものに落ち着きたくはなかった。

丸山の見解では、「歴史的社会構造」による「思惟」の拘束がどのように起きて、何をもたらすのかという問題の明確化を、福澤は自己の「思惟」の「方法」として意識しており、さらに福澤は「価値の分散化を通じての国民精神の流動化[8]」を課題としていたという。丸山は福澤についてこのように記すことで、実は自己の企図するところを記していることは明らかである。丸山は、先の引用箇所の他にも、「パースペクティヴを絶えず流動化する彼の思考の特質[9]」という言い方をしている。自己の「パースペクティヴ」を意思的に「流動化」することのできる、いわば、パースペクティヴを自己操作できる、さらに奥にある主体として発言していることを福澤は自負しており、さらには同様の「主体」を「国民精神」として建設しようとしているという（丸山が「国民精神」を **Volksgeist** を意識して用いているかどうかはよくわからない[10]）。

この「流動化」という語にうまく対応するマンハイムの記述で、もっとも近いものは次の箇所だろうか。

こう見てくると、政治という領域で理論がさまざまの形に分裂する、という現象は、この場合、本質的には次のような事情に基づいている。すなわち、社会の流動性のうちに［im sozialen Storme］成立する個々の見地（立場）は、それぞれ流れのうちの異なった地点に立って、そこから流れそのものを何とか認識してみせようとする[11]。

「流動化」に対比される、狭く硬直したパースペクティヴについては、丸山眞男は次のような説明をしている。

福澤が歴史的現実としての日本社会に立ち向ったとき、そこに見出したものはあらゆる形態における精神の化石化であり、そのコロラリーとしての社会的価値の一方的凝集であった。[12]

「精神の化石化」の比喩は、マックス・ヴェーバーから採られているものと推測できる。たとえば『プロテスタンティズムの倫理と資本主義の精神』（一九二〇年）の末尾近い有名な箇所で、ヴェーバーは次のように記している。

将来この鉄の檻の中に住むものは誰なのか、そして、この巨大な発展が終わるとき、まったく新しい預言者たちが現れるのか、あるいはかつての思想や理想の力強い復活がおこるのか、それとも――そのどちらでもなくて――一種異常な尊大さでもって粉飾された機械的化石と化する［mechanisierte Versteinerung］ことになるのか、まだ誰にもわからない。[13]

付け加えると、この論文の初出である一九〇四―〇五年版では、この箇所は「中国的化石化」（chinesische Versteinerung）であった。[14] 丸山眞男がこの版に親しんでいた可能性は低いかも知れないが、そうであったとすれば、「中国的化石化」という表現のインパクトはより強かったであろう。

さらに遡れば、この「中国的化石化」に対応しうる表現は、ヴェーバーの「社会科学と社会政策にかかわる認識の「客観性」」（一九〇四年）にも、「中国的硬直性」（chinesische Erstarrung）として出ていた。Erstarrung は「凝固」「硬直していること」なので、丸山がこれを Versteinerung と同じ内容の概念と見なしたかどうかはわからない。戦前のこの論文の翻訳である富永祐治、立野保男訳『社会科学方法論』（一九三六年）の中で、この箇所は「支那人式の無感覚」と訳されている。なお、この文の直前には「「歴史的個体」となるものの範囲は、またいつになっても流動的（unendlichen Strome）である」という文がある。[15] これも「流動化」という概念に役立っているかもしれない。

ヴェーバーの議論をできるだけ原文に即してたどると、「化石化」と述べているのは資本主義的合理化がいきつい た先の、「精神のない専門人、心情のない享楽人」が自身を「燃料」（化石だから）として「鉄の檻」に供給し続ける事態である。他方、丸山の福澤論に現われる「化石化」は、近代化の障害となっている「社会と精神のしこり」（「しこり」は、「客観性」論文の chinesische Erstarrung がヒントかもしれない）である。[16] 「燃料」と「しこり」では、機能に違いがある。ヴェーバーがヨーロッパ近代的合理化の行き着く先が、「中国的」合理化と同じものになってしまうという皮肉な（真剣だろうが）言い方をしていたのに対して、福澤は、「中国的」な現象を「半開」的東洋の典型と見なして、日本が早くそこから脱出することを要請していた。その点で、「化石化」の比喩は、福澤論に持ち込むにはかみあわないところがある。もっとも、好意的に解釈すれば、丸山は、「精神のない専門人」が天皇制に燃料を供給し続けた事態を暗示するために、ここで「化石化」の比喩を潜り込ませたのかもしれない。

さらに、「社会科学と社会政策にかかわる認識の「客観性」」には、もう一箇所「流動」（Strom）にかかわる重要なパラグラフがある。

社会科学的認識の「客観性」は、経験的所与はつねに価値理念――これのみが社会科学的認識に認識価値を与える――に基づいて規整され、この価値理念からその意義が理解される……我々はすべて、自己の生存の意味をむすびつけている究極最高の価値理念の超経験的な妥当を何らかの形で心の中で信じているのであるが、この信念は、経験的実在がそれによって意義を獲るところの具体的諸観点の絶えざる変動［Wandelbarkeit］を斥けるものではなく、かえってこれをも含んでいるのである。……価値関係の具体的な形成はつねに流動的

［fließend］であり、人間文化の幽遠な未来にまで変動してゆく。[17]
つまり認識の「客観性」は、不動の価値理念から生ずるのではなく、むしろ、それを前提としながらも常に「観点」を「変動」させることでこそ達成できる、という主張である。

三　「フィクション」と「ヒューマニズム」

では福澤がいかにして「化石化」した「国民精神」を「流動化」させようとしたと、丸山は考えるのか。丸山は少し意外な角度からその論理的筋道の繋ぎ目になる概念を投入する。

さきにわれわれは福澤における主要な命題が悉く条件的な認識であり、いわば括弧付で理解さるべきことを知った。そうしてそこにパースペクティヴを絶えず流動化する彼の思考の特質を見た。その意味においては、人生は遊戯であるという命題は彼の付けた最大の括弧であるということが出来る。遊戯とはジンメルも述べている様に人間活動からそのあらゆる実体性を捨象して之を形式化するところに成立つところの、最も純粋な意味でのフィクションである。そうしてフィクションこそは神も自然も借りない全く人間の産物である。福澤は人生の全体を「恰も」という括弧につつみ、是をフィクションに見立てたことによって自ら意識すると否とを問わずヒューマニズムの論理をぎりぎりの限界にまで押し詰めたのであった。[18]

丸山がこの論文内で引用しているように、確かに福澤は「人生本来戯と知りながら、この一場の戯を戯とせずして、あたかも真面目に勤め[19]」という言い方をしていたが、丸山がこれを「フィクション」概念に結びつけようとしたことは、大きな飛躍を伴う論理的再構成である。丸山によれば、福澤は、「パースペクティヴ」が「存在被拘束的」であると知りつつも、あえてそれを「流動化」させることのできる立脚点があることを主張していたという。そうでなければ、歴史的社会的構造に規定された「パースペクティヴ」をそのようなものと（「あたかも」という括弧につつみ」）認識して、それを「流動化」しようと試みる者などいないはずである。

丸山は、荻生徂徠については、「聖人」が制度の「制作者」として外に立つ絶対的作為者であるとすることにより、パースペクティヴ（徂徠の場合は「道」だが）を「自然」から切り離すことができたという立論をしていたが、福澤についてはそのような絶対者を想定することができない。しかし「フィクション」ならそれが可能かもしれないということである。

遊戯である人生を「「あたかも」という括弧につつみ、これをフィクションに見立てた」という福澤読解に役だったのは、丸山が論文内で言及しているようにジンメルの『社会学の根本問題』（一九一七年）であろう。確かにジンメルは、「あたかも」＝als ob を手がかりに、遊戯への真剣さが制度の（「形式」の）実効性を基礎づけるという議論をしていた。

> 社交は遊戯であり、そこでは人々が、すべての人間が平等であるかのように、そして同時に人が各人を特に尊敬するかのように「行う」。このことがほとんど嘘でないのはちょうど、遊戯や芸術が現実からのそれらのすべての逸脱によっても嘘でないのと同じである。[20]

ただし、丸山が注で言及しているジンメルの Gessellighkeit（社交）の章の中で、精緻な分析が、社交的会話や「コケットリー」に向けられているように、ジンメルの関心は内容的価値を「括弧に入れる」ことの社交上の機能に向いていた。例えば、ジンメルは同章でいう。

この遊戯がたんなる形式における満足を守るためには、内容はいかなる固有価値ももってはならない。すなわち論議が実際的となるやいなや、それはもう社交的ではなくなる。[21]

ちなみに、丸山が用いた「括弧につつむ」という表現も直接的には、ジンメルが用いるAufhebung（弁証法の「止揚」と同じ言葉だが、実質的価値についての判断を宙づりにしておくということ）に対応していると考えられる。ただし、これを「括弧につつむ」としているのは、たとえば九鬼周造『「いき」の構造』（一九三〇年）が「媚態」について論じている箇所で、「実生活に大胆なる括弧を施し[22]」などとしていることが影響しているかもしれない。

ここで終わっては、福澤による「国民精神の流動化」のプロジェクトが、日本における「社交」空間の自律的価値の確立という課題になってしまうので[23]、もう一段階、議論を推進させる概念装置が必要であった。それが「フィクション」であった。先の引用文に見られる、「フィクションこそは神も自然も借りない全く人間の産物である」という丸山の表現は、人間を超えたものへの信仰や自然に基礎づける必要のない「ヒューマニズムの論理」だけで、「国民精神」がそれ自身を乗り越えていく方法を構築すべきであるという主張である。これが可能かどうかは、「フィクション」の出来がよく、信頼に値するものかどうかにかかっている。

このような「フィクション」による自己超克の論理は、ジンメルだけからは引き出せない。確かに、ジンメルの『社会学の根本概念』にもFiktionは登場する。現実や歴史がどうであろうと「平等」とか「自由」といった一般的理念が有効であるとするためには、人間をいったん「フィクション」としてのばらばらの個人に解体して、論理を組み直さねばならなかったという指摘がそれである。しかし、これは「フィクション」としての「人間性の純粋概念」が、生き生きとした「個性」を「外的」なものとして取り扱わざるを得ない、よそよそしい操作的概念であるという文脈で用いられている。[24] 社交についての場合と異なり、政治的理念としての「フィクション」は、むしろ人の社会的な関係を技術的に処理するための装置とされている。

他の手がかりとして考えられるのが、ケルゼンの『純粋法学』（一九三四年）である。上位か外側の何者か、あるいは実定法の規定から与えられたものではない、自由な「権利主体」という「人格」の「擬制的」fiktiv な承認がなぜ必要なのかを論じた部分（§ 20–21）がそれに当たると考えられる。つまり、主観的（あるいは法的主体として の）権利は、国家の実定法によって作り出されたのではなく、それに独立したものとして先行して存在する権利として承認されねばならず、その担い手である法的主体もあらかじめ承認されていなければならない、という擬制の擁護である。

主観的権利概念と法的人格概念とのきわめて矛盾した性格に照らせば、イデオロギーとしての機能は明らかである。主観的権利とは、本来私的所有権についてのものであるが、客観的法を超越したカテゴリーであり、法体系の内容を形成するために不可避の制約を与える制度であることを記銘すべきである。客観的法［Das objektive Recht］とは異なり、それに対して独立したものである主観的権利［Das subjective Recht. 実定法的秩序に先行する権利］という概念は、以下のような場合において、一層重要なものとされねばならない。すなわち、私的所有権という制度をまだ保障している法秩序が変動しうるものであり、常に変動するものであって、人間の意思［Willkür］によって形成された秩序にすぎず、神の永遠の意思とか理性とか自然とかに立脚する秩序ではないのだということが認識された場合である。特にこのような秩序の設立が民主主義的手続に従って行われる場合がそうである。客観的法とは異なり、その現実存在においてそれから独立している権利、そして客観的法に劣らず、否むしろそれどころかそれより以上に「法」［"Recht"］であるところの［主観的］権利という思想は、法秩序によって私的所有権の制度が廃棄されることのないように、それを保護するためのものである。主観的権利というイデオロギーが、なぜ個人の自由、自律的人格［Die autonome Persönlichkeit］という倫理的価値に結びつけられるのかということは、この自由には常に所有が包含されているのだということをみれば、理解に困難なことではない。人間をこの意味において自由な人格として承認しない秩序、すなわち、主観的権利を保障しない秩序、このような秩序はそもそも法秩序としてはみなされるべきではない。[25]

つまり、法秩序が、神や理性や自然に基づいたものではないということが認識された時にこそ、擬制としての「主観的権利」と「主体」が承認されていなければ、法秩序そのものが意味を失ってしまう。このケルゼンの議論と照合すれば一層明らかなように、福澤が「ヒューマニズムの論理をぎりぎりの限界にまで押し詰めた」と丸山が評価する際の「ヒューマニズム」は、当然のことながら、人間の善性についての理想主義などをさすものではない。「自律的人格」という「フィクション」だけを根拠にして、神にも自然にも依拠しない「法＝権利」体系の可能性を福澤が構想していたという主張である。ケルゼンが指摘しているように、法の根本規範に実体性を想定しにくい（眼に見える命令者がいない）民主主義国家においてこそ、「フィクション」の役割は重要である。それが福澤の「ヒューマニズムの論理」に重ね合わせられた。

丸山の福澤論は、イデオロギー論をフィクション論へとつなぎ、また移行させることによって、ヴェーバー、マンハイム、ケルゼンに無理矢理共闘させているようなものである。そして必ずしも表面には現れないが、この共闘の戦いの相手は、丸山の現前にある日本社会の憂うべき状況はとりあえず置いておけば、たとえばシュミットである。法と権利を基礎づける根本規範などという「フィクション」に人間は耐えられない。神や自然や団体としての国民などというものを実体としてそのまま承認することも、不可能である。そうであるとすれば政治的決断主体が立ち現れること以外に、法と権利の体系を担保する基礎は存在しない、という論理に、丸山は魅了されながらも抵抗しなければならないと考えていた(26)。したがって、「フィクション」を吟味し選択する主体の擁護がなされる。

四 「虚妄」に賭けることは可能か?

『現代政治の思想と行動』「増補版への後記」の有名な一節、「戦後民主主義を「虚妄」と見るかどうかということは、結局のところは、経験的に検証される問題ではなく、論者の価値観にかかわって来る。……私自身の選択についていうならば、大日本帝国の「実在」よりも戦後民主主義の「虚妄」の方に賭ける(27)」における「虚妄」は、丸山が「思惟方法」に組み込もうとしていた「フィクション」にオーヴァーラップさせていると考えるべきである。「虚妄」という語は、直接はケルゼンの「プラトンの正義論」に用いられている illusion から言葉遣いを採用したと推測できる。ケルゼンは当該論文で「より高次の法、至高の善への人類の信仰は永遠に揺るがない。……この信仰を幻想 illusion とするならば、まさしく幻想は現実よりも強い」と述べている(28)。しかし、丸山の「虚妄」は、このような「至高の善」への揺るぎない信仰そのものではない。むしろ「価値観」を背後に控えさせて、「方法」的に選択された擬制である。「経験的検証」ではなく「価値観」という際の「価値観」とは、ヴェーバーのいう「価値理念」を想起させる言葉である。それは「具体的諸観点の絶えざる変動」を拒否してどこかに立てこもる場所を指し示しているのではなく、「諸観点の変動」を理解し意味づけるパースペクティヴを認識し、選択する主体が存在しうることを承認するための、それ自体もまた、フィクションである。

したがって、「方法的」に丁寧に表現すれば、「大日本帝国」の実定的制度による抑圧よりも、「主観的権利」に基礎づけられた戦後民主主義の「擬制」に bet した方がました、という方が正しい。「虚妄に賭ける」という言葉に、負けそうな方にあえて味方するかのような情緒的意気込みを読み込んだ一般的な読者はあまり感動しないだろうが。

丸山の福澤論がこのような方法論的模索の表明であったとすると、『福澤諭吉選集』第四巻　解題」（一九五二年）において「自然法思想からレーゾン・デタの立場への過渡として『文明論之概略』は特殊の地位を占める」という記述は、やや残念なものである。丸山はここで、「ノミナリスティックな社会観」から、「内外二つの契機によって福澤のうちにいわば早熟な成長を遂げた国家理由［raison d'Etat のこと］思想が、語の本来の意味でのマキアヴェリズムを随伴したのは避けられぬところであった」とも述べている。[29] まるで、自然法の立場が次第に国家理性に負けていったという、比較的ありきたりの筋書きに読める。しかし、丸山がこれ以前には主張していたように、もし福澤が自己の「思惟方法」について自己省察的な認識をもっていたと仮定するなら、個人が権利主体であるという「フィクション」の妥当性と、国家が権利主体であるという「フィクション」の妥当性とは矛盾しない、という判断を『文明論之概略』でおこなっていた、と書く方が、それを好ましいとはしないとしても、筋は通っている。

福澤はどこかの時点で「方法」を見失ったということだろうか。「国家理由」は「現実」で、自然法は「虚妄」だが、福澤は「虚妄」には賭けなかったということだろうか。

注

（1）丸山眞男「福澤に於ける「実学」の転回」（松沢弘陽編『福澤諭吉の哲学　他六篇』岩波文庫、二〇〇一年）三八頁。また、松沢弘陽による解説でこの点が詳しく説明されている。ちなみに「方法」という語を福澤は頻繁にもちいており「学問の方法」という用法もある（「中村栗園先生に答」『福澤文集』二編巻一、一八七九年、四十四丁裏）が、これは教育制度をさしている。西洋語、たとえば英語の method や mode との対応関係ははっきりしない。ただし、method の訳語としての「方法」は井上哲次郎『哲学字彙』（一八八一年）では現れている。いずれにせよ、丸山もそこまでは深追いしてはいない。

（2）カール・マンハイム『イデオロギーとユートピア』（一九二九年）の用語、Denkmethode が対応していると考えられる。Karl Mannheim, *Ideologie und Utopie* (Frankfurt am Main: Verlag G. Schulte-Bulmke, 1952), S. 3. カール・マンハイム（高橋徹、徳永恂訳）「イデオロギーとユートピア」（高橋徹編『世界の名著　六八　マンハイム　オルテガ』中央公論社、一九七九年）九七頁、および同書で多くの箇所にもちいられる。ただし、マンハイムの Denkmethode は必ずしも、自身の思考への批判的な眼差しといった意味ではなく、むしろ「存在被拘束的」な思考の型である「思惟範型」とあまり変わらない意味で用いられている。

（3）丸山眞男「福澤諭吉の儒教批判」（『福澤諭吉の哲学　他六篇』）二八―二九頁。丸山のこの箇所で引用される「儒教主義」（『時事新報』一八八三年一一月一九から二一日）の起草者は中上川彦次郎ではないかと現在推定されている。詳しくは『時事新報』無署名社説についての平山洋による報告書を参照。http://blechmusik.xii.jp/d/hirayama/the_newspaper_archives_and_conclusion_on_the_writer/（二〇一五年一二月一五日アクセス）。

「思惟範型」や「視座構造」を、マンハイムの論文「知識社会学」（Karl Mannheim, "Wissenssoziologie," in *Handwörterbuch der Soziologie*, Hrsg. von Alfred Vierkandt, Stuttgart: Ferdinand Enke, 1931 の項目）から採用したことを丸山自身が注記している（丸山眞男「福澤諭吉の儒教批判」三三頁）が、読者の便宜のために記しておくと、Karl Mannheim, "Wissenssoziologie," in *Ideologie und Utopie*, S. 236–237 が該当する。

（4）関連する用語は多数の箇所にあるが、直接は、Mannheim, *Ideologie und Utopie*, S. 124–125. 高橋・徳永訳「イデオロギーとユートピア」二五七頁。

（5）丸山眞男「福澤諭吉の哲学」（『福澤諭吉の哲学　他六篇』）八〇頁。

（6）丸山眞男「政治学に於ける国家の概念」（丸山眞男『丸山眞男集』第一巻、岩波書店、一九九六年、六頁）。「思惟の存在被拘束性」（Seinsverbundenheit des Denkens）の概念は、Mannheim, "Wissenssoziologie" で詳しく議論されている。Karl Mannheim, "Wissenssoziologie," in *Ideologie und Utopie*, S. 230, 259.

（7）「ポジティヴにはいちばん弱い点ではないですか。いちばん弱い点。だから南原先生の指摘は実に的確ですよ」。丸山眞男「生きてきた道　一九六五年一〇月」（丸山眞男手帖の会編『丸山眞男話文集』続一、みすず書房、二〇一四年）二三頁。

（8）丸山眞男「福澤諭吉の哲学」一〇一頁。

（9）丸山眞男「福澤諭吉の哲学」一一二頁。

（10）福澤は「国民精神」とは言わないが、「人民の精神」という言い方はしていた。『学問のすゝめ』第一五編（一八七六年）八頁、

『時事大勢論』（一八八二年）三六頁、『帝室論』（一八八二年）一五頁。マンハイムは「Volksgeist の暗黙の力」という表現はしている。Mannheim, *Ideologie und Utopie*, S. 130. 高橋・徳永訳「イデオロギーとユートピア」二六四頁。

（11）Mannheim, *Ideologie und Utopie*, S. 131–132. 高橋・徳永訳「イデオロギーとユートピア」二六六頁。訳に少し修正を加えた。

（12）丸山眞男「福澤諭吉の哲学」九六頁。

（13）Max Weber, *Die protestantische Ethik und der "Geist" des Kapitalismus*, in *Gesammelte Aufsätze zur Religionssoziologie*, Bd. I（Tübingen: Mohr Siebeck,1920）, S. 204. マックス・ヴェーバー（大塚久雄訳）『プロテスタンティズムの倫理と資本主義の精神』（岩波文庫、一九八九年）三六六頁。

（14）Max Weber, "Die protestantische Ethik und der 'Geist' des Kapitalismus," II, *Archiv für Sozialwissenschaft und Sozialpolitik*, 21. Bd. Heft 1905, S. 109.

（15）Max Weber, "Die »Objektivität« sozialwissenschaftlicher und sozialpolitischer Erkenntnis Erstdruck,"（1904）in *Gesammelte Aufsätze zur Wissenschaftslehre*, Hrsg. von Johannes Winckelmann（Tübingen: J. C. B. Mohr, 1985）, S. 183. マックス・ヴェーバー（富永祐治、立野保男訳）『社会科学方法論』（岩波文庫、一九三六年）六四—六五頁。マックス・ヴェーバー（富永祐治、立野保男訳、折原浩補訳）『社会科学と社会政策にかかわる認識の「客観性」』（『社会科学方法論』の折原による、補訳、改訂版。岩波文庫、一九九八年）一〇〇—一〇一頁では、「シナ人流の化石化」とされている。

（16）丸山眞男「福澤諭吉の哲学」、九六頁。

（17）Max Weber, "Die »Objektivität«," S.212–213. 富永祐治・立野保男訳『社会科学方法論』、一〇六頁。

（18）丸山眞男「福澤諭吉の哲学」一一二頁。

（19）福澤諭吉『福翁百話』（一八九七年）三六頁。

（20）Georg Simmel, *Grundfragen der Soziologie: Individuum und Gesellschaft*（Berlin: de Gruyter, 1970）, S.58. G・ジンメル（居安正訳）『社会学の根本問題　個人と社会』（世界思想社、二〇〇四年）七一頁。"Als-ob" によって認識がよりリアルに構成されうるという作用の分析については、森鷗外の短編「かのように」（一九一二年）で引用されている、有名なファイヒンガーの『かのようにの哲学』（Hans Vaihinger, *Die Philosophie des Als-Ob*, 1911）をさらに背景に置くことができるが、ここでは立ち入らない。

（21）Simmel, *Grundfragen der Soziologie*, S. 62. 居安訳『社会学の根本問題』七六頁。

（22）九鬼周造『「いき」の構造　他二篇』（岩波文庫、一九七九年）二八頁。

（23）残念なことに、後年の講演「福澤諭吉の人と思想」（一九七一年）では、福澤における「フィクション」の意義の説明が、ジンメルの社交論のところに立ち戻ってしまっている。「本来、基本的に人生は戯れである、つまり、虚構である、フィクションである。こういうふうに認めているから、いざ大節にのぞんでも動揺しない。大きな精神的な振幅の揺れを防ぐことができる。……それが決断という活発な精神活動の秘訣なのだというわけです」（丸山眞男「福澤諭吉の人と思想」みすずセミナー講義、一九七一年一一月二六日、『みすず』一九九五年七月、松沢弘陽編『福澤諭吉の哲学　他六篇』二〇九頁）。福澤の「思惟方法」は、「決断という活発な精神活動の秘訣」などといった人生訓めいたものを目的としていたのであろうか？

（24）Simmel, *Grundfragen der Soziologie*, S. 80. 居安訳『社会学の根本問題』九八—九九頁。

（25）Hans Kelsen, *Reine Rechtslehre*（Leipzig und Wien: F. Deuticke, 1934）, §21, S.42-43. 引用に当たっては、今井弘道「思想史的ケルゼン研究・序説」（『北大法学論集』三二（一）、一九八一年九月）の訳および英訳 Hans Kelsen, *Introduction to the Problems of Legal Theory: A Translation of the First Edition of the Reine Rechtslehre or Pure Theory of Law*, trans. Bonnie Litschewski Paulson, and Stanley L. Paulson（Oxford: Clarendon Press 1992）, p. 41 を参考にした。なお、戦前の訳である横田喜三郎訳『純粋法学』（岩波書店、一九三五年）七四—七五頁も参照した。横田訳は Recht を「法」と「権利」に訳し分けている箇所があり、上記の近年の英訳版も Recht を right と law に訳し分けているため、本引用文でも、同様の訳し分けをおこなった。丸山が聴いた横田の講義の開講の辞は『純粋法学』についてであったという（松沢弘陽、植手通有編『丸山眞男回顧談』上巻、岩波書店、二〇〇六年、一二一頁）。

（26）丸山の理論的格闘相手としてのシュミットの重要性については、権左武志「丸山眞男の政治思想とカール・シュミット——丸山の西欧近代理解を中心として」（上）（下）（『思想』九〇三号、九〇四号、一九九九年九月、一〇月）の詳しい考察に譲る。

（27）丸山眞男『増補版　現代政治の思想と行動』（未来社、一九六四年）、五八五頁。

（28）丸山はこの論文の英語版を戦前に筆写したという。丸山眞男「一九七七年読書アンケート」（『丸山眞男集』第一六巻、岩波書店、一九九六年）二六四頁。苅部直『丸山眞男——リベラリストの肖像』（岩波書店、二〇一二年）、一〇四頁。Hans Kelsen, "Die platonische Gerechtigkeit," *Kant-Studien* 38（1933）. 丸山が読んだという英訳は Hans Kelsen, "Platonic Justice," translated by Glenn Negley, *Ethics* Vol. 48 No. 3（1938）. Illusion の語は末尾の結論部分。邦訳として、長尾龍一訳「プラトンの正義論」（『ハンス・ケルゼン著作集』V、慈学社、二〇〇九年）。

（29）丸山眞男「『福澤諭吉選集』第四巻　解題」（『福澤諭吉の哲学　他六篇』）一四八—一四九、一二一、一五三頁。

補論一　『文明論之概略』を読む

1　テーマ

福澤諭吉『文明論之概略』（一八七五年刊）は、『学問のすゝめ』と並んでもっともよく知られ、また福澤の著作の中でも、もっとも理論的・体系的な考察がなされた書として評価されている。執筆期間は一八七四年三月から一八七五年三月であるが、この期間およびその前後は、一八七四年の民撰議院設立建白書、台湾出兵、一八七五年の大阪会議、立憲政体の詔書など国内外で大きな出来事が続いている。興味深いことに、この間福澤は、書斎にこもり読書と執筆に集中した。その成果が本書であると本人が当時の書簡に記している。

「明治七年二月八日初立案、二月二五日再案」と記された「文明論プラン」という草稿が見つかっていることから、本書は初めから「文明」を主題とする著作として構想されていたことは明らかである。またここでいう「文明」は、本書で引用されている、いくつかの西洋における「文明史」、とりわけF・ギゾーの『ヨーロッパ文明史』あるいはH・T・バックルの『英国文明史』に見られるcivilizationという語から採用されている。civilizationの訳語としての「文明」（言葉自体は『易経』にある）は、福澤がすでに『西洋事情』初編で用いていた。しかし、『文明論之概略』では、産業や都市の発達、政治・社会制度の合理化、人々の振る舞いの洗練と道徳性といった個々の現象そのものよりも、その背後にある原理は何かという問題に福澤は取り組んだ。そのため、一九世紀ヨーロッパにおける「文明」の発達と成果だけでなく、問題点と課題を論じた西洋の思想家に学ぶ必要があったのである。

2 内容

刊本は緒言と一〇の章からなっている。緒言の冒頭に「文明論とは、人の精神発達の議論なり」とあるように、物質的な豊かさや精密に設計された政治制度（福澤はこれらを「外形の事物」と呼ぶ）などを論じることは、本書の主眼ではないと福澤は宣言する。「精神発達」は直接的にはバックルのいう mental progress あるいは、ギゾーのいう the development of the human mind から採ったものである。緒言から第二章までは、「外形の事物」に対して「文明の精神」こそが検討すべき問題であるという主張が語られる。「精神」は、「気風」「国俗」「人心」など様々な言い換えも伴い、人々の集合的な心的態度をさす。つまり人間の精神は集合的に世代を経て成長をすると考えられている。これは人が目標とすべき完全な人格のモデルは時代を超えて不変であるとする伝統主義的な思想とは鋭く対立する。

第二章では、「国体・ナショナリチ」を皇室の血統と混同している世の「国体論」の愚かしさを批判する。「ナショナリチ」（J・S・ミル『代議政治論』による）は、国民の自由と多元性を前提とし、その上で成立する国家の独立と国民の共同性を意味する。したがって、国家権力の政治的正当性（福澤は「政統、ポリチカル・レジチメーション」という。ギゾーによる）には「あまねく人民の許す政治の本筋」としての承認が必要である。さらに、この章では、日本が「支那」と比較して、「自由の風」・「多事」を肯定する傾向があるという日中比較論が差し挟まれている。日本では皇室の権威と武家の権力とが、どちらも互いを殲滅できなかったという史実は、多元性の微かな可能性を示すものである。この章の、日本の独自な優位性、あるいは日本の非「亜細亜」的性格といった主張は、同様にギゾーを参照しながらも比較的単純な日本社会批判になっている第九章に比べて、日本の歴史的経験を西洋と東洋のどこか中間点に着地させたいという、やや入り組んだ動機が見られる。第二章の初期の草稿では日中比較論は見られず、また「日本」の問題としていた箇所を後の草稿で「亜細亜」と修正している場合もいくつか見られ、書き直すにつれて、「日本」と「亜細亜」とを切り分ける意図が次第に明らかになっていったのではないかと考えられる。

第三章では、「文明」が時間軸に沿った変化を含むことが提示される。つまり「文明」とは、ある社会が本質的かつ独自にもっている型のようなものではなく、「野蛮無法」を脱して「進む」ものである。またこの章で強調されるのは、進歩の度合いが、政治制度の「外形」からは測定できないことである。文明の進んだ国が君主政体で、遅れた国が共和政体ということもあるからである。福澤によれば政治体制は「人間交際」のほんの一部分に過ぎないので、その制度の体裁だけを見ても、「精神発達」の程度はわからない。むしろ政治権力の形態がその社会のあり方を決定しているような状態こそが、「文明」の低さを示している。

第四章から第七章までのキーワードは「智徳」と「衆論」である。「智徳」という語は、元来は仏教用語で、仏の三徳のうち智慧による徳をさす。ただし福澤は、「智徳」を知識や理性的思考能力（「インテレクト」）と道徳的意思（「モラル」）という意味でもちいている（第六章。この対比はバックルから採っている）。「衆論」は public opinion（ギゾー、バックル、あるいはJ・S・ミルによる）の訳語である。この二つの語は『学問のすゝめ』でももちいられており、この時期の福澤の関心事を示している。

福澤によれば、西洋が文明化に成功したのは、東洋に比較して、個々の人間の智力あるいは道徳性が高かったからではない。たとえ一部であっても智力のある人間の意見が自由に社会に伝達され、それをもとに人々が「集議」し、「衆論」の水準が全体として向上したからである（第五章）。草稿を見ると、福澤は「衆議」としていた箇所を同音の「集議」に書き直した場合とそのままの場合がある。ここからわかるように、「衆議」と「集議」は意識して区別されており、「衆議」は人々が集まり意思決定する制度（議会など）を指し、「集議」は自由な討論・批判という、そこでおこなわれるべきコミュニケーションの方法をさしている。

また、「智」と「徳」とは、働きの違いはあるが、対立すべきものではない。「徳」は人同士のかかわりを基本的に秩序づけているが、「文明」の進歩にとって「智」の発達は主要な動力となる。かつての西洋や現在の「亜細亜」のように「徳」の原理に偏した社会では、多くの「識者」は「智」の重要性を知っていても、口にしない。それは、「偽君子」（バックルのいう hypocrite）の力が強いため、その攻撃を恐れて十分に「智力」を発揮することができないからである。これが「亜細亜」の「文明」化を阻んできた。しかし、西洋でも、あまり合理的とはいえない内容の教義を用いてキリスト教が人々の道徳を支配してきたのではないか？　なぜ西洋は「智力」の解放に成功したのか？　第七章では、「疑の心」（バックルのいう skepticism）の役割が強まったことで一応説明しているが、これは同じ現象を別の概念で説明しているに過ぎない。第七章ではいったん議論が行き詰まったようである。次の第八章と第九章で、主としてギゾーの理論を応用しながら、福澤はあらためて、この問題を説明し直すことになる。

第八章と第九章は、「西洋文明」と「日本文明」の歴史を比較し、どこに問題があって日本の「文明」化が遅れたのかを考察する。第八章「西洋文明の由来」は主としてギゾーの『ヨーロッパ文明史』によっている。ギゾーはヨーロッパが「文明」化に成功した原因を、多様な原理の共存と相互のせめぎあいに求める。どのような権力および宗教的権威も、異説や異議申し立てを圧殺することに成功しなかった。それが「自主自由」の原理であり、「文明」の源泉である。福澤はギゾーのこの主張を「人間の交際においてその説一様ならず、諸説互いに並立して互いに和することなき一事にあり」と訳す。これと対照的に、第九章で描かれる「日本文明」は、「権力の偏重」が日常の人間関係から国家権力と国民の関係までを支配している。事実上の力関係の「有様（コンヂーション）」によって、本来不可侵のはずの「権義（ライト）」が無視される。この章では日本の権力の態様は、いかにも「亜細亜洲」

的「擅権」である。日本固有の武士の気風を誇るものもいるが、「武人の権力はゴムの如く」、下には威張り上にはへつらう態度が制度化されて「武家の威光」と名付けられただけである。

最後の第一〇章「自国の独立を論ず」は、前章で記述したような「日本文明」では、西洋との競争に生き残れないことを警告する。明治の日本が直面しているのは国家間競争であり、この競争に生き残れるかどうかは、「人心」が国家にどれだけコミットできるかにかかっている。それは「一国に私するの心」と表現される。「権力の偏重」からはこの当事者意識は生まれない。個人の「権義」は「有様」にかかわらず同等であるという原理が理解されなければ、国家間の「権義」もまた「有様」にかかわらず同等であるという主権国家間の対等という原理も理解されない。[1]「人民卑屈の旧悪習」は「自国独立」を阻害する。この章は「文明」化をもたらす主動因である「自主自由」と、国民の国家へのコミットメントとが強い結びつきをもっていることが論じられる。

3　位置づけと研究動向

『文明論之概略』は福澤の代表作であると評価されることが多い。しかし、福澤の生前には『文明論之概略』はさほど評判を呼んでいなかったのではないかと考えられる。松沢弘陽によれば、『文明論之概略』がよく読まれるようになったのは、岩波文庫に入った一九三〇年代である。ただしすぐに戦時下の言論統制もあって皇室関係の記述に削除訂正がおこなわれている。『文明論之概略』が、本来の全文のまま多くの読者を得るようになったのは、『福澤諭吉選集』第二巻（一九五一年）および『福澤諭吉全集』第四巻（一九五九年）への収録、さらに新訂改版が一九六二年にあらためて岩波文庫から出されてからである。つまり福澤の思想の核心を示した著作として『文明論之概略』をとらえるようになったのは意外に新しいことである。

丸山眞男は、戦時体制の中で『文明論之概略』を読むことで（『文明論之概略』を手にしたのは一九三八年だという)、日本語で思考する思想家にも強固な自由主義を抱くものがいたことに感銘を受け、戦時中の抑圧的な政治体制下で何とか希望を見いだした。丸山眞男は『文明論之概略』の「国体論」批判や武士の権威主義への批判を国家主義への単純な反発と受け取ったわけではない。個人の自由と独立こそが国家の発展の基礎であるという福澤のメッセージに感銘を受けたことを正直に告白している。つまりリベラリズムとナショナリズムの建設的な結合として評価している。こういった点は、丸山眞男のような自由主義者だけでなく、戦前の羽仁五郎や戦後に活躍する遠山茂樹のようなマルクス主義者をも惹きつけた。「ブルジョア自由主義」の歴史的役割という考え方である。

ただし遠山による「脱亜論」への注目を始め、福澤の思想には西洋崇拝とアジア蔑視があるという批判は根強い。福澤はアジア侵略のイデオローグだったとする、いささか拡大解釈する向きもある。確かに、『文明論之概略』には、西洋の「自主自由」と「亜細亜」の「擅権」を対比している箇所がいくつもある。さらに、ステレオタイプな東洋的専制とは合致しない要素が日本にだけは存在していたということが強調されている。つまり、西洋思想家のオリエンタリズム的な視線に対抗して、日本だけはそのような「亜細亜」ではないという主張が垣間見える。もちろんこれも一種のオリエンタリズムである。そしてこれは、朝鮮改革の挫折や日清戦争時に論じられた朝鮮・中国の守旧派への容赦ない非難よりも、根の深い「脱亜」論である。

現在、戦後の『福澤諭吉全集』に収録された『時事新報』の無署名論説が本当に福澤の手になるものかどうか再確認すべきだという議論が起きており、それは福澤研究にとって重要な作業である。それにともなって、福澤を「脱亜」主義者と断罪する意見に対して、史料研究の点から批判が起きている。とはいえ、『文明論之概略』が示す認識では、「亜細亜」は強大な専制的権力が社会の多元性と自由を圧殺するシステムである。これに対して「西洋」では多元性と自由こそが国家を「文明」化する動力であり、また国民が国家に積極的にコミットする下地となっているという。この意味においては、福澤の思想が「脱亜」論的であることは否定しがたい。

もちろん、『文明論之概略』は絵に描いたような西洋崇拝論ではない。バックルに見られる風土決定論的な東洋型専制君主観には慎重な留保をつけており（第九章）、また英国のインド支配がいかに「無情残刻」であるかも論じている。つまり「文明」が「野蛮」を支配するという図式のなかでは、「野蛮」の側には自由も権利もまったく認められないという、明らかな線引きがあることを批判している。英国のインド支配のあり方について、当時、英国の知識人の間でも問題視されていることが、英国にいる馬場辰猪からの最新情報としてわざわざ言及されている（第一〇章）。これは馬場がロンドン留学中に参加していた社会科学協会（Social Science Association）の様子を伝えたものである。福澤が、「文明」の原理を西洋社会の実態といったん切り離し、人々の精神と社会を革新していく方法的な原理として構想した点については、松沢弘陽や平石直昭の研究が着目している。

それでも、「近代」と「国民国家」を楽観的に肯定することができない現代の視点からすれば、福澤の主張は、日本が「文明」の側に、つまり「亜細亜」を抑圧する側にまわりこもうとするものではないのか、という批判は可能である。だが、少なくとも『文明論之概略』の立場としては、それなら個人の自由を抑圧し多元性を排除する権威主義的で停滞的な社会に、「亜細亜」的文明としてのプライドをもって、喜んで暮らし続けろというのかと反論することだろう。

4　読みどころ

『文明論之概略』の軸となっている主張は、一九世紀ヨーロッパ思想で発展した自由主義的な国民国家構想のプロジェクトを日本でも採用すべきだというものである。いくつかの補助線的な文脈に注意すると、このテクストの立体的な構造をより明確に理解することが可能になる。

それはまず第一に、国民が国家の独立と発展にコミットすることができるかどうかという、近代国民国家建設の課題である。「日本にはただ政府ありて、いまだ国民あらずというも可なり」という非常に有名な言葉が『学問のすゝめ』（第四編）にあるが、『文明論之概略』でも「日本には政府ありて国民（ネーション）なしと［『学問のすゝめ』で］いいしも、これの謂なり」（第九章）と自己の言説への言及がなされる。しかし実は『学問のすゝめ』と『文明論之概略』では、問題にしていることがやや異なっている。『学問のすゝめ』では、「みだりに政府を尊崇すること鬼神の如く、自から賤ずること罪人の如く」する、政治的権力への心理的隷従が問題とされている。つまり、政治的権力を自分たちの利益や意思とは関係のない超越的な権威と見なし、それを恐れ従うことが問題とされている。ところが『文明論之概略』では「日本の人民は国事に関せず」ということが問題とされている。国家権力を正当化するものは国民の合意であるということが理解されていないという点では、問題の根は共通かもしれないが、『文明論之概略』で強調されるのは、人々が国家にコミットする意思をもつべきだということである。自己引用の文脈が微妙にずらされているわけである。そしてこの意思を強化するのは「集議」である（第五章）。『文明論之概略』では討論による国民意思の形成という課題がはっきり書かれている。

第二に、「東洋的専制」というオリエンタリズム的先入見を、福澤がどう理解し対応したかである。福澤が参照した、ギゾー、バックル、ミルのいずれも、中国やインドでは、個人の自由の抑圧と社会の精神的・物質的発展の停滞が支配していると考えている。ではアジアには「自主自由の気風」はまったく存在しえないのか？　福澤は何とか日本だけを特別に扱おうとした。そのため日本の歴史に、思想的な「異説」が現れては支配的なイデオロギーに対抗していたことを強調する。また皇室と武家政権との緊張関係を政治的権威が一元化しきれないことの証左とし、それを積極的に評価しようとする（第二章）。ところが他方では、「日本文明の由来」の章で強調されているように、日本の個人や社会集団について、常に政治的権威のスケール上の位置が競われ、その位置に応じてのみ権力と名誉が承認されるだけで、個人や社会集団が固有の侵しがたい権利主体であることが理解されないという。常に頂点の権力からの距離でしか自己の立場を主張できない構造が、個人から国家レベルまで同型で重層化していることが指摘される。

もちろん、「日本文明」の欠陥が「亜細亜」的なのかどうかについては、福澤の議論にはうまく整合されていないところがある。また福澤は「国体論」を辛辣に批判しつつも、新しい日本特殊論・優位論を造り出しているといえる。少し後の『分権論』や『通俗国権論』などでは、日本の「封建」時代が、「分権」的な地方レベルでの人々の政治的コミットメントと、多元的な権利主体が併存しながらつくる全体としての国民国家という考え方を準備する役割を果たしたと論じている。そして、このような「封建」時代の経験は「亜細亜」では日本にのみ存在したとされている。『文明論之概略』は、そのような議論の一つの準備段階を示している。

第三の補助線は、福澤は古い思想を内在的に克服したのか、それとも西洋からの借り物の思想で、遅れた日本を糾弾しただけなのかという問題である。これにはさらに二つの異なるレベルの問題がからまってくる。一つは、福澤自身が自身の思想的成長をどう見なしているかというレベルである。もう一つは「文明」とは古い思想を内側から批判し克服していくことだという、いわば「文明」を思想発展の方法とする考え方を福澤が意図的に導入しようとしていたのではないか、つまり方法的レベルの認識の存在如何である（本書第六章で検討したように、丸山眞男はそれがあったと考えた）。

『福翁自伝』の中で、若い頃は熱心に漢学を勉強したと語っているが、実際『文明論之概略』でも、多くの箇所で中国古典から幅広く引用がなされている。そういった引用には、「亜細亜」的思想を批判するために引き合いにだされているものもあるが、すべてが西洋思想側の視点にたって古い思想を愚弄するためになされているとは限らない。たとえば、「モラル」というのは「屋漏に愧ざるもの」（人が見ていないところでも行いを慎むということ。『詩経』および『中庸』による）という説明がある（第六章）。儒教の道徳も、単に個々の場面で周囲の評価に合わせようとすることではなく、一般原則と個人の内面を照らし合わせる原理であるという理解を示している。したがってここで、儒教的道徳原理を「文明」的な社会原理に発達させる契機は何か、という問題として福澤が提出したとすれば、それは古い思想の否定ではなく内側から克服しようとする方法論的企図がある。

福澤は「緒言」で、西洋の「日新の説」は長い歴史を踏まえ、それを内側から克服していく（「同一の元素より発生」）プロセスによって成立しているが、日本を「文明」化するには「卒突の変化」によって「始造」するしかないと述べている。これは西洋では古い思想の内在的克服という方法が成立しているが、日本ではそのような方法そのものが新しく導入される必要があると考えていることを示している。ここでまた興味深いことに、「日新」という語は『大学』に用例があり、人が本来の道徳的あり方に立ち戻ることを意味している。朱熹が重視する「新民」、つまり人民が人間本来の道徳的姿に洗い直されるよう君主が導く思想に基づいている。これに対して、福澤が「日新」という時は、日々進歩していくという意味で使っている。朱子学的な、人間の本来的道徳性に回帰するという考え方を、過去を批判克服しながら前に進むという意味に、いわば方法論的意図をもって変換した言葉遣いであると考えられる。

『文明論之概略』緒言に「一身にして二生を経る」という言葉があるが、これはただ福澤自身がそういう経験をしつつあるということなのか、あるいは、「文明」とはそもそも自己を革新していく方法のことであるということなのか、丁寧に検討するべきポイントである。

5　結び

『文明論之概略』の思想作品としての魅力は、歯に衣着せない日本社会批判の痛快さもさることながら、慎重な読者であれば、それを支えている方法意識を読み取ることができる、テクストの重層性にある。明治初期には、

「文明」や「進歩」の達成のためにはどのような策が必要か、それはどのような成果、あるいは危険をもたらすのか、といった議論は数多くあり、優れた思想作品もいくつかある。しかし、一九世紀西洋の自由主義的思想家による「文明」論の鍵となる論理を適切に見抜き、その内包する意図を応用して、日本社会に集合的に「精神発達」を引き起こせるのか、そうしなければならないとすると、それが人々の思考の方法に与える負荷がどれだけ大きいかといったレヴェルにまで踏み込んだ議論として、『文明論之概略』は傑出している。それだけ読者に思考の緊張を強いる書でもある。当時の読者が、あるいは著者である福澤自身も含めて、どれだけその緊張に耐えられたのか、あまり楽観的に評価できない面もある。現代の読者についても同様である。

注

（1）ここは、「有様（コンジーション）」よりも「権義（ライト）」を尊重すべきだとする思想が、個人ではなく、国家理性のための原理に移行しているように読める。丸山眞男がこの点を批判していたことは、本書第六章で触れた。

第七章　福澤諭吉と明治国家

一　問題の所在

国家と国民とは擬制的な概念である。国民は集合的に意思をもつ主体であり、それが国家の権力と、望むらくは法的秩序とを正当化することにしておくという、人々の同意が、その擬制を可能にしている。現代ではこのことを否定するのはかなり難しい。しかし、この問題について、一般読者に理解できるように記述するのは、今日でも簡単な作業ではない。ましてや、明治初期には相当な困難を伴う試みであった。福澤諭吉は、その試みに「方法的」に取り組み、少なくない成果を残した。本章では、その軌跡を追ってみたい。

福澤が活躍した時代は、日本が西洋型の国民国家の形態を導入しようとしていた時代であり、福澤は折にふれて国民国家の基本要素に関する意見を表明していた。おおまかには、以下のようなことがいえるだろう。福澤は、個人の自由、自立、努力、競争を重視し、国家については個人の自由な活動を支える基盤的制度として機能することを期待していた。他方で福澤は、個人が政治権力からの恩恵を期待する受益者に留まるのではなく、政治的責務を引き受ける意欲をもつことを期待した。しかし、国家をそれ自体、固有の価値をもった共同体として考えたり、国家そのものを意思のある主体と見なしたり、その理想的状態や、個人の福祉を超えた国家固有の目的について議論をするということはなかった。こういった骨格はだいたい生涯を通じて保たれていた。しかし、こういった福澤の国家論の骨格のまわりには、いくらか複雑な肉付けがあり、またその成長と変化もあった。本章では、福澤の国家論の時系列的な変化も考慮に入れ、専制と自由、権力のバランスと対抗、国家の正当性と制度への信頼、世論と動員といった問題を中心に検討する。(1)

二 「専制」と「リベルチ」

幕末の福澤が国家について論じるときは、日本全体についての考察と藩（当時は普通これを「国」と呼ぶ）についての考察が並行し、また連動していた。徳川政府（「公儀」）が「富国強兵」に努めることが奨励されると同時に、たとえば故郷の中津藩でも「富国強兵」が国家目標となることを福澤は要請した。この時、「富国強兵」の内容は主として教育と軍事の西洋化を内実とする。(2) そして「富国強兵」のためには強力な権力による指導が必要とされ、幕末に顕在化した権力の多元化（「大名同士のカジリヤイ」）は望ましいものではなかった。福澤が幕末に「大君のモナルキ」が必要と述べたのはこういった文脈で書かれた書簡の中だった。(3)

この頃の福澤は、知識の普及、教育レベルの向上自体に強い関心があり、国家権力がどのような理念や形態によって正当性を獲得するのかという問題については副次的に考えていた。幕末に高まった「公議輿論」による幕政改革論に福澤が批判的であったことは松沢弘陽が丁寧に指摘しているが、尊王論であれ「公議」論であれ、幕末ににわかに登用された「策士論客、忠臣義士」の興奮の産物以上のものではないと見なしていた。(4) 福澤が「公議輿論」論に冷淡だったのは、専制的な政治権力が弱り、政治主体の多元化と政策決定過程への参入の競争がなされること自体にはそれほど良い効果を期待しておらず、強力な権力の指導による西洋化の推進の方が相対的にましなものだと考えていたからであろう。

福澤は幕末の西洋見聞で英米の議会政治に強い関心を示していたが、議会政治が多元的な価値関心の対抗・競争を制度化した原理として、いかに国家の正当性に寄与しているかについては、ただちにではなく、少し時間がたってから考え始めたと推察できる。たとえば「争論」は、のちの『学問のすゝめ』では真理探究に欠かせないものとして重視されるが、『西洋事情』や『世界国尽』（一八六九年）の時点では単に国内を不安定にする要素として扱われている。たとえば『西洋事情』初編（一八六六年）には「古来宗旨の争論よりして人心を動揺し国を滅し人命を害するの例すくなからず」とある。(5)

徳川政権が崩壊し、新政府が動き出しても、しばらくの間福澤は権力の動向に反応しない。福澤は、江戸開城直前の徳川家の「御用命」を辞退し、また新政権を信用しておらず、「Heavenly Court」から「天命アマ降」っても断り続けた。(6)中央政府だけでなく、中津藩の扶持も断り、紀州藩の英学校への招聘も断った。また幕末に徳川政権に登用された洋学者たちが、いそいそと新政府に仕えることを冷ややかに見ていた。

福澤が関心を向けていたのは、才能があり気力をもった個人の自由を保障することであり、また個人間の競争を正当な社会的行動として人々に認めさせることであった。旧体制を倒しても、相変わらず政治的権威への畏れが蔓延し、個人の能力がただその権威によって動員されるだけであれば、事態は大して良いものにならないと警戒していた。福澤は、一八六〇年の渡米、一八六二年の渡欧、一八六七年の再度の渡米を通じ、個人の活動の自由（「フリードム」freedom・「リベルチ」liberty）が、社会および政府によって尊重され保障されていることが「文明」化にとって不可欠の条件であるという考えを抱いていた。(7)また、これと対をなして、福澤は個人の努力と競争を抑圧しようとする心理的要素の撃退に力を注いだ。したがって、「専制」とは、政治体制の問題としてよりも、個人の「気力」を削ぎ能力の発現や競争を阻害する社会的圧力として非難された。

福澤にとって「専制」の危険性の本質は、国家権力の「独裁」[8]、つまり意思決定責任者が限定されていること自体にあるのではなく、権力の社会的基礎が「門閥」と「虚威」に置かれていることにあった。つまり権威主義的体制と不可分の関係にある権威主義的社会こそが克服すべき喫緊の問題であった。「専制」国家は、社会を停滞させ個人の意欲を抑圧する社会システムに支えられており、徳川体制はそれを体現したものであった。福澤は明治国家もそれを免れる保証はないと疑っていた。「専制」は人々の「惑溺」と相互に支え合っており、それを打ち破るものは「智力」しかない。しかし、その「智力」が政府によって動員されるだけであれば、「専制」は継続しあるいは強化される。「智力」は政府の権力資源としてではなく、「民心」の活性化のために役立てねばならない。

三　「平均」と「争論」

よく知られた一八七四年の馬場辰猪宛の書簡には次のようにある。

方今日本にて兵乱既に治りたれども、マインドの騒動は今尚止まず。この後もますます持続すべきの勢あり。古来未曾有のこの好機会に乗じ、旧習の惑溺を一掃して新しきエレメントを誘導し、民心の改革をいたしたく。[9]

徳川体制の瓦解と明治新政権の登場による「マインドの騒動」は、憂うべき「民心」の不安定状況ではなく、改革のための「未曾有の好機会」であった。

これと同じ馬場辰猪宛の書簡に、「外交の平均を得んとするには、内の平均をなさざるを得ず。内の平均をなさんとするには、内の妄誕を払はざるを得ず」（「妄誕」は元来、根拠のないでたらめのことだが、ここでは「惑溺」と同様の意味か）という一節が見られる。これは、列強と対抗する（一方的に押し負けない）状態を得るためには、国内でも旧習への執着や権威主義に対抗する力が必要であるという意味にとるべきであろう。

福澤がしばしば用いる「平均」という語には、対抗する力がぶつかりあって均衡を得るといった力学的バランスの意味が込められていることがある（もちろん著作によっては、「均分」や、英語のbalanceに対応して「残高」といった意味の用法の時もある）。「平均」という熟語は、漢語では『礼記』の「修身及家、平均天下」（楽記）や『史記』の「天下平均、合為一家」（滑稽列伝）などのように「平定する」といった意味で使われるのが当時普通であり、緊張や対抗などが抑え込まれた状態をさすが、福澤の用語法はむしろ多元的な価値関心の対抗関係が生き続けることを肯定的にとらえようとする新しい用法である。福澤にとって「平均」の対義語は「偏重」であり、「偏重」の生み出す圧力と、人々が陥る「惑溺」という臆病で活力に欠けた社会的な心理状態との悪しき組み合わせが「専制」を生む。「専制」は、「平均」を原理とする制度設計によって克服すべきものとされる。またこれは、同じような価値関心をもった人々が同じ価値や目標を奪い合うために勝敗を競うことではない。あらゆる人材が競って政府に登用されることだけを望むことは、「専制」を強化することにしかならない。

しかし、「民心の改革」のために古い価値や思考の一掃を説くのではなく、あくまで多元性を前提とする「力の平均」を重視したのはどういった事情だろうか。たとえば、なぜ開明的な権力による強力な指導、あるいは今日いうところの開発独裁型の権力を求めなかったのだろうか。

力学的イメージでの「平均」の用法として、早い例では、『西洋事情』外編（一八六七年）に「国力の平均」という語が登場しており、これはチェンバーズの『経済学』にある諸国間の“balance of power”という概念を訳したものである。[10] したがってこれは、一国内の「民心」が一般的に諸勢力のbalanceによって活力をもち、「専制」から抜け脱すといった意味はまだ含んでいない。

「専制」を克服するための「平均」という考えは、福澤の勉強が進むにつれて深まっていった。『学問のすゝめ』の第二編（一八七三年一一月出版）に、政府と民間人の間、あるいは個人同士の「同位同等」の主張がまず現れる。これはウェイランドの *The Elements of Moral Science*（以下『道徳学』と呼んでおく。当時の science は「科学」というよりは「学問」を意味している）に多くを負っているが、『道徳学』には「力の平均」といった概念は用いられておらず、そのかわり、統治機構内部での権力分立、諸権力の制限（the limits of powers）の必要性、個人間での互恵主義（reciprocity）、そして、civil society（政治的共同体の意味で用いられる。ウェイランドの civil society 概念については次節であらためて論じたい）が個人の自由を侵害した場合どうしたらよいのかといった議論があり、これが福澤の「同位同等」論で参照されている。ただし、福澤の関心は、ウェイランドが問題にした civil society と個人の自由の対立の問題ではなく、政府と個人の対立に構図は変更されている。そして『学問のすゝめ』第四編の有名な学者職分論では、政府と民間との「力の平均」が必要だといった表現が登場していた。[11]

「平均」についての議論がさらに丁寧になるのは、『文明論之概略』（一八七四年から一八七五年はじめにかけて執筆され、一八七五年刊行）である。先に引いた馬場宛の書簡は、ちょうど『文明論之概略』がほぼできあがった頃にかかれたものであり、その執筆のねらいを説明しているものであった。『文明論之概略』では、「智力と腕力と互に相制し互に相平均して、いささか権威の偏重を防ぐに足るものあり[12]」といった用例が見られる。権力が多元化し「相制し平均する」ことの効用という点については、ギゾーの『ヨーロッパ文明史』（の福澤が読んだ英訳版）およびJ・S・ミルの『代議制統治論』に見られる、balance; counterbalance; check; countercheck といった語が強く意識されていると考えられる。[13]また福澤は一八七四年以後にギゾーの『ヨーロッパ代議制統治起源史』（*The History of the Origins of Representative Government in Europe*, 1852）も読んでいたと考えられるが、同書には、強力な権力を "check" する対抗的な力という用法が多々見られる。[14]

特にギゾーの『ヨーロッパ文明史』は、いかに優れた思想や原理であれ、それが対抗者のいない支配的な価値として社会に君臨すれば必ず害悪をもたらすという主張が軸となった著作であった。これは単に専制政治に議会が対抗するといった統治機構上の問題についてではなく、諸原理と諸勢力の対抗そのものが社会的に承認され制度化されていることを「文明」の発達条件としている。注意すべきことに『ヨーロッパ文明史』の英訳本注記者 Caleb Sprague Henry（1804–1884, アメリカのエピスコパル、つまり英国国教会系教会の牧師、神学博士）による注記は、ギゾーを批判していて、完璧な社会状態や人類の調和は "checks and counterchecks of interests" や "balance of international powers" によって達成できるものではなく、キリスト教信仰によってこそ達成できると述べている。この解説は、ギゾーが人間精神の多様性と発達という観点から文明を論じることを不満としており、check, balance が制度化されることによって得られる文明化への効用といった主張にはかみあわない。福澤は、ヘンリーのキリスト教的な主張をあえて無視して、「力の平均」の意義を一層強く引き出そうとした。[15]

福澤が「平均」の原理に関心をいだいたのは、政治権力がきちんと「職分」を遂行するかどうか厳しい監視をする意欲があったからであろう。政権の「職分」を重視する反面、政治体制が人々に訴求力をもっているかについて比較的淡泊であるのは、福澤に限らず、明治初期の知識人に一定程度共通する傾向である。[16] これは、西洋の学問に強い知識人の多くがかつて徳川政権に登用されていたという事情もあろうが、つまるところ皇室や薩長政権を信じていない。福澤は、先に引用した heavenly court への皮肉だけでなく、『学問のすゝめ』で「みだりに政府を尊崇すること鬼神の如」き態度を非難しており、[17]『文明論之概略』では、「国体」は日本が独立を侵害されないことを意味していて「皇統」の連続はその現れに過ぎないとわざわざ主張した。[18] ただし、福澤は、特に徳川家にも強い忠誠心をもってはいない。したがって、政治権力への心情的なコミットメントに警戒的なギゾーやミルの議論は、政府に「職分」を果たすことを求めても、精神的なよりどころを求めようとはしない福澤に共鳴するところがあった。

それだけではなく、「文明」化の条件としての「平均」という考え方に福澤が強くひきつけられる重要なきっかけとなったのは、ミルの『自由論』に現れる、専制政治とアジア的国家の強い結びつきについての言及である。早くから学問が発達し、競争試験によって優秀な人材を中央政府に登用する制度を確立していた中国が、あらゆる進歩の芽を摘み取る権威主義的な体制になったのはなぜか、という問題をミルは論じており、ここで示される「自由のない停滞した中国」という像は重要な反面教師の役割を担わされている。[19] またこのような一種のオリエンタリズム的議論はギゾー、トクヴィルにも共通していた。ギゾー『ヨーロッパ文明史』にも、インドやエジプトでは単一の原理が当該社会を支配した故にまったくの眠り込んだような停滞をもたらしたという記述がある。ここは福澤を刺激したかもしれない。[20]

他方で、福澤によれば、日本は中国とは異なる「専制」の伝統に束縛されていた。「門閥」である。

我国の人民積年専制の暴政に窘《くるし》められ、門閥を以て権力の源となし、才智ある者といえども門閥によりてその才を用るにあらざれば事をなすべからず。一時はその勢に圧倒せられて全国に智力の働く所を見ず、事々物々皆停滞不流の有様にあるがごとくなりし……[21]

この一節の後に、徳川体制では個人の「才力」を伸ばすことが禁じられていたために不平がたまり、それが「国学者」・「漢学者」・「戯作者」によって皇室崇拝や権力者への非難などといった形で表現されることはあったが、当該個人が登用の機会を得ればたちまち態度が変わってしまったと述べている。これは明治新政権での知識人の動向を皮肉ったものでもある。つまり明治国家は徳川的専制を捨てたかもしれないが、新たに中国的専制を採用しようとしている。才能のある者が権力機構に登用されるだけでは「専制」という問題は解決しない。

そこで「権力の平均」とともに公然たる「争論」の必要性が唱えられた。「ゆえに単一の説を守れば、その説の性質はたとい純精善良なるも、これによりて決して自由の気を生ずべからず。自由の気風はただ多事争論の間に在て存するものと知るべし[22]」のように肯定的な意味での「争論」が用いられた。「争論」を明確に肯定的な要素としてとりあげるのは『文明論之概略』執筆以降である。『学問のすゝめ』では、『文明論之概略』以前に書かれた編には、そのような用法は見られないが、第一五編の有名な一節「人事の進歩して真理に達するの路は、ただ異説争論の際にまぎる［間切＝風上に向かって帆船を進める技術］の一法あるのみ」は、『文明論之概略』完成後に書かれている[23]。「争論」という用語にもっともはっきりと対応するものでミルのテクストに見られるのは、『代議制統治論』にある **"the function of Antagonism"**（第七章）ではないかと思われる[24]。またミルは **"systematic antagonism"**（「制度化された闘争」）という印象的な表現を、ギゾーの『ヨーロッパ文明史』に対する書評的論文「ギゾーによる歴史に関する論文と講義」で用いていた。確認はできないが、これにも福澤は目を通したかもしれない[25]。

「争論」の機能の強調は、社会における権威主義の克服のみならず、政治体制の正当性について、それが公正な競争のルールを提供し、また競争をする権利が侵害されないよう監視することにあるという考えに結びついた。このような政治体制論における「争論」の意義は、一八八〇年代初め、いわゆる明治一四年政変頃までの福澤の政治体制論である『国会論』（一八七九年）や『時事小言』（一八八一年）まで継続して示された。

たとえば、国会開設要求と政治熱の高まりに対して書かれた『国会論』では、国会という制度の正当性を公然たる「官民の競争」であると論じていた。それはアクターの役割や空間がはっきりした「劇場」であるという。

現時の社会はすなわち競争の一大劇場なり。政府をして寛仁大度の進路をおわしめんとするも得べからず。人民をして馴従屈服せしめんとするもまた得べからず。官民共に進んでその権力を求め、力を尽してこれを争うの常勢に任ずるの外なきなり。

すなわち智術材能を闘わしめ、機に投じ勢に乗じて、人心の多数すなわち輿論を占有せんことを天下の顕場に競争するものなり。一勝一敗、もとより命の存するあり。ああ、その争や公然たり。そのこれを争うの心事また快然として洗うが如きものなりというべし。(26)

代議政体を「公然たる競争」の行われる「劇場」ととらえる表現については、ギゾーの『ヨーロッパ代議制統治起源史』第九講において、イングランド王エドワード一世が、貴族との武力抗争から、戦いのやり方（direction）と場（theatre）を変えて、議会における政治闘争に置き換えたことを評価している箇所に示唆を受けた可能性がある。(27)

「権力の平均」などの用法で現れる「平均」という概念も使われ続けた。たとえば『分権論』（一八七七年、執筆は西南戦争の少し前、士族の明治政府への不満が高まっている時期に書かれた）では、小幡篤次郎の訳によるトクヴィルの『アメリカのデモクラシー』の一節を引用した後に、(28)「すなわち中央の政府に会して政権の得失を議し、治権［地方自治体による行政権］と政権［中央政府の権力］との関係を論じ、双方互に過強過弱の弊を防て権力の平均を保護することあるべし。すなわち民撰議院の設立なり。まずこれを事の一段落とす」と述べ、議会が国家運営について中央政府と争うというだけでなく、地方の立場から中央政府に対して「権力の平均」という機能を果たすことを強調していた。(29)

四　「約束」と「信」

多くの研究でこれまで指摘されてきたように、『学問のすゝめ』あたりまでの福澤は、国家と個人との相互に拘束しあう関係を、契約によって合意された政治的責務という考え方で処理しようと努力していたように見える。政府の正当性と国民の政治的責務の根拠を、その政治体の設立が契約によって認められたことに求める論理である。[30]最も端的な表現として引用されることが多いのは次のような一節である。

およそ国民たる者は一人の身にして二箇条の勤あり。その一の勤は、政府の下に立つ一人の民たる所にてこれを論ず、すなわち客の積りなり。その二の勤は、国中の人民申合せて一国と名づくる会社を結び、社の法を立ててこれを施し行うことなり、すなわち主人の積りなり。たとえばここに百人の町人ありて、何とかいう商社を結び、社中相談の上にて社の法を立て、これを施し行う所を見れば、百人の人はその商社の主人なり。すでにこの法を定めて、社中の人いずれもこれに従い、違背せざるところを見れば、百人の人は商社の客なり。ゆえに一国はなお商社の如く、人民はなお社中の人の如く、一人にて主客二様の職を勤むべき者なり。[31]

この議論には、福澤が一八六八年に入手して読んだと考えられるウェイランドの『道徳学』の影響が顕著であり、その福澤の著作との対応関係についてはすでにいくつかの詳細な研究がなされている。[32]

注意すべきなのは、これが社会契約を根拠にした議論かどうかである。ウェイランドの『道徳学』には確かに社会契約 social contract について論じていると思わせる箇所がある。[33]しかし、ウェイランドの記述は基本的には civil society（適訳が思いつかないので当面カギカッコつきの「市民社会」としておく）を社会契約の産物とは見なしていない。つまりウェイランドは社会契約を論じているのではなく、契約を根拠とする自発的結社と「市民社会」との根本的違いを論じているのである。

ウェイランドのいう「市民社会」は、特定の目的のために存在する結社とは区別され、共同意識にささえられてはいるが、個々のメンバーがお互いを知り合っている関係を越えた広い意味の「社会」（イタリック、定冠詞なしの *society* という表記が使われている）である。そして、ウェイランドによれば「市民社会」における市民の責務を基礎づけるものは個人相互の契約ではなく（相手の約束違反があっても、それを理由にして「市民社会」に対する自己の義務は解除されない）、それは神であり、人間はもともと「社会への愛」を抱くように神によって造られた存在である。人間の意思による契約と神の意思との関係をきれいに整理しきれていないため、ウェイランドの議論に混乱は見られるものの、つまるところ自発的結社とは異なり、「市民社会」は人間の自由意思ではなく神によってそのように創られたということに基礎づけられている。[34] 確かにウェイランドは、自発的に造られる目的のはっきりした結社の結成にあたっての相互契約がその成員に道徳的義務を課すことになると論じているが、「市民社会」における成員の道徳的義務については、人間が神によってそのようなものとして造られたことに根拠があるとしている。つまり「市民社会」については、義務の根拠は神である。

ところが、福澤が「一国はなお商社のごとし」と記しているところは、ウェイランドとは食い違っているというよりも、むしろウェイランドの主張に反したものである。福澤は、「商社」のごとき「一国」が、神ではなく、人民相互の同意によって成立しなければならないとする。そして、「一国」設立後に、人民は政府を設置し、人民と政府との相互関係を規定する「規則」を定める。

政府と人民とはもと骨肉の縁あるに非ず、実に他人の附合なり。他人と他人との附合には情実を用ゆべからず、必ず規則、約束なる者を作り、互にこれを守て厘毛の差を争い、双方共にかえって円く治るものにて、これすなわち国法の起りし由縁なり。……［中国や日本で語られてきたような「聖明の君と賢良の士」による「仁政」と、

「柔順なる民」との相互関係は〕神ならぬ身の聖賢が、その仁政に無理を調合して強いて御恩を蒙らしめんとし、御恩は変じて迷惑となり、仁政は化して苛法となり、なおも太平を謡わんとするか。(35)

人民および政府の責任と人民の法の遵守についての「規則、約束」は、人民同士の契約が根拠となるのであり、人民と政府との「職分」の区別はその契約の産物である。人民が相互の同意によって国家を設立したがゆえに、その同意を根拠として法に従う義務を負う。もちろん政府も法を実行する義務を負う。

元来人民と政府との間柄は、もと同一体にて、その職分を区別し、政府は人民の名代となりて法を施し、人民は必ずこの法を守るべしと、固く約束したるものなり。たとえば今、日本国中にて明治の年号を奉ずる者は、今の政府の法に従うべしと条約を結びたる人民なり。故にひとたび国法と定りたることは、たといあるいは人民一個のために不便利あるも、その改革まではこれを動かすを得ず。小心翼々、謹て守らざるべからず。これすなわち人民の職分なり。(36)

「明治の年号を奉ずる者」は事実上人民同士の契約に同意したのだという論理は、ウェイランドのいう、政体を選択する自由と選択後の義務という議論を利用しながら、(37)人民は明治国家の体制を選択したと見なすことができるという形にしたものであろう。たとえ政治体制の選択が歴史的事実ではなくても、それを擬制的事実として承認した上で、政治体制への同意がおこなわれるべきであり、その同意が政治的責務の根拠となるという主張である。これは権力者と人民との統治服従契約とは意味が異なる。(38)

とはいうものの、福澤が、「約束」を政治的正当性の根拠として十分な基礎であると考えていたかどうかは疑わしい。主として一八七六、七七年頃に書かれたメモが記されている「覚書」には、すでに国民に共有される「信」の機能が無視できないものであるという点についての着目が現れている。つまり「疑の世界に真理多し」(『学問のすゝめ』第一五編、一八七六年)[39]と記し、批判的知性と個人の自立を強調していた時とほとんど並行して、「信」が生み出す集団的な力の価値を議論し始めていた。

日本の人心は正に国王の聖徳を信じ、相将の賢才を信じ、先生を信じ、頭取を信じ、旦那を信じ、親方を信ずるの時代なり。西洋の人心は一歩を進め、政治を信じ、法律を信じ、約条を信じ、改革を信じ、いわゆるステートマシーネリを信ずるの時代なり。一歩の前後はあれども、その軽信惑溺に至ては趣を異にすることなし。[40]

もちろん、このような「信」に対して福澤は警戒的であり、文明の進歩にともなって、いずれ克服されるべきものとしていた。「ステートマシーネリ state-machinery」の語はスペンサー『社会学研究』に見られる。スペンサーは「政治的先入見」を批判した章で、政治を理解するのに政治制度だけを見て、それを動かしている目に見えない力を見ないのは、子供が蒸気機関車を機械部品の組み合わせで動いていると考えて、それを動かす動力の仕組みや燃料の存在を理解しないのと同じだと述べている。福澤はそこにヒントを得ている。日本よりも進歩した西洋社会においては、人格への信頼ではなく制度への信頼が成立しているという点で一歩先んじているとはいえ、「軽信惑溺」であることに変わりはない。ただし、それでも「信」によって動機づけられる心理的な力がなければ政治体制が機能しないことは認めざるをえないことになる。[41]

福澤の論調が、西南戦争（一八七七年）の後、一八八〇年代初頭にかけて変化を見せているという印象は、これまで複数の研究者が言及している。「文明」化の担い手としての個人の自由な意思と自己決定の尊重が次第に後景に退き、集合的な存在としての国民の経験と力量、あるいはその精神的一体感やプライドを強調する立場に移行がおきたといった点が、だいたい共通する指摘である。これを福澤の国家論の変化として見るならば、政治的正当性の置き所を、自由で活力ある社会の保持という機能にではなく、政治体制の威信の強度に移動したものと考えることができる。

大きく見ればその変化はあったと考えられるが、その決定的なポイントを確定するのは意外と難しい。その移行は、少しずつ起きた論理的組成の変化と考えるべきである。[42]たとえば、『学問のすゝめ』で論じられた、「約束」に基づく政治権力の正当性と国民の責務の論理は、主張の意図がまったく同じとはいえないものの、維持されていた。それは、西南戦争を経て自由民権運動が高まっている時期の著作である『通俗民権論』（一八七八年）にも現れ、[43]さらに福澤が日本で議会制度を機能させるための具体的な方策を論じ始めた『時事小言』（一八八一年）に継承された。

『時事小言』は、福澤が大隈重信、伊藤博文、井上馨と接触し、明治政府が国会開設に向かうという感触を得、それを支持してもよいと考えた一八八〇年暮から一八八一年前半に執筆された。当時、国会開設要求をめぐる論争は、明治国家の政治体制そのものの正当性の危機をはらんでいた。福澤も明治政府も憲法と議会開設の見通しを示すことでそれを乗り切ることをめざした。もっとも、福澤の政府への期待は結局いわゆる「明治一四年の政変」で裏切られることになった。明治一四年の政変は、専制と立憲主義の対立ではなく、政府内部での優先順位と実行の

五　「気力」と「遺伝」

タイミングに関する思惑のズレが、諸要因のために増幅された結果引き起こされたものである。(44)

こういった背景をもつ『時事小言』では、「確乎不抜、厳正の政権」の必要性が説かれていた。そして「厳正」さは「約束」の履行によって正当化されている。「覚書」にあった「約条を信じ」と同じである。

施政の要は厳正の一点にあり。一度び政令として発表したるものは、いかなる異論あるもこれがために変動することなく、異論を圧倒し尽して既発の令を実行することに勉むべし。その姿は圧制に似たりと雖ども、おのずから異なり、理を枉《ま》げて人を制するもの、これを圧制という。約束を履《ふみ》て人を制するもの、これを厳正という。理を枉ると約束を履むとの別あるのみにて、いずれも勢力をもって人を制するの義は免かれず。社会を制するの勢力なきものは政府というべからず。文明の政はただ厳正の一点にあるのみ。(45)

『時事小言』には「約束」の語がいくつか現れるが、右の引用文にある「約束」は、たとえば「主治者の地位と被治者の地位と直接に相対するときは、被治者は法律に従て政府に求る所あるべし、主治者もまた約束に由て人民に促す所あるべし」といった用法と同様、政府と国民との間の規則（そして、福澤は法律をそのような契約の一部と見なすことがある）をさしていると考えられる。(46)

政府がその権力の行使を「圧制」ではなく「厳正」であると主張できるかどうかは、「約束」の履行という点にかかっている。政府が「約束」の履行として権力を行使するということと、アドホックに不平不満に対応することとは別問題である。「社会全体の進歩」と「各国交際の権利」をはかるべき時は、国民から不満が出るのはむしろ当然であり、「政府に向て人民の不平を唱うるは、世界今古の常態にして驚くに足らずと覚悟を定め」るべきである。(47)

また『時事小言』では、英国を例にとって、政党が競争して政権交代をめざす仕組みが、「厳正」が「圧制」に逸脱しないように防ぐ巧みなシステムであることを強調していた。福澤はそれを「権力平均の妙機」と呼ぶ。『文明論之概略』が想起される表現である。(48) ただし、権力の交代と競争の意義は、より賢明な政治への進歩、自由の保障、専制の危険への予防を期待するといった目的で論じられたのではない。ここで強調されるのは、民主的な政治体制でこそ「厳正」な「政権」が実現しやすいという点である。「厳正」さが不当な強制にならないために、「多数の可否によりて政府を更代せしむること」が条件となり、したがって「国会を開設するの目的は、これによりて施政の法を厳にせんがため」である。(49) つまり議会において対立する主張が競争しあい、選挙による政権交代が可能な政治体制においてこそ、政府による「約束」の履行は信頼可能である。ここで福澤は、政党内閣制こそが「政権」への信頼をとりつける方法だと論じている。

この点を強調するために福澤は、アメリカが共和政体であるからこそ「厳正」な権力を保持できると論じている。

合衆政治などいえば、その字面を見て国民の寄合世帯のごとくに思われ、何事も簡易便利にして官民の差別もなくしたがって政令の威厳もなきものの様に誤り認る者あらんといえども、ただこれ字面上の想像のみ。その実際において政権の厳なる、あるいは常に独裁国の右に出るもの多し。亜米利加合衆国のごときはすなわち一例にして、その政法、威ありて猛からざるものというべし。(50)

つまり、「厳正」な権力というのは、公正な意思決定プロセスに対する国民の「約束」に基礎づけられてこそ可能なものとされる。

『時事小言』において、国民の政治的責務は、国家の威信やそれに対する国民の愛着にではなく、同意に基礎づけられている。その点では『学問のすゝめ』と同じである。しかしながら、福澤は同意による政治権力と政治的責務の正当化だけでは「文明」国の政治体制としては不足があると考えていた。つまり「約束」へのコミットメントを保証する心理的な力について考えなければならないとしていた。

『時事小言』では、国民の国家に対する心理的な帰属感情が重要な役割を果たすことが強調され、しかもその涵養を国家の指導に期待することもまた重要な主張点となっている。「第六編　国民の気力を養う事」で、「報国心」について次のようにいう。

元来人民の報国心は私心の結合したるものにして、自ら愛して他を嫌うの熱情より外ならず。しこうしてその熱度を維持して互に結合せしむる所以のものは、言語を共にし、生誕の地を共にし、道徳の教旨を共にし、衣食住の風を共にする等の箇条なれども、なかんずく有力なるは懐旧の口碑を共にしてその喜憂栄辱を共にするものすなわちこれなり。(51)

この「報国心」についても、この時に急に登場したのではなく、『文明論之概略』および『学問のすゝめ』以来の連続性を見いだすことができる。すなわち、記憶の共有が国民意識をつくるという主張は、すでに『文明論之概略』第二章で、「ナショナリチ＝国体」の最も重要な条件として「人民共に世態の沿革を経て懐古の情を同じうする者」と述べ、あるいは同書第一〇章で「世界中に国を立てて政府のあらん限りは、その国民の私情を除くの術あるべからず。その私情を除くべきの術あらざれば、我もまたこれに接するに私情を以てせざるべからず。すなわちこれ偏頗心と報国心と異名同実」としている議論の再投入である。(52)

しかしながら、『時事小言』で新たに現れた奇妙ともいえる特徴がある。それは、「国民の気力」を保持し涵養するための方策の中身についてであり、これは重要な変化のポイントである。

福澤が提唱する方策の第一は「外教［具体的にはキリスト教］の蔓延を防ぐ事」である。福澤がキリスト教の浸透を防ぎ、仏教を保護するよう要請するのは、キリスト教の教義そのものに問題があるというよりも、それが西洋諸国の「国教」となってしまっている点にある。

その宗教は西洋の本国において既に国教の名義を得て、しかもその国、形体の力は強大なるが故に、その教を入れてこれを学ぶときは、我精神の一方は既に已に彼に従属して、あたかも属国たるの情を免かれず。精神既に彼に属す、形体も亦これに従わざるを得ざればなり。これを要するに他国の宗教を輸入するに当り、その教のよって出たる本国に形体の権力あるものは、これを入れて害ありと明言して可なり。(53)

しかも、時間をかけて日本の社会に適応した仏教とは異なり、キリスト教は「我国固有のものに変形」できないという。

そもそも、宗教は西洋において愚昧な民を籠絡するための術策であるという見方はこれより前から示されていた。『文明論之概略』では、福澤は宗教一般に「上古不文」の時代にできたものが生き残っているに過ぎないと見なし、またそこに偽善的なものを嗅ぎ取ろうとする傾向があった。

羅馬廃滅の後は寺院も共に滅すべきに似たれども決してしからず。寺院は野蛮の内に雑居してただに存在するのみならず、かえってこの野蛮の民を化して己が宗教の内に籠絡せんことを勉強せり。その胆略もまた大なりというべし。けだし無智の野蛮を導くには高尚の理をもってすべからず。すなわち盛に儀式を設け外形の虚飾を以て人の耳目を眩惑し、曖昧の際に漸くその信心を発起せしむるに至れり。後世よりこれを論ずれば妄誕を以て人民を蠱惑するの謗を免かれ難しといえども、この無政無法の世にいやしくも天理人道の貴きを知る者はただ耶蘇の宗教あるのみ。もしこの時代にこの教なからしめなば、欧羅巴の全州は一場の禽獣世界なるべし。(54)

この記述はギゾーを参照したものだが、西洋社会における教会の人心教導装置としての性格を評した皮肉な調子は福澤自信の考えを反映していると考えられる。(55)

しかし、『文明論之概略』では、「民心」のための術策としての宗教は、あくまで文明の遅れた段階でとられる「権道」であり、そこで獲得される正当性は「理外の威光・政府の虚位」でしかなかった。(56) 近代にあっては、それでは国の「独立」を支える「気力」を維持することができない。「文明」こそが国民国家の精神的支柱となるはずのものであり、また宗教を上回る「人心維持」の効力が期待されていた。

暗殺攘夷の論はもとより歯牙に留るに足らず、なお一歩を進めて兵備の工夫も実用に適せず、また上に所記の国体論、耶蘇論、漢儒論もまた人心を維持するに足らず。しからばすなわちこれをいかにして可ならん。いわく、目的を定めて文明に進むの一事あるのみ。その目的とは何ぞや。内外の区別を明にして我本国の独立を保つことなり。しこうしてこの独立を保つの法は文明の外に求むべからず。今の日本国人を文明に進むるはこの国の独立を保たんがためのみ。(57)

『文明論之概略』とは対照的に、『時事小言』では、「文明」がやがて宗教を乗り越え、また「国の独立」に役立つという物語を、福澤は信じなくなっていたように見える。『時事小言』では『文明論之概略』と異なり、「外教」

であること、つまり、キリスト教は自国の利害を優先して考える習慣形成を阻害すると考え、また「日本固有」の宗教でさえあれば、その危険はないというわけである。実際一八八二年の『時事新報』に、「神官の職務」は、「懐旧の感」によって「国権の気」を涵養することだとしている論説もある(58)。

「外教」の排除に加えて、「国民の気力」涵養に必要な第二の方策は、「士族の気力を維持保護する事」であるという。福澤によれば、日本では古来「国事の魁にして社会運動の本源」を構成したのは「士族の気力」であるという。しかもその「気力」は遺伝するので、その血統を絶やさないためにも、士族の子弟が貧窮のため教育も受けられなくなる事態を避ける程度の保護は必要であると主張する。その主張の根拠として、英国で優生学を唱えたゴルトンによる「能力遺伝の主義」を引用する(59)。

> 我輩が特に士族の生活を保護せんとするは、今日にありてその祖先の功労に酬るの旨にあらず、また目下その窮迫を見てこれを愛憐するにもあらず、ただ今後我国民の教育上に就き、能力の発達を目的として、必ずしもこの士族の血統を保存せんと欲するのみ。すなわち経世の一大事なり。元来教育の主義においては、人の天賦を平等一様のものなりとみなして、その能力の発達は教ゆる者の巧拙と学ぶ者の勤惰いかんとにあるものとして奨励することなれども、これはいわゆる誘導の方便なるものにして、実際において人の能力は天賦に存するを常とす(60)。

能力の発達は個人の努力によるという話は「誘導の方便」だったというのは、『学問のすゝめ』の愛読者を失望させる記述であろう。このあと福澤はゴルトンの著作から著名人が特定の家系から生まれてくる例を引用し、人間の能力が遺伝で決まることを力説している。

士族固有の「気力」という捉え方については、すでに『分権論』で「武士の心掛」と民主主義における「ポリチカル・アイヂヤ political idea」[61]の比定があり、また執筆当時は発表されなかった「明治十年　丁丑公論」で「人民の気力の一点について論ずれば、第二の西郷を生ずるこそ国のために祝すべき事」[62]と述べていた。しかしながら、福澤は一八七七年頃まではこういった「気力」を支える基盤となるものを「遺伝」ではなく「仲間」という言葉で表現していたと考えられる。つまり同輩関係が醸成する規律と責務の意識である。たとえば「封建」時代における「モラル・タイ」について、福澤は次のように説明していた。

昔し封建の時代には、人間の交際に君臣主従の間柄というものありて世の中を支配し、幕府並に諸藩の士族がおのおのその時の主人に力を尽すはもちろん、遠く先祖の由来を忘れずして一向一心に御家の御ためを思い、その食を食む者はその事に死すとて、己が一命をも全く主家に属したるものとして、あえてみずからこれを自由にせず、主人は国の父母と称して、臣下を子の如く愛し、恩義の二字をもつて上下の間をまるく固く治めて、その間柄の美なることあるいは羨むべきものなきにあらず……西洋の語にいわゆる「モラル・タイ」なるものなり。

この風俗はただ士族と国君との間に行わるるのみにあらず、あまねく日本全国の民間に染込みて、町人の仲間にも行われ、百姓の仲間にも行われ、穢多の仲間においても、非人の仲間に於ても、およそ人間の交際あれば至大より至小に至るまで行渡らざる所なし……とにかくに日本開闢以来今日に至るまで人間の交際を支配して、今日までの文明を達したるものは、この風俗習慣の力にあらざるはなし。[63]

あるいは、西南戦争当時、薩摩藩の武士の気風について論じ、次のようにいう。

しかのみならず人類自由の精神は、儀式の外に生長して無礼無法の内に存するものというも可なり。旧薩藩の政治、もとより自由にあらず専制独裁の趣他諸藩に異なるなしといえども、その専制なるものはただ島津家と藩士一般との間に行わるる専制にして、藩士の社会に入てこれを視ればかつて専制の痕を見ず、社会を制するものは、ただその仲間の約束あるのみ。書面の約束あらざれば言葉の約あり。言葉の約あらざれば気風の約あり。徹頭徹尾薩の旧士族は約束を以て体を成すものにして、他諸藩士が直に君命に従て個々の進退をなす者とは大に趣を殊にする所あり。(64)

福澤は、身分制が中間集団としての「仲間」を固く結びつけ、しかも「自由」の気風を生み出すという場合があることを積極的に評価していた。あるいは権威主義的な政治体制ですら、「仲間申合せ」に支えられた方がよく機能するという認識である。(65) つまりこのころまでの福澤は、「仲間」という中間団体によって保持されている社会的規範が「気力」の源泉であったとしていた。ところが『時事小言』では「気力」の根拠を「能力遺伝」に移していた。しかも「気力」の遺伝には保護政策が必要であるという。

「国」や階級に遺伝的本質が内在し、それは保存されねばならないという主張が生み出す違和感を、じつは福澤自身が認めていた。『時事小言』の末尾には、キリスト教を排斥し、さらに、近世の政治的支配階級の子孫を保護することは、「日本固有の気力を損する無からんとするの策」であって、「消極」的な方策であって、「積極」策については別の機会に論じたいという弁明のようなものを記している。第六編の記述はほとんどこの「消極」策で終わっていることにうしろめたさを感じたのであろう。「積極」策としては、この末尾の部分で、徴兵令の戸主嗣子の免除をなくし、かりに代人料を納めたものでも軍事訓練を課して、「気力増進」を促すべきだという案に簡単に触れている。国民は国を守るために訓練されているべきだという、ある種の共和主義的な理念を盛り込んだ案である。ただし、注意すべきは、社会の自発性にはあまり期待できないであろうという判断に立っていることである。つまり国家による介入と操作なしには人々を政治社会の問題関心に動機づける「気力」が失われていくと福澤は考えるようになっている。

六 「収攬」と「緩和力」——福澤とモンテスキュー

『時事小言』で福澤が読者に提示した課題は比較的シンプルであった。同書第一編のタイトルどおり、「内安外競」(国内の安定と対外的競争)に国民の理解と関心をどう調達できるかである。ところが、問題点の指摘はできても、どのような国家目標や社会的価値を根拠にし、どのような仕組みを用意することでそれが達成できるのか、その積極的な戦略と具体的な項目については、同書ではほとんど議論できなかった。個人が努力してお互いに競争すればその個々の能力は高まり、社会全体もより優れたものになるという、かつて福澤が説いていた物語が「誘導の方便」であったことを認めた後、結局の所、福澤はこの点について自身が納得できる案を提出できなかったのであろう。

明治一四年の政変を経て、政府と在野勢力の協調が一層難しくなる状況があり、他方で対外的には、東アジアでの日本のプレゼンスを高め、清国の影響力を減じるという方針について世論の支持が必要であった。明治政府が抱え込んだこの難題は、福澤にとっても大きな関心事であった。

これらの状況に直面して、明治政府は、「人心」のクールダウンを重視した。福澤もまた政治的な「熱度」の「昇騰」(66)には警戒的だが、上昇した熱を無理に冷やすのではなく、コントロールし有効活用する制度の構築を考えるべきだと主張する。

『時事大勢論』では、「人心」の質が教育や競争によって向上するのではなく、むしろ「人心」は所与のものである。「人心」と国家の関係は、状況とそれを制御する権力システムとの関係として説明される。政府は「人心」に対応したりある程度操作したりすることはできるが、「人心」の動向や集合的な性質はもちろん、社会を構成する個人の資質も変えることはできない。『時事大勢論』に次のような一節がある。

人々個々に就て明に指点すべき所なくして社会の全面に顕わるるもの、これを名付けて社会の性質という。故に三、五年以来の民情軽躁にして性急慓悍ならば、日本の社会は三、五年以来性質を変じたるものなれども、これを如何ともすべからず。日本社会の性質は何様に変性するも、日本人はすなわち日本人にして、日本の人民を治むるは日本政府の責任なり。その人民が変性したればとてこれを見捨て、到底この人民は治むべからざるの人民なりとして放却するの理なし、また力を以て圧抑するの法なし。人心の変化は測るべからず。治め難きの民を治むるこそ主治者の巧なれ。……天下の治乱は政府の責任にして、人民の安寧を維持するは当路者の義務なり。(67)

ほとんど、荻生徂徠を思い起こさせる一節であるが、この一節は、H・スペンサーの『社会学研究』やウォルター・バジョットの『イギリス国制論』第二版序文を参考にしたのではないかと考えられる。スペンサーは「ある社会の諸単位にわたる平均的な性質的欠陥については、どのような巧みな操作によっても、その欠陥がもたらす悪い効果を完全に防ぐことはできない。その結果の現れ方やそれが見られる場所を移すことはできるかもしれないが、悪い結果を完全になくすことことは不可能である」と論じており、(68)またバジョットは「人心［public mind］が興奮した状態にあるときは、政治家は、どのような問題をとりあげるべきであるか否かという選択の自由をほとんどもたない」と述べている。(69)

「人心」を落ち着かせるには、それを「政治社会」の渦から引き離すのが一つの方法である。福澤は、徳川体制が「人情を籠絡」するために、彼が「平均の法」(70)と呼ぶ、政治的権力と社会的価値の多元的な組み合わせシステムを活用していたことを高く評価した。それは、幕閣に入る譜代大名が小藩であったり、位階の高い公卿にはほとんど権力がないといった仕組みであり、システムの管理者は、個々の働き手の不満を抑制しながら、役割へのコミットメントと体制への支持を調達しやすい。

この種の政略は徳川に最も多くして、これを要するにその士族以上を制御するの法、一方を抑えて一方を揚げ、あたかも一身の左右を抑揚して本人の情を瞞着し、その揚げられたる方に得意を催して、抑えられたる方の憂を忘れしめ、その際に中央政府は実に要用なる実際の政権のみを偸《たのし》むの趣向なるが如し。(71)

福澤から見ると「人心」の焦点が中央政府の権力以外にない明治国家は危険であった。

旧幕の政府圧制なりというといえども、なおかつその政治社外において栄誉の別乾坤を開き、国中の人心をして政治に専一ならしめざるの機関を設けて、もって全面の秩序を維持したり。しからばすなわち近時の文明を入れて自由寛大と称する明治政府において政治社外に志士の棲息すべき乾坤なくして可ならんや。(72)

しかも、「人心」はただ冷やして落ち着かせるだけでなく、「人心」の熱を維持しながら国家に引き付ける象徴的装置もまた必要である。ここで強調されるのは批判的思考の涵養ではない。「情」こそが有効利用すべき資源である。

『時事大勢論』の翌月に出版した『帝室論』で、福澤は皇室をその装置とすべきであると提案する。(73)

国会の政府は二様の政党相争うて、火のごとく水のごとく、盛夏のごとく厳冬のごとくならんといえども、帝室はひとり万年の春にして、人民これを仰げば悠然として和気を催すべし。国会の政府より頒布する法令は、その冷なること水のごとく、その情の薄きこと紙の如くなりといえども、帝室の恩徳はその甘きこと飴の如くして、人民これを仰げばもってその慍《いかり》［うらむこと］を解くべし。いずれも皆政治社外に在るにあらざれば行わるべからざる事なり。西洋の一学士、帝王の尊厳威力を論じてこれを一国の緩和力と評したるものあり。意味深遠なるが如し。我国の皇学者流もまた民権者流もよくこの意味を解し得るや否や。我輩はこの流の人が反覆推究して、みずから心に発明［きちんと理解する］せんことを祈る者なり。(74)

ここの「西洋の一学士」はバジョットをさすと考えられてきた。確かに『帝室論』には、「「バシーオ」氏の英国政体論」という言及があり、(75)先にも言及したウォルター・バジョットの『イギリス国制論』(*The English Constitution*) が議論の下敷きとして重要な役割を果たしているのは確かである。

しかしながら、ここでいわれる「西洋の一学士」がバジョットであるかどうかは、疑う余地がある。右に引用した、激しい政治的対立の理由や過程は国民には理解できないので、国民の感情を和らげる「緩和力」としての王室が必要だという議論については、類似した表現として、「国民が党派に分裂しても、王室は党派対立にかかわらない。王室は政治的実務 (business) から明確に切り離されているために、反目に巻き込まれたり神聖さを損なうということがない。それによって王室の神秘性は保たれ、対立している党派からも親愛感を得ることができる。そして何か目に見える象徴を必要とする教育程度の低い人々にとって統合の象徴となることができる」という箇所を見いだすことができるが[76]、「緩和力」に対応する表現はない。そもそも、『イギリス国制論』におけるバジョットの主張は、政府と議会が担当している政治的実務の目的や意味や価値は大多数の国民には理解できないが、国民が尊重すべき秩序と規範の根拠のわかりやすい象徴として君主が役立っているということである。福澤の文章の含意は若干異なっており、君主は「万年の春」のように暖かい感情の共同体（伊藤仁斎を想起させる）に浸らせてくれる象徴である。

『帝室論』には、「西洋碩学の説に、一国の人心を収攬して風俗を興すの方便は、その国々の民情旧慣に従て同じからずといえども、各国に通じて利用すべき者は、宗教、学事、音楽、謳歌等にして、ことに立君の国においては王室をもって人心収攬の中心たるべしといえり」という一節もあるが[77]、これに対応する文章はバジョットには見られない。宗教あるいは教会が「人心収攬」に役立つという議論は『イギリス国制論』にはなく、音楽についての言及もない。

一つの推測として、福澤はここでモンテスキューの『法の精神』を参照しているのではないかと考えられる。『法の精神』には音楽の社会的機能についての言及がいくつかあるが、たとえば古代ギリシアの市民が身体を鍛え上げて規律と闘志を身につけることを重視すると同時に、その厳しさを和らげる訓練が必要であり、それには音楽が役立つとしている。「音楽は荒々しい制度の効果を抑え、調和の効果なしにはありえなかった魂が教育にしめる役割を可能にする」[78]。また宗教についても、第一九篇「国民の一般精神、道徳習俗」の中で「人間は多くの要因に影響されている。気候、宗教、法、政体の格律、過去の事物の例、習俗、生活様式。そこから国民の一般精神が形成される」[79]という議論にはじまって、第二四編「宗教とその教義から考察される法との関係」など、宗教の「世俗社会 civil society」的機能を論じている。[80]

さらに、『法の精神』では「穏和な統治 moderate government」の価値が強調される。「穏和な統治」は君主政体も共和政体でも実現可能であり、反対の原理が「専制 despotic government」である。[81] 福澤のいう「緩和力」はここからヒントを得ているのではないだろうか。もちろん、モンテスキューが提示する「穏和な統治」と、福澤の「人心収攬」がぴたりと対応しているわけではない。しかし、政治的な制度が社会の感情的状態にうまく対応し、それを利用できるかどうかが重要だという考え方には、バジョットのみならず、モンテスキューの影響を見ることが可能かと思われる。福澤の政治思想におけるモンテスキュー要因という問題はこれまであまり研究がなされていない。[82]

『帝室論』にある「和気」（「ワキ」＝穏和な気候、「クヮキ」＝むつまじくうちとけること、の両方の意味を兼ねているのであろう）の語は、同年の『兵論』という著作でも用いられた。ここでの「和気」は、暖める機能についていわれている。いわば政治的適温調整を指している。

人事十中七、八、情をもって組織する今のこの社会において、淡冷なる法は濃熱なる情を制すること能わずして、いかなる禍災を引起すべきやも測るべからず。さればいずれの時代いずれの政体にても、いやしくも天下公共の財を集めて天下公共の事を成さんとするには、天下公衆の心を収攬してその情を制し人心世情に温暖をもよおしてその和気春のごとくなるに非ざれば行われ難きことと知るべし。君主独裁の政においてはこの有様を名づけてよく百姓の心を得たるものと称し、立憲国会の政においては民心の多数を得たるものというその評目異なりといえどもその義は一なり。[83]

この『兵論』は、「壬午事変」（一八八二年七月）後、朝鮮をめぐる中国の脅威に対抗するために日本の軍備の充実が必要であることを説いた著作であるが、そこで懸念されたのが「官民不調和」であった。政論の沸騰を無理矢理抑え込もうとすると、軍備充実に支持が得られなくなってしまう。対外政策の支持基盤にはナショナリズムの熱気が必要だからである。(84)「人心収攬」の機能がその制度に巧みに織り込まれているかどうかは、いかなる政治体制にとっても重要な問題であり、それは君主政体でも立憲政体でも同じである。そして、「人心」の状態を観察し、冷やしたり暖めたりする機能を、政治体制は組み込んでいなければならない。

「政治社外」にある「人心収攬」装置としての皇室という福澤の提案は、明治政府の中にいる人々にとっては大きな迷惑であった。井上毅は「福澤、時事新報に出せる帝室論、大に世間の喝采を得候、官吏中にも大抵賛成の色に相見へ候、その趣意の在る所は、全く英国の国王は臨御して不統治の説にこれあり候、すなわち、議院内閣の組織に帰するものにこれあり候ところ、耳食の徒［聞きかじりの知識で理解したつもりになる人々］は皆その説の巧なるに心酔してその真相を看破することあたわず、実に痛嘆に堪えず存じ奉り候」といって憤慨している。(85)福澤に対抗するため、井上毅はすぐに大森鍾一、陸実（羯南）に命じて『イギリス国制論』の部分訳を作らせている。(86)しかし井上の怒りは、福澤の主張が明治国家の legitimacy に挑戦するからではない。たとえば、憲法草案作成にあたって、伊藤博文は次のように発言していた。

そもそも欧洲においては、憲法政治の萌芽せること千余年、ひとり人民のこの制度に習熟せるのみならず、また宗教なるものありてこれが機軸をなし、深く人心に浸潤して人心これに帰一せり。しかるに我国にありては宗教なるものその力微弱にして、一も国家の機軸たるべきものなし。……［仏教、神道は］宗教として人心を帰向せしむるの力に乏し。我国にありて機軸とすべきはひとり皇室にあるのみ。（一八八八年六月一八日、憲法草案枢密院会議での演説(87)）

福澤の提案は、伊藤博文の認識とたいして変わるわけではなかった。井上毅が特に福澤の著作に憤慨した理由は、明治国家の「人心収攬」装置の仕組みを、当の制御対象である国民に出版物で暴露したからである。いわば福澤の議論は国民の感情的統合の価値を生み出すメカニズムを解説することで、そこに批判的考察の契機をもちこんでしまっている。政府にとっては、「人心収攬」装置について、真剣にしらばくれ続けなければ明治国家そのものが喜劇になってしまう。ところが福澤にとっては、この装置の重要性について公に論じ続けることが、批評や冷笑ではなく、真剣な課題であった。

枢密院が憲法草案を審議中で、かたや在野では大同団結運動による政府批判が高まっていた一八八八年に、福澤はあらためて皇室の国民統合機能を論じた『尊王論』を発表した。この中で、皇室の機能を「病の急劇症に緩和剤の要用なるが如し」であるとか、喧嘩を仲裁する「親分」に喩えており、おそらくますます論敵を怒らせるような説明になっているが[88]、福澤によれば、国会は敵味方に分かれて多数を争う（「多数主義」）ことが運営の原理になっているからこそ、その外に「緩和剤」が必要なのであり、これは「策略」ではなく「長計」である。

されば我国の帝室は固より日本国を一家視するのみならず、歴史上において実に万民の宗家なれば、その天下に対して一視同心はことさらに案じたる策略にあらず、人情にも道理にも共にもとらざるものなるが故に、今の文明の時節に当り、あまねく至尊の光明を照らして世事の改進を促し、かねて人心を収攬するは、また帝室維持の長計なるべし[89]。

「政府は国民有形の部分を司どり、帝室はその無形の人心を支配するものなり[90]」というのが望ましい分業なのである。

七　「自治の習慣」――歴史による弁証

福澤は『西洋事情』以来、国家への情緒的な愛着や依頼心とは異なる、「政治思想」の普及と発達を押し進めるべきだと説いてきた。[91] しかし、「人心収攬」の効能を説きはじめることによってそれまでの議論は変質したのだろうか。たとえば『兵論』では、「兵を強くして国を護るは民心の一致にあり。民心を一致せんとするには国民おのおの政治の思想を抱て自から護国の念を発するに非ざれば不可なり」という論に対して、「圧制政府の兵にても自由政府の兵にても、強き者は勝ちて、弱き者は敗すべし」と醒めた批評をしている。[92]

この時期、つまり明治一四年の政変から議会開設までに福澤が取り組んでいた課題の意図には二通りの解釈がありうる。一つは、福澤自身がいわば啓蒙のプロジェクトを放棄したという解釈であり、第二は、啓蒙のプロジェクトを放棄したのは明治国家であって、福澤は国家の意図を解説して見せることによって、国民自身が国家からどう扱われているかを考えさせるという、新手のプロジェクトに着手したという解釈である。井上毅は福澤の狙いを後者に解釈したので、ひどく警戒した。

確かに福澤は、「官民調和」を唱えながらも、国民の「政治思想」の涵養が重要であると説き続けた。従順で勤勉な愛国者を増やそうとはいわなかった。

本来、政治の思想とは、一国の人民がその政府に対するの関係はいかなるものかとこれを吟味し、政府の権力の及ぶべき限りと人民の権力の伸ばすべき限りとその分界を明にして、相互にその境を守り相互に侵入を許さず、法律上に政権の在る所は政府の領分にして、いかなる事情あるも人民に一毫の苦情を許さず、法律上に人権の存する所は人民の領分にして、いかなる事情あるも政府に一毫の我儘を許さず、いやしくも法律を外れては双方相互に取りもせず与えもせずして相対し、共に一国の栄誉幸福を目的として文明に進歩するもの、これを政治の大主義とし……[93]

この『士人処世論』は、教育と気力のある階層が地方に根を下ろし「民間事業」に熱意をもつべき事を説き、「政事談」と「立身」への熱意は「官途熱」に過ぎないと揶揄した論文である。「政府に一毫の我儘を許さ」ない「政治思想」こそが「官途熱」を相対化する。一八八七年の「私権論」では、「官尊民卑」という「封建門閥」の陋習が残り続けるならば、国会開設は、人民を見下す政治家を増やすだけであると警告している。[94]明治政府に就職することは大して価値があることではないというメッセージと、「政治社外」の皇室こそ「人心収攬」に役立つという解説との組み合わせは、明治政府には腹立たしかったであろう。

福澤の議論の組み立ては周到であった。議会開設が近づくと、福澤は、憲法と議会が日本の国家制度にとって、もともと伝統的に望ましい原理であったと主張するようになった。つまり「人心収攬」の装置自体も含めて、歴史的につくられてきた制度的知恵であり、それは日本国民にとって、(暗黙ではあるだろうが)約束事項であると論じるのである。

たとえば、徳川体制は、表向きは「専制」だが実質は権力主体が多元化し、相互に競争・抑制していたという点をここでも強調する。

幕府の政治は百方に向ておのおのその権力を平均せしめ、特に得意なるを許さず、また特に不平もなからしめ、政権に妨なき限りは中人以上、世に名望ある者の歓心を収めて各自の地位に満足せしめ、もってその間に中央の権力を維持したるもののごとし。あるいはこれを評して巧に政権を張るの余地をぬすみたるものというも可ならん。または事物の紊乱混雑の間に秩序を得たるものというも可ならん。(95)

国家を統合する権力は、実は多くの多様な権力主体の「平均」の上に載っている。国家は中心権力の意思で動いているのではなく、あたかも「自動機」のように動いている。

けだし徳川流儀の政風、積年の習慣を養うて国民の性質を成し、全国の安寧はあたかも自動機によりて維持せられたるものならん。ゆえに幕府にも諸藩にも歴代常に名君賢相あるにあらず、二百六十年を三百藩に平均すれば暗君愚相こそ多数なれども、人物の賢明暗愚は政治上に影響を及ぼすこと少なく、賢明の力の伸ること能わざると同時に、暗愚否な狂暴もその暴を逞うするを得ずして、いずれの時代いずれの藩においてもその施政の出色の得失なかりしは、封建政治の根本、人に依らずして制度習慣に支えられたるの証として見るべきものなり。けだし封建の文字を外国の語に訳するにあたり、やむを得ずフヒューダル・システム（Feudal System）の字を用うるがゆえに、外国人等が日本の封建制度と聞けば、ややもすればその訳字に誘われて往古欧洲に行われたる封建の思想を催おす者なきにあらず。誠に堪え難き次第にして、東西古今の両制度を比較するときは、その文不文、固より年を同うして語るべからず。我徳川の封建は古来当時に至るまで日本文明の頂上に達したるものにして、今日より顧みるも見るべきものはなはだ少からず。(96)

福澤は、「封建」という歴史的経験がもたらした政治的効能として、権力主体の競争・相互抑制だけでなく、さらに国民の「自治」能力形成に着目すべきだと論じた。「封建」制度が逆説的にも生み出した国民の「自治」の習慣が明治国家の基礎となる。立憲政体の正当性を個人の利益と同意に基礎づける、いわば啓蒙のプロジェクトはやめて、「専制」化を妨げる仕組みは歴史的な性格として日本社会に埋め込まれており、明治国家もその意味で歴史に基礎づけられた政治体制であるというプロジェクトを始めたわけである。ここで福澤は、制限された諸権力の相互抑制と国民の「自治」を原理にした「立憲政体」としてこそ、明治国家は歴史的に正当化可能であるとした。

さらにこの議論は、ナショナリズム感情に結びつくように工夫されている。「自治の制度習慣」という点で、「日本文明」は「東洋専制」とは異質である。第一議会開催時の論説「国会の前途」で福澤は、「日本はその国土こそ東洋にありて支那朝鮮と相隣すれども、その政事人情は全く隣国に異なり、外面の体裁は専制国に相違なけれども、裏面に廻わりて内部の実際を探り、これを知ることいよいよ詳なるに従い、いよいよその専制ならざるを発明すべし[97]」と述べ、「権力の平均」を可能にする伝統が中国や朝鮮には欠如していたという。

日本の武家政権と皇室との関係を「権力の平均」と定義し、そこに肯定的な歴史的意味を読みとるアイデアは、ギゾーを下敷きにしてすでに『文明論之概略』にあったが[98]、「国会の前途」においても、皇室が武家政権の時代に「権力の平均」要素として生き残ったことは、当の権力者の意図とは別に、政治権力の「専制」化を防ぐことに機能したとし、それは中国に見られる皇帝の「専制」とは異質の原理が存在したためであるという。

すなわちこれ日本の歴史に秦の始皇隋の煬帝を見ざるゆえんなり。上に絶対君治なければ、下人民においても自から自治の余地を遺し、多少に運動すべきはみやすき数にして、彼の支那朝鮮等の国民が活潑なる暴君の下に呻吟してかつて自動の何事たるを知らざるものに比すれば、年を同うして語るべからざるなり[99]。

このようにして、「東洋」では日本のみが「自治」の要因を歴史的に内包しており、それが、議会制度を組み込んだ明治国家の正当性を証明するという議論を生み出した。

されば地方自治は古来日本固有の制度にして、国民のこれに慣れたること久し。……徳川時代の自治制度は君主政治の下に適合したるものなれば、今日の立憲政体に遭うてそのまま行わるべきにあらず、多少の取捨あるべきは当然のことなれども、旧制度も新制度も自治はすなわち自治なり、その新制度の円滑に行われて正に立憲の新政体に適するは、古来我民心に染込みたる自治の習慣こそ有力なる素因なれ(100)。

「自治の習慣」という「素因」は「日本固有」のものとしてあらかじめ存在していたことにされている。西洋型の制度の導入は重要な転機ではあるが、元来存在していた「素因」を時代にあった形態の制度に組み上げるきっかけとして役だったとされる。

興味深いことにこれは、井上毅にも共有されていた認識である。

日本に於て地方自治の萌芽は村邑において夙に封建の時より発生したるは左の三つの事実に依り之を証明することを得べし。

第一　村邑の長、荘屋と称えたる者は、総てその村民中の名望ある者にしてあるいは地方においては（滋賀県および関東に地方に多し）人民の公選を以て之を任じたり。また荘屋は封建大名の官吏にあらざりし証拠は、大名の封土を移されて他の国に転ずる時に荘屋は嘗て其大名と共に移転することなし。

第二　各村に共有の財産ありて、山林または草場を所有し従て一村の経済ありし。

第三　各村限、約束を設け、あるいは罰則をも設けたるあり官林を盗伐したる者は、その村を追放し……故に村の自治はその萌芽を培養して、以て今日憲法上の機関となすにもっとも必要なるは疑を容れざるところなり。(101)

先述したように、すでに西南戦争の頃、近世の薩摩には「仲間の約束」による「自治自由」の気風が存在したという見解を福澤は示していた。しかし、「国会の前途」での「自治の習慣」という主張は、それが国民一般の「素因」であったという議論に置き換わった。あるいはこれは、『時事小言』で示した士族の「遺伝」的資質論の、いわば「日本国民」版ともいえる。これによって日本は「遺伝」的に東洋的専制の伝統からもともと切り離されていたという物語が成立する。(102)

では、福澤自身はこの物語を信じていたのだろうか。

福澤は西南戦争のころ記した「覚書」の中で、「治権分布の慣習なきこと日本のごとき国」では「政府に人物集まりて政事の行き届くほど、ますます国力は衰微すべし」と嘆いていた。かといって開国前の体制に戻すことは不可能なので、「治権分布の慣習」を養うしかないという。既に本書第二章で検討したように、ここでいう「治権」はトクヴィルが用いた「行政的分権」の考え方からとられたものであるが、『分権論』で用いた定義によれば、「警察、道路、橋梁、堤防、学校、社寺、遊園、衛生、区入費」など「国内各地の便宜に従い事物の順序を保護してその地方に住居する人民の幸福を謀ること」をさす。(103)したがって福澤は日本社会に「自治の習慣」があったとは、少なくとも以前は考えていなかった。また、「国会の前途」の中で、「自治の習慣」は大切にすべきだが、「封建時代の遺風なる官尊民卑の陋習」は廃棄すべきだと述べている。(104)その点は先に触れた『士人処世論』や「私権論」と変わらない。「徳川時代の自治制度」は単なる地域レヴェルの小さな「専制」がせめぎあっていたものであることを福澤は知っていた。薩摩の「自由自治」の気風や徳川体制下の「権力の平均」は、後知恵的ナラティヴである。前にも引用した『尊王論』の中では、政治の世界でも経済の世界でも「紛擾競争」が激化していくこれからの日本で、「万民和楽」の中心として皇室への尊敬や信頼が役立つという。なぜなら「古来遺伝の教育に生々して事物の両極のみを知り、思想浅薄、度量狭隘、かつて自尊自治の何ものたるを解せざる日本国民」は、競争の時代に極端に反応し、際限なく互いに争う危険があるからである。(105)

福澤は、日本固有の自治の慣習という物語を信じていたわけではなかった。しかしそのような歴史の再解釈に対する国民の合意に明治国家が基礎づけられるべきだとは考えていた。皇室の「人心収攬」機能は、その再解釈の一部を構成するものではあるが、明治国家そのものを正当化するものではなかった。福澤が提示した物語は、不平をいわず、よく働き、皇室を愛していることと国家を愛していることを都合良く混同してくれる国民という明治政府が期待したイデオロギーに対しては、ある意味危険な対抗イデオロギーである。しかもその物語を信じることより納得し合意することが重要であると説明してしまえば、なおさらである。

おそらく明治政府も含めて、福澤の議論がはらむ危険性は、それほど注意を引かなかった。また、福澤が仕掛けた物語は、個別のアイデア（たとえば、日本だけが封建制を経験したがゆえに近代化に成功したなど）が、その知的喚起力のゆえにその後も政治思想の水脈として生き続けた。(106) ただしその物語を本気で信じることと、その含意に対して合意することで発生する責任との区別の意識は、簡単に継承できるものではなかった。

注

（1）福澤諭吉の著作からの引用のうち、幕末・明治期の刊本があるものは、慶應義塾図書館デジタルギャラリー「デジタルで読む福澤諭吉」データベースにより、その他の新聞論説および手簡などは、『福澤諭吉全集』全二一巻（慶應義塾編、岩波書店刊、一九五八—六四年）、『福澤諭吉書簡集』全九巻（慶應義塾編、岩波書店、二〇〇一—〇三年）を用いた。

（2）たとえば「慶応二年（一八六六年）二月六日島津祐太郎宛書簡」（『福澤諭吉書簡集』第一巻）五六―五九頁。福澤による「富国強兵」の語の使用は、著作では『掌中万国一覧』（一八六九年）二五丁裏が早い例である。

（3）「慶応二年一一月七日、福澤英之助宛書簡」（『福澤諭吉書簡集』第一巻）六五頁。

（4）松沢弘陽「公議輿論と討論のあいだ――福澤諭吉の初期議会政観」（『福澤諭吉年鑑』福澤諭吉協会、一九、一九九二年）に詳しい。また松沢弘陽の校注がついた『福翁自伝』（『新日本古典文学大系　明治編　一〇』岩波書店、二〇一一年）二二〇頁も参照。

（5）『西洋事情』初編（尚古堂、一八六六年）巻之一、七丁表。

（6）「明治二年二月二〇日松山棟庵宛書簡」（『福澤諭吉書簡集』第一巻、一一五頁）。発信日を二月二日としているが、『福澤諭吉書簡集』では二〇日の書き間違いと認定されている。「明治政府の出仕命令を辞する願書」（慶応四年六月）（『福澤諭吉全集』第二〇巻）も参照。『福翁自伝』（『新日本古典文学大系　明治編　一〇』）二三〇頁以下にも、政府への出仕を嫌い、明治政府の権威主義を軽蔑したという回想がある。

（7）「自主任意、自由の字は、我儘放盪にて国法をも恐れずとの義に非らず。総てその国に居り人と交て気兼ね遠慮なく自力丈け存分のことをなすべしとの趣意なり。英語に之を「フリードム」又は「リベルチ」と云う。未だ的当の訳字あらず」（『西洋事情』初編巻之一、七丁表）。

（8）福澤が「独裁」と言う場合、はっきりと **despot** を意識したものが多いが、その点で早い用例は、『西洋事情』初編にある。「ただ国君一人の意に随て事を行うものを立君独裁〈デスポット〉という。魯西亜［ロシア］、支那等のごとき政治、これなり」（『西洋事情』初編巻之一、五丁表）である。これは *Chambers's Educational Course, Political Economy for Use in Schools, and for Private Instruction* (London and Edinburgh: William and Robert Chambers, 1852 以来諸版あり。慶應義塾所蔵の福澤蔵書にある一八七三版を参照した), p. 24 を訳出した箇所である。この文から分かるとおり、福澤は君主政体 **monarchy** という概念と **despot** の概念の区別を、この **Chambers** の教科書から学んでいた。なお同書の著者は匿名だがスコットランドの法律家・歴史家 **John Hill Burton**（1809–1881）である。松沢弘陽による『福翁自伝』（『新日本古典文学大系　明治編　一〇』）の補注四二二頁、アルバート・M・クレイグ（足立康・梅津順一訳）『文明と啓蒙――初期福澤諭吉の思想』（慶應義塾大学出版会、二〇〇九年）第三章、飯田鼎「『チェンバーズ経済書』と福澤諭吉――幕末における西欧経済学研究の一齣」（『三田学会雑誌』八四巻一号、一九九一年四月）を参照。

　ちなみに普仏戦争の時は「仏蘭西［フランス］はレポブリックに相成り、その後も負け候得共、この節は持ち直し勝候よし。……なんだか仏蘭西に勝たせたきように御座候」（「明治三年一〇月二二日、阿部泰蔵宛書簡」『福澤諭吉書簡集』第一巻、一七八頁）と記している。共和政の国に勝たせたい気分ということだろうか。

（9）「明治七年一〇月一二日、馬場辰猪宛書簡」（『福澤諭吉書簡集』第一巻）三一二―三一三頁。

（10）*Chambers's Educational Course, Political Economy for Use in Schools, and for Private Instruction*, "Intercourse of Nations with Each Other" の節 , p. 19. なお国際政治におけるバランス・オブ・パワーの原理については『唐人往来』（一八六五年、『福澤諭吉全集緒言』一八九七年に収録）ですでに触れられている。

（11）「すべて物を維持するには力の平均なかるべからず。……国もまた然り。政は一国の働なり。この働を調和して国の独立を保たんとするには、内に政府の力あり、外に人民の力あり、内外相応じてその力を平均せざるべからず。故に政府はなお生力の如く、人民はなお外物の刺衝の如し。今にわかにこの刺衝を去り、ただ政府の働く所に任してこれを放頓することあらば、国の独立は一日も保つべからず。いやしくも人身窮理の義を明にし、その定則を以て一国経済の議論に施すことを知る者は、この理を疑うことなかるべし」（『学問のすゝめ』第四編「学者の職分を論ず」一八七四年一月、二丁表―二丁裏）。

（12）『文明論之概略』（一八七五年）巻之一第二章、三二丁表。

（13）ギゾー『ヨーロッパ文明史』の福澤手沢本は英訳の François Guizot, *General History of Civilization in Europe, from the Fall of the Roman Empire to the French Revolution*, 9th American, from the 2d English ed., with occasional notes by C.S. Henry（New York: D. Appleton,1870）である。詳しくは安西敏三『福澤諭吉と自由主義――個人・自由・国体』（慶應義塾大学出版会、二〇〇七年）七四頁以下参照。安西によれば、福澤手沢本の英訳者は記されていないが、Willliam Hazlit と考えられている。ただし、その点についてはやや立ち入った検証が必要であるという。

　ミル『代議政体論』(John Stuart Mill, *Considerations on Representative Government*, London: Parker, Son, and Bourn, 1861）については手沢本が残っていない。同書の中では "balanced government," "balanced constitution"（たとえば第五章、第一二章など。いわゆる「混合政体」すなわち統治の諸原理である君主政、貴族政、民主政の諸要素がうまく配合されている状態を指している), "political checks"（第二章), "the checks and limitations of the constitution"（第一二章）といった表現がしばしば見られる。国家権力の担い手が分割され相互の balance や check が実効性をもつことは代議政体の重要な特性である。

（14）Guizot, *The History of the Origins of Representative Government in Europe*, trans. Andrew R. Scoble（London: Henry G. Bohn, 1852, reprinted in 1861). 松沢弘陽「社会契約から文明史へ」参照。

（15）Guizot, *General History of Civilization in Europe*, Lecture I, p. 31.

（16）たとえば、加藤弘之は、「天皇および政府は、特にこの人民を保護勧導してもってその安寧幸福を求めしむるがために存在し玉ふ者となすべく、天皇および政府もまた特にこの理に従て、その職を尽し玉ふべきこと緊要なり」と権力の職分を強調する（『国体新論』谷山楼、一八七四年、一〇丁表）。儒学へのコミットメントが強い中村正直の場合は「職分」というよりは「理」の所在を問題にする。「国体とは何ぞや。理直の謂なり。……ゆえに理のある所は、すなわち権豪よく小民より奪ふことなく、理のあらざる所は、すなわち小民もって権豪に圧せらるべし」（「審国体」原漢文、安政年間、『敬宇文集』吉川弘文館、一九〇三年、巻二、巻之三）。中村は「国体」とは世の国体論者がいう「神洲」と「夷狄」の別についていっているのではなく、普遍的な公正さを保持していることだと主張した。もちろん皇室の血統維持の問題とは区別される。確信犯的に儒者である阪谷素はほとんど「国体」について議論をせず、もっぱら「富強開明」と「上下同治」の「政体」の「公理」を論じた。以上、中村と阪谷については河野有理『明六雑誌の政治思想――阪谷素と「道理」の挑戦』（東京大学出版会、二〇一一年三月）序章および第二章。

（17）『学問のすゝめ』第四編、七丁裏。

（18）『文明論之概略』第一巻第二章、四七丁表以下。

（19）ミルの議論と当時の英国の論調については、松田宏一郎『江戸の知識から明治の思想へ』（ぺりかん社、二〇〇八年）第一部第三章「エリート形成と能力主義の定義」を参照。J・S・ミル『自由論』の第三章、第五章に競争的登用試験による官吏の採用が、人材の中央集中と社会の活力の低下を生んだという見解が記されている。

（20）Guizot, *General History of Civilization in Europe*, Lecture II. Of European Civilization in Particular: Its Distinguishing Characteristics - Its Superiority - Its Elements, p. 37. またトクヴィルについては、本書第二章参照。

なお Alexander Woodside, *Lost Modernities: China, Vietnam, Korea, and the Hazards of World History* (Cambridge, Massachusetts, Harvard University Press, 2006), chapter 2 は、ギゾーやトクヴィルが中国の中央集権的官僚制を批判する以前から、中国（あるいは朝鮮、ヴェトナム）の中で「メリトクラシーの危険性」を議論した者がいたことを論じている。

（21）『文明論之概略』巻之二第五章、三六丁裏。

（22）『文明論之概略』巻之一第二章、三六丁表。

（23）「英国の経済家に自由法を悦ぶ者多くして、これを信ずる輩は、あたかももって世界普通の定法のごとくに認れども、亜米利加の学者は保護法を唱えて自国一種の経済論を主張する者あり。一議したがっていずれば、一説したがってこれを駁し、異説争論、その極る所を知るべからず。これをかの亜細亜諸州の人民が、虚誕妄説を軽信して、巫蠱《ふこ》神仏に惑溺し、あるいはいわゆる聖賢者の言を聞て、一時にこれに和するのみならず、万世の後に至りて、なおその言の範囲を脱することあたわざるものに比すれば、その品行の優劣、心志の勇怯、もとより年を同じうして語るべからざるなり。異説争論の際に事物の真理を求るは、なお逆風に向て舟をやるがごとし。その舟路を右にし、またこれを左にし、浪に激し風に逆らい、数十百里の海を経過するも、その直達の路を計れば進むことわずかに三、五里に過ぎず。航海にはしばしば順風の便ありといえども、人事に於ては決してこれなし。人事の進歩して真理に達するの路は、ただ異説争論の際にまぎるの一法あるのみ。しこうしてその説論の生ずる源は、疑の一点に在りて存するものなり。疑の世界に真理多しとはけだしこれの謂なり」（『学問のすゝめ』第一五編、一八七六年、三丁表―四丁表）。「間切」という表現が重要な役割を果たしていることについては、松沢弘陽「公議輿論と討論のあいだ――福澤諭吉の初期議会政観」参照。

（24）Mill, *Considerations on Representative Government*（1861）, Chapter 7, Of True and False Democracy; Representation of All, and Representation of the Majority Only, in *Collected Works of John Stuart Mill, Volume XIX Essays on Politics and Society* **, ed. J. M. Robson（Toronto: University of Toronto Press, 1977）, pp. 458–459.

（25）Mill, "Guizot's Essays and Lectures on History"（1845）in John Stuart Mill, *Dissertations and Discussions*, 2nd Edition, Vol. II（London: Longmans, Green, Reader and Dyer, 1867）. ミルがギゾーの文明論のどういった点に着目したかについて、安西敏三『福澤諭吉と自由主義』第一章「「独一個人の気象」考――福澤とギゾー、そしてミル」を参照。

（26）藤田茂吉、箕浦勝人述『国会論』（一八七九年）五五―五六頁、七四―七五頁。

（27）Guizot, *The History of the Origins of Representative Government in Europe*, p. 277. 松沢弘陽「公議輿論と討論のあいだ」参照。

（28）小幡篤次郎の訳は、『家庭叢談』二三、二九、三四号（一八七六年一一月、一二月）。これについては、本書第二章参照。

（29）『分権論』八五頁。

（30）「契約」と「政治的責務」を関係づける法思想の歴史的系譜について、瀧川裕英「政治的責務は同意による責務か？」（一）、（二・完）（『大阪市立大学法学雑誌』五六巻一号、二号、二〇〇九年九月、一二月）に負うところが大きい。

（31）『学問のすゝめ』第七編、一丁表―一丁裏。

（32）松沢弘陽「社会契約から文明史へ――福澤諭吉の初期国民国家形成構想・試論」（『福澤諭吉年鑑』福澤諭吉協会、一八、一九九一年）、伊藤正雄『福澤諭吉論考』（吉川弘文館、一九六九年）。

（33）Francis Wayland, *The Elements of Moral Science*（Boston, 1835 以降諸版あり）, Book 2, Part 2, Division 1, Class 3, Chapter 1, Section 1

Of A Simple Society の項を参照。『福澤全集緒言』九七頁では、小幡篤次郎が購入した「米国出版」のものを読んだとあるが、ここでは、一八五六年のボストン第二版、一八五八年のロンドンの The Religious Tract Society 版（これも第二版。ただし英国バプティスト派の牧師・教育者 Joseph Angus（一八一六―一九〇二年）による注がついている）を参照した。なお慶應義塾には一八七一年の縮約版も所蔵されており、これも参照した。

（34）Wayland, *The Elements of Moral Science*, Book 2, Part 2, Division 1, Class 3, Chapter 1, Section 2 Of Civil Society.
　ウェイランドによる自発的結社と「市民社会」との区別は、英語圏の読者にも誤解を招きやすい記述であった。注（33）に紹介したロンドンで出版された版では、注釈者 Joseph Angus がわざわざ自発的結社についての節に解説を付けて、アメリカでは「市民の契約によって成立する政府」という思想が根強いことを指摘している。ウェイランドと同様バプティストの牧師である Angus でさえも、この章を契約的結社と「市民社会」との区別ではなく、同様の契約説と解釈したわけである。なお福澤がこの英国版を読んだ可能性もあるかもしれない。

（35）『学問のすゝめ』第一編、四丁表―五丁表。

（36）『学問のすゝめ』第二編、九丁裏―一〇丁表。

（37）Wayland, *The Elements of Moral Science*, Book 2, Part 2, Division 1, Class 3, Chapter 1, Section 2 Of Civil Society.

（38）福澤とは対照的に、国家体制についての君と民との「約束」が憲法であるという考え方は、井上毅によって明治政府の中枢部に説かれていた。岩倉具視に西洋の憲法について説明した意見書では次のようにある。「世に論ずる所の国憲なるものは、即ち欧洲の所謂「コンスチチユシオン」を翻訳したるものなり。「コンスチチユシオン」の政とは即ち「アブソリユ」の政に（訳専制）対するの名にして、君権限制を謂うなり。全国君民の間に一致して大憲を定立し永く約束となし、無上の権を法章に帰し、君室の家法君権の定限皆載せて明文あり。人君即位の初めには敢てその憲法に違わずとの誓を宣告し、宰相憲法に違う時は重罰其身に加えしこうしてその憲法を遵守するための結構は必ず立法行政司法の三権を分立し、立法官をして憲法の監守たらしむる是なり。／故にいわゆる「コンスチチユシオン」は君民の共議に成るものなり。「コンスチチユシオン」を守るは必ず君民同治の法に依るものなり。全国人民の代議人と共議せずして「コンスチチユシオン」を創定するの理なし。民選議院あらずして「コンスチチユシオン」独り成立する物にあらず。これ今世士人の論ずる所憲法の性質なり」、「今の所謂憲法を定むるとは聖徳太子の憲法を定められ貞永の式目を定めたると同く独り朝廷に於て一応の掟を定め官人の守るべきの準則となすためにするに止まるか、または欧洲の所謂「コンスチチユシオン」にならい君民の間の約束を定め上下同治の基礎となさんとするか」（「憲法意見控」明治九年夏、元老院

ニ憲法取調ノ聖勅アリ此時上岩右相意見書、井上毅伝記編纂委員会編『井上毅伝　史料篇』第一、國學院大學図書館、一九六六年）九三頁。

（39）『学問のすゝめ』第一五編については、バックル『英国文明史』（Henry Thomas Buckle, *History of Civilization in England*, 2 volumes, London: 1857, 1861、福澤所蔵本は、New York: D. Appleton, 1873, 1872 版）の影響が指摘されている。直接の対応箇所は、第一巻第七章に a spirit of doubt が「探究 inquiry」を生みそれが知識の向上と「社会の進歩 social progress」を生むという箇所にある（Volume I, p. 242）。坂本多加雄解説『中公クラシックス　学問のすゝめ　他』（中央公論社、二〇〇二年）も参照。

（40）「覚書」（『福澤諭吉全集』第七巻）六六二頁。

（41）Herbert Spencer, *The Study of Sociology* (London: Henry S. King & Co., 1873, 慶應義塾蔵の福澤手沢本は 1874 年版), Chapter XI The Political Bias, p. 273. 福澤所蔵本の『社会学研究』には、当該箇所を福澤が訳した書き込みがある。

（42）たとえば松沢弘陽「文明論における「始造」と「独立」――『文明論之概略』とその前後」（『近代日本の形成と西洋経験』岩波書店、一九九三年）は、『民情一新』（一八七九年）のころから福澤の文明観が単線的な発展論をとるようになったと指摘する。米原謙は福澤のナショナリティ概念がなし崩し的に変化したことを指摘する。すなわち「国体＝ナショナリチ」を、個人が自由意思で参加した政治共同体への忠誠と義務によって構成されるという論理は、次第に日本という共同体そのものの歴史的実体性とそれを体現する皇室への尊敬に基礎づけられる論理に作り替えられてしまったという。米原謙『日本政治思想』（ミネルヴァ書房、二〇〇七年）第三章「明治維新と「国体」の創造」。平石直昭は少し早い時点にその萌芽を読みとり、小幡篤次郎「内地旅行の駁議」（『民間雑誌』第八編、明治八年二月）が「コンモン・カウス［原文割注に「国の自慢の種となるもの」とある。common cause のこと］」による「人心を維持、国体を団結」と論じたことが『文明論之概略』第一〇章「自国の独立を論ず」に影響を与えていることを重視している（『文明論之概略』の第一〇章は小幡の同論文を引用している）。平石直昭「福澤諭吉の戦略構想――『文明論之概略』期までを中心に」（東京大学社会科学研究所『社会科学研究』第五一巻第一号、一九九九年）。

（43）『通俗民権論』には「民権の趣意は、元来奇事に非ず、珍談に非ず。一口にいえば、人民がその身その家に関係する戸外の事に就て、不分明の箇条あれば不審を起してこれを詮索することなり。政府と人民との間には、法律の約束もあり、出入差引の勘定もあり。これらの事に付き分り難きこともあらんがゆえに、遠慮なくさっさと詮索するまでのことにして、決して不思議にも奇怪にも非ざるは論をまたずして明なり」（『通俗民権論』一八七八年、九頁）といった主張がある。「法律」を「約束」と考える点については、注（46）を参照。

(44) 坂本一登『伊藤博文と明治国家形成——「宮中」の制度化と立憲制の導入』(講談社学術文庫、二〇一二年) 第一章。
(45) 『時事小言』(一八八一年) 一三四頁。
(46) 『時事小言』八頁。福澤は、国民が政府の権力に従う取り決めを「法律」と呼び、その政府が社会秩序を保全し国民の幸福を実現するという約束を「約束」として、両者が一つのセットであると論じることがある。たとえば、「いやしくも一国に政府を立てて法を定め、事物の秩序を保護して人民の安全幸福を進るの旨を誤らざれば、その国法はすなわち政府と人民との間に取り結びたる約束」(「明治十年　丁丑公論」、『明治十年丁丑公論・瘠我慢之説』時事新報社、一九〇一年、一九頁) といった用法である。
(47) 『時事小言』一三六頁。
(48) なお、英国の政治システムを「妙機」と呼んで感心している表現はすでに『西洋事情』に見られる。「ゆえにその政治の景況、あたかも精巧なる器械のごとく、一体の内、みずから調和の妙機あり。もし外より強暴をもってこれを圧するか、あるいは内よりたがいに不和を生じて離散する等のことなくば、この政治は天地と共に永久すべし」(初編巻之三、三五丁裏)。「妙機」という語は仏教用語で仏の教えを理解するすぐれた能力を指すのが通常だが、福澤は巧みな仕掛けといった意味で用いている。
(49) 『時事小言』一四二頁。国会開設尚早論を批判した『国会論』(一八七九年) には、権力交代と「競争」の意義を説く議論はあったが、「約束」との関連づけはない。
(50) 『時事小言』一四〇—一四一頁。
(51) 『時事小言』二六二頁。
(52) 『文明論之概略』巻之一、四〇丁裏、巻之六、三九丁表。福澤のこのような nationality 概念については、ミル『代議制統治論』第一六章 **Of Nationality, as connected with Representative Government** が参照されている。また「報国心は私心」という考え方はスペンサー『社会学研究』の第九章 The Bias of Patriotism が参照されている。
(53) 『時事小言』二八六頁。
(54) 『文明論之概略』三五丁裏—三六丁表。『ヨーロッパ文明史』第二講で、ギゾーは、ローマ帝国の解体以降、キリスト教会が道徳的力をもったのは信仰そのものよりも「制度 institution」という「現世的」な仕組みのおかげであったと論じている。Guizot, *General History of Civilization in Europe*, p. 49. この『文明論之概略』第八章の論点はギゾーの『ヨーロッパ文明史』に多くを依拠している点については、松沢弘陽校注『文明論之概略』(岩波文庫、一九九五年) で、松沢弘陽が詳しく指摘している。
(55) 宗教を世俗的な人心管理の方策として見る傾向は福澤固有というよりは、近世以来の日本知識人に根強い傾向であった。渡辺浩「「教」と陰謀——「国体」の一起源」（渡辺浩、朴忠錫編『韓国・日本・「西洋」——その交錯と思想変容』慶應義塾大学出版会、二〇〇五年）。福澤と交流のあった同時代人では西周にもその傾向がある。菅原光『西周の政治思想——規律・功利・信』（ぺりかん社、二〇〇九年）第四章。

なおギゾー自身は、プロテスタントの信仰を保持しており、宗教が人心の秩序維持装置であると割り切っていたわけではない。彼自身は、「宗教を秩序と社会的規律の手段」と見なす人々と、強い信仰のゆえに世俗世界を悪と見なす人々との対立に心を痛めており、むしろ信仰は理性と自由への意思を強化すると考えていた。George Armstrong Kelly, *The Humane Comedy: Constant, Tocqueville, and French Liberalism*（Cambridge: Cambridge University Press, 1992）, p. 111; Laurent Theis, “Guizot et le problème religieux,” dans *François Guizot et la culture politique de son temps: Colloque de la Fondation Guizot-Val Richer*, ed. par Marina Valensise（Paris: Hautes études; Gallimard; Seuil, 1991）.

（56）「開闢草昧の世には、人民皆事物の理に暗くして外形のみに畏服するものなれば、これを御するの法もまたおのずからその趣意に従て、あるいは理外の威光を用いざるを得ず。これを政府の虚威という。もとよりその時代の民心を維持するには止むを得ざるの権道にして、人民のためを謀れば同類相食むの禽獣世界を脱して漸く従順の初歩を学ぶものなれば、これを咎むべきには非ざれども、人類の天性に於て権力を有する者は自からその権力に溺れて私をほしいままにするの通弊を免れず」（『文明論之概略』巻之一第二章、五二丁裏—五三丁表。松沢が指摘するように、福澤が参照したBuckle, *History of Civilization in England*, Vol. 1 第二章では、アジア（具体的にはインド）においては人々が理性よりもimaginationに支配されやすいと記している。

（57）『文明論之概略』巻之六、四三丁表—四三丁裏。

（58）「神官の職務」（『時事新報』一八八二年四月一九日、『福澤諭吉全集』第八巻）八一頁。米原謙はこの論説を取り上げて、福澤が皇室をナショナル・アイデンティティの核に置く必要を明確に主張するようになったと述べる。米原謙『近代日本のアイデンティティと政治』（ミネルヴァ書房、二〇〇二年）、二〇頁。

（59）福澤のゴルトン（Francis Galton, 1822–1911）理解については、鈴木善次『日本の優生学——その思想と運動の軌跡』（三共出版、一九八三年）参照。またゴルトンの思想については、松永俊男『ダーウィンをめぐる人々』（朝日新聞社、一九八七年）、岡本春一『フランシス・ゴールトンの研究』（ナカニシヤ出版、一九八七年）、宇城輝人「人口とその兆候——優生学批判のために」（阪上孝編『変異するダーウィニズム』京都大学学術出版会、二〇〇三年）、M. G. Bulmer, *Francis Galton: Pioneer of Heredity and Biometry*,（Baltimore: Johns Hopkins University Press, 2003）を参照。

(60)『時事小言』三〇四―三〇五頁。
(61) 本書第二章参照。
(62)「明治十年丁丑公論」(『明治十年丁丑公論　瘠我慢の説』)一八頁。
(63)『文明論之概略』巻之六、二丁裏―四丁表。「モラル・タイ」のアイデアはギゾー『ヨーロッパ文明史』第一一講から採られている。松沢弘陽「社会契約から文明史へ」の注一一を参照。ここには、日本の「封建」時代の同輩集団形成を西洋の契約的集団意思形成の仕組みと比定する意図がある。『文明論之概略』巻之二では、「西洋諸国の人民必ずしも智者のみにあらず。しかるにその仲間を結で事を行い世間の実跡に顕わるる所を見れば、智者の所為に似たるもの多し。国内の事務悉皆仲間の申合せにあらざるはなし。政府も仲間の申合せにて議事院なるものあり。商売も仲間の組合にて「コンペニ」なるものあり。学者にも仲間あり、寺にも仲間あり。僻遠の村落に至るまでも小民おのおの仲間を結で公私の事務を相談するの風なり」(『文明論之概略』巻之二、四九丁裏―五〇丁表)。
(64)「薩摩の友人某に与るの書」『福澤文集』二編巻二、一八七八年、一九丁裏―二〇丁表。
(65)「覚書」には、「薩兵の強きは特にこの自治自動仲間申合せの致す所なり」と記していた(「覚書」『福澤諭吉全集』第七巻、六八〇―六八一頁)。本書第二章参照。
(66)『時事大勢論』(一八八二年)八頁。
(67)『時事大勢論』三七―三八頁。
(68) Spencer, *The Study of Sociology*, pp. 21–22.
(69) Walter Bagehot, *The English Constitution*, Second Edition (London: Kegan Paul, Trench & Co., 1873), p. xxi. 時期的に福澤はこの一八七三年版を読んだのではないかと考えられるが蔵書は残っていない。同じバジョットの *Lombard Street*, 5th edition, London, 1873 は福澤蔵書がある。
(70)「閣老以下諸役人に至る迄も、利禄豊なる者は身分を低くし、身分低き者は禄を厚くする等、其平均の法至らざる所なし」(「時勢問答」『時事新報』一八八二年七月四日、『福澤諭吉全集』第八巻、一九〇頁)。
(71)「秩序紊乱の中に秩序あり」(『時事新報』一八八三年五月一八日、『福澤諭吉全集』第一〇巻)二八六頁。
(72)「時勢問答」(『時事新報』一八八二年七月五日、『福澤諭吉全集』第八巻、一九一頁)。
(73)『時事大勢論』はもともと『時事新報』一八八二年四月五日から一〇日に連載、『帝室論』は同年年四月二六日から五月一一日に同紙に連載したもので、いわばセットになっていると考えられる。

(74)『帝室論』(一八八二年)九―一〇頁。

(75)『帝室論』六四頁。

(76)Bagehot, *The English Constitution*, p. 45.

(77)『帝室論』一九頁。

(78)福澤が所蔵していた『法の精神』は英訳版、Montesquieu, *The Spirit of Laws* (Dublin: Printed for G. and A. Ewing, in Dame-Street, and G. Faulkner in Essex-Street, 1751), Volume 1, Volume 2である。この箇所は、“tempering them with others that might soften their manners,” “it prevented the effects of a savage institution, and enabled the soul to have such a share in the education as it could never have had without the assistance of harmony.”(Volume 1, Book IV, Chapter VIII, p. 47, p. 48)となっている。

なお儒教でも音楽が人々の心を穏和にし調和を促す効果があるとされる。よく知られているのは、『論語』泰伯八「詩に興り、礼に立ち、楽に成る」。

(79)Montesquieu, *The Spirit of Laws*, Volume I, Book XIX, Chapter IV., p. 363.

(80)Montesquieu, *The Spirit of Laws*, Volume II, p. 127.

(81)“moderate government”が最初に現れるのは第三篇第九章「専制政体の原理について」である。「制限政体」という訳もあるが、ここではあえて「穏和な」と訳した。安武真隆「モンテスキューにおける共和政の理念と君主政――『法の精神』における「富」と「名誉」」(九州大学法学部政治研究室『政治研究』一九九四年三月)を参照。

(82)Alan McFarlane は福澤とモンテスキューに思想的な類似性があることを指摘している。マクファーレンは英訳の福澤著作を読んで受けた印象から思いついたのではあろうが、具体的な対応関係を検討しているわけではない。Alan MacFarlane, *The Making of the Modern World: Visions from the West and East* (Palgrave Macmillan, 2002). 同書の福澤に関する部分は電子版でダウンロードができる。http://www.alanmacfarlane.com/TEXTS/FUKUZAWA_final.pdf. 二〇一六年一月二五日アクセス。

(83)『兵論』(一八八二年)七八―七九頁。

(84)福澤による一八八二年八月六日付岩倉具視宛書簡には、「官民調和はいずれの点より論ずるも焦眉の急にして、……偶然に朝鮮の事変「壬午事変のこと」に逢うて調和の端となるは、これを不幸の幸というべし」(『福澤諭吉書簡集』第三巻、二二五頁)と記している。

(85)「井上毅　伊藤博文宛書簡」（明治一五年四月と推測される。『井上毅伝　史料篇』第四）六二頁。

(86)「井上毅　小松原英太郎宛書簡　明治一六年八月一三日」（『井上毅伝　史料篇』第四）四〇五頁。松田宏一郎『陸羯南――自由に公論を代表す』（ミネルヴァ書房、二〇〇八年）、二六―二七頁。

(87)『枢密院会議筆記』一、「憲法草案」、明治二十一年自六月十八日至七月十三日（国立公文書館）、ＪＡＣＡＲ（アジア歴史資料センター）、Ref.A03033488000、http://www.jacar.go.jp/DAS/meta/listPhoto?REFCODE=A03033488000&IS_STYLE=default&image_num=443、二〇一五年一二月二五日アクセス。渡辺浩「「教」と陰謀――「国体」の一起源」も参照。

(88)『尊王論』（一八八八年）八―九頁。

(89)『尊王論』五一―五二頁。

(90)『尊王論』四八頁。

(91)『西洋事情』外編（慶応三年と記されているが、実際には慶応四年公刊であるという）では、議会制度がある西洋諸国において「政治経済の科を学ぶは国民においても欠くべからざるの緊要事なり」（巻之二、四丁裏）と紹介されていた。『学問のすゝめ』、『文明論之概略』の「国民」論は周知として、その他『分権論』では「推考の愛国心」（トクヴィルの patriotism of reflection を引いたもの）を論じた。『通俗国権論』（一八七八年）では「一国の権利を張らんとするにも、貿易商売の盛衰を競わんとするにも、最第一の緊要事は、全国人民の脳中に国の思想を抱かしむるにあり」（この部分は西南戦争の頃書いた「備考」である）と述べた（一〇四頁）。

(92)『兵論』二〇頁。

(93)『士人処世論』（一八八五年）六四頁。

(94)「私権論」（『時事新報』一八八七年一〇月六―一二日、『福澤諭吉全集』第一一巻）三八五頁。

(95)「施政邇言」（『時事新報』一八八八年一月九日、『福澤諭吉全集』第一一巻）四三三頁。

(96)「日本国会縁起」（『時事新報』一八八九年二月一四日、『福澤諭吉全集』第一二巻）二六―二七頁。

(97)「国会の前途」（『時事新報』一八九〇年一二月一〇―二〇日。福澤諭吉立案、福澤一太郎・福澤捨次郎筆記『国会の前途・国会難局の由来・治安小言・地租論』一八九二年）七頁。

(98)『文明論之概略』第九章で、平安武士の勃興による王室との「権力の平均」が生まれたという一節がある（巻之五、一〇丁表以下）。

(99)「国会の前途」一一―一二頁。
(100)「国会の前途」三五―三六頁。
(101) 井上毅「自治論」（明治一九年と推測される、『井上毅伝史料編』第二）四七頁。
(102) この物語が近代日本の政治思想で執拗な影響力をもった事実については、松田宏一郎『江戸の知識から明治の政治へ』第二部第三章「「封建」と「自治」、そして「公共心」というイデオロギー」を参照されたい。
(103)『分権論』五八―五九頁。
(104)「国会の前途」六八頁。
(105)『尊王論』三〇―三一頁。「和楽」という語については、『漢書』董仲舒伝に「百姓和楽、政事宣昭」（民が仲良く、統治が明るくうまくいっていること）という例がある。
(106) この点に関連する簡単なスケッチとして、松田宏一郎「福澤諭吉が仕掛けた変化と連続の物語」（『大航海』第六七号、二〇〇八年六月）、および、この発想が近代日本の法思想でどう生き続けたかについて、本書第四章。

補論二　「民心」と「公論」

1　「公共圏」論への疑い

これまで、非西洋社会において、あるいは特に東アジアにおいて、「市民社会」や「公共圏」が成立する条件は何か、西洋からの制度や思想の輸入だけに頼らなくても、そのような領域が確立する自生的な素地はあったのかといった問題は、多くの研究者の関心をひきつけてきた。非西洋社会で議会制民主主義や言論の自由がどれだけ深く根を張りうるのかといった観点から議論を組み立てるだけではなく、市民の政治参加と熟議デモクラシーが実質的に機能するために、積極的に東アジアの歴史的遺産を発見すべきではないかといった関心からなされた研究は多い(1)。

一般的にこのような考察の前提となっている「公共圏」の構成要因は、ハーバーマスの有名な議論を下敷きにして、（1）政府の外に自由に政治的意見を討論する場が、物理的空間として（サロンやコーヒーハウスや演説会場）もしくは印刷され流通するメディアとして（新聞・雑誌など）、十分な認知と影響力をもって社会生活に位置づけられているか否か、（2）そういった場やメディアを有効に機能させるための人々の社会的・心的態度、たとえば多様な価値、自由な討論の尊重といったものが定着しているか否か、そして（3）そのような開かれた討論から生み出された認識や提言が公権力に影響を与えたり、あるいは公然と公権力に対抗できる作用力をもっているか、といったところに求められているだろう。

かりに一八世紀末から一九世紀半ばあたりまでの、西洋政治理論の輸入がなされる以前の日本社会について、上記の要素を探し求めるなら、（1）の場やメディアについては、近世には徳川政治体制の特質から非常に制約の多いものではあったがそれなりに存在しており、さらに明治以降急速に密度と広がりを発展させたものであり、（2）の社会的・心的態度については一八世紀半ばあたりから知識人の著作や書簡などに多くの素材を見つけることが可能であり、（3）は幕末の政治状況の流動化と徳川幕閣以外の政治アクターの影響力などに多くの着目すべき事例が見いだされる。

しかし、そもそも公権力の正当性や行使に対する多様な人々の意見が集合的なまとまりをもった意思として尊重され、公権力の外にあって政治的意見形成をする営為を正当化する論理の構築はなされ得たのだろうか。西洋思想導入以前の日本には、政治的正当性を主張し得る「公共圏」形成に該当するように見える断片的事例があっただけなのではないだろうか。

近世日本の文化史研究で知られるM・E・ベリの指摘によれば、近世以来「公共生活 public life」の存在を示していると考えられる材料は多く存在するにもかかわらず（農民の抗議、権力を皮肉る文学、多様な政治論など）、なぜ徳川支配の権威主義的体制はおおむね受けれられていたのか、またジャーナリズムや政党が公然と現れていた明治以降の日本においても依然としてなぜ民主主義が弱いのか、という問題が多くの研究者を悩ませてきた(2)。

ベリの見解によれば、近世日本の「公共生活」は、権力者があれこれと批判され欠点をつつきまわされる事例に事欠かないという意味では、ずいぶん発達していた（太宰春台のいう「評議」）。たとえば村の自治と一揆、武士だけでなく教育のある町人・農民も含む学問的ネットワークを使った政治的意見の流通、商業出版の発達、など。ただし、ここから発生する政治的意見は、権威主義的政治体制の是非を議論の俎上に載せることは通常なかった。

明治国家においては、政治的討論は活性化し、その参加者は広がり多様化した。その「公共生活」は近世での達成を継承する上に成り立っている。ところが、明治の政治的討論空間の作法では、決定的に強力な権力が発生しないように諸勢力が相互に牽制することが重視された。政党やジャーナリズムは、民主主義に基づく国家意思の確立を主張することよりは、当路にある権力者の弱みや非道徳性を攻撃すること自体に関心を払っていた。明治憲法体制も誰が本当に国家を指導するのかについて決定的に優位な勢力が現れないように慎重に組み立てられた。

結局、ベリの見解に従えば、近世 the Early Modern 以来「公共生活」を成立させ機能させる諸条件がかなりの程度整っていたにもかかわらず、日本では一九四五年まで権威主義的政治体制が維持され続けた。日本の「公共生活」は権力者への挑戦や多数のアクターによる政治的意見の競争については相当程度発達したが、政治体の意思決定の正当性そのものについて議論することが、それこそ公共的討論から排除されていたということになる（「ギャグ（＝猿ぐつわ）・ルール」、本書第八章を参照）。ベリは、日本の近世・近代のさまざまな「公共生活」の証拠は、民主主義への歩みと挫折の物語の中に組み込むべきではないという。日本の「公共生活」の発達は、そもそも民主主義的価値と無関係に、あるいは時にそれに対立するものとして見た方が事実の理解に役立つという。歴史学者が日本の「公共生活」が存在した証拠を多く見つけだしても、実は、その「公共生活」こそが日本の民主主義的政治システムの発達を妨げてきたかもしれないのだという皮肉な含意をもちうることに、ベリは注意を喚起している。

筆者は日本および東アジアにおける「公共圏」という問題の立て方そのものに疑問をもっているが、(3)「民心」と「公論」という概念を手掛かりにして、疑問の一端を提示しておきたい。

2　「民心」

近世日本のような、議会や人民投票といった制度がない社会では、あるいは民主政体を参照すべき歴史的モデルとしてもたない社会では、一般の人々がどのような政治的意見をもっているかは、感知することは望ましいとしても、制度的に確定する必要はなかった。ただし、感知した方が、おそらく権力者の地位の安全や社会の安定に結びつくであろうと思われるそのような対象に名をつけるなら、「民心」と呼ぶことが多い。(4)

「民心」は、中国の伝統思想で重視される概念である。それは民の opinion, Meinung ではなくて、動揺したり安心したりする集合的な心理状態をさす。「民心」に従うことは「天意」に従うこととされる。(5)朱熹は「民心の向かうところ、すなわち天心の存するところ」(『朱子語類』巻第九十九　張子書二)という。ところが同時に「民心」は教導すべき(有り体にいえば操作すべき)対象でもある。『孟子』「尽心」章には「善政は民これを畏《おそ》る。善教は民これを愛す。善政は民の財を得。善教は民の心を得」とあり、朱熹が『孟子』の別の箇所につけた解説には「王道は民の心を得るを以て本とす。故にこれを以て王道の始めとす」(『孟子集注』「梁惠王章句上」)といった言葉が見られる。

中国の伝統思想、特に朱子学では、民を道徳的に教化することが、正しい政治の内容であり、それ自体権力者の道徳性の表現とされた。近世の日本でも「民心」を落ち着かせ、従順になるようにしむけることは、統治者が最も心がけるべきことの一つであった。ただし日本では、それを道徳的なモードで語らなければならないというわけではなく、あからさまに巧みな人心操作術の重要性を説くことが珍しくなかった。儒教の標準的な考え方から見ると、日本の学者などが説く「民心」への対処の仕方は非常に術策的である。

たとえば中国や朝鮮ではそれ自体が道徳的価値の可視的な実践である祖先祭祀も、日本では「民心」が安定するようにしむける手段として価値があると説く儒学者がいる。荻生徂徠は、「故に鬼神・占筮・災祥の術を以て愚民の心を一致せしめ、疑なからしむることとなり」という。(6)徂徠は、統治者が自身の利益になるよう、彼らに愚民をうまく誘導することを勧めているのではない。徂徠がいいたいのは、一般的な人間は言葉による説得ではなく、儀礼的実践に絡め取ってしまうことによってこそ、まともな行動をとれるということである。徳川後期のいわゆる「折衷派」の学者である細井平洲は、もう少し術策的な狙いがはっきりした言い方をする。祖先崇拝の儀式によって上位者を敬い逆らわないことを徹底的に「わきまえ」させることが社会の安定に役立つとあからさまに述べる。

宗廟の儀式を厳重にして見せ、先祖の法度を大事に守りて見せ玉う時は、人々上にたつものには敬い従わずということをわきまえしる風になりて、上には是非にさからわぬものと万民の心一定することなり。(7)

細井は徂徠の考え方を継承しているが、『鈐録』が軍事学の書であり、徂徠が言語による人心誘導の限界を指摘することに関心を置いているのに対して、細井は民衆の道徳的教化そのものについて、もっと身も蓋もない表現をしているといえる。

また、「民心」の安定には法への信頼と予測可能性も重要である。太宰春台は次のようにいう。

およそ法令は信を以て本とす。信とは、民を欺かざるをいう。欺くとはだますなり。一たび法を立て、一たび令を出して、いつまでも変改せざるを信という。法令に信あれば、下民もまた是を信じて敢て犯さず、天下是より治まるなり。法令数改まれば、民其法を信ぜず、令下れども従わず、民の心に、この法もまた幾程もなくして替るべしと思て、旧来の法に因循して、新令を受守る意なし。上より欺けば、下もまた上を欺く。上下相欺けば法立たず、令すれども行われず、禁ずれども止まず。かくのごとくなれば、国家治まらず、今の世の鄙き諺に、三日法度ということ有るは、法令に信なくして、犯し易きことを言うなり。(8)

ただし、民は目前の利害の事しかわからないので「民の評議を聞入れず果敢に事を行うべし。年数を経て後に民その便利を得れば、大に悦て初め評議をせしを悔るものなり」（同、巻八）としている。[9] 当然だが議会制度はないので、ここでいう「評議」は討論ではなく評判のことである。

儒学者だけではない。渡辺浩、米原謙、ケイト・ナカイの研究が詳しく紹介しているように、国学や水戸学は、「教」によって民を手なずけることに関心を注いだ。国学者中島広足は、日本は外国が羨む国であると説くが、羨まれるのは「民心をなづけ［懐ける＝なつかせる］かためて、おだしく［隠しく＝平穏に、おとなしく］国を治むる規格」があるためであるという。中島によれば、「道理」や「窮理」ではなく、「婦女子だましの手」で民心をがっちりと動かないようにすることが重要である。「その民心を動かぬように、一致せしむるが教法というもの」である。[10]

会沢正志斎は、日本の愚かな民が外国の教えにだまされるのを防ぐために、天皇家への信仰を中心として民心をまとめよと主張した。天皇が祖先をきちんと祀ることは、天皇―将軍―武家―民のすべての上下関係とそれぞれの祖先への敬意や畏怖を堅固なものにする心理的影響を与え、その結果外国の侵略を防ぐことになるという。有名な『新論』のほか『下学邇言』などで随所に、宮中祭祀、特に大嘗祭を立派にとりおこなうことは、言論で説得するよりもはるかに人々の心に感銘を与え、「民心」の一致に役立つと論じている。『下学邇言』から例をあげれば、次のような主張がある。

［大嘗祭によって］既にその礼有りて民をして之に由らしめ、天下と同に誠敬を尽くす。耳を提げ［耳元で教える］舌を鼓する［あおりたてる］ことを待たず。天下暁然として本に報い始に反るの義、統する所有りて以て苟《かりそめ》にすべからざることを知る。専心一志し、孚《まこと》有りて顒若《ぎょうじゃく》［威厳に満ちていること］たり。天祖天孫を奉じて、異物を見て遷らず。至尊の誠敬、宸極よりして天下に達す。天下の誠敬、億兆よりして神京に萃《あつ》まる。上下間無く、百慮一致し、皆神天を厳《とうと》び君父を敬するに出でざる莫《な》きなり。[11]

宮中祭祀が重要なのは、「民心」への訴求力があるからである。キリスト教の「民心」把握力に対抗するには、日本にはこれしか使える装置が残っていない。当然ながら、会沢の「民心」のとらえ方においては、「民心」に公共的な意見形成といった可能性が現れることはない。

そもそも「民心」を統御するために、言説による秩序と権力の正当化はそれほど重要ではない。ヘルマン・オームスは、軍事力そのものや見栄えのよさではなく、理論や概念によって徳川権力を正当化する「徳川イデオロギー」がどのように生まれたのかを論じているが[12]、オームスが取り上げた藤原惺窩、林羅山、天海、山崎闇斎、鈴木正三らの実際の言説がそのような意図と力をもったのかについては大きな疑問が残る。むしろ渡辺浩が詳しく事例を紹介し説明したように、「御威光」の演出こそが権力の正当化に実際に機能したとする主張の方が説得的である[13]。「公儀」は、手の込んだ演劇的手続きで臣下にその権力の圧倒的な強さを印象づけると同時に、時には日光参詣など城の外でパレードを見せつけることによって、一般庶民にだれが統治者なのかを教えようとした。江戸の都市構造が周到に計画された呪術装置であったという点や、あるいは近世の皇室が京都の人々に観覧券を配って即位式を見物させていたように、そもそも権力は、理性への訴えではなく、心理的な刺激の効果に頼っていた[14]。これまでの研究者による達成から見る限り、徳川政権であれ、明治政権であれ、言説による体制イデオロギーの確立にはそれほど熱心でないか、あるいは大して成功していないと見るのが妥当である[15]。

少なくともいわゆる「寛政の政治改革」の時には朱子学に体制イデオロギーの役割が期待されたのではないかという考え方も、今日の研究水準では疑問視される[16]。朱子学は、人材水準の高度化（「学問吟味」というテストもあった）や道徳的に好ましい目標（「安民」や「仁政」などという）に向けて統治組織を引き締めることに使われたが、徳川家の支配と統治機構の権威を正当化するために学説の精緻化が図られたりはしなかった。どちらかといえば、徳川政権を動かしている官僚たちへの不信が高まっているので組織内部の締めつけが必要というのが大方の関心事であり、朱子学を学んだ人は徳川国家体制の正しさを理解し信頼し愛するに違いないという議論の立て方は見当たらない。そもそも朱子学的価値を厳密な基準とすると徳川政治体制は道徳的に問題の多い制度である。幕末には朱子学の理念と論理構成を採用しながら、日本ではなく、西洋国家の「仁政」を称揚したり、幕府の統治組織の見直しを提案したり、西洋の科学技術の合理性を弁証する者が現れた。[17] 朱子学は徳川の体制イデオロギーとしてはあまり役立っていない。

3 「公論」

近世日本にも、政治的社会的地位と関係なく水平的な相互批判や水平的な相互批判や討論によってより適切な意見形成と合意が得られるという考え方が、まったく存在しなかったわけではない。これは通常「公論」や「公議」といった概念に集約され、特に徳川政権末期から明治政権初期には様々な政治的主張の中で重要性を帯びていった。まず人前で公然と意見をぶつけあうことを忌避しない、あるいはそれを楽しむということがどれほど是認されていただろうか。前田勉の研究で詳しく紹介されているように、近世後半における学問に関心のある層（民間人だけでなく役人もいる）の間の水平的なネットワークは、確かに読書し議論する公衆とでも呼ぶべき人々の広がりを感じさせる。特に一八世紀後半から急速に広がった地方にまで広がる「会読」の集まりや武士の子弟や庶民向け学校で、身分の上下や年齢などに関係なく、対等な立場で意見を述べ合い、疑念や批判を堂々とぶつけあうことが奨励された。こういった会読の方法は萌芽的には一七世紀から見られ、一八世紀の徂徠学の流行とともに全国に広がったといわれる。通常は和漢の古典の読解をお互いに切磋しながら進めていくわけだが、幕末には海防論など政治的トピックもとりあげられることがあった。[18]

会読を楽しむ人々の多くは、朱熹の学問方法論（政治的意思決定についてではない）で「講習討論」が推奨されていることを知っていた。「講習」は『易』に、「討論」は『論語』にあるが、学問の方法論としては朱熹が『大学章句』で「講習討論」という言葉を「省察克治」と対にして用いて、口に出して議論することと内省することの組み合わせで自己の徳性を高めていくことを論じている(19)。これは人々が共通の利害や社会の取り決めについて話し合って、守るべき規則や共同して追求すべき価値について合意をすることを直接の目的にはしていない。個人の内部に宿っている徳性を磨きあげて世界を秩序だて意味づけている「天」の「理」にぴたりと一致させるよう努力する方法のことを論じているのである。

朱子学の方法論にできるだけ忠実であろうとした闇斎学派の佐藤直方は、「学者は講習討論とてたがいに非をただすものなり。人が我をただすとて悪《にく》むは、学者の義にあらず。子路を百世の師というは我非を人の告るを喜ぶゆえなり。我身の非を知て誹議せんかと懼《おそ》るるは卑怯なり。何ほども我身の非を正してそれようけのぞむこそ実学者というべし。……諫をいう臣下を嫌も同じ事なり」と主張する(20)。人格を磨きあげるためには積極的に他人の批判を聞きなさいということである。

幕末に横井小楠が、「君公から大夫・士の子弟」まで交わって「あるいは当時の人情・政事の得失を討論し、あるいは異端邪説詞章記誦の非を弁明し、あるいは読書会業経史の義を講習し、徳義を養ひ知識を明にするを本意(21)」としたいと述べている。久米邦武の佐賀藩弘道館時代についての回想では、藩主である鍋島閑叟が臨席する会読で、藩主が久米の海防についての意見を叱責する場面があったが、あとで藩校の助教は会読での失答についてわびる必要はないといったという(22)。しかしこういった場合にも、「読書会業」は（主君も含め）人格を鍛えるためであって、正しい政治的意思を批判検討するものではない。だからこそ、討論がその許された場に限っては真剣にコミットすべきゲームだという認識が成立したといえる。

この限りにおいて、近世の人々は必ずしも討論を忌避しておらず、討論を経て正しい（少なくともより悪くない）認識や決断が下せるという考え方、さらには多様な分野にわたって討論そのものを楽しむ文化が成立していたことを示す証拠は少なからず存在する。また討論の議題は、政治的なものを必ずしも排除していたわけではない。むしろ政治的な意思決定に、討論は役立つものという考えも存在していた。

一例をあげれば長岡藩の学者高野泰助は、次のように述べる。

> すべて役人は高下に寄らず、表向［政務のこと］に就て是非を争うは有るべき事勿論なり、何程争ても私意をさえ挟まざれば遺念遺恨なく、諸事熟談ならざる事なし。その内にはしかじか各々存念有ながら、云い顕わして是非の討論もせず、穏便に見えて蔭にては互に非を数え謗《そし》り合うは、きたなき意地合にて士の意地にあらず、不忠の大なる者なり。いやしくも忠を以て目あてにせば、互に心底を云い明し、是非を論ずればとて、遺恨有べき様なし。いつの世にても同役同様の了簡は有まじ、却て同様になきを調和してこそ、至当の理には決すべけれ……熟談せざるは、思わくに［心の中で］異見を立て、または誰へ遠慮、彼への見合せ、あるいは贔《ひい》屓《き》々有によりてなり、かくのごとくなれば事延々に流れて決せず、国を失うに至る、これ大なる政事の害なり。[23]

「是非を争う」、「熟談」、「討論」を通じてこそ「至当の理」が明らかになるというわけである。またこのような自由な討論の権利を臣下に保障することが主君の務めであるという。政策に対する見解の相違や上位者への批判的意見が公然と現れることが、良い統治の証明になるという判断である。

「公論」の重要性を説いた政治的アクターや知識人は多いが、「公論」は特定の部分的利益（それがたとえ徳川家であっても）のための「私論」を牽制したりなだめすかしたりするために用いられる概念であった。したがって、徳川家も「私心を舎て天下輿論公に従う」[24]（松平慶永、福井藩主・幕府政治総裁職、建白書、文久二年八月二九日）ことが要請される。徳川家が「私心」を捨てることで、政治的発言をする有力大名などに対して「私心」を捨てよと命ずることができる。松平慶永の顧問であった横井小楠が「国是三論」で英国の議会制を「三代の治教」に符合する（したがって朱子学的道徳論から見て正しい）と評価したのは、「英吉利にあっては政体一に民情に本づき、官の行う処は必ず悉く民に議《はか》り、その便とする処に随てその好まざる処を強い」ないことによって、民が不平不満をいわない点にある。[25]民が不平不満をいわないことは儒教的にはそれ自体道徳的価値なので、小楠がこれを策略として割り切っていたともいえないが。

あるいは、幕末に加藤弘之は「仁政の施し易く、亦人和を得易き一術」として「公会」の効用を説いた。そして、「実に漢土の缺典というべきは所謂公会なり。唐虞三代の頃より此公会を設けざるが故に、後世暗君暴主等出るに至りてはあるいは政権を奸臣貪吏の為に盗まれ、あるいは君主独り其権を専にして遂に天下国家を失い易きなり」と述べ、儒学の理想である「三代」でも「公会」がなかったことは大きな欠点であるという。「仁政」も「人和」も『孟子』に出てくる理念であるが、「公会」が欠如していたために結局実践するのは難しかったということになる。[26]

「公論」は権力者にとって効用があるだけでなく、討論参加者にとっても効用がある。幕末期に昌平黌の輪講会でその才を認められる者の中には会読が盛んであった会津や佐賀の遊学生が多かったという。自分の才能を目立たせる方法を早くから訓練された者が有利だったわけである。[27]会読では自己顕示競争自体を目的とするゲームになる危険を排除できないし（特に出世がかかっていそうな場合には）、また討論による意思決定とは結局そのようなゲームの産物であるといえなくもない。

しかし、ゲームで何が悪いと開き直るのは難しい。藤森弘庵は、朱子学で推奨される道徳についての「講習討論」は、しばしば出世のための自己顕示競争に利用され、また、失敗すると立場が危うくなることのある政治論については他人のあらさがしばかりをして保守的になるだけであると指摘している。

ただ上官の気に入る様、人の鼻息をのみ伺い、立身を望み、口に性命を説き道徳を唱て、天下の事は痛くも痒くも思わぬ様なる空気ものに学問所を司らしめるる故、自然その風、士人へ移りて、天下のためにするの志薄くなり、学者として経済実用を談ずることを忌み、少し御為を思うのあまり感激して時事を論ずるものあれば、敵讎のごとく取扱い、少しの過も捜して抑折する工面ばかりする様なる鄙劣千万の悪風も起るなり。[28]

つまり議論を戦わせるというのは、より適切な結論を得ることよりも、自己顕示と社会的上昇の競争場になることが多いと藤森は考えた。「公」の強調は、そういった事態に対する警戒を表明するものでもあった。

「会読」「講習」の場とは異なり、権力機構の中では、対等で自由な討論よりは、下位者が上位者に提言をする自由あるいは義務を主張する例の方が多数であったと考えられる。三谷博が指摘するように、近世日本の政治的コミュニケーションの基本は「垂直的」であった。訴願や上書によって下位者が提言をし、上位者がその必要を感じれば反応をするというのがよくあるスタイルである。[29] そして、前田勉の研究が詳しく事例を調べ上げているように、徳川体制では、主君が「言路洞開」を心がけ、臣下が主君に対して「諫言」することは、少なくとも建前としては、健全なこととされていた（もちろんそれは望ましくないという反論もある）。[30] もともと中世から武士団は合議制を重視していたが、[31] 近世では、戦闘集団の意思決定の形を維持しながら、統治機構を指揮する主君の道徳性（の面目）を確保し、その判断の適切さを権威づけるための制度的理性として、「言路洞開」を組み込もうとする主張が多数見られた。

たとえば、古賀精里は「人主の肝要とすることはよく人の諫争を受るにあり、人主の心持僅の善悪にて、下の為になること不為になること莫大なることは言に及ばず、これをよく開発誘進する人無ては、志は善ても気付ずして悪くなることあり、大事のことならずや、日本は別して諫争の風はやらず、言路常に塞り、下情上通せず、これ学問の道明かならぬ故なり」と警告している。[32] ただし注意すべきことは、「諫争」・「言路洞開」の価値は、公然たる討論によって鍛え上げられた意見の政策的実現をめざすというよりは、主君の人格陶冶（それが民の安寧につながることになっているのだが）に役立つというところにある。

徳川政権の末期から明治政権初期に、「公論」という概念が用いられた時には、政治的意見の自由な表明を促し、それを政治的共同体の意思にまで高めていくために討論をすることが期待されていたのではなく、権力者の判断が道徳的努力の結果であり、「私心」は無事排除されたという正当化に使われたと考えるべきである。「五箇条の御誓文」にある「広く会議を興し、万機公論に決すべし」に読み取れる government by discussion の考え方は、徳川期に展開されてきた「講習討論」が統治者を道徳的に鍛える点で有効であるという考え方と、この時期の政治的流動化を収拾するための必要が絡み合って、革命宣言に組み込まれたのであろう。

注

（1）近年では、Kyu Hyun Kim, *The Age of Visions and Arguments: Parliamentarianism and the National Public Sphere in Early Meiji Japan* (Cambridge, Mass.: Harvard University Asia Center, 2007) が、自由民権思想を中心に明治期日本を非西洋社会における「討議による政治」の注目すべき事例として高く評価している。同書に対する筆者の書評は、*The Journal of Japanese Studies*, Volume 35, Number 2 (Summer 2009)。筆者には Kim の評価はやや図式的に過ぎるように思われる。

（2）Mary Elizabeth Berry, "Public Life in Authoritarian Japan," *Daedalus*, Vol. 127, No. 3 (Summer 1998), pp. 133–165.

（3）現代の政治理論から引き出された「公共圏」の理念を日本や東アジア思想史の中に探し求めるという研究はうまくいかないと

いう指摘はすでに複数の論者からなされている。日本については中村春作「近世思想史研究と「公共圏」論」（『Problématique』第三号、二〇〇二年）、中国を対象にした同様の疑問については小島毅「中国近世の公議」（『思想』八八九号、一九九八年七月）を参照。

（4）現在よく使われる「民意」という語は近世日本にはなかなか用例が見つからないが、中国の古典では『荘子』『管子』『漢書』『資治通鑑』などに「民心」とほぼ同じ意味での用例がある。日本では古くは『御成敗式目』には、「民意」の用例がある。（第四十二条）「一、百姓逃散時、称逃毀令損亡事／右諸国住民逃脱之時、其領主等称逃毀、抑留妻子奪取資財、所行之企甚背仁政、若被召決之処、有年貢所当之未済者、可致其償、不然者、早可被糺返損物、但於去留者宜任民意也」（石井進他編『日本思想大系二一　中世政治社会思想　上』岩波書店、一九七二年、三二頁）。領地を去るのは百姓の意思に任せるべきで、それを罰するために妻子財産を奪ってはならない、という条目。

（5）たとえば『後漢書』「列伝六四上　袁紹伝」に「赤徳衰尽し、袁は黄胤と為り、宜しく天意に順い、以て民心に従うべし」とある。

（6）荻生徂徠『鈐録』（今中寛治、奈良本辰也編『荻生徂徠全集』第六巻、河出書房、一九七三年）四四三頁。

（7）細井平洲『嚶鳴館遺草』（一八三五年、滝本誠一編『日本経済大典』第二三巻、啓明社、一九二九年）四二七頁。

（8）太宰春台『経済録』巻八（一七二九年序、瀧本誠一編『日本経済叢書』第六、日本経済叢書刊行会、一九一八年）二一一頁。

（9）同、二一七頁。

（10）中島広足『童子問答』（弥富破摩雄、横山重校訂『中島広足全集』第二篇、大岡山書店、一九三三年）三六四―三六六頁。中島のこの記述については、渡辺浩「「教」と陰謀――「国体」の一起源」（渡辺浩、朴忠錫編『韓国・日本・「西洋」――その交錯と思想変容』慶應義塾大学出版会、二〇〇五年）に詳しい。

（11）会沢正志斎『下学邇言』（一七四七年刊）巻三（井上哲次郎閲、有馬祐政、黒川真道編『国民道徳叢書』第二巻、博文館、一九〇一年）「論礼第三之二、吉礼」五八七頁。以上の会沢の主張については、渡辺浩「「教」と陰謀――「国体」の一起源」、米原謙『国体論はなぜ生まれたか――明治国家の知の地形図』（ミネルヴァ書房、二〇一五年）第一章を参照。また Kate Wildman Nakai, "Chinese Ritual and Native Identity in Tokugawa Confucianism," in *Rethinking Confucianism: Past and Present in China, Japan, Korea, and Vietnam*, ed. Benjamin A. Elman, John B. Duncan and Herman Ooms (Los Angels: University of California, 2008) も参考にした。

（12）ヘルマン・オームス『徳川イデオロギー』（ぺりかん社、一九九〇年）。

(13)　渡辺浩「「御威光」の構造——徳川政治体制」(『日本政治思想史——十七〜十九世紀』東京大学出版会、二〇一〇年)、渡辺浩「「御威光」と象徴——徳川政治体制の一側面」(『東アジアの王権と思想』東京大学出版会、一九九七年)。
(14)　桜井進『江戸のノイズ——監獄都市の光と闇』(日本放送出版協会、二〇〇〇年)、森田登代子『遊楽としての近世天皇即位式』(ミネルヴァ書房、二〇一五年)。
(15)　明治国家も言説による正当化をあまりあてにしていない。教育勅語はもっぱら崇拝の対象であって、その命題を理解し尽くし、国民生活の実践の指針とする方策は立てられていない。明治国家のイデオロギーがあまり熱心な反応を生んでいなかった点については、Carol Gluck, *Japan's Modern Myths: Ideology in the Late Meiji Period* (Princeton: Princeton University Press, 1985)。
(16)　眞壁仁『徳川後期の学問と政治——昌平坂学問所儒者と幕末外交変容』(名古屋大学出版会、二〇〇七年)、特にその第Ⅰ部第二章。
(17)　渡辺浩「西洋の「近代」と儒学」(『東アジアの王権と思想』)、眞壁仁『徳川後期の学問と政治』、松田宏一郎「朱子学・正学・実学——佐久間象山」(『江戸の知識から明治の政治へ』ぺりかん社、二〇〇八年)。
(18)　前田勉『江戸後期の思想空間』(ぺりかん社、二〇〇九年)第二章、前田勉『江戸の読書会——会読の思想史』(平凡社、二〇一二年)第五章。もちろん前田はこのような討論が近世のコミュニケーションの典型的なあり方だったとはいっていない。ただ政治的コミュニケーションのいわば歴史的なお手本として無視できないということである。『江戸後期の思想空間』に対する筆者による書評(『日本思想史学』第四一号、二〇〇九年九月)も参照されたい。
(19)　『大学』の同じ箇所についての『朱子語類』(三八八条)にも「講習討論」の用例はある。「切磋琢磨」の前半が討論、後半が内省に対応するという解釈。『朱子語類』や『宋元学案』の用例を見ると「講習」は「朋友」との組み合わせが多く、同輩で学問を論じあうことをさすことが多いようである。
(20)　佐藤直方『韞蔵録』巻一二(日本古典学会編『増訂　佐藤直方全集』巻二、ぺりかん社、一九七九年)五〇七—五〇八頁。これは陽明学批判である。子路が自分の誤りを指摘されると喜んだという話は『孟子』公孫丑上。その子路を「百世の師」とするとは『河南程氏遺書』巻第三「拾遺」(程顥、程頤『二程集』北京、中華書局、一九八一年、六八頁)にあり、それについての朱熹による考察は『孟子集注』にある。
(21)　横井小楠「学校問答書」(一八五二年、佐藤昌介ほか編・校注『日本思想大系　五五　渡辺崋山・高野長英・佐久間象山・横井小楠・橋本左内』岩波書店、一九七一年)四三一—四三二頁。

（22）前田勉『江戸後期の思想空間』五一—五二頁。
（23）高野泰助（余慶）『昇平夜話』（一七九六年序、『日本経済大典』第一四巻、一九二八年）四一二—四一三頁。
（24）「幕府私政を去るべき事を論せられし春嶽公の書」（村田氏寿、佐々木千尋著、日本史籍協会編『続再夢紀事』巻一、東京大学出版会、一九八八年）一〇頁。
（25）横井小楠「国是三論」（『日本思想大系　五五　渡辺崋山・高野長英・佐久間象山・横井小楠・橋本左内』岩波書店、一九七一年）四四八—四四九頁。
（26）加藤弘之『鄰草』（一八六一年、明治文化研究会編『明治文化全集』第三巻・政治篇）五、九頁。なお中国語では「公会」は同業者でつくる組合組織のことである。『韓非子』以来用例はある。菅原光「マジックワードとしての「立憲主義」——脱魔術化と再生の試み」（松田宏一郎、五百旗頭薫編『自由主義の政治家と政治思想』中央公論社、二〇一四年）、李暁東『近代中国の立憲思想——厳復・楊度・梁啓超と明治啓蒙思想』（法政大学出版局、二〇〇五年）も参照。
（27）前田勉『江戸後期の思想空間』五〇頁。
（28）藤森弘庵『新政談』（一八五五年、日本史籍協会編『野史台　維新史料叢書　二　論策』東京大学出版会、一九七三年）三五二—三五三頁。
（29）三谷博「日本における「公論」慣習の形成」（三谷博編『東アジアの公論形成』東京大学出版会、二〇〇四年）。
（30）前田勉「諫言の近世日本思想史」（笠谷和比古編『公家と武家Ⅳ——官僚制と封建制の比較文明史的考察』思文閣出版、二〇〇八年）。
（31）寺院も同様である。「住持有二其闕一者、任二叢林法一、於二本寺大衆中一、以二公論一議二定之一」『円覚寺文書』、文和三年、一三五四年九月二二日（牧健二監修、佐藤進一、池内義資編『中世法制史料集』第二巻室町幕府法（室町追加、文書番号六六）、岩波書店、一九五七年）、三三頁。これは東京大学史料編纂所、古文書フルテキストデータベースで見ることができる（http://wwwap.hi.u-tokyo.ac.jp/ships/shipscontroller、二〇一一年三月現在）。
（32）古賀精里『十事解』（寛政元年自序）（滝本誠一編『日本経済叢書』一七巻、日本経済叢書刊行会、一九一五年）一五六—一五七頁。「言路を塞ぐ」ことの非という表現は、たとえば、司馬光『資治通鑑』（巻二一二、唐紀二八）などに用例がある。逆に「言路を開く」という表現は『資治通鑑』に見られるほか『後漢書』（「朝廷広開言事之路」）や『二程全書』（巻之五十六、明道先生文三「不敢廃国家開言路之法」）、『朱子語類』（「如朝廷、便須開言路、通下情、消朋党」）などがある。

第八章　「天賦の通義」？——明治初期「自由」論争

一　問題の所在

本章では、明治初期に出現した「自由」をめぐる言説を、誰が何のために「自由」を必要とするのか、というシンプルな関心から再検討する。抑圧的な政治権力への対抗や、因襲と相互監視によって個人を縛りつける共同体からの解放という視点から、近代日本の自由主義の出発点を検討することは多々なされてきたが、その対抗や解放によって何を得ようとしたのかについては、研究史が十分に厚くなっている今日でもわかりにくい。そもそも日本の思想家は本当に自身を含め人々を自由にしたかったのかという疑いは消えない。

しかしながら、本章は、たとえば「消極的自由」と「積極的自由」との区別ができていたかどうかとか、「善き生」についての個人の信念は本来比較不能な価値に立脚しているものであり、「暫定協定」(modus vivendi)、あるいは意地悪く表現すれば「ギャグ（＝猿ぐつわ）・ルール」（深刻な対立を喚起しそうな争点にかかわる意見をあらかじめ議論の対象から排除する）としてのみ、「自由」主義の制度化は主張しうる（かもしれない）というリベラル・デモクラシーの方法が、どれほど理解されていたか（あるいはどれほど疎んじられていたか）を測定することを、気にしないわけではないが、直接めざすものではない[1]。

また、日本での「自由」という語の語義や概念が内包する問題の通史的な展開については宮村治雄の研究が包括的にカバーしているので、そちらにゆずりたい(2)。ここで検討したいのは、生命・財産・幸福などの価値を実現する手段としての「自由」の正当性と、「自由」という概念以外では（少なくとも直感的には）説明しようのない目的たりうる何らかの価値とが、どの程度区別され、また関係づけられていたのか、という点である。また、「自由」を要請する論者、あるいは「自由」に警戒的な論者が、自己の立論が想定している望むべき結果についてどれほど丁寧に考察していたかというところである。

また特に、明治初期における「天」概念が信教の自由をめぐる論争にどのように使用されたかに着目したい。この問題のきっかけは、西洋諸国からキリスト教解禁を迫られた明治政府が対処に苦慮したという政治的な事件である。しかし、これは、当時の知識人が、個人による「善き生」の選択や個人の内面の保護、しかも国家権力からだけでなく社会的圧力からの保護という問題を考えざるを得なくなった点で、当時の思想状況を探るのにふさわしい、より深度のある争点を構成している。

二 「天賦」の「自由」

まず、福澤諭吉は『西洋事情』初編（一八六六年）で、「欧羅巴政学家の説」による「文明の政治」の要訣として、「自主任意」「フリードム」「リベルチ」という概念を紹介し、その最初の項目に「信教」の自由を挙げる(3)。ただし、ここでは、「法、寛にして」といった表現からも明らかなように、信教の自由はあくまで、文明国にふさわしい寛容さ、という説明にとどまる。権利としての「自由」の根拠はそもそも「天」にあるという議論は、同書におけるアメリカ独立宣言の訳文に現れる。ここでは「自由」および「権利」の根拠としての「天」という記述がなされている。「天」とは造物主のことである。

> 天〔Creator〕の人を生するは億兆皆同一轍にて、これに附与するに動かす可からざるの通義〔unalienable Rights〕を以てす。すなわちその通義とは、人の自から生命を保し自由〔Liberty〕を求め幸福を祈るの類にて、他よりこれをいかんともすべからざるものなり[4]。

次いで、『西洋事情』外編（一八六八年）では、チェンバーズ社の経済学教科書を翻訳し、「人生の通義及びその職分 Individual rights and duties」という章の中で、「天より賦与せられたる自主自由の通義[5]」という表現を用いた。『西洋事情』外編では、「天」は創造主である God と、それによって生み出された nature の両方に対応しており、たとえば the law of nature は「天道の法則」となっている。「天より賦与せられたる自主自由の通義」という概念に逐語的に対応する原文はないが、a man is born free（人間は生まれながらに自由である）といった箇所を踏まえている。チェンバーズの教科書の記述からすると、そもそも God が人に生命を与えたときに、その生命を守るための能力を行使する「自由」を与えたという論理になっている。福澤は、チェンバーズの教科書の記述によって、「天」が与えた「自由」という考え方を補強することができると考えたのであろう。ただし、チェンバーズの教科書の記述では、God が与えたのはあくまで生命を保持するための「自由」であって、「通義〔rights〕」ではない。たとえば、ある個人が、社会関係の中で、他人のためにその能力を行使するという契約をすることがあるとしても、個人は本来自身のためにその能力を行使すべきであり、それは譲渡や放棄できないという原則は、神によってではなく、社会で承認されねばならない。チェンバーズ教科書ではそれを「生まれながらの自由」と区別して、civil liberty（「社会状態における自由」）と呼ぶ。論理的にはここからようやく権利（「通義」）問題が登場する[6]。

なお「通義」という語は、『孟子』（滕文公章句上）の「心を労する者は人を治め、力を労する者は人に治めらる。人に治めらるる者は人を食《やしな》い、人を治むる者は人に食わる。天下の通義なり」から採ったと考えられる。統治者は生産労働をしないが、民をよく治めるかわりに衣食を得る、それは職人と農民とがそれぞれの生産物を交換するのと同じだ、という一節である。『孟子』にある「天下の通義」は、どこでも通用する道理のような意味だが、福澤は「通義」の語に権利と義務の交換の社会的正当性を見いだしたのかもしれない。しかし、福澤の訳では、天が賦与したのは「自由」なのか「通義」なのかが不明である。

『西洋事情』二編（一八七〇年）では、ブラックストンの『英国法釈義』を参照しながら、「通義」と「自由」を無造作に結びつけず、より詳しい議論をしている。この時点では、「権利としての自由」という考え方が、より詳しく紹介される。

一身の通義にもまた有係［relative］と無係［absolute］との別あり。無係の通義とはただ一人の身に属し他に関係なきものをいう。有係の通義とは世俗に居り世人と交りて互に関係する所の通義をいう。今この条においては無係の通義のみを論ず。

右の故を以て、無係の通義は人の天賦に属したるものなれば、天下の衆人、世俗の内に交るものも、または世俗の外に特立するものも、均しく共にこの通義を達すべき理なり。……

人生無係の通義とは、その個条多しといえども、まず綱領を挙げて名義を下さば、すなわち人生天賦の自由なり。自由とは何ぞや。我心に可なりと思う所に従て事をなすをいう。その事をなすや、ただ天地の定理に従て取捨するのみにして、その他何等の事故あるも、分毫もあえて束縛せらるること無く、分毫もあえて屈撓することと無し。(7)

「無係の通義は人の天賦に属したるものなれば」という箇所は、ブラックストンの原文を現代日本語で説明するなら、次のようなものである。すなわち、「個人の絶対的権利［the absolute rights of individuals］というのは、自然状態においてのみ［merely in a state of nature］、その個人の人格に保持されるものであり、それは社会関係の外にあろうと中にあろうと無関係に認められるものである」。また「人生天賦の自由なり」は "the natural liberty of mankind" に、「天地の定理」は "the law of nature" に対応している。

しかし、「天賦」されたのは「自由」なのか「通義」なのか、あやふやだという問題は残る。ひとつの大きな原因は、「天賦」という概念について詳しく説明しようとする意思が福澤にないところにある。

そもそも、ブラックストンがいう rights, liberty は、たとえ「自然の natural」という形容詞をともなっていても、「自然」や「絶対」ではなく、ほとんどの場合社会的に承認された実定的な権利であり、社会的道徳的に擁護できない行動には権利は承認されない(8)。ブラックストンは、「自然の法」という概念について、矛盾を含む幅のある意味合いで用いている。整理すれば、

（1）「自然の法」は神の意思であり、被造物は逆らうことができない。ただし人間だけは、「自由意思」が生まれつき与えられているので「自然の法」の目的を理性を通じて理解し、それに従わねばならないという意思をもつことができる。

（2）経験的に当該社会（英国）で従う意外にないと理解され承認されてきた規範がある。この両者がいずれも「自然の法」と呼ばれる(9)。

しかもそれだけではなく、ブラックストンが記すように（そして福澤が訳しているように）、「自然」の自由は、想像上の自然状態における自由のことであり、それは歴史的に進行した社会関係の形成と発展によって、個人がその

ある程度の部分を手放すかわりに社会的決まり事として成立した「処世の自由［Political, or civil liberty］」と対置されることもある。[10] その場合は、「自然」は、人間の社会的構成物としての法と対立する概念とならざるをえない。「天地の定理」が「処世」でも有効であるという考えと矛盾するが、この記述は福澤も受け入れ、なんとか訳している。

福澤が導入した「天賦」の「自主自由の通義」という考え方は、その規範的な絶対性を支えるものとして「天」があるのか、それとも人為的・社会的に制限がかかる以前の、「自由」の基礎的制限や条件の総体として「天」があるのかよくわからない。わからない原因は、ブラックストンの nature の用法が便宜主義的であることも大きいが、またそれを訳す場合に「天」をどういう意味で使っているかの説明がないというところにもある。そして、福澤が用いる「天賦の自由」という論理は、個人の内面の自由を守るために役立つのかどうかわからない。「天」が個人の内面の自由と個人が望ましいと考える価値の多様性を保護するという原則と整合的かどうか、その点について明確には検討されないからである。

福澤は「天賦」という概念が、「自由」と「通義」との区別と相互関係をあやふやにしていると感づいたのではないだろうか。後の『文明論之概略』（一八七五年）において、価値の多様性を擁護することに力を注いだが、その時は「天賦」の権利という根拠づけは用いなかった。『文明論之概略』に「天賦」という語がでるときは、欠点も含め、「生まれついての」といった意味に過ぎない。

三　自発性と多様性の擁護

明治初期の知識人の間で権利問題としての自由が問題化する大きなきっかけは、信教の自由が争点となったことである。明治政府は、対キリスト教政策の変更を西洋諸国から迫られた。浦上のキリスト教徒処罰をめぐって、キリスト教禁圧の解除を要求する西洋列国に対峙した岩倉具視の次のような反論は、明治国家が民心統合のために皇室の宗教的権威を疑わせる要素となるものを懸命に排除しようとしていた事情を正直に語っている。

キリスト教諸国の偉大さを見て、そのような諸国民の宗教が悪いものだとは考えていない。しかし現在、日本は新たに組織されたばかりであり、統一された信仰［one uniform faith］の維持は、うまく統治すること［good government］にとって不可欠なことである。……日本へのキリスト教導入することを禁ずることは全く政治的諸理由［political reasons］によるものである。

外国では政府は世論にその基礎を置いているとすれば、我国の政府はミカドへの尊敬［respect for the Mikado］の上に基礎を置いている。政府がそれ以外のものに基礎を置くことは日本では不可能である。……ミカドの権威は、国民の全階級によって擁護されるべきものである。(11)

上記の会見の翌日、ある日本の大臣高官とのやりとりとして、パークスが記録した文書でも、「国家宗教 national religion の首長というミカドの地位は、現在の統治機構にとって礎石 corner stone となるものであり、すべての政治的組織構造 political fabric は、ここに基礎をおいている」とある。(12)これらは英国側の記録に残るやりとりである。同じ会談を日本語で記録した文書とは異なり、岩倉、あるいは記録される日本政府高官のコメントは正直であった。明治政府には個人が選択した信仰の尊重という問題を考える余裕はなかった。

さらに、寺島宗則が「［徳川時代以来の信徒］がおとなしくしていた間は、日本の政府は宗教的信念 religious convictions にまで介入しようとはしませんでした」[13]と語ったことが逆説的に示しているように、信仰の問題は conviction の問題である必要もなかった。徳川体制がキリスト教を禁じていた時も、内面の信仰にまで干渉することはできないのはわかっていたが、政治的秩序維持のためにおこなっていたのだということである。

一八七一年一一月の大嘗会にともなう宴会に際し、オランダ弁理公使ファン・デル・フーフェン F. P. van der Hoeven は、強力な王政のもとで「開化」をとげたフランスの例を出し、「政権帰一の事は、欧洲をして現今かくの如きの形勢に至らしむる功有りと雖も、なお衆民に自主の権義を与うる務と人民教導化育の事用に注意せざれば、また苛政国を危うするの蔽を免れざらん」[14]と、明治政府にはやや耳の痛い祝辞を述べた。西洋諸国がキリスト教の解禁を望むのは当然であったが、その根拠には福音の価値ではなく、「自主の権義」が用いられた。明治政府の事情はともあれ、キリスト教解禁問題は、自由主義の原則という問題設定を呼び込まざるを得なかった。

だからといって、当時の日本の知識人にとって信教の自由こそが「自由」をめぐる論争の中心テーマになったということではない。ただ、この争点がなければ、政治的原則としての自由主義の根拠は何かという問題についてそれほど関心を払う必要はおきなかったかもしれない。

中村敬宇による J. S. Mill, *On Liberty* の翻訳『自由之理』(一八七二年)は、この文脈を考慮して理解されるべきである。中村は同年に「擬泰西人上書」(「泰西人の上書に擬す」)という文を草しているが、この上書の文面は、キリスト教を擁護するにあたって、それが西洋の「教法」として、人々の精神を涵養し(「仁人勇士」の育成)、富強を増進していることを強調する。ここでは問題は自由そのものにはない。

陛下それ西国の富強なる所以を知らんか。その富強の原は国仁人勇士の多きに由る。しこうして仁人勇士の多く出る所以のものは、教法の信心望心愛心に由るにあらざるものなし。西国教法をもって精神となし、これを以て、治化の源とす。[15]

ところが、中村が着目したミルの *On Liberty* は、「個人の自発性」が、何かの目的の手段ではなく、それ自体固有の価値をもつことを主張した書であった。これは、人民を「教法」によって道徳的・知的に向上させることが、望ましい国家を形成する基礎条件だという中村の考えと必ずしも整合的ではなく、このズレの調整に中村は苦心していた。この問題についてはすでに大久保健晴の詳しい研究があるので詳述は避けるが、たとえば、ミルが、「誤った信仰を抱いた人［misbeliever］を放置することは許されない」と思い込む篤信者が宗教的迫害を生み出すと指摘している箇所を、中村は取り違え（あるいは論旨をすり替え）、「余思うに、上帝かくの如き誤信の人の所行を嫌悪し玉うのみならず、もし誤信の人をそのまま捨て置きて、駁難を為ざれば、必ず我輩を罪し玉うべきなり」と、まるでミル自身が誤った信仰を正すことに使命感を抱いているかのように訳している。[16]

また、ミルが用いる「自発性［spontaneity］」をどう理解したのかという問題がある。ミルが「自らの意見にもとづいて行動する自由」がなぜ必要なのかを論じ、「一般的な見解では、個人の自発性［individual spontaneity］は固有の価値［intrinsic worth］をもつものだとも、それ自体で尊重されるに値するものだとも、ほとんど考えられていない」（第三章）ことを嘆いている箇所がある。ここを中村は「然れども人各自自己の性より発して自由に品行を造り出すべしということは、尋常意想の未だ及ばざるところにして、この事に真実の価値あることを知るもの少なし」[17]と訳している。「自発性」に対応する箇所としては、直訳というよりは説明的に「各人自己の本性より自由に品行を発すること」あるいは「吾が自然の性」という表現もある。[18]いずれも個人による選択という意味よりは、もって生まれた性質、あるいは、中村の意図を推測するなら、朱子学的な人間の普遍的本質としての「性」が無理なく発露すること、といった理解に読者を誘導しようとしている。中村は、『自由之理』は、個人の自発性や個性がそれとして擁護されるべきものということを論じた書ではなく、人間が元来もっているはずの善良な性質が、人為的に歪められることなく発露することを主張した書として翻訳した。

中村とは別の論理を採用して、キリスト教解禁の正当性を論じたのは、森有礼であった。森有礼は、少弁務使（代理公使、charge d'affaires）としてアメリカに赴任中に、英文による著作 *Religious Freedom in Japan*（1872）をワシントンで私家版として刊行した。西洋諸国からの信用を確立するためには、日本政府がキリスト教の布教を解禁することが必要であると説くことが主眼であったが、その議論を正当化する森の論理は、教理の善し悪しではなく、存在の多様性そのものの神学的擁護という手の込んだものであった。

自然の美しさで最も重要なことは、その豊かで尽きることのない多様性［variety］である。われわれの精神的、道徳的領域においても、無限の多様性によって同じように美しさが現れる。幅広い多様な宗教的信仰こそが、人間精神における、最も興味深いそして精神を高揚させる姿である。(19)

英語による記述のためか、森の表現はのびのびしており、「革命なき進歩はありえない。社会における相互軋轢は、しばしば祝福である［Progress without revolution is impossible. A discord in society is often a blessing］(29)」とも記している。森は、キリスト教解禁の理由を、日本の西洋化のためのキリスト教導入ではなく、価値の多様性の承認を日本の国家制度に導入することの意義という論理で組み立てようとしていた。

森はさらに、エマスン Ralph Waldo Emerson の "Character"（「人格」）(21) というエッセイから、「今日誤りであるとされている信仰もそれぞれの時代の害悪を防ぐためには必要であった」というくだりを引用する。森はキリスト教を擁護するにあたって、それが日本社会の道徳を破壊するとか、キリスト教は信じがたい迷信によってできているといった議論に反駁するために、エマスンを引いたのである。この一節は、多様性それ自体の擁護を論じたものではない。しかし、エマスンのこのエッセイには、すぐれた人間の思想がある時代に社会と軋轢を起こしたとしても、やがてそれは「意見の進歩」を国民と個人にもたらす、という主張がある。おそらく、その点への共感も含めてエマスンの名が言及されていると推測される。なお、中村敬宇もエマスンの思想に関心をもっていたことは、すでに松沢弘陽によって指摘されている(22)。

文部大臣となった後年、「奥羽地方学事巡視に際し学校職員に対する演説」（一八八八年）では、架空の想定として、もしある村の教師も住民もすべてキリスト教徒であるとしても、やはり「宗教心の自由」は必要であると述べていた。

宗教心の自由という者、子弟に存してその企望を教育に混入するを許さざるをいかんせん。たとい児童等は未だその自由の何物たるを知らざるも、その心に存するところの自由の元素は学政これを保護して、もって天然の発達を得せしめざるべからず(23)。

森が人格の成長と知識の増進にとって「心の自由」は不可欠であるといった信念を抱き続けていたことは、ここから窺える。「天然の発達」という用語に注意すれば、「自由」は、価値の選択というよりは、人格の「発達」の手段であるという信念が読み取れる。これは、中村敬宇がミルのいう「自発性」を「吾が自然の性」と訳したことと通じるものがある。

中村や森は、西洋諸国から非難されないよう、また文明国の仲間入りの条件としてキリスト教解禁をすべきだという動機と、文明化には、本来人間に埋め込まれているはずの精神と道徳の自然な成長が重要であり、そのために信教の自由は一つの必要条件であるという動機とを結びつけて議論を構成しようとした。簡単に見てとれるように、彼らの議論は、自由の価値ではなく「文明」化にとっての効用を主張したものであった。

四　「私事」と「霊魂心思」の自由

中村や森とほぼ同じ頃、信教の自由が真剣に擁護するべき固有の価値であるという理論を紹介したのは加藤弘之である。加藤は、『明六雑誌』に掲載した、トムソン Joseph Parish Thompson の *Kirche und Staat in den Vereinigten Staaten von Amerika*（『アメリカにおける教会と国家』一八七三年）の抄訳である「米国政教」において、「けだし奉教・礼拝自由の権は、人々天良是非の自由権（按ずるに天賜の良心をもって自由に事の是非を考定するの権をいう）と全く相密合せるものにして、決して政府の与奪によるべきものにあらざればなり」という議論を紹介していた。[24] ここで「天賜の良心」と説明しているのは Gewissen（英語の conscience にあたる。今日の日本語でも通常「良心」と訳す）である。トムソンの強調点は、宗教的自由 Religionsfreiheit は、国家権力の認可によって発生するのではなく、国家に先立って認められるべき、個々人がもつ権利であるというところにある。[25]

加藤は、信教の自由の問題にさらに気になる点を見いだしたと考えられる。同じく一八七四年に、ブルンチュリの *Allgemeines Statsrecht*（『一般国法学』[26]）の翻訳『国法汎論』[27] において、他のいくつかの章より先に国家と宗教との関係を論じた節を翻訳した（巻之九）。その中で、西洋におけるキリスト教の広がりに従って確立された原則の一つとして Gewissensfreiheit を挙げ、それについて、「所謂一個人、天良是非の自由　ゲヰッセンスフライハイト［按］人々天賦の良心を以て、事を是非するの自由をいう、殊に吾が是とする神道を奉ずるの自由を云う」[28] という訳と説明をしている。「神道」とは日本の神道ではなく、ここでは「レリギオン Religion」つまり宗教一般をさし、国家は個人の良心に干渉できないだけではなく、信教の自由を積極的に保護しなければならない義務を負う。たとえば個人の改宗について、国家が制限や圧力を加えてはならないのは当然として、さらには「国家は各人のために天良是非の自由［Gewissensfreiheit］を保護して、その離去帰就を自由ならしむ」義務がある。社会的圧力、つまり、「輿論［Die öffentliche Meinung］」が個人の信仰に圧力を加えたり、教会が「民権の屈害［bürgerlichen Nachteile］」をおこなったりする場合には、国家は積極的に介入し、個人の信仰を保護しなければならない[29]。つまり「良心の自由」の保護は、非国家的領域への不干渉という問題領域に割り振られているわけではない。国家は、「輿論」や教会と、個人の信仰の選択との関係を「公」的関係と認め、場合によってはそれに干渉する義務がある。

さらに信仰による団体が結成された場合には、信仰の自由という問題領域の「公」的性格がいっそうはっきりする。ある信仰にもとづき市民同士が結社をつくり、「公衆一般に係れる事」（現代なら「公的生活および社会全体」とでも訳すであろう）の活動に踏み出す場合には、国家がそれに干渉する「義務」がある。

各人その家内において、敬神礼拝をなすの自由権を保護して、衆民等がこの自由を妨害するを制止するは、すなわち国家の義務なり、しこうしてこの義務は実に天良是非の自由の理に基づく所なるが故に、決して、これを以て国家好みて施す所の仁恵と視倣すべからず。ただし天良是非の自由の理より生ずるところは、ただ家眷相共に家内において、家法に従ひ礼拝を行ふの自由権のみ、……もしただに一家眷のみならず、衆人相合して、奉教のために会社［Genossenschaft］を結ぶときの如きは、国家これを私人一家の事と同視すべからず、必ず公衆一般に係れる事［die Rücksichten auf das öffentliche Leben und die Gesammtheit］と視倣して、よろしくこれに適切なる規律を選用すべし[30]。

またある個人の自由の行使が、「公衆の安寧」に対して損害を与えたか否かについて、国家が判断することができる。

国家は必ずまず公衆の安寧［die öffentliche Wohlfahrt］を保護して損害を受けざらしむるを以てその主務となし、一個人の自由権をして、決して公衆の安寧を妨害するに至らざらしむべし、国家もしこの権力を施用せざることあれば、すなわち自ら主務を放擲すというべし。

ただし事の公衆安寧に害あると否とを決定するの権力及権利は、すなわち国家の掌中に在りて［in der Macht und in dem Rechte des Staates］、もとより一個人の掌中にあらず(31)。

この翻訳から読み取ることが可能なポイントは、国家は公的領域に関する事についての権力と権利および義務をもつが、公的領域そのものではないことである。「公衆」の安寧が「国家」の安寧と混同されるべきものではない。ブルンチュリにおいては、国家も教会もそれぞれ固有の法的人格をもったGemeinschaftであって、たとえば国家は人々の共同生活そのものなのではなく、その「公」的な（öffentlich）秩序や倫理を保護するための役割を担わされた団体である。

政治法制のために結べる会社（按　すなわち国家なり）、および教道のために結べる会社（按　すなわち教会なり）、なる二個の会社並び立て、おのおの存在の理、職官の制、及び業務の方法等を異にし、以て互に独立自主の権を掌握せり(32)。

ここで加藤によって「会社」とされている語は、Gemeinschaft である。先の引用にあった、信仰によってつくられた結社 Genossenschaft も「会社」と訳されており、ドイツ語の語感を表現することをある意味で断念してはいるが、「会社」という訳語の採用は、国家が、教会と同じように、法的人格と組織をもった団体であるという考え方を加藤が理解していたことを推測させる。

『国法汎論』のこの箇所は、「良心の自由」の問題が、非国家的領域への不干渉と同じ問題ではないという視点の導入を可能にした。ブルンチュリの議論において、国家という団体は、教会や信仰による結社という団体との「公」的（öffentlich）な関係の中におかれている。信仰によって人々が Genossenschaft を結成する場合、それは国家との関係においても「公」的な性格をもつので、公共の福祉（die öffentliche Wohlfahrt）の侵害がある場合には、信教の自由に制限をかけることが、国家の、いわば法的な義務とされる。国家が「良心の自由」問題に介入する行為が正当化されるのは、この場合に限る。つまり「公」的な権力と「私」的な良心との対立として良心の自由の問題があるのではなく、権利の保護と公共の福祉が合致しているか、その間に紛争があるかに応じて、国家という団体は、その問題に関わる団体との「公」的な関係における法的義務の遂行として、権力を行使することがあるということである。

加藤の翻訳が、このような問題構成を理解できるようになされているかどうかを考えると、それは、「公衆の」という訳語がどの程度日本語として明確な意味を伝えられるかにかかっている。加藤弘之自身による他の著作を見ると、明治のごく早い時期の著作である『立憲政体略』（一八六八年）では、「私権とは私身に関係する所の権利にしていわゆる任意自在の権と称する者これなり。公権とは国事に預かるの権利をいうなり」[33]、としているように、国家と区別された公的な領域は想定していないようである。信教の自由についても「信法自在の権利／教法の事は宗派に拘わらずいかなる宗派にてもその人の意に任せて信仰するを得るの権なり。……故に近今は教法のために国乱の起ること絶てなし。けだし欧洲の開化大に進歩したる所以なるか[34]」とあり、信教の自由は国家と切り離された私人の選択であり、しかもそれ故に、国家は宗教紛争を回避し、「開化」に専念できたという説明になっている。おそらくこの時点では、加藤は、国家が権力行使する範囲という意味と、「公」の意味を区別していない。
ところが、数年後の、『国法汎論』翻訳と同じ頃に書かれた『国体新論』（一八七四年）では、「人民公共の交際」という領域の存在が記述されている。

君主政府［立憲政体と対比された君主政体を意味している］はあえて自己のために人民を使役する者にあらざれば、その権力を施すや通例ただ人民公共の交際に利害あるべき事件上に止まりて、その他純乎たる私事上には及ぼす能わざる者とす。故に君主政府の権力といえども絶えて公共の交際に利害なき私事を裁制するを得ず。これら純乎たる私事に至りては、もとより各民の自由に任すべきこと当然なり。もし君主政府これらの私事をもなお裁制するを得るときは、各民自由の権を失うが故に決して安寧幸福を求むる能わざること必然なり。けだし自由権は天賦にして安寧幸福を求むるの最要具なればなり[35]。

この章では『国法汎論』への言及があり、これらの記述はブルンチュリの影響であると考えられる。ここでは、「私事」の自由が「人民公共の交際」にとって問題となる事案が発生した場合、「公」的な解決をはかる責務を担うのが国家である。つまり「私事」が「公」的（法＝権利的）領域の問題にかかわった場合には、国家は「私事」と法的関係に入るため、それにともなって権力の行使をしなければならない。
加藤は、国家のこの役割を強調するために、「国家」ではなく「政府」という語を用いるが、これは一見論点を明確にできたようで、そうではない。ブルンチュリが前提としている、有機的な実体であり、意思をもつ主体である国家という存在が見えなくなってしまい、ただの権力装置としての政府の権限如何に問題が格下げされるからである。つまり、なぜ政治的共同体としての国家がその成員の「私事」と法的関係に入るのかという問題はどこかに消えてしまう(36)。

明治政府への警句を議論に組み込むことができたのは、このような論点の格下げにともなう気楽さからである。

いわんや人民の霊魂心思上に至りては、君主政府もとよりあえてその権を施す能わざる者とす。何となれば、君主政府は彼の和漢人の思えるがごとく、あるいは天神の命を受てあるいは天神に代りて人民を治むる者にもあらず、また人と類を異にせる神仙にもあらざれば、全く同類たる人の天賦の霊魂心思を制馭するの権なきことは実に明かなればなり。これすなわち彼の奉教の自由およびその他何事に拘わらず各人自ら思考する所を論述書記するの自由権〈出版の自由またこれに属す〉なるもの生ずる所以にして、これらのことは全く君主政府の権外に属することもとより当然なり(37)。

つまり文明化の遅れた「和漢人」は、政府が「天賦の霊魂心思を制馭するの権」をもつと考えることがあるが、これは迷信深い人々が「君主政府」を人間以上のものと思い込んでいるためであるという。

ここで「天賦の霊魂心思」という語に注意したい。加藤がGewissenを「天賜の良心」「天良」と訳した例をすでに紹介したが、「天賦（賜）」は、論理的に国家に先行していて、国家が事後的に是非を決めたり、比較衡量をすることができない実質的な価値をさしているはずである。ところが加藤が、「天賦の霊魂心思」を政府の「権外」とする理由はそこにはなかった。

人民の私事はもちろん、ついに教法学問および論説等、すべて霊魂心思上に係れる事の上にその権力を施こし恣にこれを制せんと欲して、あるいは教派を取捨して、これを許し彼を禁じ、あるいはこの学問は是なり、彼の学問は非なり、この論説は可なり、彼の論説は不可なりなど、みだりにその許否を定むる等のこと、……人民の精神気力を衰耗せしむるが故に、国家の精神気力、また随て衰耗するにいたる。(38)

つまり加藤のいう「権外」とは、法的関係の外という意味ではなく、一般的にやらない方がいいこと、という意味であり、それは、「精神気力」を弱らせる、つまり国民が生命体としての活力と集団的な心理にかかわるから気をつけるべし、ということである。

国民の「安寧幸福」もこの文脈で用いられる。

自由権の種類許多なりといえども、前段挙ぐるところの諸権［生命、身体、所有、信教、言論、結社の自由］のごときは、もと天賦にして、この権なければ絶えて安寧幸福を求むるあたわざるものなれば、この権はあえて他より奪うべき筈のものにあらず。(39)

つまり、生命、身体、所有、信教、言論、結社の自由は、法的に剝奪することはできない（öffentlich だから）という原理を説明するはずだったものが、「天賦」という概念が投入されることによって、いつのまにか国民という生命体の精神的健康に悪いことはすべきではないという主張に置き換えられる。「天賦」の権利という考え方は、従来の研究では、自然法思想が影響を与えたと漠然と考えられているようだが、本当にそうであったか、慎重な検討が必要である。

五　「天賦」・「天良」

あらためて「天賦」概念の含意について検討したい。加藤が『国体新論』で参照している、ブルンチュリ、フランツ Constantin Frantz、ビーデルマン Karl Biedermann などの著作は、学説史として自然法思想に触れることはあるが、当人たちは自然法という考え方に批判的であるか、距離をとっていた。またフランツの著作は、国法学というよりは、国家を一つの生物体と考え、その意味で Natur、つまり生物学的特性をもった個体とし、権力も自由もその内部の一種の制御システムとしてとらえようとしたものである。こういったものを参照することによって「天賦」の権利を擁護することはそもそも無理があるが、加藤にとってはそれこそが「天賦」にふさわしい考え方だった。

たとえば、『国体新論』に、「フランツの説による」として、次のようにいう。

人の生まれながらにして有する権利すなわち人権とは、全く一個の身に固有する数種の権利にして、その他は私権といえども今日の交際より生ずるものにして、いわゆる得有の権利なれば、まして国事に参預する権利のごときは決して人権と称すべきものにあらず。(40)

「私権」が、「生まれながら」の「人権」とその他の後天的「権利」を含み、それは政治的権利と区別されるという訳文になる。フランツの *Vorschule zur Physiologie der Staaten*（『国家生理学序説』）で、おそらく対応箇所と思われる「国家内部における自由」の章には次のようにある。

生まれながらの、および後天的に形成された能力［belebende und bildende Kraft］としての人の自由は、国家体の本質に属するものとして、そこで作用するものであるから、われわれが探求すべきなのは、この能力のどういった作用が、国家の内的構造に対して影響しうる、あるいはすべきであるかという点である。

国家において、人の権利とされるものは二つある。個人の権利を構成するものとして、その能力と素質を発達させ使用することであり、それは市民としての自由［bürgerliche Freiheit］と呼ぶことができる。この権利に含まれるもう一つは、国事［Angelegenheiten des Staates］そのものに作用する力をふるうことであり、それは政治的自由［politische Freihet］である。(41)

つまり、フランツによれば、生まれながらの権利とそうでない権利の区別というものは存在しない。権利は国家との関係においてのみ認められる。生まれながらにあるのは「能力」である。「能力」は生得のものだけでなく、後天的なものを含む。それらを涵養する「自由」は「市民としての権利」である。その「権利」は、生得物ではなく、人為的構成物（「国家において」存在する）である。フランツが述べていることを厳密に解釈すれば、「権利」としての「自由」とは、あくまで市民社会の成員として承認される権利としてあるのであって、「天」が「私権」を生物学的な人間個体一人一人に与えたわけではない。またそれと区別され、「天賦」ではないものとしての「政治的権利」があるわけでもない。

「天賦」という概念を維持したまま、「権利」（および「法」）の根拠問題を取り扱うのは難しい。「天賦」という語には、「生得の」という意味と規範的拘束力との境界を失わせる機能がある。それに加えて、「天賦」は儒教、特に朱子学では、人間に内在する「性」の同一性を強調するときに用いられる。つまり「性」を尊重する根拠があるとすれば、それはあらゆる人に同一だからである（取り替え不可能の個性だからではない）。加藤を含め、「天賦」がそのような概念であることは、当時の知識人には常識であったと考えられる。

用例としてはたとえば、『二程遺書』（巻二上）「徳性は天賦天資の才の美なるものをいうなり」、『朱子語類』（性理一　人物之性気質之性）「人物の生、天賦のこの理をもって、いまだかつて同じならざるはなく、ただ人物の稟受するに自から異あるのみ」、『朱子語類』（孟子九　告子上）「性はこれ人に天賦、ただ一同なり。気質の稟くるところ、かえって厚薄あり」などがある。いずれも「天賦」は、人間に同一の理が内在することについて用いられる(42)。多様性は「天賦」ではなく、「気」の密度による。ただし、「天」が「賦与」する「性」には、人間の側からそれに自発的に従おうと内側から突き動かす能動性も含まれる(43)。

また、「天賦」だからといって人為的な社会関係上の規範を含まないわけではない。『朱文公文集』（巻八二　跋宋君忠嘉集）「父子の仁、君臣の義、天賦の本然、民彝の固有にあらざるはなし」とあるように、後天的な関係である「君臣の義」についても、その秩序の根拠自体は「天賦」であって、それは両者が、意思的に、人為的に維持しなければならない点で「義」とされる(44)。

加藤の『国法汎論』において、Gewissen を「天良」としていたことも、「天賦」の権利といった考え方に影響している。加藤に限らず、中村敬宇訳『自由之理』でも、conscience に対応して「天良」としている箇所がある(45)。「天良」という語は、儒教の経典などでは通例用いられない(46)。「天良」という語が用いられたのは、丁韙良 William Alexander Parsons Martin によって中国語で書かれたキリスト教の教理書『天道溯源』（一八五四年）の影響の可能性がある。同書には「すでに天良を秉《と》り、是非を弁別すれば、これすなわち天父之法、その心に録す」といった表現がある。中村は一八七五年に『天道溯源』に訓点をつけて出版しているが、幕末期からこれを読んでいたと思われる(47)。中村はスマイルズの翻訳『西国立志編』（一八七〇—七一年）でも、conscience の訳語に「天良是非の心」と

「良心」の両方を用いている。[48] しかし結局、日本語ではGewissenの訳語を「天良」とすることは定着しなかった。[49]

特に意図はないかもしれないが、福澤諭吉は「天良」という語を用いなかった。conscienceに対応すると考えられる語では、初期の作品では「本心」が用いられた。[50] ただし福澤のいう「本心」は、「権利」として保護される内容というよりは、情欲を抑制する能力という意味で用いられることが多い。

同時代の「天賦」概念の用法に照らすと、「天賦の自由」というのは「権利」としての「自由」をさしているのではなく、人間はもともと善良な動機（「天性」）をのびのびと発揮させることが望ましいように生まれてきた、という主張のために使用したくなる概念であったと考えられる。中村敬宇は『自由之理』において、"the distinctive endowment of human being"を「天賦の才智」と訳しているが、endowmentを朱子学で考える「性」のようなものと理解し、ミルの主張が腑に落ちた気がしたのではないだろうか。[51] 中村は、「天」が人間に与えるのは善性であり、「自由」はそれを（彫琢するというよりは）涵養する保育環境のようなものと考えたのであろう。ここでも「天賦」という概念は、個人に内在する能力の問題と「権利」の問題との境界線を、失わせる役割を果たしていた。

そして「天賦」の善良な動機には、多様なあり方というものは存在しないか、かりに多様性があったとしてもそれは人間の未完成な道徳性から発する誤謬としての多様性に過ぎない。したがって、「天賦」という概念では、個人の「自由」を「権利」として保護すること自体は、特に正当化できない。保護できるのは人々が究極的には共有するはずの善性であり、「自由」というのは、権力者や政府が悪意をもってその善性に危害を与えるような力の行使を控えることをさしている。

六 「通義」と「権理」

「天賦」という理由で「自由」の保護を主張する場合には、「自由」によって実現されるべき価値の内容が、人に自然的に内在している共通の好ましい性質のようなものとして予期されてしまう。これは実は、「自由」を奪われそうな深刻な危機にある人には役立たない主張でもあった。権利ではなく、その人の道徳性が問われるからである。他方、個人の「自由」を制度的に保証することが（「天賦」の）国家の義務であるという主張がもし明確に打ち出されれば、人々の利害関心の多様性の発現をもたらし、統制が困難になるであろうと警戒する政治体制の運営者にとって、とうてい認めがたい主張であったが、運良くそこまで突き詰めた議論はなかった。

「天賦」という概念は、あまり役に立たず、権力にとってそれほど危険でもない。ある時点で、この問題に気づくことのできた者はいた。気づいた結果どうするかは、いろいろと選択肢がある。福澤が『文明論之概略』でより明確にしたように、「天賦」の権利という主張はやめて、「自由」というのは個人が利益の競争に参加するゲームのルールへの合意をさしているとするか、加藤の『人権新説』（一八八二年）のように、天が個人に与えたのは「自由」ではなく、「力」であるから、権力者が一般の人々の「権利」を尊重する責務を負うかのような言説は虚妄であると主張するようになるか(52)、あるいは、以下で紹介する小野梓のように、権利とは、正当性のない強制や苦痛を免れることが認められている実定的な範囲のことであると宣言し、「自主自由の権」もそれ以上の根拠（つまり、能力や道徳性など）は理論上必要ないとする道もあった。

小野は「権理之賊」（一八七五年）で、ベンサムの論文 "Principles of the Civil Code"(53) に依りながら、人類は「天性上の権理自由《ナチユラルリバチー》」を棄て、「交際上の権理自由《シビルリバチー》」を獲得したのであり、「吾人の熱心これを欲するところの権理自由はいわゆる交際上の権理自由にして、よくこれを保全するものは通義なり。……ゆえに通義をつくさずして権理を説く者は、かの天性上の権理自由を主張する者にして、交際上の権理を乱る者なり(54)」と述べる。ここでいう「通義」は、福澤が『西洋事情』で使ったような **right** の意味ではなく、ベンサムのいう **obligation** をさしている。

『孟子』に見られる「天下の通義」に即していえば、治者が統治に努め、被治者が治者に衣食を給するのは権利よりは義務の方に近いかもしれない。

ベンサムはこの章で、立法者・政府（legislator, government）は、市民が権利として享受する利益に見合わないような、過大な負担を義務として課してはならない、という議論をしているのだが、小野の場合「政府もしその権理を全うせんと欲せば、必ず先ず自から政府たるの通義をつくすべし」と述べて、政府も「権理」の享受と「通義」（義務）の提供を交換するアクターのひとつであると考えていることである。

政府の人民における所の通義とは、よく衆庶の景福を護するの大旨を全うし、勉めて人民の歓楽を増加し、その苦痛を減少するにあり。故に法を制して不良を責めこれを懲罰するは政府のつくすべき通義なり。しかれども、不正の法律等を置き、みだりに自主自由の権を害するが如き、大に人民の苦痛を生ずるものは、政府自らつくすべきの通義を忘れ、あわせてその権理を棄てたる者なり。(55)

政府における「権理」とは何なのかがわかりにくい文章であるが、おそらく「不正の法律」によって人民の「自主自由」を害することは、政府がその義務を怠って、人民の支配という不当な利益の享受だけをしているのであって、これは政府の「権理」として正当化できないということである。ベンサムが政府を「立法者」として、権利と義務の分配責任者であり、それによって市民全体の幸福（the happiness of society）が増進するよう社会を監視する者と見なしているのとは異なっている。(56)

この論理でいくと、信教の自由は、政府と市民の相互の利益供与義務のバランスによって成立することになる。政府は市民からの租税や服従の調達の代わりに「自主自由」を承認し、市民は租税や服従による苦痛に耐える代わりに一定の「自主自由」を獲得する。実際、小野は、一八七六年に執筆していた『国憲論綱』の中で、信教の自由については、「政教非一」の問題、すなわち国教を定めることの非として論じ、その理由を「国幣を無得の冗費に消靡」し、また「人民の崇奉を強逼」すると人民を「不信の醜行に陥」らせることとしていた。[57] これは『羅瑪律要』（ハウドスミットのローマ法の解説書からの翻訳と補足説明）において、宗教によって市民の権利に違いが設けられることを説明した章に、小野が付けた「按」とほぼ同じ内容である。[58] 小野は、宗教を分類して権利に差をつけるのは効果が不明であるという点で国費の無駄であり、また不本意に国教に従う者は自己欺瞞に陥り不品行を働くであろうという点で害がある、と主張する。小野は、「宗教の秀善なるものを撰択し、ことごとく人民をしてこれを奉信せしむるをもって政治の要務なり」とする国教必要論があることを想定し、これに上記の理由から反論する。

この議論もまた、ベンサムの "Principles of the Civil Code" を参照している。ベンサムは、貧困対策や民衆の道徳維持に教会や宗派が一定の機能を果たすなら、裁判所や警察と同様に、政府は公的にそれを支援してもよいが、その場合、異なる宗教・宗派であっても同等に扱い、自由に活動させた方が、結局教会・宗派間の競争によって「均衡」が得られるであろうという。また、特定の宗派に「社会に見えるような活動 public exercise」を禁じたりするのは、かえって立法者に対する恨みを買い、アイルランドのように社会不安につながるだけであるという。[59]

小野は信教の自由という問題は端的に国教制度をとらないことであるとし、信教の内容や価値を、その権利の保護の問題に関連づける必要はないという論理を導入した。これはベンサムから学んだところが大きい。ただし、小野は政府も「権理—通義［rights and obligations］」のゲームのプレイヤーだと考えているので、政府と市民はお互いの不利益や苦痛を減じる交渉はできても、どちらも、信教・良心の自由が奪われている人を積極的に救済する動機をもたない。小野は「自由」や「権理」に「天賦」を介入させないことによって、「自由」や「権理」によって保護されるべき実質的価値についての判断にかかわらずに「自由」の制度化を構想する道筋を開いた。この点で、

「文明国」の模範になってであるとか、人間の「天賦」の「性」を涵養するためにといった論理から卒業した。しかしながら、ではなぜ「自由」は積極的に擁護されねばならないか、それを擁護する主体は何か、という問題については興味深い迷走が始まる。一八八〇年代の「自由」をめぐる論争、および明治憲法形成過程における国民の権利の根拠づけをめぐる論争などは、その迷走の軌跡である。(60)

注

（1） John Gray, *Two Faces of Liberalism* (New York: The New Press, 2000), chapter 4; Stephen Holmes, *Passions and Constraint: On the Theory of Liberal Democracy* (Chicago: University of Chicago Press, 1995), pp. 10–11, chapter 7.

（2） 宮村治雄『新訂　日本政治思想史——「自由」の観念を軸として』（放送大学教育振興会、二〇〇五年）。

（3） 福澤諭吉『西洋事情』初編（尚古堂、一八六六年）巻之一、七丁表。

（4） 福澤諭吉『西洋事情』初編、巻之二、四丁表—六丁表。

（5） 福澤諭吉『西洋事情』外編（尚古堂、一八六八年）五丁裏。

（6） *Chambers's Educational Course, Political Economy for Use in Schools, and for Private Instruction* (London and Edinburgh: William and Robert Chambers, 1873), p. 3.

（7） 福澤諭吉『西洋事情』二編（尚古堂、一八七〇年）巻之一、三丁表、四丁裏—五丁表。福澤が参照したのは、学生向け縮約版と考えられるため、William Blackstone, The Student's Blackstone: *Commentaries on the Laws of England*, in Four Books (London: John Murray, 1865), pp. 15–22を対照した。なお『西洋事情』のこの箇所とブラックストンとの詳しい比較検討は、すでに安西敏三がおこなっている。安西敏三『福澤諭吉と西欧思想——自然法・功利主義・進化論』（名古屋大学出版会、一九九五年）二三〇頁以下。

（8） たとえば、人が最低限の生活物資を得る「権利」は救貧法を根拠に（すなわち自然法ではなく実定法を根拠に）議論されるが、飢えているものが盗みをはたらく「権利」があるとは認めない。また死刑は神が承認した制度として擁護されることから、ホッブズと異なり、生命を守ることですら、「自然権」とされていないといえる。参照、Michael Lobban, "Blackstone and the Science of Law," *The Historical Journal*, Vol. 30, No. 2 (June 1987), p. 329.

（9） Michael Lobban, "Blackstone and the Science of Law," pp. 323–325; David Lieberman, "Blackstone's Science of Legislation," *Journal of British Studies*, Vol. 27, No. 2 (April 1988), p. 125. ブラックストンによれば、被造物のなかで人間のみが理性と自由意思によって神

の指令を発見できるし、それに従わないこともできる。H・L・A・ハート（矢崎光圀訳）『法の概念』（みすず書房、一九七六年）二〇五頁。

（10）「処世の自由」という訳語は、福澤諭吉『西洋事情』二編、巻之一、六丁表。

（11）*British Foreign Office: Japan: Correspondence*, F. O. 46–124. No. 6 Parkes to Clarendon. Jan 22, 1870, Minute of Interview between the Foreign Representatives and Japanese Ministers at Yedo, January 19, 1870, pp. 80, 88.（横浜開港資料館所蔵の複製本を使用）。「浦上キリシタン弾圧に関する対話書」（明治二年一二月）、安丸良夫、宮地正人校注『日本近代思想大系　五　宗教と国家』（岩波書店、一九八八年）三一〇—三一一頁の訳も参照したが、必ずしもその訳にしたがってはいない。

（12）*British Foreign Office: Japan: Correspondence*, F. O. 46–124, No. 6 Parkes to Clarendon. Jan 22, 1870, Minute of Interview between Sir H. Parkes and one of the Principal Japanese Ministers, Yedo, January 20, 1870, p. 163.

（13）*British Foreign Office: Japan: Correspondence*, F. O. 46–124. No. 6 Parkes to Clarendon. Jan 22, 1870, p. 91.「浦上キリシタン弾圧に関する対話書」三一二頁も参照。

（14）「和蘭公使代任祝辞」遠山茂樹校注『日本近代思想大系　二　天皇と華族』（岩波書店、一九八八年）一四頁。

（15）中村正直『敬宇文集』巻一（吉川弘文館、一九〇三年）七丁表—七丁裏。

（16）大久保健晴「明治初期知識人における宗教論の諸相」（政治思想学会『政治思想研究』第四号、二〇〇四年）、および同「明治エンライトメントと中村敬宇——『自由之理』と「西學一斑」の間」（一）、（二完）（『東京都立大学法学会雑誌』三九巻一号、一九九八年六月、二号、一九九九年一月）で詳しく論じられている。中村敬太郎訳、ミル『自由之理』（一八七二年二月）第四巻、三〇丁表—裏。John Stuart Mill, *On Liberty*, in *The Collected Works of John Stuart Mill*, Volume XVIII - Essays on Politics and Society *, ed. J. M. Robson（Toronto: University of Toronto Press, London: Routledge and Kegan Paul, 1977）, p. 289. オリジナルは一八五九年、中村が用いたのは、一八七〇年ロンドン版、Robson の採用した版は一八六九年ロンドン版。

（17）中村訳『自由之理』第三巻、三丁裏。*On Liberty*, p. 261.

（18）中村訳『自由之理』第三巻、三丁裏—四丁表、第四巻、五丁表。

（19）*Religious Freedom in Japan*（1872）、大久保利謙編『森有禮全集』第一巻（宣文堂書店、一九七二年）二九六頁および John E. Van Sant ed., *Mori Arinori's Life and Resources in America*（Lexington Books, 2004）, p. 144.『森有禮全集』には若干誤植がある。

（20）『森有禮全集』第一巻、二四九頁。John E. Van Sant ed., *Mori Arinori's Life and Resources in America*, p. 145.

（21） Ralph Waldo Emerson, "Character," *The North American Review* for April, 1866, in *The Collected Works of Ralph Waldo Emerson: Essays*: Second Series edited by Alfred R. Ferguson（Cambridge: Belknap Press of Harvard University Press, 1983）.

（22） 松沢弘陽『近代日本の形成と西洋経験』（岩波書店、一九九三年）二七五頁。

（23）『森有禮全集』第一巻、六五九―六六〇頁。

（24） 加藤弘之訳「米国政教」（『明六雑誌』第五号、一八七四年四月一五日、山室信一、中野目徹校注『明六雑誌』上、岩波書店、一九九九年）一九九頁。

（25） Joseph Parish Thompson, *Kirche und Staat in den Vereinigten Staaten von Amerika*（Berlin: Leonahrd Simion, 1873）, S. 2–3.

（26） 対照にあたって、Johann Caspar Bluntschli, *Allgemeines Statsrecht*（München: Der J.G. Cottashen Buchhandlung, 1868）, Vierte Auflage, Zweiter Band（第四版、第二巻）を用いた。この前の第三版（1863）以前では、内容が若干合わないため、加藤は第四版を用いたと考えられる。なお、現代なら「国法」は Staatsrecht と綴られるが、文献検索の便を考えて書名については Statsrecht のままとした。本文内では Staat に修正した。

（27） 加藤弘之訳、ブルンチュリ『国法汎論』首巻および六から九巻（一八七二―七四年）。

（28）『国法汎論』巻之九上、一八七四年、六丁裏。以下、巻之九の対応箇所は、Bluntschli, *Allgemeines Statsrecht*, Zweiter Band, Neuntes Buch, Von der Culturpflege des Stats, S. 264ff.

（29）『国法汎論』巻之九上、二〇丁裏、二三丁裏。

（30）『国法汎論』巻之九上、二四丁表―二四丁裏。

（31）『国法汎論』巻之九上、二九丁表―二九丁裏

（32）『国法汎論』巻之九中、四丁裏。Bluntschli, *Allgemeines Statsrecht*, Zweiter Band, Neuntes Buch, Von der Culturpflege des Stats, S. 294.

（33） 加藤弘蔵『立憲政体略』（一八六八年）二一丁裏。

（34）『立憲政体略』二四丁表―裏。

（35） 加藤弘之『国体新論』（一八七四年）一四丁裏。

（36） この問題がやっかいであることに気づいたのは穂積八束であった。本書第三章を参照。

（37） 加藤弘之『国体新論』一四丁裏―一五丁表。

（38） 加藤弘之『国体新論』一五丁表―一五丁裏。「霊魂心思」は、"Geistes- und Gemüthsleben"（「精神および心情的生活」の意。現

代の綴りでは後者は Gemütsleben となる）が対応すると考えられる。『国法汎論』では、「精神心意」と訳されている。『国法汎論』巻之九上、八丁表。Bluntschli, *Allgemeines Statsrecht*, Zweiter Band, S. 263.

（39）『国体新論』二四丁表。

（40）『国体新論』二一丁裏。

（41）Constantin Frantz, *Vorschule zur Physiologie der Staaten*（Berlin: Schneider, 1857）, Kapitel IX, S. 264.

（42）『二程遺書』第二巻上「元豊己未呂與叔東見二先生語」（程顥、程頤撰『二程集』北京、中華書局、一九八一年）二〇頁。朱熹『朱子語類』第四冊、巻第五九（北京、中華書局、一九八六年）一三八九頁。

（43）三浦國雄訳注『「朱子語類」抄』（講談社学術文庫、二〇〇八年）三七四頁以下。

（44）市来津由彦「山崎闇斎編『拘幽操』における朱熹説理解について」（東洋古典學研究会『東洋古典學研究』第七集、一九九九年）。

（45）中村訳『自由之理』巻之三、九丁表「けだし願欲の心強くして天良の心弱ければ悪行に入るべし。故に強き願欲と弱き良心との間に自然の連続せるものはあらず」。原書では「天良の心」も「良心」も conscience。中村は『自由之理』序論中（巻之一、二丁表）の自己の補説の中で「他人に強られ、吾が本心の是とするものを行ひ得ざる理なき事なり」と述べているが、この「本心」も conscience を意識したものであろうと考えられる。

（46）「天良能」であれば、北宋の張載（横渠）『正蒙』（一七〇六年）「誠明」編に「天良能本吾良能。顧為有我所喪耳。（天の良能は、本吾が良能なり。我有るがために喪わるる所を顧みんのみ。）」（張載『張載集』北京、中華書局、一九七八年、二二頁）とある。「良能」は『孟子』（「尽心」上「人之所不学而能者、其良能也。」）に遡ることもでき、また、その解釈の広がりを明清思想にもたどっていくことはできるが、ここでは立ち入らない。以上は、澤井啓一教授のご教示による。

（47）ここで参照したのは、丁韙良著、中村正直訓点『天道溯源』（一八八〇年版）下巻、「論始祖違命累人」の章、五八丁表。『天道溯源』についての研究として、吉田寅『中国キリスト教伝道文書の研究——『天道遡原』の研究・附訳注』（汲古書院、一九九三年）があり、幕末期の日本での受容についても論じられている（一〇八頁以降）。中村による同書の受容については、李セボン「中村敬宇における「学者」の本分論——幕末の昌平黌をめぐって」（『日本思想史学』第四五号、二〇一三年）。

（48）中村正直訳、スマイルズ『西国立志編　原名　自助論』（木平謙一郎版、一八七〇年）第一編、五丁裏。Samuel Smiles, *Self-help: With Illustrations of Character and Conduct*（London: John Murray, 1866）, p. 4. 中村訳の扉には一八六七年とあるが、その版は参照

できなかった。

(49)「天良」は中国でも使われた。conscience の訳語としての「天良」は厳復によるハクスリーの翻訳、厳復『天演論』（一八九八年、商務印書館、一九八一年）三二頁に見られる。「人心常徳、皆本之能相感通而後有。於是是心之中、常有物焉以為之宰、字曰天良。天良者、保群之主、所以制自営之私、不使過用以敗群者也」（「導言一三　制私」の章）。ハクスリーがアダム・スミスに言及した箇所である。Thomas H. Huxley, "Evolution and Ethics: Prolegomena" in *Evolution & Ethics, and Other Essays, Collected Essays by T. H. Huxley*, Volume IX (London: Macmillan and Co, 1894), p. 30.

(50) 福澤諭吉訳述『世界国尽』（一八六九年）序、四丁表に「慈母の教育は、その子の本心を誘導し」、『学問のすゝめ』第八編（一八七四年）二丁表に「人には各至誠の本心あり」、などを見ることができる。後者は、Francis Wayland, *The Elements of Moral Science* (Boston, 1835) 中の "Nature of Personal Liberty" の節の概要を紹介したことになっているが、「本心」の部分などはおそらく、"the Authority of Conscience" の節の概要を付け加えたのではないかと推測される。福澤がどの版を読んだかわかっていないため、一八五六年のボストン第二版、一八五八年のロンドンの The Religious Tract Society 版（これも第二版。ただし英国バプティスト派の牧師・教育者 Joseph Angus による注がついている）を参照した。なお「至誠」「本心」は、朱熹がしばしば用いる概念で、天があらかじめ人間に埋め込んだ道徳性をさしている。例としては、『論語集注』微子第十八の「孔子曰、殷有三仁焉」につけた注で、仁の現れが三者で異なっても、それが本来的な徳の発現であるという解釈に「至誠」「本心」という用語が用いられる。

(51) 中村訳『自由之理』第三巻、六丁表。Mill, *On Liberty*, p. 262. 大久保健晴「明治初期知識人における宗教論の諸相」は、この箇所のミルの原文が必ずしも示唆していない「天がそもそも与えた」という意味を中村が付け加えたことの意味を考察している。なお西周『百学連環』には、「天賦 gift」、「天禀 endowments」とある。『百学連環』総論（一八七〇年、大久保利謙編『西周全集』第四巻、宗高書房、一九八一年）三二頁。

(52) 本章では検討する余地がないが、加藤の『人権新説』を批判して出された議論の中には、「物類天然の態勢には独利の性あり、人類の道理には共利の性あり」（無署名「加藤弘之氏の人権新説を読む」『郵便報知新聞』社説、末廣重恭校閲、中村尚樹編『人権新説駁論集』内田弥兵衛、一八八三年、二〇頁）として、人間にはもともと相互に助け合うような「性」が内在していることを根拠に、加藤が主張する進化の法則は、物理的弱者の「権利」を虚妄とする根拠にはならないと論じるものがある。

(53) ここでは、小野が依拠した可能性のある、Jeremy Bentham, "Principles of the Civil Code," in *Theory of Legislation*, translated from the French of Etienne Dumont by R. Hildreth (London: Trübner & Co., 1864) に収録されたものを参照する。同書は Dumont がフランス

で出版したものを英訳したもの。

（54） 小野梓「権理之賊」（『共存雑誌』第二号、一八七五年二月、早稲田大学大学史編集所編『小野梓全集』第三巻、早稲田大学出版部、一九八〇年）一三—一四頁。

（55） 小野梓「権利理之賊」一五頁。

（56） Bentham, *Theory of Legislation*, p. 96.

（57） 『国憲論綱（稿本）』（早稲田大学大学史編集所編『小野梓全集』第二巻、早稲田大学出版部、一九七九年）四一九—四二四頁。

（58） 『羅瑪律要』（『小野梓全集』第二巻）五四—六二頁。原本であるオランダの法学者ハウドスミット Goudsmit の著作は、ローマ法では宗教によって権利の制限があることを短く記し、近代のフランス、ドイツ、オランダの状況を記しているが、理論的な考察はなされていない。「按」の部分は、小野がベンサムによりつつ記したものである。Joel Emanuel Goudsmit, *The Pandects: A Treatise on the Roman Law and Upon its Connection with Modern Legislation*, Translated from the Dutch by R. De Tracy Gould (London: Longmans, Green & Co., 1873), p. 53. ハウドスミットのオランダ語原本の内容、またそれが小野のベンサム理解とどうかかわっているか、さらに小野の後年の『国権汎論』（一八八二—八五年）、『民法之骨　上篇』（一八八四年）に継承されていったかについては、大久保健晴『近代日本の政治構想とオランダ』（東京大学出版会、二〇一〇年）第四章、第五章。政教分離論については、第四章の註（52）、三八九頁で言及されている。

（59） Bentham, "Principles of the Civil Code," pp. 133–134.

（60） 中江兆民による『民約訳解』（一八八二年）はその迷走のもたらした予期せざる成果かもしれない。これについては本書第九章を参照。

第九章　中江兆民における「約」と「法」[1]

一　問題の所在

本章では、なぜ「自由」は積極的に擁護されねばならないか、それを擁護する主体は何か、という問題について、契約論から接近した思想家として中江兆民を取り上げる。特に、兆民がルソーの翻訳と解釈の中で展開した、政治体の想像された「起源」である「民約」の概念に着目し、その論理的構築力の強度を計測してみたい。

ルソーの『社会契約論』の翻訳は兆民の言論活動の出発点をなした。周知のようにフランスからの帰国（一八七四年）の直後に兆民は、*Du Contrat social*（現在『社会契約論』と訳されることが多い）の部分訳を『民約論』と題して試しており（当時は未公刊。現在残っているのは巻之二のみで、しかもその第六章まで）、さらにあらためて漢文に翻訳したものが『民約訳解』（『政理叢談』一八八二―八三年に連載。巻之一および巻之二でふたたび巻之二は第六章まで）である。その「巻之一」部分は単行本（一八八二年）として刊行された[2]。

当時の言葉づかいとして contrat を「約」・「契約」と訳すことはおかしくはなかった。「契約」という訳語はたとえばすでに『英和対訳袖珍辞書』（蔵田屋清右衛門、一八六九年）に見られる。ただし「民約」は兆民による造語であろうと思われる。おそらく統治者と民の非対照的な「約」ではなく、個人間の対等な「約」を表現する必要から生まれたものであろうと推測する。兆民の主宰する仏学塾版の『仏和字彙』（一八九三年版）では contrat social に「官民間の契約。民間の契約」（つまり特に「社会契約」を強く示唆していない）とそっけなく書いてある。『仏和字彙』は、Émile Littré 編、*Dictionnaire de la langue française*（1872–77）の簡約版を翻訳したものだが、Littré 辞典の元来の版における “contrat” の項に “contrat social” の説明があり、そこには「政治思想家が考えるところの、統治者と被治者、あるいは社会の成員相互の、明示的なあるいは黙約の合意［convention expresse ou tacite］」という説明があり、さらに『社会契約論』第一編第八章からの文が用例として引かれている。(3)

中国や日本の思想にも、社会秩序の起源が「約」によってなされているといった発想がなかったわけではない。『荀子』「正名」篇には「名には固宜無く、これを約して以て命《なづ》け、約定まりて俗成ればこれを宜といい、約に異なれば、これを不宜という。名には固実無く、これを約して以て命け、約定まりて俗成ればこれを実名という」という一節がある。「言葉には固有の意味内容はない。約してこれをこの意味と名づけるのである。約が定まりそれが習俗となると正しい意味内容が決まり、それに異なればこれを正しくないとする」といった意味である。荀子の論理では、聖人が「名」を「制」する以前は、社会秩序は成立していないいわば自然状態である。ただし、「約名」の妥当性の根拠は、人類が普遍的に共有する「天官［感覚器官］」なので、聖人はそれを正しく理解して「名」を定め、それが人々に「約」として承認され、やがて「俗」となる、すなわち、いちいち契約として意識しなくても当然の決まり事になっていくものである。(4)この点は、「聖人」の役割を除けば、語感からしても convention と通じるものがある。フランス語や英語の convention には社会の黙約や慣習の含意があり、またそれ故に、自然ではなく人為的な（つまり社会的な）取り決めという意味も当然もっている。また「聖人」の能力は、ルソー『社会契約論』第二編第七章に現れる「立法者」に似ている面がある（そして後述のように兆民はその章を翻訳しなかった）。

また、中国や朝鮮あるいはベトナムで、「郷約」が結ばれたことは知られている。この実態は多様であり思想的背景も複雑だが、朱熹が修訂した「藍田呂氏郷約」を郷村に浸透させる地方教化運動が重要な原型の一つであるから、「郷約」の場合は、はじめから「約」すべき内容はまず提示されていて、人々がそれによって道徳化されることが目的となる。(5)

近世日本では、太宰春台が、「国家を経営するに、約法ということあり……この法を永々までに変改すまじきことを民と相約するなり、今の世に国家を治むる術は、約法に勝ることなし、……君上もしこの約に違うことあらば、その親族に告げ、祖宗に告げ、縣官に請て、縣官の鈞命と、祖宗の命とを奉じて、その君を退け、新にその子もしくは弟を立て、君位をつがしむべし」（『経済録』巻之八、一七二九年(6)）と述べていたが、これはいったん決めた法令を将来変更しないことを統治者が民に約束するという意味であった。

したがって、「約」という概念が、政治権力と人民との関係を説明する用語として、まったく奇異だったわけではない。すぐれた道徳的指導者が民の生活をよく理解し、なおかつ教育的に誘導する場合に賛同をとりつける意味と、権力者が民との間に一種の統治契約を宣言するといった意味を含むことは可能であった。

ところがルソーの『社会契約論』は、人々の相互の「契約」による政治体の設立を論じるだけでなく、そのような行為の遂行によって自然状態から離脱し、人為的な権利と責務の有効な状態そのものを成立させるという、いわば社会規範の有効性を基礎づける正当性そのものを検討した書であった。契約の条項として書かれている権利や責務そのものに先だって、それらを有効にする規範の共同性の根拠を問うことに『社会契約論』の重要な意義があった。人間は自然にあるいは本性から、権利や責務を尊重し遂行すべきだと考えるのではなく、「一般意思」を肯定し自己の意思をそれに一致させるという義務を自らの意思で承認した、その跳躍点こそが根拠になるはずだというのである。したがって兆民は訳者として、読者がその点に気づくよう誘導しなくてはならないはずであった。

二　「約」による「邦」の基礎づけ

兆民の訳による「民約」とはどういう行為で、またそれは何を約束することになっているのだろうか。また兆民はルソーの意図をどのように解釈し説明していたのだろうか。

第一編第五章に用いられる「原初の合意 une premiere convention」という概念に対応する『民約訳解』の訳は、ほぼ一貫して「民約」によって「邦」を建設するという表現になっている。同章に次のような箇所がある。

> 瓦魯士［グロティウス］曰く「一邦の民、自から挙げて君［roi］に与うることを得」と。まことにかくの言のごとくんば、これそのいまだ自から与えざるの前、既に已に邦あり。既に邦あれば、ここに政あり。謂う所の自から与うるの事も、また政なり。いやしくも政なれば、すなわち議して之を定めざるを得ず。果して是の如くんばその、民の君に与うる所以を論ぜんよりは、先ず邦の由りて以て建つ所を論ずるにしかざるなり。（八九頁）

訳文の「邦の由りて以て建つ所」は「社会の真の基礎 le vrai fondement de la société」に対応している。原文では、共同的な人格としての société あるいは peuple という概念が登場するが、兆民はそれを「邦」という言葉に置き換えている。「邦」という語を選んだのは、この章で少し前の箇所でルソーが “le corps politique” という語を使うので、それに強く印象づけられたためかもしれない。

さらに、この一節に付した兆民の「解」は次のようなものである。

亙魯士いう「国民、君を立て、これに托するに専断の権を以てす」と。婁騒［ルソー］はすなわち言う「民あい共に約して邦を建つるは、まさに君を立つるの前に在るべし、いわゆる民約なり。民約一たび立てば、人々堅く条規を守る。君を立つるの事、必ず為さざるなり」と。（八九頁）

第五章でルソーが述べているのは、「自然状態」からの離脱と共同体の設立の唯一の根拠が「原初の合意」であるという主張である。これに対して、兆民は「民相共約建邦（民あい共に約して邦を建つる）」と記しているが、[7]合意によって成立した共同体をさす société あるいは peuple を「邦」としたことは、兆民の翻訳に一つの混乱材料をもたらしたと考えられる。原初的個人が自らの意思で自然の自由を捨てて社会を形成したという、人間にとっての社会的規範を根拠づける理論的擬制と、実際の国法が何によって正当化されるかという問題のレヴェルの違いが区別できなくなるからである。

「民約一たび立てば、人々堅く条規を守る」という一節は、「民約」が成立すれば人々は法規を自発的に遵守するようになる（そう約束したのだから）ので、主権者に個々人の権利を譲渡する必要はないと読む可能性が否定できない。実際兆民の狙いはそこにあったと思われる。しかしこれは『社会契約論』の論旨から逸脱しており、また後の章の議論、特に「一般意思」と個人の意思の関係の議論と矛盾する。ルソーは、元来自由であったはずの人間が、なぜそれを捨てて共同体の主権の意思というものを設立し、それを自己の意思として全面的に引き受ける責務を負うのかということを論じるからである。

実はこの「解」の一文については、単行本にする前の『政理叢談』での訳では、「立君」ではなく「奉王」と記され、「堅守条規」は「堅守其条規」（傍点は松田）としている。この方が、「王 roi」と、後の章で「君」と訳される「主権者 souverain」とを区別でき、また「条規」も一般的な法規のことではなく、「民約」の内容をなす「その条規」であることがはっきりする。もし『政理叢談』の「解」のままに「王」の字を用いていれば、共同体の全体としての権利を（グロティウスがいうように）誰か実体的な個人（「王」＝roi）に譲渡するということは、「民約の条規」に照らしてあり得ないという意味が明確になり、刊本の『民約訳解』よりも原書の意図にふさわしいものになっていただろう。(8) 兆民がここに変更を加えたのは、『民約訳解』を人民自治論の書として読ませ、ルソーが組み立てた、原初の合意から主権者の意思の成立にいたる立体的な論理構造をあえて平板にする狙いだったのかもしれない。

ルソーによれば政治体の意思を決定する手続自体、はじめに合意されていなければならない。第一編第五章の中で、共同体の意思決定をするために多数決という方法がとられるなら、まず「多数決」に従うという「全員一致」の約束が先行しなければ、多数決による意思決定そのものが意味をなさないとルソーは述べている。その一節を兆民は次のように訳している。

衆あい議して事を決せんとする者、必ず議を持するものの多寡を較ぶるは、固より是《ぜ》なり。しかれどもこれまた予め約あるにあらざれば不可、しこうして未だ邦あらざるの前、約の類あること無きなり。これ知る、民の議して王を建つるの前、更に一事の咸《み》な皆な意を同じうして定むる所のもの有ることを。これ正に余のこれを論ぜんと欲する所なり。何の謂ぞ。曰く、相い共に約して邦を建つること、これなり。（八九頁）

「未だ邦あらざるの前、約の類あること無きなり」(9) および「あい共に約して邦を建つる」という文に直接対応する原文はなく、兆民が補足したものである。そしてこの「邦」についての文の補足のために奇妙な矛盾が現れる。

「未だ邦あらざるの前、約の類あること無きなり」というが、「邦」は「約」によって成立した（「あい共に約して邦を建つる」）のではないのか？

あらかじめあるはずの「約」は「合意 convention」にあたると考えられる。これはまず peuple という共同的な人格を結成することについての全員一致の合意である。他方「未だ邦あらざるの前、約の類あること無きなり」の「約」は具体的にそのすでにできている「邦」のメンバーによる意思決定行為、たとえば「立君」（「［王の］選挙 élection」、これはそう取り決めてあれば多数決でもよい）をさしている。訳文でこのことがわかるだろうか？

カール・シュミットの『憲法理論』の指摘によれば、『社会契約論』は社会契約以前には共同的意思が存在しないという想定に立つものであるため、社会契約と、国民が国家の法を制定する「憲法制定契約」とは区別されねばならない。「憲法制定契約」はすでに憲法を制定する前提となる共同体の成立については合意ができているからである。そしてルソーにおいてもその区別は明確であったとシュミットは考えている。(10) ところが兆民の訳は、「約」のさし示す対象が曖昧で、合意をさすのか約束される内容の条項をさすのかがわかりにくい。したがって、よほど注意深い読者でない限り議論のレヴェルを混同しやすいことは否定できない。「原初の合意」という行為、共同体の設立というその合意内容、そしてその共同体による意思決定とその具体的決定内容という、レヴェルの異なる行為のすべてにまたがって「約」が用いられているために、読者にとっては論理的な先後関係が見失われてしまう。そもそも「約」が約束をしようとする意思を示しているのか契約内容を示しているのかを区別しなければならないという考えが兆民にはないように思われる。

三　「義之所当然」と「人義の自由」

『社会契約論』第一編第六章では、「合意 convention」ではなく、「社会契約 le pacte social, le contrat social」という言葉が使われており、第五章で議論していた「合意」とは区別すべき内容の章になっているが、兆民はその区別に注意を払わなかった。兆民が用いる「約」という語は、「原初の合意」という元来自然な自由をもっている個人の自発的な行為と、第六章に書かれているような政治的共同体および政府の設立の条項（つまり「約」すべき内容）の両方について用いられているため、混乱を生んでいる。[11]

このような混乱は誤読というよりは、兆民の人間観に根ざしている。

第一編第六章の中に、「契約 contrat」の条項は、その基礎となる合意の性質上「どこでも同じであり、誰もが暗黙のうちにうけいれ、認めていた」[12]ものであるという一節がある。ルソーによれば、「社会契約」の条項が普遍的にどこでも同じでなくてはならないのは、それが普遍的に見られる社会状態を構成する条件のことだからである。そして、その条件に対してなされた「原初の合意」のみが、具体的な政治的共同体の設立の正当化の根拠となりうる。それ以外の根拠は、理性に照らして見いだしえない（さらに、それ以上正当化の基礎づけをさかのぼらせることはできない。そうでないと契約を守る契約を守る契約……といった無限後退に陥る）。それ以外に正当化の根拠を求めようとする権力は、ただの実力行使か（理性を失った）迷妄による支配服従関係となる。[13]

これを兆民の訳文で見ると、次のようになっている。

いわゆる民約の条目は、いまだかつてこれを口に挙ぐる有るを聞かず、またいまだこれを書に筆にする有るを聞かず。しかれどもその旨意、義に原づき情に本づき、確乎として易うべからず。しこうしておよそ民たるもの、いまだ始めより黙採暗聴、以て邦国の本となさずんばあらず。（九〇―九一頁）

「契約」が暗黙でも成立するのは、それがconventionnelであるからではなく、「義に原づき情に本づ」くからであると兆民は解釈した。さらに、わざわざこの箇所に「解」をつけて、ベンサムによるルソー批判（「社会契約が実際に行われたという事実はない[14]」）を紹介しこれに反論する。

本書、専ら道理を推して言を立て、義のまさに然るべき所を論ず。しこうして事の有無は初より問う所にあらざるなり。勉雑毋［ベンサム］は用を論じ、婁騒［ルソー］は体を論ず。勉雑毋は末を論じ、婁騒は本を論ず。勉雑毋は単に利を論じ、婁騒はあわせて義を論ず、その合わざること有るや、もとよりむべなり。（九一頁）

つまり実際に「社会契約」の根拠は、実際に合意がなされたかどうかではなくて、「義之所当然」にあるのだという主張に落としこんだのである。

この「解」での主張に関連する兆民の文章としては、「国会問答」（一八八一年、『民約訳解』連載の前年、四月六、八、一四、一六日『東洋自由新聞』）がある。そこでは、国会開設についての推進派である「進取子」が「それ憲法とは、民の相い倚《よ》り相い聚《あつま》りて一邦を成し、共に条約を立てて以て福祉の基を固むる」と主張するのに対し、慎重派である「持重子」が日本の君主の位は祖宗から継承したものであり条約によって国が成立したことはないと反論する。すると「進取子」は「吾れあにこれを知らざらんや。吾れまさにあまねく邦国の邦国たる所以と憲法の憲法たる所以とを論じて一定の法則を示し、しかるのち吾邦に及ばんとす……天下の事皆正則と変則と有らざるなし、しかれども先ず正則の理を究むるにあらざれば以て変則の利を解すべからず」と再反論して、歴史的事実としてある政治体がどのように成立したかという問題と立憲政体の理論的な基礎づけはいったん切り離して考察すべき問題であると述べる(15)。

兆民の強調点は、人民による憲法制定契約を国家の正当性の基礎に置くことが人間の本性に照らして道義的に正しい、というところにある。カール・シュミットが指摘した社会契約と憲法制定権力の区別はここではついていない。出発点においてお互いに社会的配慮をもたない個人から、共同体の一つの意思を引き出すためには、最初に自発的な合意がなされたのでなければ説明ができないとするルソーの主張と、兆民の考える「民」とは、前提が異なっている、あるいはその前提はなし崩し的に行論から消去されている。

兆民が主張する「道理」「義」「正則の理」は、ルソーの主張するような理性の認識の対象なのだろうか。そもそも兆民はルソーが提示する自然状態と社会状態との対比をどのように理解したのか。また、兆民の理解では、『社会契約論』において、理性によって新たに基礎づけられる自然法と、人間の元来の性質との関係はどう扱われていたことになっているのか(16)。

手がかりは兆民が使った「所当然」という表現である。この表現は明らかに朱子学的であるが兆民はどのような意味で用いたのだろうか。

通常、「所当然」については、朱熹『大学或問』にある「天下の物に至りては、則ち必ず各々然る所以［所以然］の故と、そのまさに然るべき［所当然］の則と有り。所謂理なり」（巻之一、経一章）、『朱子語類』の「天の此の物を生ずるや、必ず箇の当然の則有り。故に民、之を執りて以て常道と為す。此れ懿徳《いとく》を好まざること無き所以なり」（巻一八、大学五、或問下）、あるいは『朱子文集』の「「厚き所」は、父子、兄弟、骨肉の恩、理のまさに然るべき所にして人心の已むべからざる者を謂うなり」（巻四四、答江徳功）といったところを読者に想起させるに違い

ない語である。(17)

「所当然」については日本でも多くの解釈の蓄積があるが、大方の理解としては、事物の存在を規定している「所以然」に従って具体的な社会的行為を規律しようとする「已むに已まれぬ」人心の働きをさしている。ただし日本の思想家が「已むに已まれぬ」を論ずるときは、その心情そのものの強さや純粋さが、事物の存在法則より強調されることがあるが、兆民をそのような心情主義者に分類するのは適切ではない。(18)

一八七八年、つまり『民約訳解』より以前に、漢文によってルソーを紹介した、「原政」という兆民の文章がある。これは、漢学者高谷龍洲の私塾済美黌の雑誌『奎運鳴盛録』に掲載されたものである。またこれは、「原政妻騒政論之大旨意訳」として『欧米政理叢談』にふたたび掲載された（二一号、一八八二年一二月二〇日。若干字句の修正がある。ちょうど『民約訳解』連載中である）。ここで、上記の『朱子語類』と同じように、「懿徳を好む」について、『詩経』からの引用を踏まえた解説がおこなわれている。

詩に曰く、民の夷を秉《と》るや［通常は「秉彝」、常道を守ること］、是の懿徳を好む、と。民既に夷を秉るの心あればすなわちもって善に移るべし。既に善に移れば、すなわちもって徳に安んずべし。民の徳に安んずるや、法令設けずして可なり、囹圄《れいぎょ》［牢獄のこと］置かずして可なり、兵戈用いずして可なり、誓盟結ばずして可なり。またなんぞ倀々《ちょうちょう》［迷うこと］乎として政を用いうるをこれなさん。これもと聖人の期するところなり。(19)

「原政」で兆民が主張するところをまとめると次のようになる。東洋では、民は本性的に立派な徳を賞賛する能力をもっているとするものであり、民の道徳的本性を「三代の法」によって涵養することが、正しい政治の実現であるとしてきた。これに対し、西洋では「工芸、芸術」の発達によって欲望や利害の衝突を克服しようとしてきた。

しかし西洋の方法では、人々の欲望が肥大し利害の衝突が激化するばかりで、道徳は退廃する。ルソーはそのような西洋の方法を批判して「教化を昌《さか》んにして芸術を抑えんと欲した」思想家である。

もちろんこの「原政」は、ルソーの『学問芸術論』（兆民は『非開化論』として一八八三年に翻訳出版）をこのように紹介したのであって、『社会契約論』についてのものではない。しかしルソーはこのように理解されるべきだと、兆民は『社会契約論』の連載中であっても繰り返し強調しているのである。つまり兆民にとって、社会性をもたない個人から「原初の合意」によって生み出された人間相互の規範的拘束という問題設定は意味をなさなかった。人間にはもともと否定しがたい道徳的性向が埋め込まれており、問題はその涵養と教化の成否であった。したがって人の本性にこそ道徳の基礎づけは置かれ、「民約」はすでに道徳化した人々の申し合わせのように理解される。「民約」によって人間は自らの道徳性を擬制的に提起するのではなく、ただ人々の本性から生まれた「衆意」を、歪み無く正しく実現する国家を結成するだけなのである。

しかし、兆民は、自然状態と社会状態との区別をはっきり訳しているではないか、だから「所当然」は、道徳的な好ましさではなく、合理的意思がさし示す規範の拘束力をさしているのではないか、という反論があるかもしれない。

『社会契約論』で、「自然的」に対して「人為的」という意味で用いられる語は civil か conventionnel であるが、兆民の訳はどうなっているだろうか。civil についていえば、まず『民約訳解』の巻之一第一章において、兆民は長い「解」を記し、「民あい共に約し、邦国を建て法度を設け、自治の制を興し、かくて以ておのおのその生を遂げその利を長ずるを得るは、人を雑《まじ》うるものなり。故にこれを人義の自由という」（七五頁）と述べている。この「解」は第一編第八章「社会状態 **De l'état civil**（兆民訳では「人世」）の議論を先取りしているもので、「人義の自由」という語が **la liberté civile** をさしている。

「人義の自由」を la liberté conventionnelle の訳として使っている場合もある。先に触れた、第一編第六章における、「民約」の条目は普遍的であるという主張の部分で、「そのあるいは［「民約の条目」に］背戻するもの有らば、ここにおいてか綱維紐を解き、人々意を肆にし情に徇《したが》い、大いに壊《やぶ》れ極めて弊《やぶ》れ、然るのち人義の自由［la liberté conventionnelle］跡を斂《おさ》め［「斂跡」は身を隠すこと］、復た曩日《のうじつ》の天命の自由［la liberté naturelle］に帰入す」（九一頁）としており、「人義の自由」を人為的な秩序であるとして、「天命の自由」と区別している。

ここの兆民の訳では「人義の自由」が「天命の自由」と対置されていることはわかり、したがって「社会状態」と「自然状態」との区別はわかる。しかし、「人義の自由」が「合意による自由 la liberté conventionnelle」をさしていることは漢文訳の読者にはおそらくわからないだろう。ルソーが用いる conventionnel は、「自然」に対する「人為」といった意味と同時に人々の合意によるという意味を含むが、兆民は「約」と「人義」という語に使い分けている。

おそらく自然状態から離脱した状態を示したいときには、（「約」ではなく）「人義」が、兆民にとっては好ましい選択であった。他方、善意の人々が集まって合意形成をする場合は「約」が好ましい。

たとえば、『社会契約論』第一編第四章「奴隷制度について」の冒頭、「いかなる人も、他の人々に対して自然的［生まれつきの］権威 autorité naturelle をもつことはなく、力はいかなる権利をも作りだすものではない。だから人々のうちに正当な権威 autorité légitime が成立しうるとすればそれは合意 les conventions によるものだけである」という箇所の兆民訳は、次のようになっている。

人みなあい等し、貴賤あること無し。しこうしてまた、力、以て権と為す無し。すなわち世の威権を建立して道に合せしめんと欲する者、あい共に約［conventions］をなすにあらざれば、復た別法の求むべき無し。（八三頁）

ここでは、むきだしの実力と、「道に合った」権威との違いは、「約」に基づくかどうかである、と訳される。légitimeを、（それが何であれ）人々が根拠あるものと見なした、という意味にではなく、実質的に道徳的正義に適ったものととり、道徳的な権威を打ち立てようとすれば、道徳をすでに意識した人々が互いに約束しなければならないという意味に訳したことになる。この場合、「人義」ではなく、「約」という語が使用されている。

熟語としての「人義」は、『礼記』にあるが、通常であれば「人の踏みおこなう道」といった意味合いで理解されるだろう。(20) しかしもちろん、「人義」を「人為的な」という意味と人々の合意によるという意味の両方にとることは無理ではない。たとえば「人為の」に近い意味で、「仮の」といった意味合いが「義」にはある。また人々の合意によって地位や制度を承認するといった意味もある。『康熙字典』や諸橋轍次『大漢和辞典』の「義」の項に引かれているように、南宋の洪邁『容斎随筆』（一一八〇年）には、「衆の尊戴するところのもの、義という。義帝これなり。衆とこれを共にするを、義という。義倉、義社、義田、義学、義役、義井の類い、これなり」（巻八「人物以義為名」）とある。(21)

兆民がconventionの意味を「人義」と「約」とに分解して訳したのは、社会の基礎づけを「原初の合意」に置くというルソーの戦略に反対だったからではないかと考えられる。個人が社会関係の中で獲得する「人義の自由」は、「天命」すなわち人の力ではどうにもならないものとは区別されるが、それ自体が「約」の産物であるとは、認めたくなかったのであろう。「約」の担い手は、その前に善意の人々でなければならない。「約」という語が、人々の非自然的な契約行為という意味で良いなら、無理に「人義の自由」と使い分けず、すべて「約の自由」とでもした方が、翻訳としては筋が通っていたはずである。

四　「衆意」と「一般意思」

『社会契約論』では、「原初の合意」によって「一般意思」の設置が承認され、契約の条項で人々の政治的責務が「一般意思」への服従として規定されることが決められている。しかし『民約訳解』ではどうだろうか。

第一編第六章「社会契約について」では、「社会契約 le pacte social」の「条項 clauses」が論じられる。その条項の要点だけをつきつめると、以下のようになるとルソーは述べる。

われわれ各人は、われわれすべての人格と力とを、一般意思［la volonté générale］の指導に委ねる。われわれ全員が、それぞれの成員を、全体の不可分な一部としてうけとるものである。(22)

これは有名な「一般意思 la volonté générale」がはじめて登場する文である。ここで「社会契約 le pacte social」と呼ばれているものは、「一般意思」の設立と効力を記述した「条項」をさしている。これに対して、前の章に出てきた「原初の合意」は、「一般意思」への服従という政治的責務を記したこの「条項」を有効にするための合意という「行為」をさしていると考えるのが妥当であろう。

この箇所に対応する兆民の訳は次のようになっている。

この故に民約なる者は、その要を提げて言えば、曰く「人々みずからその身とその力とを挙げてこれを衆用に供し、これを率いるに衆意の同じく然る所をもってする」これなり。（九二頁）

これはルソーの議論とは大きく異なっている。ルソーは、「一般意思」という、契約によってその共同体固有の一つの意思の設置を承認し、それに対してそれぞれの人がそれぞれの意思を一致させることを義務化する条項を、ここでは記述している。ところが兆民の訳では、「衆意」(「一般意思」)というもの自体が「原初の合意」によって単体の「意思」として設置が認められたものであることがわからない。兆民の「民約」は、「衆用」や「衆意」というすでにできあがっている集団的意思との直接的な服従の約束(それを合意によってまず構成するのではなく)であるように読める。

さらにここに続く次の文が問題となる。

民約［acte d'association］すでに成る。ここにおいてか、地、変じて邦となり、人、変じて民となる。民なる者は、衆意のあい結びて体を成す者なり。(九二頁)

ここに現れる「邦」もまた、原文にはない兆民による補足である。「邦」とそのあとの「民」の両方が対応している思われる原文中の語は「[物理的実体ではなく]精神的かつ共同的団体 un corps moral et collectif」という一つの概念である。ここでは契約に参加した人々が、「結合行為 l'acte d'association」によって「精神的 moral」な集合人格を作り出すというのがルソーの論理である。ここでルソーがいう「結合行為」は「原初の合意」をさしていると考えてよく、moral は「道徳的な」ではなく、いわば擬制的であり、そしてそれは単体の「一般意思」をもつことにされる。したがってもし原文の意図に従うなら、「衆意が相結んで体をなし民という集合体をつくった」のではなく(それではすでに「衆意」ができてしまっている)、人々が契約して一体となる条件として設置した、擬制としての

「邦」あるいは「民」の意思を「衆意」として承認すると翻訳しなければならない。兆民は、共同体を作るということについての参加者のそれぞれ意思表示と、共同体の成員が責務を負う共同体としての固有の意思とを混同している。

第一編第七章「主権者について」（兆民の訳では「君」）は、『社会契約論』で最も問題になる箇所の一つである。「一般意思」への服従と「自由への強制」が現れる章だからである。そしてここがとても奇妙な翻訳になっている。

まず第七章の出だしは「結合行為 l'acte d'association は、公共的なもの le public と特殊意思 les particuliers との相互的約束 engagement を含む」（傍点は松田）という一節で始まるが[23]、兆民の訳は「民約の物たる、知るべきのみ。曰く「これ君と臣と交ごも盟って成すところなり」」（九三頁）となっている。『民約訳解』の「君」は、この箇所では le public、他の箇所では「主権者 souverain」に対応するが、これは王権をさすのではなく契約によって成立した公的な人格（「衆意之相結而成体」）をさすことは前章で言及ずみなので、読者に親切とはいえないが理解不能ではない。問題は、「民約」とは主権者と臣民の相互契約であるという解釈にある。

ここの「結合行為 l'acte d'association」は、当事者一人一人が相互に結ばなければ「原初の合意」としての意味をなさない。したがってこの一節は「原初の合意は、主権者としての団体と個々の国民とが相互に拘束しあうという条項 engagement への合意を含むものである」という意味が伝わらなくてはならない。兆民の訳では、「君」（たとえそれが人民主権にもとづいて構成された主権者団体であるとはいえ）と「臣」（それが被治者という立場の国民個人をさすとして）の両者が相互契約の当事者であり、その両者の契約が「民約」であるということになってしまう。しかしそれでは、その「君」たる主権者団体としての国民はいつどうやってできたのかが説明できない。ここは、主権者と国民が契約することが「民約」なのではない。合意によって生み出された団体としての主権者に対し、個々の人間が自己を義務づける条項に合意する、という意味でなくてはならない[24]。

そして「一般意思」への服従の強制についての一節は次のような訳になっている。

この故に、民約［ここは le pacte social］のあるいは空文に墜ちんことを防がんと欲すれば、必ずまさに一項の挿みてその中にあるものあるべし。曰く「もし人ありてあえて法令［あえて対応の語をさがすと la volonté générale］に循《したが》わざれば、衆共に［tout le corps］力を出し、必ず循わしめて後止まん」。（九五頁）

他の箇所では「衆意」あるいは「公意」と訳されている la volonté générale が、なぜかここでは「法令」となっている。「社会契約の条項には、一般意思への服従を共同体（le corps）が強制することができるという項目が含まれなくてはならない」という意味の文章が、「法令に従わない場合は皆の力で従わせることができる」という文章に変換されているわけである。さらに原文では、この一般意思への服従の強制という条項に合意したことが、市民の間のあらゆる約束事（les engagemens civils）に正当性（légitime）を与える基礎となるとルソーは述べているのであるが、兆民の訳は légitime に対応する語もない。なぜか、人民が「法令」に従わなければ「官の令するところ」（どこから現れたのか不明）も一層「悖慢と暴恣」になるだろうという警告になっている。これは原文と無関係であり、議論のレヴェルがまったく異なる論点である。

この肝心な箇所で、兆民が「一般意思」や「正当性」を翻訳から排除したことは興味深い。推察すると、やはり兆民は、共同体の意思が合意による（conventionnel）構築物であるという考え方を拒否している。「衆意」や「公意」は、人々が好ましいと思う善良な共同的意思としてすでに確定ずみなので、強制条項にそぐわない。そこで、ここだけ「一般意思」を「法令」と訳さなければ、読者には（兆民には？　それとも東洋人には？）意味が分からないと決め込んでいたのではないだろうか。

兆民は『民約訳解』の「叙」において「後世、最も婁騒を推してこれが首となすものは、その旨とするところ、民をして自ら修治せしめて、官の抑制するところとなるなからしむるにある」（六八頁）と記していた。兆民は『社会契約論』を、外部権力の強制によらずに、自発的に秩序を守る共同体の書としてだけ読もうとしており、ルソーの論理的設計の基礎部分、そして政治思想として最もラディカルな部分をほとんど無視しているのは不思議でさえある。

五　「モラル」と「自由」

「人義の自由」に即して見たように、**conventionnel** と **civil** はどちらも、人々が合意によって構成したという意味で、自然状態からの離脱を表現している。したがって第一編第八章の題名 **"De l'état civil"** は、現代では通常「社会状態について」と訳される。兆民の訳は「人世」であり、その点では問題はなさそうである。ところが、この章にある **la liberté morale** は問題含みである。

> この約に因りて得るところ、更に一あり。何の謂ぞ。曰く、心の自由［la liberté morale］、これなり。それ形気の駆るところとなりて自から克脩することを知らざる者、これまた奴隷の類のみ。我より法をつくり、しこうして我よりこれに循う者に至りては、その心胸綽《しゃく》として余裕あり。（九八頁）

さらに兆民はこの箇所の「解」として、次のようにいう。

邦国いまだ建たざるの時、人々慾を縦ままにし情に狥《したが》い、自ら修厲することを知らず、故に貌に就きて観れば、極めて活潑自由なるが如しといえども、実は形気の駆役するところとなるを免れず、本心はじめよりいまだ主宰をなすこと能わず、奴隷の類にあらずや。(九八頁)

ルソーは **la liberté morale** について、「欲望だけに駆り立てられるのは奴隷状態であり、みずから課した法に服従することが自由」としており、その限りでは兆民の訳文はルソーの原文に即している。しかし兆民は、「心の自由」をさらに言い換えて「その心胸綽《しゃく》として余裕あり」としている。(25) ルソーの原文にはそのような表現はなく、また **la liberté morale** が心に緩やかさや余裕があることと受けとれる主張もない。ここは兆民の解釈ないしは主張が強く反映された訳文である。

兆民の右記の「解」は朱熹の「中庸章句序」を下敷きにしていると考えられる。兆民が説明に用いる「本心」は『孟子』告子上などにあるが、朱熹は「本心」の語に強い道徳性を読み込み(『孟子集注』に「本心は羞悪の心をいう」とある)、さらに「中庸章句序」では、「形気」と「本心の正」の対立がはっきりしている。「中庸章句序」によれば、「心」の働きは、「形気の私」から生じる「人心」と、「性命の正しき」にもとづく「道心」に区別することができ、どのような人間にでもその両方の働きは備わっている。「人心」は危うく、「道心」は微かなので、両者が「心」の中で混沌と入り混じっていたのでは、「天理の公」によって「人欲の私」を克服することができない。舜が禹に授けた「精・一」の方法とは、「精」は「道心」と「人心」との区別を明らかにし、「一」は「本心」がその本来的な正しさから離れないことである。「道心」が「主」となり「人心」がその命を聴くようにしなくてはならない。(26)

朱熹の「精一」の方法は、かなり厳格なものといえるが、これと「その心胸綽として余裕あり」とはうまくかみあうのだろうか。また朱熹が主張するような「道心」と「人心」との関係は、ルソーの la liberté morale にうまく対応するだろうか。

すでに研究者が指摘しているとおり、『民約訳解』の「心の自由」は、兆民が『東洋自由新聞』第一号に掲載した論文に呼応している。

> 第一、リベルテーモラルとは、我が精神心思の絶えて他物の束縛を受けず、完然発達して余力無きを得るをいう、これなり。古人いわゆる義と道とに配する浩然の一気は、すなわちこの物なり。内に省みて疚《やま》しからず、自ら反して縮《なお》きも、またこの物にしてすなわち天地に俯仰して愧怍《きさく》する無く、これを外にしては政府教門の箝制する所とならず、これを内にしては五欲六悪[27]の妨碍する所とならず、活潑々転轆々《てんろくろく》として、およその馳騖《ちぶ》するを得る所はこれに馳騖し愈々《いよいよ》進みて少しも撓《たわ》まざる者なり[28]。

『民約訳解』と『東洋自由新聞』の論文を照らし合わせると、兆民の考える「リベルテーモラル」とは、自己に内在する精神的活力が正しく充実すると道徳と離れられないようになり、欲望や愚かしさを律するものと見なされているようである。

ここに用いられている『孟子』公孫丑章句上における「浩然の気」は、「義」と「道」とに「配する」（ぴたりとついた状態）でなければ「餒」すなわち飢えて滅びてしまうものである[29]。朱熹は『集注』で「程子曰く」として「天人一なり。更に分別あらず。浩然の気は、すなはち吾が気なり。養いて害うこと無きときは、則ち天に塞がる。一も私意に蔽わるる所となるときは、則ち欿然《かんぜん》として餒《う》え、却ってはなはだ小なり」という引用をしている[30]。「浩然の気」は、朱熹の解釈では「私意」に鋭く対立する。

他方、「活潑」(「活潑々地」という用法が通例)は魚が活き活きと跳ねるさまで、『臨済録』で用いられるが、『程氏全書』にもあり、朱熹の『中庸章句』第一二章にもそれが引用されている。(31)「転轆々」は車輪がころころと転がり続けることで、こちらも『正法眼蔵』などに見られる仏教的な表現である。兆民は道徳的な自己規律の厳格さとのびのびした心のもちようが理想的に補完し合うことを表現したかったかと思われる。(32)

兆民が描こうとしている「心の自由」は、『社会契約論』における la liberté morale と本当にかみ合っているのだろうか。かりにカッシーラーのようにルソーの理論を「彼にとって真の、［人間社会の］唯一確実な根底は自由の意識であり、この自由の意識に不可分に結びつけられた法の理念にある」(33)と理解する場合は、「心の自由」は徹底した自己監視をする意思の自由をさしている。朱熹の「心」に関する(「道心」が「人心」を常に監視しているような)論理は、それに重なる面がある。同様の「心」のとらえ方として、たとえば安井息軒は『孟子』の「浩然の気」の所につけた標注で「浩然の気は血気にあらず、また自然の気にあらず、行い道義に合し、心に一点の疚しきところなきに至りて、天地の間に充満し、天下に闊歩し得べき気なり、道義無ければ気餒え、六尺の身天地の間に容るるを得ず」と説明している。(34)ただし、ここで道徳の基礎となるのは自由の意識ではなく「天命」である。ルソーの考えたような「自然状態」と原初の契約は、そもそも措定されるべきではない。このもっとも基礎の部分の齟齬は、兆民の訳では、読者にはわからない。

では、兆民が確信犯的にルソーを朱熹に引きつけようとしたのだろうか。それにしては「活潑潑地」「転轆々」などの、心ののびのびとした様子を表す表現が、la liberté morale には余計であるように思われる。moral は、physique(物質的・身体的・実体的)に対立するものであるが、同時に感覚や直感あるいは信仰によるのではなく理性のみに照らしてという意味がある。(35)もちろんルソーは『社会契約論』第四編第八章に la religion civile を登場させるので、moral を強く理性に引きつけて論じる立場とは異なる方向に、どこかで転換したと考えることはできるが、少なくともその問題は第一編の議論には直接影響を与えないはずである。

またすでに見たように、第一編第六章で現れた un corps moral et collectif、あるいは第二編第四章に現れる une personne morale などは、実体的 physique ではなく合意による擬制的なといった意味であるが、これらの語を兆民はきちんと翻訳していない。

moral という語には、conventionnel や civil のような人々の合意によるという意味と、（感情や直感ではなく）理性に照らして頭の中で構成されたという意味が組み合わせられていることを、兆民は意図的に無視したように思われる。

六　「一般意思」と「フィクション」

第二編前半では「一般意思」によって基礎づけられた「主権者」の一体性、不可謬性といった問題が論じられる。そしてそれを前提に「法とはなにか」が議論される第六章で兆民の翻訳はうち切られる。

これまで検討してきたように、兆民は moral, conventionnel, civil といった概念のもたらす論理的緊張を回避しているように見える。社会的規範を（あるべき、ではなく）「あるがままの姿」の人間だけに基礎づける（『社会契約論』第一編冒頭）ことは、あまり好ましく感じられなかったのであろう。そして、あるがままの人間の合意が生み出す「一般意思」の権能を明確に説明することも回避したように見える。

たとえば第二編で頻出する「一般意思」の訳語は初め「公志」、途中で「衆志」となって定まらない。また、この違いに具体的な意図も効果もあると思われない。さらに兆民は「主権者」をさす箇所を「議院」に入れ替えたり（第二編第一章末尾）、「一般意思」は一つであって諸権力の総合と見なしてはならないと論じている箇所（第二編第二章）で、「皆議院の允准を得るにあらざれば、視て公志となすべからず。すでに議院の允可を得れば、これまた挙国の志なり」といった、原文にはない「議院」の優越性を主張する文を書き加えている（一〇九頁）。

それだけでなく、兆民が「一般意思」をそれとして翻訳しない重要な箇所がある。第二編第四章「主権の限界について」の冒頭である。

およそ邦といい国というは、衆あい合して成すところたるに過ぎず。けだし、邦国はなお身のごときなり、衆庶はなお四肢のごときなり。……これ知る、人なるものは、命を天に受けてその身を総摂するもの、邦国なるものは、命を約に受けてその衆を総摂するものなることを。［原文ではここに「la volonté générale によって導びかれる」という言葉が入る］衆を総摂するの権は、すなわち予のいわゆる君権これのみ。（一一三―一一四頁）

原文では「国家 l'Etat あるいは都市国家 la cité は une personne morale である」、すなわち自然人と対置される精神的人格であるとしている箇所で、personne morale は法的に権利能力を認められる「法人」をさす概念でもある。自然的実体ではなく合意と理性に基づいた、という意味の moral は先に触れたとおり、第一編第六章「社会契約について」および同第八章「社会状態について」にも現れるが、ここの une personne morale という語が兆民の訳文では消えている。une personne morale を単なる擬制的な、実体のない、という消極的意味にとったのかもしれない[36]。また原文にある「一般意思」の語も訳されていない。一八七四年の和文訳『民約論』では、同じ箇所は「政府は心志に成る所の体」、「この権の衆意に副ふもの」とある程度の表現が試みられていることを考えると、兆民は気づいていながら une personne morale, la volonté générale を訳すことをわざわざ避けたと考えられる。

この第二編第四章についていえば、自然とは対立する意味の「理性 raison」の翻訳も奇妙な変更をこうむっている。「市民は、一般意思によって構成された主権者〔である市民の団体、国家〕が要求する奉仕〔les services、兆民は「職」とする〕を提供する義務があるが、主権者は共同体〔la communauté〕に役立たない要求をすることはできない、というよりも主権者はそれを意思することさえできない〔なぜなら主権者は共同体の一般意思に導かれているから〕、自然の法と同様に理性 raison の法においても理由 cause がなければ何かが行われるということはありえない」という一節がある（*O. C. III*, p. 373）。ここを兆民は「官もまた、故なくして民より徴求することあるを得ず。けだし因なくして果あるは、ひとり天地の理にこれなきのみにあらず、人の道にありてもまたこれなきなり」（一一四頁）としている。ここでいう raison は自然法則に対して「理性による」という意味である。「天地の理」に対して「人の道」というのは間違いではないかもしれないが、「主権者は人の道にはずれてはならない」と読者は理解しないだろうか(37)。

「一般意思」が合意の産物であり、理性によってその正当性が主張されるという考え方に、兆民は一貫して、あえていえば方法的に反発しているように思われる。この態度には、フランス留学によって得た知識が影響している可能性がある。井田進也、宮村治雄の研究で詳しく紹介されているように、一九世紀後半の急進主義的法学者アコラース Émile Acollas およびその関係の知識人によるルソー評価に兆民は敏感だった(38)。特に「一般意思」が「架空」に過ぎないとする論文を、わざわざ仏学塾で翻訳までしていた。

『欧米政典集誌』一八八七年二月三日に掲載されたシジスモン・ラクロワ「非主権在民論」（小山久之助訳・中江兆民閲(39)）には次のように書かれている。

ルーソーのいわゆる人民の物たる本人類の外に在てその実形なきものなり。すでに実形なし則ちその行う所もとより誤謬あるの理なし。これあに至妙の道理にあらずや。嗚呼ルーソーの徒のいわゆる人民なる者は架空《フヒクシヨン》の一体のみ実質なきの物《アンチテー》たるのみ。……それ真個の人民なる者は現に此世に棲息するところの各個人に相聚りて成るものたれば、則ちその思惟する所もまた各個人の如くならざるべからず。さらに詳にこれを言えば、各個人個人の心に思う所にして善悪相雑れば則ち人民の思ふ所もまた善悪相い雑る者たらずんばあらず。［ルビ原文］

『社会契約論』における「人民」は「架空 fiction の一体」「実質なきの物」（entité. ここでは観念的な存在という意味）であるにもかかわらず、それを実体的な意思の担い手と見なした点にルソーの理論の欠陥があるとされている。ラクロワによるルソー批判の主眼は、「主権人民の握に在れば則ち必ず各個人の権利を傷なうにいたらざるはなし」としているように、「一般意思」は事実上多数の意思でしかないにもかかわらず、人民主権の正当性を「一般意思」の不可謬性に置くと、現実には「一般意思」の名の下に個人の意思が抑圧されることを防ぐ方法がない。ラクロワは、あくまで「一般意思」を架空という意味のフィクションと見なし、これに対抗する実体を「個人」とし、フィクションが実体を抑圧する可能性のある制度を正当化したとして、ルソーを強く批判した。(40) ラクロワは兆民が学ぶところの多かったE・アコラースの一門であり、兆民もこのルソー批判にいくらか共鳴するところがあったのであろう。つまり兆民は、合意による擬制としての共同的意思が個人に義務と責任を課するという考え方に納得できなかった。

また、社会的共同性は人間にとって本性的なものから来ていると考え、政治権力を拘束する契約とは分けて考えるべきだという議論が当時のフランスにあり、兆民がこれを知っていた可能性は高い。仏学塾のメンバーにより『政理叢談』誌上にいくつかの項目が翻訳されていたブロック『政治学辞典』には、“contrat politique”と“contrat social”の二つの項目がある。

“contrat politique”（「政治契約」）では、「人間社会は、契約ではなく、人間の本性によって生まれた」とし、恣意的な権力を防ぐためには、明示的な契約が必要なわけではなく、「道徳的共同体による暗黙の賛同……知識、自由、法による縛りの確立といった諸要素が構成する価値への同意が、政治体の基礎になければならない」とあるように、人々は政治的契約の前に、道徳的共同体の中に生きている。政治権力の正当性は、自由意思による契約を根拠とすることはできず、共同体の道徳的価値に照らして認められることにある。さらに、カントの『人倫の形而上学』における「最高権力の根源は、そのもとに立つ国民が、実践的意図においてはこれを詮索してはならないものである。……なぜなら国民が法的効力をもって最高の国家権力に関して判定を下しうるためには、国民はすでに一つの普遍的立法意志のもとに結合しているものとみなされねばならない[41]」の箇所を批判して、このような権力の神聖化は犯罪的であるという。また、ルソーの議論を批判して、国民が取り替えることができる最高権力者という考えは論理的に矛盾しており、結局市民に完全な服従を要求できるような最高権力そのものを認めるべきではないという。

次に、"contrat social"（「社会契約」）の項目では、"Non scripta lex, sed nata"（「法は書かれたものではなく、人間本性に内在している」キケロ）という言葉を引用し、「社会状態は人間の道徳的性質が動機となっているのであって、知的判断によるのではない。それは自然発生的なものであって、思慮の結果ではない。上からではなく、下から来るのである。人ではなく、神がそれを造ったのである」として、社会状態が人為であるという前提を受け入れないことを宣言する。これらは兆民の考え方にあっているようだが、兆民がこれらの項目を実際に意識していたかどうかはわからない[42]。

「一般意思」概念は警戒すべきフィクションであるという議論を兆民が知っていたとしても、だからといって、意思の実体的保持者は個々人でなければならず、「一般意思」が政治的空想に過ぎないとして批判したかったわけではなかった。やはり善意の人々の意思は一致するはずなのである。本章第三節ですでに見たように、ベンサムによるルソー批判でも fiction の語が用いられており（その島田三郎による訳語は「荒誕」）、そのベンサムのフィクション批判を、兆民は『民約訳解』の中でわざわざとりあげて反論していたのである。兆民によれば、ベンサムは「用」・「末」にとらわれて「民約」をフィクションであると非難するが、ルソーは「体」・「本」を考察してその意義を擁護していた[43]。「民約」がかりにフィクション的構築物であるとしても、それは人間の本性が事後的に推考によって明らかになった時に現出するフィクションである。「民約」をそのようにフィクションとして把握せざるをえないとすれば、それが「一般意思」の正当性を人間の本性に基礎づけるために、やむをえない思考手続きであるからである。またそのようなフィクションの効力は、現実の権力の態様が人間の本性をあまりにもゆがめ、その元来の善良さを覆い隠していることの裏からの証左であった。

七 「民約」と法

個人が社会的関係に入るための「原初の合意」という想定が好ましくないものであるとすれば、何によって法を正当化すればよいのか。前に引いた巻之一第七章「君」からの、「曰く「もし人ありてあえて法令に循わざれば、衆共に力を出し、必ず循わしめて後止まん」」という兆民の訳文を見る限り、法の正当化のプロセスは「法令に従う」という約束をしたことに直接求められるのであって、「一般意思に従う」という契約に付随する条項への同意によるのではなかった。兆民にとって「一般意思に従う」という義務は合意で形成されるものではない。それは「まさに然るべきの理」あるいは「本心の正」でなければならない。

兆民の考える「民約」が（ルソー的な）「あるがままの姿の人間」から組み立てられるものではないとすれば、そもそも合意によって「一般意思」を設置し、そのことによって政治体の結成とするという、ルソーの理論を翻訳することの意義は何だったのだろうか。ルソーのいう「社会状態における正当で確実な統治の規則」（『社会契約論』

第一編冒頭）を考究する気は、兆民にあったのだろうか。

第二編第六章「法について」（兆民訳では「律例」）は、「社会契約 le pacte social［の条項］に従って、われわれは政治体 le corps politique に存在と生命とを与えた。次に必要なのは、立法によって活動と意思とをそれに付与することである」という一文から始まる。対応する兆民の訳では「民約は政の体なり、律例は政の発なり。これを人身に譬うれば、民約はなお精神のごときなり、律例はなお意思のごときなり」（一二二頁）となっている。「われわれは〜与えた nous avons donné」を全く消去しているのは印象的である。

この章で重要なのは、人が具体的なあれこれの個人の利害についてではなく、共同体の成員一般の権利を守る法に対する義務を受け入れるのはなぜかという問いである。たとえば「全体としての人民［単数形 le peuple］が全体としての人民に関する法律を定めるとき、人民は［団体としての］人民自身のことだけを考える」[44]といった文において、法の「一般性」は団体としての人民の意思の「一般性」に基づいていることが主張されている。ところがここでも兆民はこれらの文を訳文からはずしている。[45]他方で、原文では「意思［定冠詞プラス単数形］の普遍性と対象［定冠詞プラス単数形］の普遍性を結びつけるものは法である」（原文では八段落目）という文にあたる箇所に、「律例は必ず衆志の公を合して成る」（一二六頁）という文を対応させている。法という形式は、共同体の意思の一般性とそれに従うべき人々の一般性を結びつけることを可能にする（つまり法以外にはそれを達成する方法がない）という文が、法は人々の共同的意思を表現したものであるという、素朴な人民主権論に置き換わっている。これは翻訳というよりは兆民が自分の判断で文意を変更したものといえる。[46]

このように兆民の『民約訳解』では、人々が法律をつくる、ということは強調されているが、自分たちで法律を作りそれに従わねばならないと納得している政治体はのぞましい政治体なのか、それが理性によって正当と判断されうるのかどうか、については、論じられない。それこそが『社会契約論』における、「原初の合意」から「一般意思」にいたるプロセスを理解する重要な論点なのだが、兆民がそこを慎重に回避しているからである。

本章を締めくくるにあたって、繰り返しになるが、やはり最大の問題はルソーが用いる契約の論理と、「民約」との違い（ズレ、ではおそらくないだろう）である。ここまで検討した限りでは、兆民は誤解やミスではなく（それもあるだろうが）、一貫して方法的に、ルソーの提示した政治社会の基礎づけの説明を拒否してきた。

兆民は、「原初の合意」という行為と、どういった条項（contract, pacte）に対して合意するのかについての区別を立てなかった。また **la liberté conventionnelle, la liberté civile** は「人義の自由」と訳されたが、それは「合意によって承認された一般意思に服従する自由」ではなかった。そして **la liberté morale** も「理性によって自己監視する自由」ではなかった。兆民の「民約」は、法の正当性の根拠を構成するものではなく、「人々が話し合って取り決めた規則」に過ぎない。兆民にとって、なぜそれを守らなくてはならないのかは合意にではなく、それ以前にある人間の本性に求めることができる。それを疑ってかかる必要はないかのようである。[47]

兆民は、『社会契約論』を、共和政体の正当性を人間の理性に基礎付けるというよりは、人民主権の主張の書としてだけ（あるいはほぼその点に集中して）紹介し、自然状態と「原初の合意」と「一般意思」というこのテクストにとって最も重要なフィクションによって構成される論理のステップを事実上見えないようにした。そのため、兆民の『民約訳解』は、人民主権論の主張をさらにその根拠まで問う深みをもった政治哲学の書にはならなかった。

兆民は、『社会契約論』における「原初の合意」と「一般意思」が中心的な論点になっている初めの方の部分を翻訳し、第二編第七章「立法者について **Du législateur**」がでてくる前で中断した。この「立法者」はそれまでの議論からすると唐突な印象を与える章である。[48] たしかに、この「立法者」は、マスターズが指摘するように、法案作成者ではなく、共同体の「一般意思」を発見し提示する超人的な能力を備えた指導者である。[49]「一般意思」の確定に「立法者」の登場を必要とせざるをえないところに、「社会状態」に生きる人間が自然法を再獲得していく困難性を考察するルソーの思考がよく現れている。しかし兆民には、「民約」が、超人的な立法者に指導され喝采するだけの人民を生み出す仕掛けと受けとられる（実際そう読めなくはない）ことは耐え難かったのであろう。(50) 人民主権論としての『社会契約論』を打ち出すなら、それは当然といえる。そしてそれが『訳解』中断の主たる理由だとすれば、それは兆民自身がそもそも『社会契約論』を方法的に受け入れていなかった出発点に原因があった。

注

（1）中江兆民の著作の引用にあたっては『中江兆民全集』（岩波書店、一九八三―八六年）を用いた。『民約訳解』の読み下しは原則として島田虔次による『中江兆民全集』第一巻のものに従った。また『民約訳解』の引用箇所については『全集』第一巻の原漢文の頁数を引用の後に（〇〇頁）と記した。ルソーのテクストは *Œuvres complètes de Jean-Jacques Rousseau*, Vol. III (Paris: La Bibliothèque de la Pléiade, Gallimard, 1964（以下 *O. C. III* と表記する）と Simone Goyard-Fabre ed., *Du contrat social: version définitive précédée de la première version* (Paris: Champion, 2010) を用いた。現代の日本語訳に言及する場合は中山元訳『社会契約論／ジュネーヴ草稿』（光文社、二〇〇八年）と作田啓一訳『社会契約論』（白水Uブックス、二〇一〇年）を適宜参酌した。

本章は立教大学、首都大学東京でおこなった『民約訳解』講読での議論が基礎となっている。参加者各位に感謝したい。当初のアイデアは松田宏一郎「「民約」は社会契約か？」『日本歴史』第七五四号（二〇一一年三月）で発表したが、その後筆者の考えは相当変わってしまったことを断っておきたい。また、本章の準備をすすめるにあたって井上厚史氏、河野有理氏、蔡孟翰氏、坂倉裕治氏から貴重な助言を得た。記して感謝したい。

（2）『民約論』と『民約訳解』二つの訳の、特に儒学に関連した語の違いや意味合いについては、井上厚史「中江兆民と儒教思想――「自由権」の解釈をめぐって」（島根県立大学北東アジア地域研究センター『北東アジア研究』一四・一五号、二〇〇八年三月）を参照。

（3）Emile Littré, *Dictionnaire de la langue française* (Paris: Hachette, 1872–1877) は、http://artfl-project.uchicago.edu/content/dictionnaires-dautrefois でオンラインにより利用可能。ただし The Project for American and French Research on the Treasury of the French Language (ARTFL) との契約をしている研究機関から。二〇一六年一月アクセス。

（4）浅野裕一『古代中国の言語哲学』（岩波書店、二〇〇三年）第五章「荀子の言語哲学」参照。荻生徂徠は荀子の「制名」と「約名」に着目していた。これについては松田宏一郎『江戸の思想から明治の政治へ』（ぺりかん社、二〇〇八年）第二部第二章参照。

（5）Alexander Woodside, *Lost Modernities: China, Vietnam, Korea, and the Hazards of World History* (Cambridge, Massachusetts: Harvard University Press, 2006), pp. 70–74. 寺田浩明「合意と契約――中国近世における「契約」を手掛かりに」（三浦徹・岸本美緒・関本照夫編『比較史のアジア――所有・契約・市場・公正』東京大学出版会、二〇〇四年）、田花為雄『朝鮮郷約教化史の研究　歴史編』（鳴鳳社、一九七二年）参照。

（6）太宰春台『経済録』巻八（瀧本誠一編『日本経済叢書』第六、日本経済叢書刊行会、一九一八年）二一九頁。

（7）「邦国」を立てる（「建てる」）といった表現は、天子が諸侯を封ずることをさすことが通例かと思われる。たとえば『礼記』（祭法）「天下有王、分地建国、置都立邑」について鄭玄の注に「建国、封諸侯也」とある。ただし「邦」と「国」とを同一視すべきか区別があるのかは、疑問も残りはっきりしない。巻之二第四章では「凡そ邦といい国というは、衆あい合して成すところたるに過ぎず」（一一三頁）としているが、これは l'État と la cité にそれぞれ対応している。

（8）単行本のこの箇所と『政理叢談』第六号（一八八二年五月）との違いと、この訳にある問題との関連については高山大毅氏の示唆に助けられた。『政理叢談』との対照表は『中江兆民全集』第一巻に収録。

（9）現代の邦訳を用いれば、この箇所は次のようになっている「そもそも多数決という原則は、合意によって確立されるものであり、少なくとも一度は全員一致の合意があったことを前提とするのである」（中山元訳『社会契約論／ジュネーヴ草稿』三八頁）。「合意」は“convention”。

（10）C・シュミット（尾吹善人訳）『憲法理論』（創文社、一九七二年）七八頁。

（11）たとえば N.J.H. Dent, *A Rousseau Dictionary* (Oxford: Blackwell, 1992) は、contract と convention を別項目にしている。

元来ローマ法では conventio; contractus; pactum は区別される概念である。contractus; pactum はとりあえず「契約」でよいが（しかし両者には違いがある）、conventio は両者の上位概念で、たとえば一七世紀後期の法学者ドマ Jean Domat（ローマ法の注釈で知られる）『自然的秩序における民事の諸法律』(*Les loix civiles dans leur ordre naturel*, 1689–1694, Part. 1. Liv. 1. Tit. 1. Sect. 1) によれば、「この合意（convention）という語は、一般的名辞であって、あらゆる種類の契約、条約、あらゆる性質の約定を含むものである」、「合意とは、二人ないし複数人の主体が、彼らの間に債務関係（engagement）を生成させ、あるいは既存の債務関係を消滅ないし変更させるために行う同意（consentement）である」となる（小川浩三「ジャン・ドマの lois de la religion と lois de la police」二・完、『北大法学論集』三八巻四号、一九八八年三月の訳文より引用）。『社会契約論』とローマ法の概念の関係については、吉岡知哉『ジャン＝ジャック・ルソー論』（東京大学出版会、一九八八年）一〇八頁参照。

（12）中山元訳『社会契約論／ジュネーヴ草稿』四〇頁。

（13）もちろん兆民は知らないだろうが、『社会契約論』の『ジュネーヴ草稿』第一篇第五章には「人間を集めるには無数の方法があるが、人間を結合させる方法は一つだけである。私がこの著作において、政治的な社会［sociétés politiques］を成立させる方法を一つしか示さないのはそのためだ」と述べている。中山元訳『社会契約論／ジュネーヴ草稿』、三四〇頁。

またジュネーヴ共和国による『社会契約論』と『エミール』の告発に対して反論した『山からの手紙』（一七六四年）の「第六の手紙」には、「何が国家を一つにするのでしょうか。その構成員の結合です。では、この構成員の結合はどこから生まれるのでしょうか。彼らを結びつける義務からです。……ではこの義務の根拠は何でしょうか。……私は政治体の基礎にその構成員の契約を据えました［j'ai pose pour fondement du corps politique la convention de ses membres］」としている（川合清隆訳『ルソー全集』第八巻、白水社、一九七九年、三四二頁、*O. C. III*, p. 806）。

（14）Jeremy Bentham, *Theory of Legislation*, translated from the French of Etienne Dumont by R. Hildreth (Trubner & Co., 1864), CHAPTER XIII False Methods of Reasoning on the Subject of Legislation, 6. A Fiction is not a Reason.

同書には『民約訳解』より前に邦訳があった。島田三郎重訳、陸奥宗光序、ベンサム原著『立法論綱』（元老院、一八七八年）「ルソーの社会条約説はホッベスの説の如く厳酷の駁論を来たさざりき。何んとなれば人その最も愛するところのもの、すなわち自由平等を立てんとするの論理に向ては敢えて誹難を逞くせざるが故なり。然りといえども試みに問ふ。その唱ふる全国合同の盟約は何れの地においてこれをなししことあるか。その条約はいかなるものか。いかなる言語をもってこれを記したるか。何のゆえに常に人の知るところとならざりしか。かの森林を出でて蛮野の生活を脱したるに祭し如何の人種ありてよくこの原始の盟約を建立するごとき道学政学の大思想を具へたるか」（巻四第一三篇第六「荒誕は理にあらず」の節、一五―一六頁）。

なおベンサムはルソーの理論に限らず、そもそもフィクションを法理論に組み込むことに反対であった。その点については、C. K. Ogden, *Bentham's Theory of Fictions* (London: Kegan Paul, Trench, Trubner & Co., 1932)、土屋恵一郎「擬制と法律言語」（『思想』六二六号、一九七六年八月）を参照。

（15）井田進也『中江兆民のフランス』（岩波書店、一九八七年）三四九頁以下に、『民約訳解』のこの箇所と「国会問答」との関連性が指摘されている。『中江兆民全集』第一四巻、三三頁。

（16）ルソーが、自然状態から、規範を有効にする義務をどうやって引き出していたのか（あるいは本当は論理的に失敗しているのか）については、二〇世紀以降のルソー研究で長い間論争となり、今も解決したわけではない、もしくはそのような問題の立て方の有効性が疑われることもある。代表的には、ルソーが自然法論者でなかった（契約遵守の義務は、自然状態の人間には内在しない）とするC. E. Vaughan と、それを批判しルソーを自然法思想の系譜に位置づけるRobert Derathé の対立がある。Roger D. Mastersは、Vaughan もDerathé もルソーの議論の一面を過度に強調していると批判しつつも、『ジュネーヴ草稿』に即して、ルソーの自然法を、「論理的にも歴史的にも社会化された人々の共同性（civil society）以前のものとすることはあり得ない」と述べている（Roger D. Masters, *The Political Philosophy of Rousseau*, Princeton: Princeton University Press, 1968, p. 269)。西嶋法友『ルソーにおける人間と国家』（成文堂、一九九九年）第三章も参照。

（17）朱熹『朱子全書』修訂本、六、朱傑人、厳佐之、劉永翔主編（上海古籍出版社、二〇一〇年）五一二頁、朱熹『朱子語類』第二冊、巻第一八（北京、中華書局、一九八六年）四一〇頁、朱熹『朱子文集』第五冊、陳俊民校訂（徳富文教基金會、二〇〇〇年）一九七〇頁。

（18）朱熹が論じた、人々を倫理的に義務づける「所当然」とその存在論的根拠ともいえる「所以然」との関係について、たとえば現代の説明では、「「然る所以の故《もと》」である太極の理は、形而下の気陰陽五行万物人間の世界の展開に乗載内在して人倫の理法・自然の条理となるとする。これが「当に然るべき所の則《きまり》」である」（友枝龍太郎「解説」『朱子文集』明徳出版社、一九八四年、三〇―三一頁）といったところだろうか。

近世日本における理解は一様ではなかった。山崎闇斎学派では、「所当然の理」は理性による認識ではなく、「やむにやまれぬ」心の動きを基礎にしていると見なしていた。たとえば浅見絅斎は、「義理がかふじゃによって、いかなこと不変と云と、そでない、義理をはなれて外に仁はないが、義理なり自然にこの心の自からやまれざるなりが仁ぞ」（「仁説問答師説」）、「[闇斎は]仁を説くに、理屈らしい、さっぱりとした道理ぜめのことや、または広大浩然の気を説くようにすることは、ことのほか嫌うことぞ」、（「絅斎先生仁義礼智筆記」）という。ここには、崎門らしいつきつめた心情主義的解釈がある。これらは西順蔵・阿部隆一・丸山真男校注『日本思想大系　三一　山崎闇斎学派』（岩波書店、一九八〇年）二六五、三〇六頁。この点については、藤原静郎「所以然と所当然――朱子学における理の性格をめぐって」九州大学中国哲学研究会『中国哲学論集』一九九四年年一〇月を参照。

他方、徳川後期の朱子学者尾藤二洲のように、規範の根拠を徹底的に突き詰めて「所以然の理」を明らかにすることが重要だという主張もある。「則《のり》とは即事物の当然なり。当然とはかくあるべしという意なり。……必ずかくあらでは叶わぬというところまで究め到るべし。そのかくあらで叶わぬことは、また必ずかかる所以という理あり。これ道の源頭処なり。究めてこの源頭に到るべし」（『正学指掌』一七八七年刊、頼惟勤校注『日本思想大系　三七　徂徠学派』岩波書店、一九七二年、三二五頁）。尾藤二洲と「所当然」および幕末朱子学思想と近代思想の継承性については、宮城公子「幕末儒学史の視点」（一九八一年初出、『幕末期の思想と習俗』ぺりかん社、二〇〇四年）四〇頁参照。

兆民は後者に近い印象があるが、『民約訳解』の訳文だけからは決めかねる。

（19）「原政」（『奎運鳴盛録』第五号、一八七八年一一月二〇日）『中江兆民全集』第一一巻、一五―一六頁。「原政　婁騒政論之大旨意訳」（『欧米政理叢談』二一号）は『中江兆民全集』第一一巻、四二〇頁。「懿徳を好む」は『詩経』「大雅・烝民」篇の「天烝民を生ず、物有れば則有り、民の彝を秉る、是の懿徳を好む」から採られている。「倀々乎」（迷うこと）は『礼記』仲尼燕居篇の「国を治めて礼無きは、たとえばなお瞽《めしい》の相［助け］無きがごときか。倀々乎として、それいずくにかゆかん」を採っていると思われる。

すでに宮城公子「二つの兆民像――日本における近代的世界観の形成」（初出一九七四年、同著『幕末期の思想と習俗』）が、「原政」に見られる人間観および『東洋自由新聞』第一号に載せた「自由」についての論説から、兆民が道徳性は人間に内在すると考えており、ルソーのいう社会契約を認めていないであろうという見解は示されている。筆者も基本的にこの見解に賛成である。

（20）『礼記』（礼運篇）に「父は慈、子は孝、兄は良、弟は弟、夫は義、婦は聴、長は恵、幼は順、君は仁、臣は忠なり。十の者これを人義と謂う」とある。「人義」、「人世」と『荘子』ほか中国古典との関係については、米原謙『日本近代思想と中江兆民』（新評論、一九八六年）第四章参照。

（21）長澤規矩也編『和刻本漢籍随筆集　第三集　容齋随筆・野客叢書』（汲古書院、一九八八年）七七頁。「義帝」は先述のように「仮の帝」と解する事が通例であるが、この解釈は「衆」の意思を尊重している点で特徴がある。

（22）中山元訳、四一頁。ただし「一般志」の表記は「一般意思」に変えた。

（23）『ジュネーブ草稿』の対応箇所（第一編第三章）では「結合行為」は「原初的な連合の行為 l'acte de la confédération primitive」となっていた。*OC III*, p. 290, 中山元訳、『社会契約論／ジュネーヴ草稿』三二五頁。

（24）この一節は、現代でもその解釈をめぐって議論される箇所である。ドラテ Robert Derathé は擬制として法人としての人民団体と個人とがむすぶ相互契約が社会契約であると解釈していた。R・ドラテ（西嶋法友訳）『ルソーとその時代の政治学』（九州大学出版会、一九八六年）二〇七頁。ルイ・アルチュセールは、「原初の合意」後にできるはずの主権者と市民が契約するという点でルソーは自己矛盾に陥っていると考えた（Louis Althusser, “Sur le Contrat social,” *Cahiers pour l'analyse*, n°8, Paris: Seuil, 1967, 西川長夫・阪上孝訳「ルソーの『社会契約』について」『政治と歴史』紀伊国屋書店、一九七四年)。アルチュセールがl'acte d'association、le pacte social, engagement のそれぞれの違いをきちんと理解しておらず、また主権者団体 public と共同体としての peuple の区別をしていないためルソーを誤解しているという批判がある。詳しくは吉岡知哉『ジャン＝ジャック・ルソー論』一二〇頁および筏津安恕『失われた契約理論――プーフェンドルフ・ルソー・ヘーゲル・ボワソナード』(昭和堂、一九九八年)二二六頁以下参照。

(25)「綽として余裕あり」は『孟子』公孫丑章句下の「我官守無く、我言責無。則ち吾が進退、豈綽綽然として余裕有らざらんや」から採っている。

(26)「心の虚霊知覚は、一なるのみ。しかも以て人心・道心の異有りとなすものは、すなわちそのあるいは形気の私に生じ、あるいは性命の正にもとづくを以て、知覚をなすゆえんのもの同じからず。ここを以てあるいは危殆にして安からず、あるいは微妙にして見難きのみ。／しかれども人この形を有せざるなし。ゆえに上智といえども、人心無きこと能わず。またこの性を有せざるなし。ゆえに下愚といえども、道心無きことあたわず。二者、方寸の間［心臓のこと］にまじわりて、しかもこれを治むるゆえんを知らざれば、すなわち危きものはいよいよ危く、微かなるものはいよいよ微かにして、天理の公、ついに以てかの人欲の私に勝つこと無し。／［「精・一」の］精なればすなわちかの二者の間を察してまじえざるなり。一なればすなわちその本心の正を守りて離れざるなり。これ［「精・一」の方法］に従事して、いささかも間断無く、必ず道心をして常に一身の主たらしめ、しかして人心をしてつねに命を聴けば、すなわち危きものは安く、微かなるものはあらわれ、しかして動静云為、おのずから過不及の差無からん」(「中庸章句序」島田虔次校注『大学・中庸』下、朝日新聞社、一九七八年)一〇―一三頁。

(27)「五欲」は仏教用語で『華厳経』ほか多くの例が見られる。「六悪」は親鸞『愚禿鈔』(『親鸞聖人全集　漢文篇』親鸞聖人全集刊行会、一九五七年、三三、八八頁)にある。

(28) 無題社説(『東洋自由新聞』第一号、一八八一年三月一八日、『中江兆民全集』第一四巻)二頁。

(29)「「敢て問ふ何をか浩然の気と謂う」。曰く「言難きなり。その気たるや至大至剛、直を以て養て害することなければ、すなわち天地の間に塞がる。その気たるや配義道とに配す。これなければ餒なり。これ集義の生ずる所のものにして、義襲てこれを取るにあらざるなり。行い心に慊《こころよ》からざることあれば、すなわち餒う。我ゆえに曰く、告子はいまだかつて義を知らず、と。そのこれを外にするをもってなり」」(『新釈漢文大系　孟子』内野熊一郎校注、明治書院、一九六二年、九五頁)。

(30)「浩然の気は、天地の正気。大なるときはすなわち在らずという所無く、剛なるときはすなわち屈する所無く、直道を以て理に順いて養うときは、すなわち天地の間に充塞し、義と道とに配すれば、気皆義を主として道に在らずということ無く、一も私意を置くときはすなはち餒う。これ義を集めて生ずる所、事事理有りて義に在るなり。外より襲いてこれを取るに非ざるなり。告子之を外にする者は、蓋し義を知らざればなり」（『河南程氏遺書』二先生語一、拾遺、程顥、程頤『二程集』北京、中華書局、一九八一年、一一頁）を朱熹は引いている。

（31）『臨済録』に「你若し生死去住、脱著自由ならんことを欲得すれば、即今聴法する底の人を識取せよ。無形無相、無根無本、無住処にして活潑潑地なり」（入矢義高校注『臨済録』岩波文庫、一九八九年、示衆篇、六一頁）とある。『臨済録』の「自由」概念については宮村治雄『日本政治思想史――「自由」の観念を軸にして』（放送大学教材、二〇〇五年）六八頁。宮村は兆民とは結びつけていない。

『中庸』第一二章「詩云『鳶飛戻天、魚躍于淵』。言其上下察也」の節について、『河南程氏遺書』では「この一段、子思喫緊に人のためにせしところ、必ず事とすることあり、心にあてですること勿かれの意と同じく、活潑潑地たり」（二先生語三、謝顕道記憶平日語、『二程集』五九頁）とある。『中庸章句』はこれを引く。朱熹は、「活潑潑地」は禅固有の語というわけではなく俗語なので、用いてもかまわないとしていた。島田虔次による『中庸章句』解説（『大学・中庸』下、朝日新聞社、一九七八年、六八頁）参照。

（32）福澤諭吉も『文明論之概略』の中で「活潑潑地」の表現を用いていた。「経書を按ずるに、その所説悉皆受身の徳のみを論ずるに非ず。あるいは活潑々地の妙処もあるが如くなれども、いかんせん書中全体の気風にてその人心に感ずる所を見れば、ただ堪忍卑屈の旨を勧るに過ぎず」（巻之三第六章、四丁裏）。「活潑々地」は、修養によって私心を滅しようとするばかりのpassiveな道徳との対比で用いられている。兆民の用法との違いが感じられるが、ここでは踏み込まないことにする。

（33）エルンスト・カッシーラー（生松敬三訳）『ジャン＝ジャック・ルソー問題』（みすず書房、一九七四年）八〇頁。これに対してドラテは、カッシーラーが「カント以前に樹立された一番確固たる純粋法則倫理学」と見なしていることをカントから逆算されたルソー像であるとして批判した。ドラテ（田中治男訳）『ルソーの合理主義』（木鐸社、一九七九年）二五五頁以下。

（34）安井息軒『漢文大系一　大学説・中庸説・論語集説・孟子定本』（冨山房、一九七二年）「孟子定本・公孫丑章句上」一〇頁。

（35）アカデミー・フランセーズの辞典では、一七六二年以降、moral の項目で、"Vertus morales" という熟語について、「理性に光のみに照らした原則に従う徳」という説明を採用し、「キリスト教徒の徳」と区別をしている。*Dictionnaire de l'Académie française*, 4th Edition（1762）MORAL, ALE. adj. ... "On appelle Vertus morales, Celles qui ont pour principe les seules lumières de la raison. Il ne suffit pas d'avoir les vertus morales, il faut encore avoir les vertus chrétiennes." 注（3）に記したオンラインでの利用可能。

（36）Maurice Cranston による現代の英訳 *The Social Contact*（Penguin Books, 1969）では、この箇所をはっきり the legal person（p. 74）と訳している。兆民は第一編第七章に現れる "la personne morale" については「形体の見るべきなし」（九五頁）と訳している。また『仏和字彙』（一八九三年）の "personne" の項では "personne morale" は「法人」となっている。おそらく「法人」という概念について、兆民は理解していた。

（37）なお raison を「良智」と訳している箇所もある（巻之二第六章「律例」一二三頁）。後に『理学鉤玄』（一八八六年）で「道徳の本根」を論じる際にも「良智レーゾン」という語が現れる（巻之一第一三章　道学、『中江兆民全集』第七巻、岩波書店、一九八四年、一一三頁）。

（38）井田進也『中江兆民のフランス』、宮村治雄『理学者兆民——ある開国経験の思想史』（みすず書房、一九八八年）。

（39）シジスモン・ラクロワー「非主権在民論」（小山久之助訳・中江兆民閲）『欧米政典集誌』第一二号（一八八七年二月三日）、一六—一七頁。内容を汲んで、わざわざ「非主権在民論」と題している。これは、『政理叢談』三一号、一八八三年四月五日の「主権属民論」中沢文三郎訳として前半だけ訳されたものを再度全訳したもの。Sigismond Lacroix, "De la souveraineté du peuple," *La Science politique. Revue internationale*, Directeur de publication, Émile Acollas（1878–1879）. 合冊になっており、1878 年部分の pp. 37–46. フランス国立図書館所蔵番号 8-R-4079。引用文の該当箇所は、pp. 41–42. なお名古屋大学図書館にも同誌が所蔵されており（請求記号 S0710）、こちらでは、同誌 no. 1（avril 1878）, pp. 31–38 のうち、pp. 34–35 が対応箇所。井田進也『中江兆民のフランス』第一章「兆民研究における『政理叢談』の意義について」第四節および「『政理叢談』原典目録ならびに原著者略伝」に詳しく紹介されている。

（40）フランスでは当時、団体の人格は実体ではなく fiction に過ぎないという学説が法学者の間で強かった。H. S. Jones, *The French State in Question*（Cambridge: Cambridge University Press, 1993）, p. 74. またフランソワ・ギゾーは『フランスの民主主義について』（一八四九年）でフランスの政治の最大の問題点を「民主主義の偶像崇拝 l'idolâtrie démocratique」であると論じていた。François Guizot, *De la démocratie en France*（Bruxelles: Société typographique belge, 1849）, pp. 6, 158.

（41）*Immanuel Kant: Werke: Akademie-Textausgabe, Bd.6, Die Religion innerhalb der Grenzen der bloßen Vernunft; Die Metaphysik der Sitten*, Unveränderter photomechanischer Abdruck von *Kants gesammelte Schriften*（Berlin: de Gruyter, 1968）, S. 318（『人倫の形而上学』「公民的結合の本性から生じる諸々の法的効果について　一般的註解A」）。

（42）Maurice Block ed., *Dictionnaire général de la politique*（Paris: O. Lorenz, 1873–1874）, Tome 1, A-G, pp. 526–531. これらを書いている

のは、ペニョン Eugène Paignon という著述家法律家である。この二つの項目は『政理叢談』『欧米政典集誌』などでは翻訳されていない。

(43)『民約訳解』の自叙には「伝に曰く、「物に本末あり」と。その本を窮めざれば、いずくんぞその末を知るにたらんや」(六七頁)として、『大学』の「物有本末、事有終始。知所先後、則近道矣」を引用する。

(44) *O. C. III*, p. 379. 中山元訳『社会契約論／ジュネーヴ草稿』八二―八三頁。ただし訳文は修正した。

(45)『民約論』巻之二(明治七年)では、「全国民相集いて全国民に係る事件を議するときは、人々己を視るのみにして他に関せずして……」としている。「人々」にあたる代名詞は一体としての国民(単数形)なので、正確とはいえない。

(46) すでに『民約論』巻之二(一八七四年)でも「国法は全国民の意に出でまた事物を汎視して衆人に渉ると見なすものに限るなれば」となっており、法は意思の一般性(普遍性)と対象の一般性(普遍性)の対応によって正当なものと見なされるという文が、全員の意思と全体にわたる対象、という意味に誤解されているように見える。この誤解が『民約訳解』にも反映したのかもしれない。

(47) 注(16)と関連する問題になるが、ルソーが道徳を「感情、本能、衝動」に基礎づけられる生得的なものと考えていたという見解は、ドラテをはじめ、現代のルソー研究ではむしろ多くの賛成者がいるものとなっている。もちろん、そのことが『人間不平等起源論』や『社会契約論』とどのような関係や軋轢をもつかについてはさまざまな解釈がある。ドラテ『ルソーの合理主義』一一〇頁、川合清隆『ルソーの啓蒙哲学――自然・社会・神』(名古屋大学出版会、二〇〇二年)第九章、小林淑憲「ルソーにおける「自然的善性」の観念の萌芽――『学問芸術論』とその後の論争過程を中心に」(一)(二)(『東京都立大学法学会雑誌』三八巻一号、二号、一九九七年七月、一二月)。

『民約訳解』の後に兆民が翻訳したショーペンハウアーの『道徳学大原論』(一八九四年。Arthur Schopenhauer, *Le fondement de la morale*, traduit de l'allemand par A. Burdeau, Paris: G. Baillière, 1879 という仏語訳版からの重訳)にスピノザ、カントと対立させて、ルソーが la pieté(憐れみの感情)を道徳の基礎にすえたことを高く評価している箇所がある。そこでは『人間平等起源論』で la pieté を l'amour-propre(他者に対する優越を求める自己愛)と対峙させている箇所を引用しているが、la pieté を兆民は「惻隠の心」(『孟子』公孫丑章句上より)と訳している。Arthur Schopenhauer, *Le fondement de la morale*, pp. 162–163,『道徳学大原論』(『中江兆民全集』第九巻)二八七―二八八頁、井田進也による解説も参照(三四二頁)。兆民がルソーのこのような面に早くから気づいていて、あえて『民約訳解』にそれを反映させたという可能性は否定できないが、筆者はそうは考えない。そうであれば「叙」

「緒言」あるいは『人間不平等起源論』に言及している巻之一第一章の「解」（七四頁以下）あたりで、それをはっきり述べておいてもよさそうである。

（48）吉岡知哉『ジャン＝ジャック・ルソー論』一二一頁以下。

（49）Rodger D. Masters, *The Political Philosophy of Rousseau*, p. 339. ドラテはこの章のマキャベリの影響を強調する。ドラテによる注、*O. C. III*, pp. 1461–1462 を参照。

（50）井田進也が指摘したように、この中断は天皇制国家の設計者として立ち現れる伊藤博文への対抗という、非常に具体的な政治状況への判断があったかどうかは、本章の考察の範囲を超えている。井田進也『中江兆民のフランス』第三章を参照。

あとがき

「人間は自由であるがゆえにではなく、自分が自由であると思っているがゆえに、後悔と良心の呵責を覚えるのである」（ニーチェ『人間的なあまりにも人間的な』第一部三九節）という有名な言葉から、どのようなメッセージを引き出すかは人それぞれである。ファイヒンガーのように、「自由であると思っていること」が道徳の根拠となる、という主張を打ち出すこともできれば、そのファイヒンガーを読んだ森鷗外が短編「かのように」の登場人物にいわせたように、「倫理」や「刑法」が「無意味」にならないよう、しかたなくそのように考えることにしよう、というシニカルなあきらめを語ることもできる。結局擬制は社会的な構築物なのだから、それがどう役立つかだけ考えようというコンストラクティビズム的居直りを決め込むことも、自由の擁護を妨害さえしなければ、一概に不真面目とはいえない。

本書は、そのうちのどれが望ましいかを決めようとするものではない。序文で記したように、擬制についての思想史、しかも人間の意識一般についてではなく、国家と社会にとっての擬制という問題に対してどのような思考がなされたかの歴史研究である。

漠然としたアイデアが浮かんでから、文献を調べ内容ができあがるまで、長い時間がかかった。本書の各章には、それぞれ原型となった論文や研究報告がある。以下、参考までに記しておく。

第一章、「「亜細亜」名称への疑い――アジア観の伝統と近代」（酒井哲哉編『日本の外交　第三巻　外交思想』岩波書店、二〇一三年）

第二章、「義気と慣習――明治期政治思想にとってのトクヴィル」（松本礼二、三浦信孝、宇野重規編『トクヴィルとデモクラシーの現在』東京大学出版会、二〇〇九年）

第三章、「穂積八束の憲法学と法的人格としての国家」（米原謙研究代表『平成一七年度～平成一九年度科学研究費補助金　基盤研究（B）研究成果報告書　近代日本のナショナル・アイデンティティの形成と変容――中国・韓国との関連において』研究課題番号：17330027、二〇〇八年）

第四章、「戦間期の法思想と「団体」の理論構成」（猪木武徳編『戦間期日本の社会集団とネットワーク――デモクラシーと中間団体』NTT出版、二〇〇八年）

第五章、「戦後日本政治学におけるホッブズ」（河原宏、河原宏教授古希記念論文集刊行委員会編『日本思想の地平と水脈』ぺりかん社、一九九八年）

第六章、「「虚妄」に賭けることは可能か?――丸山眞男にとっての福澤諭吉」（『現代思想』青土社、四二巻一一号、二〇一四年七月）

補論一、「古典を読む　福澤諭吉『文明論之概略』」（苅部直、黒住真、佐藤弘夫、末木文美士編『岩波講座　日本の思想　第四巻　自然と人為――「自然」観の変容』岩波書店、二〇一三年）

第七章、「福澤諭吉と明治国家」（苅部直、黒住真、佐藤弘夫、末木文美士、田尻祐一郎編『日本思想史講座　四　近代』ぺりかん社、二〇一三年）

補論二、「「民心」と「公論」――日本思想における政治的コミュニケーション」（川崎修編『政治の発見　第六巻　伝える』風行社、二〇一二年）

第八章、「「天賦の通義」？——明治初期「自由」論争」（松田宏一郎、五百旗頭薫編『自由主義の政治家と政治思想』中央公論新社、二〇一四年）
第九章、「中江兆民における「約」と「法」」（『季刊日本思想史』七九号、ぺりかん社、二〇一二年三月）

それぞれの執筆の機会をいただき、またそれを本書のような形でまとめることをお認めいただいた関係各位に、あらためてお礼を申し上げたい。

執筆は孤独な作業だが、思考は孤独ではない。これまでと同様、本書のための研究を進めるにあたって、学会、研究会、共同研究あるいはもっと日常的なやりとりなどを通じて、多くの方々から有益な助言や知識をいただいた。特に以下に記す方々との交流は、直接本書に役立っている（敬称略）。郭峻赫、キリ・パラモア、藍弘岳、将基面貴巳、スヴェン・サーラ、ディック・ステゲヴェルンス、アリステア・スウェール、ダヴィッド・ラブス、ヤン・シーコラ、北岡伸一、澤井啓一、米原謙、井上厚史、ウィリアム・スティール、苅部直、蔡孟翰、大久保健晴、菅原光、河野有理、高山大毅、宮地忠彦、サンドラ・ウィルソン、森山武、バラク・クシュナー、五百旗頭薫。多大な知的刺激と友情に感謝したい。

本書のまとめ作業は、二〇一五年秋からの在外研究期間に、ライデン大学図書館およびケンブリッジ大学図書館でなされた。特にライデン滞在についてはキリ・パラモア氏に大変お世話になった。また、兵藤守男、西澤直子両氏は、お忙しい中、海外からの文献に関する問い合わせに丁寧に応じてくださった。年度をまたいで授業と学内行政から離れる自由を認めてくださった立教大学法学部の同僚諸氏にも深く感謝したい。

何より、本書をまとめるために筆者を激励し、出版にこぎつけるまでの多大な作業に労力を惜しまなかった、慶應義塾大学出版会の飯田建氏に感謝したい。飯田氏は、筆者がこれまでに書いてきた著書、論文にすべて目を通しており、それらの最良の、しかし厳しい読者である。氏のような編集者に出会えたことは筆者にとって大変な幸運であり、喜びである。

今回の在外研究中に、荻生徂徠研究会の中心メンバーであった丸谷晃一氏の訃報に接した。氏の伊藤仁斎研究への執念は感嘆すべきものであり、またその暖かいお人柄を忘れることはできない。本書には随所で、徂徠研究会のおかげで思いついた、あるいは知ることのできたことが活用されている。本書をお見せすることができなかったのはとても残念である。

最後に、本書は、スティーブン・ラージ先生（ケンブリッジ大学ウルフソン・カレッジ名誉フェロー）と、本書の完成のほんの少し前に亡くなられたカースティン夫人のお二人に献げたい。政治史研究者としてのラージ先生から多くを学んできたのは当然として、それだけではなく、お二人が、私と私の家族に対して与えてくれた深く大きな友情にはいくら感謝しても足りない。そして、スティーブンとカースティンのお二人は、私と妻にとって人生のお手本といえる。

二〇一六年五月　ケンブリッジにて

松田宏一郎

著者紹介
松田宏一郎（まつだ こういちろう）
立教大学法学部教授。法学博士（東京都立大学）。日本政治思想史専攻。
1961年生まれ。早稲田大学政治経済学部卒業。東京都立大学大学院社会科学研究科博士課程単位取得退学。
著書に、『江戸の知識から明治の政治へ』ぺりかん社、2008年、『陸羯南——自由に公論を代表す』ミネルヴァ書房、2008年、『후쿠자와 유키치 다시보기（福澤諭吉再見）』서울（ソウル）：아포리아（アポリア）、2016などがある。

擬制の論理　自由の不安
——近代日本政治思想論

2016年6月30日　初版第1刷発行

著　者————松田宏一郎
発行者————古屋正博
発行所————慶應義塾大学出版会株式会社
〒108-8346　東京都港区三田2-19-30
TEL〔編集部〕03-3451-0931
〔営業部〕03-3451-3584〈ご注文〉
〔　〃　〕03-3451-6926
FAX〔営業部〕03-3451-3122
振替　00190-8-155497
http://www.keio-up.co.jp/
装　丁————中垣信夫＋中垣呉（中垣デザイン事務所）
印刷・製本——株式会社理想社
カバー印刷——株式会社太平印刷社

Printed in Japan　ISBN 978-4-7664-2353-2

人名索引

あ行

会沢正志斎　21–23, 34, 236
アコラース，エミール　303, 304
安積艮斎　30
浅見絅斎　15
雨森芳洲　17, 19, 23
新井白石　22
有賀長雄　76, 77, 78
アリストテレス　25, 26, 33
イェーリング，ルドルフ・フォン　1
イェリネック，ゲオルク　148
井田進也　303
伊藤仁斎　208
伊藤博文　195, 210, 211
井上馨　195
井上毅　52, 210–212, 216
岩倉具視　253
ウェイランド，フランシス　186, 191–193
ヴェーバー，マックス　8, 148, 157, 158, 163, 164
植木枝盛　26
内田正雄　27, 28
内村鑑三　31–33, 35
エールリッヒ，オイゲン　122
江木衷　72, 73
エドワード一世　190
エマスン，R. W.　256, 257
大久保健晴　255
大隈重信　195
オースティン，ジョン　70, 73, 74
大嶽秀夫　148
オームス，ヘルマン　237
大森鍾一　53–55, 210
岡義達　2
荻生徂徠　3, 4, 140, 143, 154, 160, 205, 234
織田萬　109–111
小野梓　8, 269, 270
小野清一郎　124–126
小幡篤次郎　43, 46, 190

か行

戒能通孝　122
貝原益軒　18, 19, 23, 24
カッシーラー，エルンスト　300
加藤弘之　8, 25, 241, 258, 261–265, 267, 269
カント，イマヌエル　305
ギールケ，オットー・フォン　85, 87, 91, 92, 94, 104–108, 122, 123
キケロ　305
ギゾー，フランソワ　29, 49, 51, 58, 59, 63, 169, 170–172, 176, 186–190, 200, 215
北一輝　93
ギヨー，A. H.　33
陸羯南（実）　59–62, 210
九鬼周造　161
朽木昌綱　19
熊沢蕃山　14, 15
久米邦武　239
クラマース，ヤーコプ　28
クリーケン，A.Th.v.　70, 71, 85
グロティウス，フーゴ　138, 282–284
ケルゼン，ハンス　8, 162–164
ゲルバー，C. F. v.　73
肥塚龍　42
洪邁　292
古賀精里　243
後藤新平　109
ゴルトン，フランシス　31, 201
コンドルセ，ニコラ・ド　60

さ行

佐藤直方　239
渋川春海　15–17
島田三郎　305
清水澄　84
朱熹　15, 178, 234, 239, 281, 288, 298–300
シュミット，カール　8, 142, 147, 149, 163, 285, 288
シュタイン，ローレンツ・フォン　73
荀子　280
ジンメル，ゲオルク　8, 159–161
末弘厳太郎　103, 107, 115–122, 128
鈴木正三　237
スペンサー，ハーバート　194, 205
スマイルズ，サミュエル　41, 267
ゾーム，ルドルフ　95

た行

高谷龍洲　289
高野泰助　240
高橋眞司　135
竹越三叉（與三郎）　33–35, 62, 63
太宰春台　232, 235, 281
立野保男　157
谷泰山　15, 16
チュルゴー，A.R.J.　60
恒藤恭　136
デュルケーム，エミール　106, 121
寺島宗則　253
テリー，H. T.　70
天海　237
テンニエス，フェルディナント　118, 138
董仲舒　45
遠山茂樹　174
トクヴィル，アレクシ・ド　5, 29, 41–64, 69, 188, 190, 217
徳富蘇峰　55–59, 62, 63
ドノソ・コルテス，フアン　149
富永祐治　157
トムソン，J. P.　258

な行

ナカイ，ケイト　236
中江兆民　9, 59, 60, 62, 64, 279–309
中島広足　236
中田薫　103, 107, 109, 116, 128
中村敬宇　8, 41, 254–258, 267, 268
鍋島閑叟　239
南原繁　143, 144, 156
西川如見　16, 17, 19

は行

バーカー，アーネスト　105
パークス，H. S.　253
ハーバーマス，ユルゲン　231
ハウドスミット，J. E.　271
パウンド，ロスコー　114
バジョット，ウォルター　205, 207–209
バックル，H. T.　169, 170–172, 174, 176
バトビー，A. P.　54
鳩山秀夫　113–115, 128
羽仁五郎　174
馬場辰猪　175, 184
林羅山　237
原敬　112
ビーデルマン，カール　265
平石直昭　175
平野義太郎　122
ファン・デル・フーフェン，F. P.　254
フイエ，アルフレッド　59, 60
フィヒテ，J. G.　118, 119
プーフェンドルフ，サミュエル・フォン　144
フォレット，M. P.　109
福澤諭吉　8, 28–31, 43–53, 55, 58, 59, 63, 153–161, 163, 165, 169–179, 181–189, 191–197, 199–204, 206–215, 217, 218, 248–252, 268, 269
福田歓一　144
藤森弘庵　242
藤原惺窩　237
ブラックストン，ウィリアム　1, 250–252
ブラニオル，マルセル　106
フランツ，コンスタンティン　265, 266
フリーマン，E. A.　31, 32
ブルンチュリ，J. K.　61, 71, 258, 260–262, 265
ブロック，モーリス　304
ヘーゲル，G.W.F.　154
ベリ，M. E.　232, 233
ベンサム，ジェレミー　1, 269–271, 287, 305, 306
ヘンリー，C. S.　187
細井平洲　235
ホッブズ，トマス　7, 135–140, 142–148
穂積陳重　109, 136–138
穂積八束　6, 70, 71, 73–78, 80–88, 90–94, 96, 104
本多利明　19, 20, 23, 24

ま行

前田勉　238, 242
牧野英一　114
マスターズ，ロジャー　308
松沢弘陽　173, 175, 182, 257
松下圭一　145–147
松平慶永　241
丸山眞男　8, 139, 141–144, 147–149, 153–161, 163–165, 173, 174, 177
マンハイム，カール　155–157, 163
水田洋　147
溝部英章　148
三谷博　242
箕作省吾　24

箕作麟祥　25, 26
美濃部達吉　94
三宅雪嶺　31
宮村治雄　303
ミル，J. S.　28, 29, 51, 58, 59, 63, 170, 171, 176, 186–189, 255, 268
メイストル，ジョゼフ・ド　149
メイトランド，フレデリック　105, 106
メリアム，チャールズ　106
モッセ，アルベルト　82
本居宣長　4, 20, 21, 154
森有礼　8, 80, 256–258
モンテスキュー，シャルル・ド　25, 26, 33, 60, 208, 209

や行

安井息軒　300
山鹿素行　13, 14
山県有朋　52
山片蟠桃　22
山崎闇斎　15, 237
山村才助　22
横井小楠　23, 239, 241
吉田松陰　24
米原謙　236

ら行

ラーバント，パウル　73–77, 79, 80, 95
ラクロワ，シジスモン　303, 304
リーヴ，ヘンリー　42, 51
リッチ，マテオ　17
ルソー，ジャン＝ジャック　9, 60, 73, 147, 279–291, 293, 294, 296–300, 303–306, 308, 309
蠟山政道　141
ロェスラー，ヘルマン　72–74
ロック，ジョン　145, 146

わ行

渡辺崋山　24
渡辺浩　236, 237

引用・参照文献リスト

1　思想家の著作、政治・法律関係史料など　＊著者名順。翻訳者、古典などの校注者の業績としての意味が強い場合は、その名の下に配した。

会沢正志斎『新論』1825年撰、『日本思想大系　五三　水戸学』今井宇三郎、瀬谷義彦、尾崎正英校注、岩波書店、1973年。

会沢正志斎『迪彝篇』1833年撰、1843年刊、『新論・迪彝篇』塚本勝義訳注、岩波文庫、1969年。

会沢正志斎『退食間話』1842年序、『日本思想大系　五三　水戸学』。

会沢正志斎『下学邇言』1847年刊、『国民道徳叢書』井上哲次郎閲、有馬祐政・黒川真道編第二巻、博文館、1901年。

安積艮斎『洋外紀略』1848年序、立教大学図書館大久保利謙文庫所蔵。

浅野建二校注『人国記・新人国記』岩波文庫、2002年。

浅見絅斎「中国辨」1701年奥書、『日本思想大系三一　山崎闇斎学派』西順三、阿部隆一、丸山眞男校注、岩波書店、1980年。

浅見絅斎「仁説問答師説」元禄年間、宝永3年、宝永7年、『日本思想大系三一　山崎闇斎学派』。

浅見絅斎「絅斎先生仁義礼智筆記」成立年代不詳、『日本思想大系　三一　山崎闇斎学派』

雨森芳洲『橘窓文集』1794年刊、『関西大学東西学術研究所資料集刊　十一―二　雨森芳洲全書二』泉澄一、中村幸彦、水田紀久編、関西大学出版部、1980年。

有賀長雄「穂積八束君帝国憲法の法理を誤る」『憲法雑誌』第六―八号、1889年4–6月、『近代日本思想大系　三一　明治思想集II』松本三之介編、筑摩書房、1977年。

石川忠久校注『新釈漢文大系　詩経』上・中・下、明治書院、1997–2000年。

井上毅伝記編纂委員会編『井上毅伝　史料篇』第一―第六、國學院大學図書館、1966–1977年。

井上毅「憲法意見控」（明治九年夏　元老院ニ憲法取調ノ聖勅アリ此時上岩右相意見書）『井上毅伝　史料篇』第一

井上毅「井上毅　伊藤博文宛書簡」明治15年4月と推測される、『井上毅伝　史料篇』第四。

井上毅「井上毅　小松原英太郎宛書簡明治一六年八月一三日」『井上毅伝　史料篇』第四。

井上毅「自治論」明治20年と推測される、『井上毅伝　史料編』第二。

井上哲次郎『哲学字彙』東京大学三学部、1881年。

入矢義高校注『臨済録』岩波文庫、1989年。

植木枝盛「思想論後編上　亜細亜人の思想如何を論ず」『郵便報知新聞』1876年11月4、9日、家永三郎、外崎光広、松永昌三、川崎勝編『植木枝盛集』第三巻、岩波書店、1990年。

内田正雄『輿地誌略』文部省、1874–75 年、早稲田大学図書館所蔵。

内野熊一郎校注『新釈漢文大系　孟子』明治書院、1962 年。

内村鑑三、“Japan’s Future as Conceived by a Japanese（Japan: Its Mission),” *The Japan Daily Mail*, 1892 年 2 月 5 日、日本語版は、1892、「日本国の天職」『六合雑誌』一三六号、1892 年 4 月 15 日、『内村鑑三全集』鈴木俊郎他編、第一巻、岩波書店、1981 年。

江木衷訳、ヘルマン・リョースレル『社会行政法論』警視庁、1885 年。

大島貞益訳、戎・豪斯丁（オースティン）『豪氏　法學講義節約』文部省編輯局、1880 年。

大森鍾一「地方治体論」執筆年不詳、『大森文書』五九、東京市政調査会蔵。

荻生徂徠『鈐録』1727 年自序、『荻生徂徠全集』今中寛治、奈良本辰也編、第六巻、河出書房、1973 年。

荻生徂徠『弁道』1717 年刊、『日本思想大系　三六　荻生徂徠』吉川幸次郎、丸山眞男、西田太一郎、辻達也校注、岩波書店、1973 年。

小野梓「権理之賊」『共存雑誌』第二号、1875 年 2 月、『小野梓全集』早稲田大学大学史編集所編、第三巻、早稲田大学出版部、1980 年。

小野梓『国憲論綱（稿本)』1876 年、『小野梓全集』第二巻、1979 年。

小野梓『羅瑪律要』1876 年、『小野梓全集』第二巻。

小野清一郎「ギールケの法律思想」1936 年、小野清一郎『法学評論』下巻、弘文堂書房、1939 年。

小野清一郎『日本法理の自覚的展開』有斐閣、1942 年。

小野清一郎『日本法學の樹立』日本法理研究會、1942 年。

小幡篤次郎訳、デ・トヲクヴィル（トクヴィル）『上木自由之論』小幡篤次郎蔵版、1873 年。

小幡篤次郎訳、(Tocqueville, *Democracy in America* からの抄訳)『家庭叢談』二三、二九、三四号、1876 年 11 月、12 月。

貝原益軒『五常訓』1711 年、『益軒全集』益軒会編、巻之三、益軒全集刊行部、1910 年。

貝原益軒『扶桑記勝』年代不明、『益軒全集』巻之七、1910 年。

加藤弘之『鄰草』1861 年、『明治文化全集』明治文化研究会編、政治篇、日本評論社、1965 年。

加藤弘蔵『立憲政体略』上州屋総七、1868 年。

加藤弘之訳、イ、カ、ブルンチリ（ブルンチュリ）『国法汎論』文部省、1872–74 年。

加藤弘之『国体新論』谷山楼、1874 年。

加藤弘之訳「米国政教」『明六社雑誌』第五号、1874 年、4 月 15 日、『明六雑誌』山室信一、中野目徹校注、上、岩波書店、1999 年。

北一輝『国体論及び純正社会主義』第四編、1906 年、『北一輝著作集』第一巻、みすず書房、1959 年。

九鬼周造『「いき」の構造　他二篇』岩波文庫、1979 年。

陸羯南「自由主義如何」、1891 年に『近時政論考』に収録、『陸羯南全集』西田長壽、植手通有編、第一巻、みすず書房、1968 年。

朽木昌綱『泰西輿地図説』1789 年、早稲田大学図書館所蔵。

熊沢蕃山『孝経小解』1691 年、『増訂　蕃山全集』正宗敦夫編、第三冊、名著出版、

1979年
厳復『天演論』1898年、商務印書館、1981年。

洪邁『容斎随筆』1180年、長澤規矩也編『和刻本漢籍随筆集　第三集　容齋随筆・野客叢書』汲古書院、1988年。

肥塚龍訳『自由原論』有隣堂、1881–1882年。

古賀精里『十事解』1789年序、『日本経済叢書』滝本誠一編、一七巻、日本経済叢書刊行会、1915年。

佐藤直方『韞蔵録』1752年–1788年編、日本古典学会編『増訂　佐藤直方全集』巻二、ぺりかん社、1979年。

司馬光『資治通鑑』全10冊、北京、古籍出版社、1956年。

島田三郎重訳、陸奥宗光序、ベンサム原著『立法論綱』元老院、1878年。

清水盛光『支那社會の研究』岩波書店、1939年。

朱熹『四書章句集注』北京、中華書局、1983年。

朱熹『朱子語類』全8冊、理學叢書、黎靖徳編、王星賢點校、北京、中華書局、1986年。

朱熹『朱子文集』全10冊、陳俊民校訂、德富文教基金會、2000年。

朱熹『朱子全書』修訂本、全27冊、朱傑人、厳佐之、劉永翔主編、上海古籍出版社、2010年。

朱熹『「朱子語類」抄』三浦國雄訳注、講談社学術文庫、2008年。

朱熹「中庸章句序」、『大学・中庸』島田虔次校注、下、朝日新聞社、1978年。

親鸞『愚禿鈔』、『親鸞聖人全集　漢文篇』親鸞聖人全集刊行会、1957年。

末弘厳太郎「嘘の効用」、『改造』1922年7月、末弘厳太郎『嘘の効用』川島武宜編、上、冨山房、1988年。

末弘厳太郎『農村法律問題』改造社、1924年、『明治大正農政経済名著集』一六巻、農産漁村文化協会、1977年。

末弘厳太郎『労働法研究』改造社、1926年。

末弘厳太郎「法解釈における理論と政策」1931年、末弘厳太郎『民法雑考』日本評論社、1932年。

末弘厳太郎「淳風美俗と親族法の改正」、末弘厳太郎『法窓閑話』改造社、1925年。

末弘厳太郎「私法関係の当事者としての家団」、末弘厳太郎『民法雑考』。

末弘厳太郎「法人学説について」、『民法雑記帳』日本評論社、1940年、『末弘著作集Ⅱ・民法雑記帳　上巻〔第2版〕』日本評論社、1980年。

末弘厳太郎「法律と慣習」、『法律時報』一五巻一一号、1943年11月。

高野泰助（余慶、常道）『昇平夜話』1796年序、『日本経済大典』第一四巻、1928年。

竹越三叉『政海之新潮』1887年、『明治文学全集　三六　民友社文学集』柳田泉編、筑摩書房、1970年
竹越与三郎「世界の日本乎、亜細亜の日本乎」、『国民之友』1895年4月13日、『明治文学全集　三六　民友社文学集』柳田泉編、筑摩書房、1970年。

竹内照夫『新釈漢文大系　礼記』上・中・下、明治書院、1971年–1979年。

太宰春台『経済録』1729年序、『日本経済叢書』瀧本誠一編、第六、日本経済叢書刊行会、1918年。

谷秦山「元亨釈書王臣伝論の後に書す」1696年、『秦山集』巻四十三、谷干城、1910年。

張載『正蒙』1076年、張載『張載集』北京、中華書局、1978年。

恒藤恭「自然状態と法律状態」1929年、恒藤恭『法の基本問題』岩波書店、1936年。

程顥、程頤『二程集』全4冊、北京、中華書局、1981年。

董仲舒『春秋繁露』(実際は董仲舒の作ではないといわれる)、台湾、中華書局、1975年。

徳富蘇峰「自由、道徳、及儒教主義」1884年、『明治文学全集　三四　徳富蘇峰集』植手通有編、筑摩書房、1974年。

徳富蘇峰「明治廿三年後の政治家の資格を論ず」1884年、『明治文学全集　三四　徳富蘇峰集』。

徳富蘇峰『将来之日本』1886年、『明治文学全集　三四　徳富蘇峰集』。

徳富蘇峰『新日本之青年』1887年、『明治文学全集　三四　徳富蘇峰集』。

中井正一「言語は生きている」、中井正一『増補　美学的空間』新泉社、1977年。

中江兆民『中江兆民全集』松本三之介、松沢弘陽、溝口雄三、松永昌三、井田進也編、全一七巻・別巻一冊、岩波書店、1983–86年。

中江兆民「原政」、『奎運鳴盛録』第五号、1878年11月20日、『中江兆民全集』第一一巻。

中江兆民、無題社説、『東洋自由新聞』第一号、1881年3月18日、『中江兆民全集』第一四巻。

中江兆民「原政　婁騒政論之大旨意訳」、『欧米政理叢談』二一号、1882年12月20日、『中江兆民全集』第一一巻。

中江兆民訳、アルフレット・フーイェー著『理学沿革史』上・下、1886年、『中江兆民全集』第四―六巻、岩波書店、1984–85年。

中江兆民『理学鉤玄』1886年、『中江兆民全集』第七巻。

中江兆民重訳、アルチュール・スコペンノーエル(ショーペンハウアー)著、アー・ビュールド訳『道徳学大原論』1894年、『中江兆民全集』第九巻。

中江兆民『選挙人めざまし』1890年、『中江兆民全集』第一〇巻。

中江篤介、野村泰亨訳『仏和字彙』仏学研究会、1893年。

中島広足『童子問答』、『中島広足全集』弥富破摩雄、横山重校訂、第二篇、大岡山書店、1933年。

中田薫「徳川時代に於ける村の人格」1920年、中田薫『法制史論集　第二巻』岩波書店、1938年。

中上川彦次郎「儒教主義」、『時事新報』1883年11月19から21日。

中村正直「審国体」原漢文、安政年間、『敬宇文集』吉川弘文館、1903年。

中村正直訳、斯邁爾斯(サミュエル・スマイルズ)『西国立志編　原名　自助論』木平謙一郎蔵版、1870–71年。

中村正直(中村敬太郎)訳、弥爾(J. S. ミル)『自由之理』木平謙一郎版、1872年。

中村正直訳、ランソム・ギルレット『共和政治』同人社、1873年。

中村正直訓点、丁韙良『天道溯源』倫敦聖教書類会社、1880年。

中村正直『敬宇文集』吉川弘文館、1903年。

南原繁『政治理論史』東京大学出版会、1962年。

仁井田陞『中国の社会とギルド』岩波書店、1951年。

仁井田陞『中国の農村家族』東京大学東洋文化研究所、1952年。

西周『百学連環』1870年、『西周全集』大久保利謙編、第四巻、宗高書房、1981年。

西川如見『日本水土考』1700年、『日本水土考・水土解辨・増補華夷通商考』飯島忠夫、西川忠幸校訂、岩波文庫、1997年。

鳩山秀夫「財産法改正問題概論」1920–21年、鳩山秀夫『債権法における信義誠実の原則』有斐閣、1955年。

鳩山秀夫「債権法における信義誠実の原則」1924年、鳩山秀夫『債権法における信義誠実の原則』。

范曄『後漢書』吉川忠夫訓注、全一〇冊・別冊、岩波書店、2001–07年。

尾藤二洲『正学指掌』1787年刊、『日本思想大系　三七　徂徠学派』頼惟勤校注、岩波書店、1972年。

福澤諭吉『福澤諭吉全集』慶應義塾編、全二一巻・別巻、岩波書店、1958–71年。

福澤諭吉『福澤諭吉書簡集』慶應義塾編、全九巻、岩波書店、2001–03年。

福澤諭吉『唐人往来』1865年（未公刊）、『福澤全集緒言』1897年に収録。

福澤諭吉「慶應二年二月六日　島津祐太郎宛書簡」、『福澤諭吉書簡集』第一巻。

福澤諭吉「慶應二年一一月七日　福沢英之助宛書簡」、『福澤諭吉書簡集』第一巻。

福澤諭吉「明治二年二月二〇日　松山棟庵宛書簡」、『福澤諭吉書簡集』第一巻。

福澤諭吉「明治三年一〇月二二日　阿部泰蔵宛書簡」、『福澤諭吉書簡集』第一巻。

福澤諭吉「明治七年一〇月一二日　馬場辰猪宛書簡」、『福澤諭吉書簡集』第一巻。

福澤諭吉「明治一五年八月六日　岩倉具視宛書簡」、『福澤諭吉書簡集』第三巻。

福澤諭吉『西洋事情』初編、尚古堂、1866年。

福澤諭吉『西洋事情』外編、尚古堂、1868年。

福澤諭吉『西洋事情』二編、尚古堂、1870年。

福澤諭吉『世界国尽』慶應義塾、1869年。

福澤諭吉「明治政府の出仕命令を辞する願書」1868年6月、『福澤諭吉全集』第二〇巻。

福澤諭吉『学問のすゝめ』福澤諭吉、1872–76年。

福澤諭吉『文明論之概略』著者蔵版、1875年。

福澤諭吉『文明論之概略』松沢弘陽校注、岩波文庫1995年。

福澤諭吉「覚書」1877年前後、『福澤諭吉全集』第七巻。

福澤諭吉『分権論』福澤諭吉蔵版、1877年。

福澤諭吉『通俗国権論』福澤諭吉、1878年。

福澤諭吉「薩摩の友人某に与るの書」、『福澤文集』二編、中島（精一）氏蔵版、1879年。

福澤諭吉『通俗民権論』福澤氏蔵版、1878年。

（福澤諭吉）藤田茂吉、箕浦勝人述『国会論』慶應義塾蔵版、1879年。

福澤諭吉『時事小言』著者蔵版、1881年。

福澤諭吉立案、中上川彦次郎筆記『時事大勢論』慶應義塾蔵版、1882年。

福澤諭吉『時事小言』著者蔵版、1881年。

福澤諭吉「神官の職務」、『時事新報』1882年4月19日『福澤諭吉全集』第八巻。

福澤諭吉立案、中上川彦次郎筆記『帝室論』丸善、1882年。

福澤諭吉立案、中上川彦次郎筆記『兵論』慶應義塾蔵版、1882 年。

福澤諭吉「時勢問答」、『時事新報』1882 年 6 月 23 日–7 月 8 日、『福澤諭吉全集』第八巻。

福澤諭吉「日本も亦富国たるを得べし」、『時事新報』1883 年 3 月 7 日、『福澤諭吉全集』第八巻。

福澤諭吉「秩序紊乱の中に秩序あり」、『時事新報』1883 年 5 月 18 日、『福澤諭吉全集』第一〇巻。

福澤諭吉『士人処世論』時事新報社、1885 年。

福澤諭吉「私権論」、『時事新報』1887 年 10 月 6–12 日、『福澤諭吉全集』第一一巻。

福澤諭吉「施政邇言」、『時事新報』1888 年 1 月 9 日、『福澤諭吉全集』第一一巻。

福澤諭吉『尊王論』集成社、1888 年。

福澤諭吉「日本国会縁起」、『時事新報』1889 年 2 月 14 日、『福澤諭吉全集』第一二巻。

福澤諭吉「国会の前途」、『時事新報』1890 年 12 月 10–20 日、福澤諭吉立案、福澤一太郎・福澤捨次郎筆記『国会の前途・国会難局の由来・治安小言・地租論』石川半次郎、1892 年。

福澤諭吉『福翁百話』時事新報社、1897 年。

福澤諭吉『福澤全集緒言』時事新報社、1897 年。

福澤諭吉口述、矢野由次郎速記『福翁自伝』時事新報社、1899 年、『新　日本古典文学大系　明治編　一〇』松沢弘陽校注、岩波書店、2011 年。

福澤諭吉「明治十年　丁丑公論」、『明治十年丁丑公論・瘠我慢之説』時事新報社、1901 年。
※福澤諭吉の公刊された著書は、慶應義塾図書館デジタルギャラリー「デジタルで読む福澤諭吉」データベース（一般公開されている）
http://project.lib.keio.ac.jp/dg_kul/fukuzawa_tbl.php
において、画像とテクスト化されたデータで読むことができる。本書では、このデータベースで確認できるものについては、特に記した場合を除いて、基本的にその刊本の丁、頁を記載した。

福田歓一『近代政治原理成立史序説』岩波書店、1971 年。

福田歓一「トマス・ホッブスの自由論――「抵抗権」論議との関連において」、『国家学会雑誌』第九〇巻第九・十号、1977 年 9 月。

藤沢親雄『日本民族の政治哲学』巌松堂書店、1937 年。

藤森弘庵『新政談』1855 年、『野史台　維新史料叢書　二　論策』日本史籍協会編、東京大学出版会、1973 年。

細井平洲『嚶鳴館遺草』1835 年、『日本経済大典』滝本誠一編、第二二巻、啓明社、1929 年。

穂積陳重「民約説」、穂積陳重『法律進化論叢　第一冊　神権説と民約説』岩波書店、1928 年。

穂積八束「帝国憲法の法理」1889 年、『穂積八束博士論文集』穂積重威編、増補改版、有斐閣、1943 年。

穂積八束「有賀学士の批評に対し聊か主権の本体を明かにす」、『法学協会雑誌』第七巻第六二号、1889 年 5 月 25 日、『穂積八束博士論文集』。

穂積八束「民法出でて忠孝亡ぶ」『法学新報』第五号、1891年8月、『穂積八束博士論文集』。

穂積八束「祖先教は公法の源なり」、『国家学会雑誌』第五巻第六〇号、1892年、『穂積八束博士論文集』。

穂積八束述『帝国憲法』窪田欽太郎編、東京法学院明治二六年度二年級講義録、東京法学院、1893年。

穂積八束『行政法大意』八尾書店、1896年。

穂積八束『国民教育　憲法大意』八尾書店、1896年。

穂積八束「新法典及社会の権利」、『法学新報』第六〇号、1896年3月29日、『穂積八束博士論文集』。

穂積八束『憲法提要』上巻、有斐閣、1910年。

本多利明『西域物語』1798年、『日本思想大系　四四　本多利明・海保青陵』塚谷晃弘、蔵並省自校注、岩波書店、1970年。

本多利明『経世秘策』1798年、『日本思想大系　四四　本多利明・海保青陵』。

牧野英一「具体的妥当性」1922年、牧野英一『法律に於ける具体的妥当性』有斐閣、1925年。

丸山眞男「政治学に於ける国家の概念」1936年、『丸山眞男集』第一巻、岩波書店、1996年。

丸山眞男「近世日本政治思想における「自然」と「作為」」1941–42年、丸山眞男『日本政治思想史研究』新装版、東京大学出版会、1983年。

丸山眞男「福澤諭吉の儒教批判」1942年、『福澤諭吉の哲学　他六篇』松沢弘陽編、岩波文庫、2001年。

丸山眞男「超国家主義の論理と心理」1946年、丸山眞男『現代政治の思想と行動』増補版、未来社、1964年。

丸山眞男「福澤に於ける「実学」の転回」1947年、『福澤諭吉の哲学　他六篇』。

丸山眞男「福澤諭吉の哲学」1947年、『福澤諭吉の哲学　他六篇』。

丸山眞男「『福澤諭吉選集』第四巻　解題」1952年、『福澤諭吉の哲学　他六篇』。

丸山眞男「増補版　現代政治の思想と行動　後記」、丸山眞男『現代政治の思想と行動』増補版。

丸山眞男「生きてきた道　1965年10月」、『丸山眞男話文集』丸山眞男手帖の会編、続一、みすず書房、2014年。

丸山眞男「福澤諭吉の人と思想」みすずセミナー講義、1971年11月26日、『みすず』1995年7月、松沢弘陽編『福澤諭吉の哲学　他六篇』。

丸山眞男「一九七七年読書アンケート」、『丸山眞男集』第一六巻、岩波書店、1996年。

丸山眞男、安藤英治対談「ウェーバー研究の夜明け」、『人類の知的遺産　六二　マックス・ウェーバー』月報、講談社、1979年。『丸山眞男座談　八　1977–1982』岩波書店、1998年。

丸山眞男『「文明論之概略」を読む』上・中・下、岩波新書、1986年。

松下圭一『市民政治理論の形成』岩波書店、1959年。

満鉄調査部綜合課「支那慣行調査打合会諸会議議事録」1939年12月11日、『中国農村慣行調査』中国農村慣行調査刊行会篇、第一巻、岩波書店、1952年。

水田洋『近代人の形成――近代社会成立史』東京大学出版会、1954年。

水田洋「書評　福田歓一『近代政治原理成立史序説』」『歴史学研究』三九六号、1973年5月。

美濃部達吉『行政法』東京法学院、出版年不明。

美濃部達吉『日本国法学』有斐閣、1907年。

三宅雪嶺（石浦居士）「日本人民固有の性質」、『東洋学芸雑誌』一六・一七号、1883年1、2月。

村田氏寿、佐々木千尋『続再夢紀事』日本史籍協会編、巻一、東京大学出版会、1988年。

本居宣長『玉くしげ』1786年成立、1789年刊、『本居宣長全集』大久保正編、第八巻、筑摩書房、1972年。

本居宣長「沙門文雄が丸山八海解嘲論の弁」1790年、『本居宣長全集』大久保正・大野晋編集校訂、第一四巻、筑摩書房、1972年。

箕作省吾『坤輿図識補』1847年、早稲田大学図書館所蔵。

箕作麟祥訳、モンテスキュー「人民の自由と土地の気候と互に相関するの論」、『明六雑誌』第四号、1874年、『明六雑誌』山室信一、中野目徹校注、上、岩波文庫、1999年。

無署名「加藤弘之氏の人権新説を読む」（『郵便報知新聞』社説）、『人権新説駁論集』末弘重恭校閲、中村尚樹編、内田弥兵衛、1883年。

無署名「町村組織ははたして永続の見込みあるか」、『自治新誌』一七号、1889年7月、『日本近代思想大系　二〇　家と村』海野福寿、大島美津子編、岩波書店、1989年。

モッセ「自治制講義　市町村総論」1888年11月9日講義、『日本近代思想大系　二〇　家と村』。

森有礼、*Religious Freedom in Japan*, 1872,『森有禮全集』大久保利謙編、第一巻、宣文堂書店、1972年。

森鷗外「かのように」1912年、『灰燼　かのように――森鷗外全集〈三〉』ちくま文庫、1995年。

山鹿素行『中朝事実』1669年序、『山鹿素行全集思想篇』広瀬豊編、巻一三、岩波書店、1940年。

山鹿素行『武家事紀』1673年自序、『山鹿素行先生全集』山鹿素行先生全集刊行会、武家事紀下巻、1918年。

山片蟠桃『夢之代』1802年自序、1820年自跋、『日本思想大系　四三　富永仲基・山片蟠桃』水田紀久、有坂隆道校注、岩波書店、1973年。

安井息軒『漢文大系　一　大学説・中庸説・論語集説・孟子定本』冨山房、1972年。

山村才助『訂正増訳采覧異言』1802年、『蘭学資料叢書　訂正増訳采覧異言』下、青史社、1979年。

横井小楠「学校問答書」1852年、『日本思想大系　五五　渡辺崋山・高野長英・佐久間象山・横井小楠・橋本左内』佐藤昌介、植手通有、山口宗之校注、岩波書店、1971年。

横井小楠「国是三論」1860年、『日本思想大系　五五　渡辺崋山・高野長英・佐久間象山・横井小楠・橋本左内』。

臨時台湾旧慣調査会『臨時台湾旧慣調査会第一部報告　清国行政法』第一巻下、臨時台

湾旧慣調査会、1914 年。

臨時法制審議会『臨時法制審議会総会議事速記録　諮問第一号（民法改正）』臨時法制審議会総会、1919 年。

蠟山政道ほか「討論　日本における政治学の過去と将来」、『日本政治学会年報　一九五〇　政治学』日本政治学会編、岩波書店、1950 年、蠟山政道『日本における近代政治学の発達』ぺりかん社、1968 年。

法令、外交関係史料、その他（文献名順）

「浦上キリシタン弾圧に関する対話書」1869 年 12 月、『日本近代思想大系　五　宗教と国家』安丸良夫、宮地正人校注、岩波書店、1988 年。

『円覚寺文書』文和 3 年、1354 年 9 月 22 日、『中世法制史料集』牧健二監修、佐藤進一、池内義資編、第二巻、室町幕府法（室町追加、文書番号六六）、岩波書店、1957 年。これは東京大学史料編纂所、古文書フルテキストデータベースで見ることができる。http://wwwap.hi.u-tokyo.ac.jp/ships/shipscontroller　2016 年 2 月 1 日アクセス。

「和蘭公使代任祝辞」、『日本近代思想大系　二　天皇と華族』遠山茂樹校注、岩波書店、1988 年。

『御成敗式目』、『日本思想大系　二一　中世政治社会思想　上』石井進他編、岩波書店、1972 年。

『枢密院会議筆記』一、憲法草案、明治 21 年自 6 月 18 日至 7 月 13 日、国立公文書館蔵、国立公文書館アジア歴史資料センターデータベース、http://www.jacar.go.jp/DAS/meta/listPhoto?REFCODE＝A03033488000&IS_STYLE＝default&image_num＝443、2015 年 11 月 25 日アクセス、レファレンスコード：A03033488000、画像一二六―一二七。

欧文および邦訳

L'Académie française. *Dictionnaire de l'Académie française*. quatrième édition, 1762.
Aristotle. *The Politics*. Edited by Stephen Everson. Cambridge: Cambridge University Press, 1988.
Austin, John. *Lectures on Jurisprudence, or, The Philosophy of Positive Law*, Vol. I. Edited by Robert Campbell. London: J. Murray, 1885. Fifth Edition.
Austin, John. *Lectures on Jurisprudence, or, The Philosophy of Positive Law*. Edited by Robert Campbell, the Students Edition, London: John Murray, 1875.
Bagehot, Walter. *The English Constitution*. London: Kegan Paul, Trench & Co., 1873. Second Edition.
Batbie, Anselme Polycarpe. *Traité théorique et pratique de droit public et administrative*. Paris: Cotillon, 1862–1868. T. 1–7.
Bentham, Jeremy, *The Collected Works of Jeremy Bentham: A Comment on the Commentaries and A Fragment on Government*. Edited by J. H. Burns and H. L. A. Hart. Oxford: Oxford University Press, 1977. 初版は 1776.
Bentham, Jeremy. *Theory of Legislation*. Translated from the French of Etienne Dumont by R. Hildreth, London: Trübner & Co., 1864.

Blackstone, Sir William. *Commentaries on the Laws of England in Four Books*, Notes selected from the editions of Archibold, Christian, Coleridge, Chitty, Stewart, Kerr, and others, Barron Field's Analysis, and Additional Notes, and a Life of the Author by George Sharswood. Philadelphia: J.B. Lippincott Co., 1893. Two Volumes. 初版は 1765–1769.

Blackstone, Sir William. *The Student's Blackstone: Commentaries on the Laws of England, in Four Books*. London: John Murray, 1865.

Block, Maurice Edited by *Dictionnaire général de la politique*. Paris: O. Lorenz, 1873–1874. T. 1–2.

Bluntschli, Johann Caspar. *Allgemeines Statsrecht*. München: Der J.G. Cottashen Buchhandlung, 1868.

Bluntschli, Johann Caspar. *Lehre vom modernen Staat, Bd 3: Politik als Wissenshcaft*. Stuttgart, J. G. Cotta, 1876.

Bluntschli, Johann Caspar. *La politique*. Tr. de l'allemand et précédé d'une préface par M. Armand de Riedmatten. Paris, Guillaumin et cie, 1883.

British Foreign Office: Japan: Correspondence, F. O. 46–124. No. 6 Parkes to Clarendon. Jan 22, 1870.（横浜開港資料館所蔵の複製本を使用）

Buckle, Henry Thomas. *History of Civilization in England*. 2 volumes. London: 1857, 1861, 福澤所蔵本は、New York: D. Appleton, 1872、1873 年版。

Cassirer, Ernst. "Judaism and the Modern Political Myths," in *Symbol, Myth and Culture: Essays and Lectures of 1935–1945*. Edited by Donald Phillip Verene. New Haven: Yale University Press, 1979.

エルンスト・カッシーラー（生松敬三訳）『ジャン＝ジャック・ルソー問題』みすず書房、1974 年。

Chambers's Educational Course, Political Economy for Use in Schools, and for Private Instruction. London and Edinburgh: William and Robert Chambers, 1852. 福澤所蔵本は 1873 版。

Durkheim, Émile. *De la division du travail social*. Paris: Félix Alcan, 1893.

Emerson, Ralph Waldo. "Character," *The North American Review* for April, 1866. In *The Collected Works of Ralph Waldo Emerson: Essays: Second Series*. Edited by Alfred R. Ferguson. Cambridge: Belknap Press of Harvard University Press, 1983.

Follet, Mary Parker. *The New State, Group Organization the Solution of Popular Government*. New York: Longmans, Green, 1918.

Fouillée, Alfred. *L'Historie de la philosophie*. Paris: C. Delagrave, 1875.

Frantz, Constantin. *Vorschule zur Physiologie der Staaten*. Berlin: Schneider, 1857.

Freeman, Edward A. *Outlines of History*. New York: H. Holt, 1873.

Freeman, Edward A. *General Sketch of History, Edition adapted for American students*. New York, H. Holt and company, 1874.

Gierke, Otto von. *Das deutsche Genossenschaftsrecht. Bd 1, Rechtsgeschichte der deutschen Genossenschaft*, Berlin: Weidmann, 1868.

オットー・フォン・ギールケ（庄子良男訳）『ドイツ団体法論　第一巻』全四冊、信山社、2014–15 年。

Gierke, Otto von. *Deutsches Privatrecht*. Erster Band. Leipzig: Dunckel & Humblot, 1895.

Goudsmit, Joel Emanuel. *The Pandects: A Treatise on the Roman Law and Upon its Connection with Modern Legislation*. Translated from the Dutch by R. De Tracy Gould. London: Longmans, Green & Co., 1873.

Guizot, François. *De la démocratie en France*. Bruxelles: Société typographique belge, 1849.

Guizot, François. *The History of the Origins of Representative Government in Europe*. Translated by Andrew R. Scoble. London: Henry G. Bohn, 1852, reprinted in 1861.

Guizot, François. *General History of Civilization in Europe, from the Fall of the Roman Empire to the French Revolution*. 9th American, from the 2d English ed., with occasional notes by C. S. Henry. New York: D. Appleton, 1870.

Guyot, Arnold. *The Earth and Man: Lectures on Comparative Physical Geography, in Its Relation to the History of Mankind*. Translated by C. C. Felton. Boston, Gould, Kendall, and Lincoln: 1849.

Hobbes, Thomas. *Leviathan*. 1651. *The Clarendon Edition of the Works of Thomas Hobbes*, III. Edited by Noel Malcolm. Oxford: Oxford University Press, 2012. 3 vols.

Hübner, Johann. *Vollständige Geographie; 2, Von Dänemarck, Norwegen, Schweden, Preußen, Polen, Rußland, Ungarn, Türckey, Asia, Africa, America und von den unbekannten Ländern*. Hamburg, 1743.

Huxley, Thomas H. "Evolution and Ethics: Prolegomena." In *Evolution & Ethics, and Other Essays, Collected Essays by T. H. Huxley*, Volume IX. London: Macmillan and Co, 1894.

Jhering, Rudolf von. *Geist des römischen Rechts auf den verschiedenen Stufen seiner Entwicklung*, Teil 3, Bd. 1. Leipzig: Breitkopf und Härtel, 1865.

Kant, Immanuel. *Immanuel Kant: Werke: Akademie-Textausgabe*, Bd. 6, Die Religion innerhalb der Grenzen der bloßen Vernunft; Die Metaphysik der Sitten, Unveränderter photomechanischer Abdruck von Kants gesammelte Schriften. Berlin: de Gruyter, 1968.

Kelsen, Hans. "Zur Theorie der juristischen Fiktionen. Mit besonderer Berücksichtigung von Vaihingers Philosophie des Als Ob." *Annalen der Philosophie*, 1. Bd. 1919.

Kelsen, Hans. "Die platonische Gerechtigkeit." *Kant-Studien* 38（1933）.

Kelsen, Hans. *Reine Rechitslehre*. Leipzig und Wien: Deuticke（1934）.

Kelsen, Hans. "Platonic Justice." Translated by Glenn Negley. *Ethics* Vol. 48 No. 3（1938）.

Kelsen, Hans. *Introduction to the Problems of Legal Theory: A Translation of the First Edition of the Reine Rechtslehre or Pure Theory of Law*. Translated by Bonnie Litschewski Paulson, and Stanley L. Paulson. Oxford: Clarendon Press, 1992.

ハンス・ケルゼン（横田喜三郎訳）『純粋法学』岩波書店、1935 年。

ハンス・ケルゼン（長尾龍一訳）「プラトンの正義論」、『ハンス・ケルゼン著作集』V、慈学社、2009 年。

Kramers, Jacob. *Geographisch-statistisch-historisch handboek of Beschrijving van het wetenswaardigste uit de natuur en geschiedenis der aarde en harer bewoners*, Tweede Deel. Gouda: G. B. Van Goor, 1850.

Krieken, Albert Th. van. *Ueber die sogenannte organische Staatstheorie: ein Beitrag zur Geschichte des Staatsbegriffs*. Leipzig: Duncker & Humblot, 1873.

Laband, Paul. *Das Staatsrecht des Deutschen Reiches*. Tübingen: H. Laupp'schen Buchhandlung,

1876.

Laband, Paul. *Staatsrechtliche Vorlesungen. Vorlesungen zur Geschichte des Staatsdenkens, zu Staatstheorie und zum deutschen Staatsrecht des 19. Jahrhunderts, gehalten an der Kaiser-Wilhelm-Universität Straßburg 1872–1918*, bearb. und hg. v. Bernd Schlüter. Berlin: Duncker & Humblot, 2004.

Lacroix, Sigismond. "De la souveraineté du people." *La Science politique. Revue internationale*, Émile Acollas（Directeur de publication）1（Avril 1878）. フランス国立図書館番号 8- R-4079. 名古屋大学図書館，請求番号 S0710.

シジスモン・ラクロワ（中沢文三郎訳）「主権属民論」、『政理叢談』三一号、1883 年 4 月 5 日。

シジスモン・ラクロワ（小山久之助訳、中江兆民閲）「非主権在民論」、『欧米政典集誌』1887 年 2 月 3 日。

Littré, Emile. *Dictionnaire de la langue française*. Paris: Hachette, 1872–1877. http://artfl-project.uchicago.edu/content/dictionnaires-dautrefois でオンラインにより利用可能。ただし The Project for American and French Research on the Treasury of the French Language（ARTFL）との契約をしている研究機関から。2016 年 1 月アクセス。

Mannheim, Karl. "Wissenssoziologie." In *Handwörterbuch der Soziologie*. Edited by Alfred Vierkandt. Stuttgart: Ferdinand Enke, 1931.

Mannheim, Karl. *Ideologie und Utopie*. Frankfurt am Main: Verlag G. Schulte-Bulmke. 1952.

カール・マンハイム（高橋徹、徳永恂訳）「イデオロギーとユートピア」、『世界の名著 六八　マンハイム　オルテガ』高橋徹編、中央公論社、1979 年。

Merriam, Charles Edward. *History of the theory of sovereignty since Rousseau*. Kitchener, Ontario: Batoche, 2001.

Mill, John Stuart. *Considerations on Representative Government*. London: Parker, Son, and Bourn, 1861.

Mill, John Stuart. *Considerations on Representative Government*. In *Collected Works of John Stuart Mill, Volume XIX Essays on Politics and Society***. Edited by J. M. Robson. Toronto: University of Toronto Press, 1977.

Mill, John Stuart. *On Liberty*. London: J. W. Parker and Son, 1859.

Mill, John Stuart. *On Liberty*. In *Collected Works of John Stuart Mill, Volume XVIII Essays on Politics and Society**. Edited by J. M. Robson. Toronto: University of Toronto Press, 1977.

Mill, John Stuart. "Guizot's Essays and Lectures on History."（1845）in John Stuart Mill. *Dissertations and Discussions*, 2nd Edition, Volume II. London: Longmans, Green, Reader and Dyer, 1867. 福澤所蔵本にあるのは、全三巻の内、Volume I と III が 1875 年版、Volume II が 1867 年版。

Montesquieu, Charles de Secondat, baron de. *The Spirit of Laws*. Dublin: Printed for G. and A. Ewing, in Dame-Street, and G. Faulkner in Essex-Street, 1751. Volume 1, 2. 福澤所蔵本。

モンテスキュー（野田良之、上原行雄、三辺博之、稲本洋之助、田中治男、横田地弘訳）『法の精神』中巻、岩波書店、1989 年。

Nieuwenhuis, Gerrit. *Algemeen Woordenboek Van Kunsten En Wetenschappen, C-E*. Zutphen; H. C. A. Thieme, 1821. 静岡県立中央図書館、葵文庫蔵。

Roesler, Hermann. *Lehrbuch des Deutschen Verwaltungsrechts I. Band: Das sociale Verwaltungsrecht*. Erlangen: Verlag von Andreas Deichert, 1872.

Rousseau, Jean-Jacques. *Œuvres complètes de Jean-Jacques Rousseau*, Vol. III. Paris: La Bibliothèque de la Pléiade, Gallimard, 1964.

Rousseau, Jean-Jacques. *The Social Contact*. Edited by Maurice Cranston. Penguin Books, 1969.

Rousseau, Jean-Jacques. *Du contrat social: version définitive précédée de la première version*. Édition critique par Simone Goyard-Fabre. Paris: Champion, 2010.

ルソー（中山元訳）『社会契約論／ジュネーヴ草稿』光文社、2008 年。

ルソー（作田啓一訳）『社会契約論』白水 U ブックス、2010 年。

ルソー『山からの手紙』1764 年、川合清隆訳『ルソー全集』第八巻、白水社、1979 年。

Schmitt, Carl. *Der Leviathan in der Staatslehre des Thomas Hobbes: Sinn und Fehlschlag eines politischen Symbols*. Köln: Hohenheim, 1982.

カール・シュミット（長尾龍一訳）『政治神学――主権論四章』、長尾龍一編『カール・シュミット著作集 I　1922–1934』慈学社、2007 年。

カール・シュミット（長尾龍一訳）『リヴァイアサン――近代国家の生成と挫折』福村出版、1972 年。

カール・シュミット（尾吹善人訳）『憲法理論』創文社、1972 年。

Schopenhauer, Arthur. *Le fondement de la morale, traduit de l'allemand par A. Burdeau*. Paris: G. Baillière, 1879.

Simmel, Georg. *Grundfragen der Soziologie: Individuum und Gesellschaft*. Berlin: de Gruyter, 1970.

G. ジンメル（居安正訳）『社会学の根本問題　個人と社会』世界思想社、2004 年。

Sohm, Rudolf. *Institutionen des römischen Rechts*. Leipzig: Duncker & Humbolt, Dritte Auflage, 1884.

Spencer, Herbert. *The Study of Sociology*. London: Henry S. King & Co., 1873. 福澤所蔵本は 1874 年版。

Terry, Henry Taylor. *The First Principle of Law*. Tokyo: Maruzen, 1914. Tenth Edition.

Thompson, Joseph Parish. *Kirche und Staat in den Vereinigten Staaten von Amerika*. Berlin: Leonahrd Simion, 1873.

Tocqueville, Alexis de. *L'Ancien régime et la revolution*. Paris: Michel Lévy frères, 1857. Troisième edition.

Tocqueville, Alexis de. *Democracy in America*. Translated by Henry Reeve. London: 1862.

Tocqueville, Alexis de. *The Republic of the United States of America, and Its Political Institutions: Reviewed and Examined by Alexis de Tocqueville*. Translated by Henry Reeve. New York: A.S. Barnes, 1873.

Tocqueville, Alexis de. *Democracy in America*. London: Longmans, Green, and Co., 1875. 水俣市立蘇峰記念館所蔵。

Tönnies, Ferdinand. *Gemeinschaft und Gesellschaft: Grundbegriffe der reinen Soziologie*. Berlin: Curtius, 1920. Dritte Auflage.

Tönnies, Ferdinand. *Community and Civil Society*. Edited by Jose Harris, Translated by Jose Harris and Margaret Hollis. Cambridge: Cambridge University Press, 2001.

Tönnies, Ferdinand. *Thomas Hobbes: Leben und Lehre*. Stuttgart: 1925.
Vaihinger, Hans. *Die Philosophie des Als-Ob*. Leipzig: Felix Meiner, 1922.
Wayland, Francis. *The Elements of Moral Science*. Boston, 1835. 以降諸版あり。1856 年のボストン第二版、1858 年のロンドンの The Religious Tract Society 版（これも第二版。ただし英国バプティスト派の牧師・教育者 Joseph Angus, 1816–1902 年、による注がついている。なお慶應義塾には 1871 年の縮約版も所蔵されており、これも参照した）。
Weber, Max. *Die protestantische Ethik und der "Geist" des Kapitalismus*, in *Gesammelte Aufsätze zur Religionssoziologie*, Bd. I. Tübingen: Mohr Siebeck, 1920.
Weber, Max. "Die protestantische Ethik und der 'Geist' des Kapitalismus." *Archiv für Sozialwissenschaft und Sozialpolitik*. 20. Band, 1. Heft（1904）; 21. Band, 1. Heft（1905）.
Weber, Max "Die »Objektivität« sozialwissenschaftlicher und sozialpolitischer Erkenntnis Erstdruck."1904. In *Gesammelte Aufsätze zur Wissenschaftslehre*. Hrsg. von Johannes Winckelmann. Tübingen: J. C. B. Mohr, 1985.
マックス・ヴェーバー（富永祐治、立野保男訳）『社会科学方法論』岩波文庫、1936 年。
マックス・ヴェーバー（富永祐治、立野保男訳、折原浩補訳）『社会科学と社会政策にかかわる認識の「客観性」』岩波文庫、1998 年。
マックス・ヴェーバー（大塚久雄訳）『プロテスタンティズムの倫理と資本主義の精神』岩波文庫、1989 年。

2 研究書、論文など

秋田道子、工藤献「東アジアにおける政治文化と地域意識——「アジア的価値」論に内在するオリエンタリズムの考察」『立命館言語文化研究』二一巻三号、2010 年。

浅野裕一『古代中国の言語哲学』岩波書店、2003 年。

安西敏三『福澤諭吉と西欧思想——自然法・功利主義・進化論』名古屋大学出版会、1995 年。

安西敏三『福澤諭吉と自由主義——個人・自治・国体』慶應義塾大学出版会、2007 年。

安西敏三「福澤諭吉と A. D. トクヴィル『アメリカにおけるデモクラシー』序説」『福澤諭吉年鑑』福澤諭吉協会、六、1979 年。

安西敏三「福澤におけるトクヴィル問題——西南戦争と『アメリカのデモクラシー』」『近代日本研究』慶應義塾福澤諭吉センター、第二二巻、2006 年 4 月。

出原政雄『自由民権期の政治思想——人権・地方自治・平和』法律文化社、1995 年。

飯田鼎「『チェンバーズ経済書』と福澤諭吉——幕末における西欧経済学研究の一齣」『三田学会雑誌』八四巻一号、1991 年 4 月。

筏津安恕『失われた契約理論——プーフェンドルフ・ルソー・ヘーゲル・ボワソナード』昭和堂、1998 年。

井田進也『中江兆民のフランス』岩波書店、1987 年。

市来津由彦「山崎闇斎編『拘幽操』における朱熹説理解について」『東洋古典學研究』東洋古典學研究会、第七集、1999 年。

伊藤孝夫『大正デモクラシー期の法と社会』京都大学学術出版会、2000 年。

伊藤正雄『福澤諭吉論考』吉川弘文館、1969 年。

稲田正次『明治憲法成立史』下巻、有斐閣、1962 年。

井上厚史「中江兆民と儒教思想――「自由権」の解釈をめぐって」『北東アジア研究』島根県立大学北東アジア地域研究センター、一四・一五号、2008 年 3 月。

今井弘道「思想史的ケルゼン研究・序説」『北大法学論集』三二（一）、1981 年 9 月。

上杉和央『江戸知識人と地図』京都大学学術出版会、2010 年。

植村邦彦『アジアは〈アジア的〉か』ナカニシヤ出版、2006 年。

内田秀雄「貝原益軒に於ける地理学思想」『地理學報』大阪学芸大学地理学会、第三号、1952 年 3 月。

宇城輝人「人口とその兆候――優生学批判のために」『変異するダーウィニズム』阪上孝編、京都大学学術出版会、2003 年。

遠藤泰弘『オットー・フォン・ギールケの政治思想』国際書院、2007 年。

王泰升『台湾法における日本的要素』鈴木賢、松田恵美子、西英昭、黃詩淳、陳宛妤、松井直之、阿部由里香訳、国立台湾大学出版中心、2014 年。

大久保健晴「明治エンライトンメントと中村敬宇――『自由之理』と「西學一斑」の間」（一）、（二完）『東京都立大学法学会雑誌』三九巻一号、二号、1998 年 6 月、1999 年 1 月。

大久保健晴「明治初期知識人における宗教論の諸相」『政治思想研究』政治思想学会、第四号、2004 年。

大久保健晴『近代日本の政治構想とオランダ』東京大学出版会、2010 年。

大嶽秀夫『新装版　戦後政治と政治学』東京大学出版会、2013 年。

岡義達「権力の循環と象徴の選択」『国家学会雑誌』第六六巻第一一・一二号、1953 年 6 月。

岡義達「政治」『ブリタニカ国際大百科事典　11』フランク・B・ギブニー編、改訂版、ティービーエス・ブリタニカ、1988 年。

岡本春一『フランシス・ゴールトンの研究』ナカニシヤ出版、1987 年。

岡本仁宏「M. P. フォレットの「新国家」――地域統合構想として」（一）、（二・完）『名古屋大學法政論集』九八号、九九号、1983 年 11 月、1984 年 2 月。

小川浩三「ジャン・ドマの lois de la religion と lois de la police」（一）、（二・完）『北大法学論集』三八巻三号、三八巻四号、1988 年 1、3 月。

押村高「アジア的価値の行方――デモクラシーをめぐるアジアと西洋の対話」『アジアの 21 世紀――歴史的転換の位相』天児慧編、紀伊國屋書店、1998 年。

小山勉「トクヴィルとサン・シモン派――「産業国家観」をめぐって」『思想』七三三号、1985 年 7 月。

門脇雄貴「国家法人と機関人格：機関訴訟論再構築のための覚書」（一）―（三）『法学会雑誌』首都大学東京法学会、四八巻二号、四九巻一号、五〇巻一号、2007 年 12 月、2008 年 7 月、2009 年 8 月。

川角由和「オットー・フォン・ギールケの法思想と「私法の社会化」」『龍谷法学』三四（四）、2002 年 3 月。

川和田晶子「元禄時代に於ける天文暦学伝授――澁川春海・谷泰山往復書簡の研究」『科学史研究』第 II 期三九（二一五）、2000 年。

桂島宣弘『思想史の十九世紀――「他者」としての徳川日本』ぺりかん社、1999 年。

桂島宣弘「雨森芳洲再考——近世日本の「自－他」認識の観点から」『立命館文学』五五一号、1997年。

苅部直『丸山眞男——リベラリストの肖像』岩波新書、2006年。

川合清隆『ルソーの啓蒙哲学——自然・社会・神』名古屋大学出版会、2002年。

神橋一彦「純粋法学に於ける「権利」概念について（一）——一般的法理論（Allgemeine Rechtslehre）の可能性と限界」『金沢法学』四〇巻一号、1998年4月。

木下鉄矢『朱熹再読　朱子学理解への一序説』研文出版、1999年。

来栖三郎『法とフィクション』東京大学出版会、1999年。

黄東蘭『近代中国の地方自治と明治日本』汲古書院、2005年。

河野有理『明六雑誌の政治思想——阪谷素と「道理」の挑戦』東京大学出版会、2011年。

小口彦太「中国法研究における末弘博士の今日的意義」『早稲田法学』五五巻二号、1980年3月。

小島毅「中国近世の公議」『思想』八八九号、1998年7月。

小林淑憲「ルソーにおける「自然的善性」の観念の萌芽——『学問芸術論』とその後の論争過程を中心に」(一)、(二)『東京都立大学法学会雑誌』三八巻一号、三八巻二号、1997年7月、1997年12月。

権左武志「丸山眞男の政治思想とカール・シュミット——丸山の西欧近代理解を中心として」(上)、(下)『思想』九〇三号、九〇四号、1999年9月、1999年10月
坂井大輔「穂積八束の「公法学」」(一)、(二・完)『一橋法学』一二巻一号、一二巻二号、2013年3月、2013年7月。

澤井啓一「「水土論」的志向性——近世日本に成立した支配の空間イメージ」『歴史を問う　三　歴史と空間』大貫隆編、岩波書店、2002年。

坂本一登『伊藤博文と明治国家形成——「宮中」の制度化と立憲制の導入』講談社学術文庫、2012年。

坂本多加雄解説『中公クラシックス　学問のすすめ　ほか』中央公論新社、2002年。

桜井進『江戸のノイズ——監獄都市の光と闇』日本放送出版協会、2000年。

滋賀秀三『清代中国の法と裁判』創文社、1984年。

島田虔次「『中庸章句』解説」『大学・中庸』下、朝日新聞社、1978年。

進藤咲子『研究資料『文明論之概略』草稿の考察』福澤諭吉協会、2000年。

住田孝太郎「小幡篤次郎の思想像——同時代評価を手がかりに」『近代日本研究』慶應義塾福澤研究センター、第二一巻、2004年。

住田孝太郎「小幡篤次郎著作目録」『近代日本研究』第二一巻。

芹沢一也『「法」から解放される権力——犯罪、狂気、貧困、そして大正デモクラシー』新曜社、2001年。

菅原光『西周の政治思想——規律・功利・信』ぺりかん社、2009年。

菅原光「マジックワードとしての「立憲主義」——脱魔術化と再生の試み」『自由主義の政治家と政治思想』松田宏一郎、五百旗頭薫編、中央公論新社、2014年。

瀧川裕英「政治的責務は同意による責務か？」(一)、(二・完)『大阪市立大学法学雑誌』五六巻一号、五六巻二号、2009年9月、2009年12月。

高橋眞司『ホッブズ哲学と近代日本』未来社、1991年。

高山大毅『近世日本の「礼楽」と「修辞」——荻生徂徠以後の「接人」の制度構想』東京大学出版会、2016 年。

田花為雄『朝鮮郷約教化史の研究　歴史編』鳴鳳社、1972 年。

土屋恵一郎「擬制と法律言語」『思想』六二六号、1976 年 8 月。

寺田浩明「合意と契約——中国近世における「契約」を手掛かりに」『比較史のアジア——所有・契約・市場・公正』三浦徹、岸本美緒、関本照夫編、東京大学出版会、2004 年。

田世民『近世日本における儒礼受容の研究』ぺりかん社、2012 年。

藤田雄二「近世日本における自民族中心的思考——「選民」意識としての日本中心主義」『思想』八三二号、1993 年。

富田正文『考証　福澤諭吉』上・下、岩波書店、1992 年。

友枝龍太郎「解説」『朱子文集』友枝龍太郎訳注・解説、宇野精一、鈴木由次郎編、明徳出版社、1984 年。

中井信彦、戸沢行夫「『文明論之概略』の自筆草稿について」『福澤諭吉年鑑』福澤諭吉協会、二、1975 年。

長尾龍一「八束の髄から明治史覗く」『日本憲法史叢書　七　穂積八束集』長尾龍一編信山社、2001 年。

中村春作「近世思想史研究と「公共圏」論」『Problématique』第三号、2002 年。

西澤直子「小幡篤次郎と「モラルサイヤンス」」『三田評論』慶應義塾、一〇八一号、2005 年 7 月。

西嶋法友『ルソーにおける人間と国家』成文堂、1999 年。

西村稔『知の社会史——近代ドイツの法学と知識社会』木鐸社、1987 年。

河宇鳳『朝鮮実学者の見た近世日本』井上厚史訳、ぺりかん社、2001 年。

浜口裕子『日本統治と東アジア社会——植民地期朝鮮と満洲の比較研究』勁草書房、1996 年。

坂野正高「日本人の中国観——織田万博士の『清国行政法』をめぐって」上・下『思想』四五二号、四五六号、1962 年 2 月、6 月。

平石直昭「戦中戦後徂徠論批判——初期丸山・吉川両学説の検討を中心に」『社会科学研究』第三九巻第一号、1987 年。

平石直昭「福澤諭吉の戦略構想——『文明論之概略』期までを中心に」『社会科学研究』第五一巻一号、1999 年。

平山洋『福澤諭吉——文明の政治には六つの要訣あり』ミネルヴァ書房、2008 年。

福井純子「蘇峰が読んだトクヴィル——手沢本の解説と翻刻」(1)、(2)『言語文化研究』立命館大学国際言語文化研究所、第一一巻三巻、四巻、1999 年 12 月、2000 年 2 月。

福島正夫「岡松参太郎博士の台湾旧慣調査と、華北農村慣行調査における末弘厳太郎博士」『東洋文化』東京大学東洋文化研究所、二五号、1958 年。

藤原静郎「所以然と所当然——朱子学における理の性格をめぐって」『中国哲学論集』九州大学中国哲学研究会、1994 年 10 月。

前田勉「諫言の近世日本思想史」『公家と武家Ⅳ——官僚制と封建制の比較文明史的考察』笠谷和比古編、思文閣出版、2008 年。

前田勉『江戸後期の思想空間』ぺりかん社、2009年。

前田勉「山鹿素行『中朝事実』における華夷観念」『愛知教育大学研究報告　人文・社会科学編』五九輯、2010年。

前田勉『江戸の読書会――会読の思想史』平凡社、2012年。

眞壁仁『徳川後期の学問と政治――昌平坂学問所儒者と幕末外交変容』名古屋大学出版会、2007年。

松沢弘陽『近代日本の形成と西洋体験』岩波書店、1993年。

松沢弘陽「社会契約から文明史へ――福澤諭吉の初期国民国家形成構想試論」『北大法学論集』四〇巻、五・六号、1990年、『福澤諭吉年鑑』福澤諭吉協会、一八、1991年。

松沢弘陽「公議輿論と討論のあいだ――福澤諭吉の初期議会政観」『北大法学論集』四一巻、五・六号、1991年、『福澤諭吉年鑑』福澤諭吉協会、一九、1992年。

松沢弘陽、植手通有編『丸山眞男回顧談』(上)、岩波書店、2006年。

松田宏一郎『江戸の知識から明治の政治へ』ぺりかん社、2008年。

松田宏一郎『陸羯南――自由に公論を代表す』ミネルヴァ書房、2008年。

松田宏一郎「『近時政論考』考――陸羯南における《政論》の方法」(一)、(二)『東京都立大学法学会雑誌』三三巻一号、三三巻二号、1992年7月。

松田宏一郎「福澤諭吉が仕掛けた変化と連続の物語」『大航海』第六七号、2008年6月。

松田宏一郎「書評『江戸後期の思想空間』」『日本思想史学』第四一号、2009年9月。

松田宏一郎「「民約」は社会契約か?」『日本歴史』第七五四号、2011年3月。

松永俊男『ダーウィンをめぐる人々』朝日新聞社、1987年。

水林彪「「憲法と経済秩序」の近代的原型とその変容――日本国憲法の歴史的位置」『企業と法創造』九(三)、早稲田大学21世紀COE《企業法制と法創造》総合研究所、2013年2月。

溝部英章「近代化の〈終焉〉」『近代日本の意味を問う』溝部英章執筆者代表、木鐸社、1992年。

宮村治雄『理学者兆民――ある開国経験の思想史』みすず書房、1989年。

宮村治雄『新訂　日本政治思想史――「自由」の観念を軸として』放送大学教育振興会、2005年。

三谷博「日本における「公論」慣習の形成」『東アジアの公論形成』三谷博編、東京大学出版会、2004年。

三谷博「「アジア」概念の受容と変容」『韓国・日本・「西洋」――その交錯と思想変容』渡辺浩、朴忠錫編、慶應義塾大学出版会、2005年。

宮城公子『幕末期の思想と習俗』ぺりかん社、2004年。

村上淳一「ゲノッセンシャフトとヘルシャフト」『新装版　ゲルマン法史における自由と誠実』東京大学出版会、2014年。

村上淳一「ドイツの協同組合運動とギールケ」『ドイツの近代法学』東京大学出版会、1964年。

村上淳一『〈法〉の歴史』東京大学出版会、1997年。

武藤秀太郎「平野義太郎の大アジア主義論――中国華北農村慣行調査と家族観の変容」『アジア研究』アジア政経学会、四九巻四号、2003年10月。

森田登代子『遊楽としての近世天皇即位式』ミネルヴァ書房、2015年。

安武真隆「モンテスキューにおける共和政の理念と君主政――『法の精神』における「富」と「名誉」」『政治研究』九州大学法学部政治研究室、1994 年 3 月。

山下重一「トクヴィル・福澤諭吉・徳富蘇峰」『福澤諭吉年鑑』福澤諭吉協会、二、1975 年。

吉岡知哉『ジャン＝ジャック・ルソー論』東京大学出版会、1988 年。

吉田寅『中国キリスト教伝道文書の研究――『天道遡原』の研究・附訳注』汲古書院、1993 年。

米原謙『日本近代思想と中江兆民』新評論、1986 年。

米原謙『近代日本のアイデンティティと政治』ミネルヴァ書房、2002 年。

米原謙『日本政治思想』ミネルヴァ書房、2007 年。

米原謙『国体論はなぜ生まれたか――明治国家の知の地形図』ミネルヴァ書房、2015 年。

李暁東『近代中国の立憲思想――厳復・楊度・梁啓超と明治啓蒙思想』法政大学出版局、2005 年。

李セボン「中村敬宇における「学者」の本分論――幕末の昌平黌をめぐって」『日本思想史学』第四五号、2013 年。

フィリップ・レミィ（Philippe Remy）「基調報告ベル・エポック期のフランス民法学――プラニオル」『北大法学論集』五二巻五号、2002 年 1 月。

渡辺浩『東アジアの王権と思想』東京大学出版会、1997 年。

渡辺浩「「教」と陰謀――「国体」の一起源」『韓国・日本・「西洋」――その交錯と思想変容』渡辺浩、朴忠錫編、慶應義塾大学出版会、2005 年。

渡辺浩『日本政治思想史――十七～十九世紀』東京大学出版会、2010 年。

亘理章三郎『日本魂の研究』中文館、1943 年。

欧文および邦訳

Althusser, Louis. " Sur le Contrat social," *Cahiers pour l'analyse, n°8*. Paris: Seuil, 1967.
ルイ・アルチュセール（西川長夫、阪上孝訳）「ルソーの『社会契約』について」『政治と歴史』紀伊国屋書店、1974 年。
Barberis, Daniela S. "In Search of an Object: Organicist Sociology and the Reality of Society in Fin De Siècle France." *History of the Human Sciences*, Vol. 16, No. 3（2003）.
Berry, Mary Elizabeth. "Public Life in Authoritarian Japan." *Daedalus*, Vol. 127, No. 3, Summer（1998）.
Black, Antony. *Guilds and Civil Society in European Political Thought from the Twelfth Century to the Present*. Ithaca: Cornell University Press, 1984.
Boesche, Roger. "Fearing Monarchs and Merchants: Montesquieu's Two Theories of Despotism." *The Western Political Quarterly*, Vol. 43, No. 4（Dec. 1990）.
Bulmer, M. G. *Francis Galton: Pioneer of Heredity and Biometry*. Baltimore: Johns Hopkins University Press, 2003.
Coker, Francis W. "The Technique of the Pluralistic State." *The American Political Science Review*, Vol. 15, No. 2（May, 1921）.
Conrad, Sebastian. "What Time Is Japan? Problems of Comparative（Intercultural）Historiog-

raphy." *History and Theory*, vol. 38（1999）.
Craig, Albert M. *Civilization and Enlightenment: The Early Thought of Fukuzawa Yukichi*. Cambridge, MA: Harvard University Press, 2009.
アルバート・M・クレイグ（足立康、梅津順一訳）『文明と啓蒙——初期福澤諭吉の思想』、慶應義塾大学出版会、2009 年。
Curtis, Michael. *Orientalism and Islam: European Thinkers on Oriental Despotism in the Middle East and India*. Cambridge: Cambridge University Press, 2009.
Dent, N.J.H. *A Rousseau Dictionary*. Oxford: Blackwell, 1992.
R. ドラテ（Robert Derathé）（西嶋法友訳）『ルソーとその時代の政治学』九州大学出版会、1986 年。
R. ドゥラテ（Robert Derathé）（田中治男訳）『ルソーの合理主義』木鐸社、1979 年。
Dreyer, Michael. "German Roots of the Theory of Pluralism." *Journal Constitutional Political Economy*, Vol. 4, No. 1（December, 1993）.
Drescher, Seymour. *Dilemmas of Democracy: Tocqueville and Modernization*. Pittsburgh: University of Pittsburgh Press, 1968.
Gluck, Carol. *Japan's Modern Myths: Ideology in the Late Meiji Period*. Princeton: Princeton University Press, 1985.
Gray, John. *Two Faces of Liberalism*. New York: The New Press, 2000.
Harper, T. N. "Asian Values and Southeast Asian Histories." *The Historical Journal*, vol. 40, no. 2（1997）.
H. L. A. ハート（矢崎光圀訳）『法の概念』みすず書房、1976 年。
Holmes, Stephen. *Passions and Constraint: On the Theory of Liberal Democracy*. Chicago: University of Chicago Press, 1995.
Jenco, Leigh K. "Revisiting Asian values." *Journal of the History of Ideas*, volume 74, number 2（April 2013）.
John, Michael. *Politics and the Law in Late Nineteenth-Century Germany*. Oxford: Clarendon Press, 1989.
Jones, H. S. *The French State in Question*. Cambridge: Cambridge University Press, 1993.
Kim, Kyu Hyun. *The Age of Visions and Arguments: Parliamentarianism and the National Public Sphere in Early Meiji Japan*. Cambridge, Mass.: Harvard University Asia Center, 2007.
Kurtfirst, Robert. "J. S. Mill on Oriental Despotism." *Utilitas*, Vol. 8, Number 1（March 1996）.
Kelly, George Armstrong. *The Humane Comedy: Constant, Tocqueville, and French Liberalism*. Cambridge: Cambridge University Press, 1992.
Lehner, Georg. *China in European Encyclopaedias, 1700–1850*. Leiden; Boston: Brill, 2011.
Levin, Michael. *J. S. Mill on Civilization and Barbarism*. London: Routledge, 2004.
Lieberman, David. "Blackstone's Science of Legislation." *Journal of British Studies*, Vol. 27, No. 2（April, 1988）.
Lobban, Michael. "Blackstone and the Science of Law." *The Historical Journal*, Vol. 30, No. 2（Jun 1987）.
Logue, William. *From Philosophy to Sociology: The Evolution of French Liberalism, 1870–1914*. DeKalb: Northern Illinois University Press, 1983.

Mack. J. A. “Group Personality - A Footnote to Maitland.” *The Philosophical Quarterly*, Vol. 2, No. 8（July 1952）.

Masters, Rodger D. *The Political Philosophy of Rousseau*. Princeton: Princeton University Press, 1968.

Ooms, Herman, *Tokugawa Ideology: Early Constructs, 1570–1680*. Princeton: Princeton University Press, 1985.

ヘルマン・オームス（黒住真、清水正之、豊澤一、頼住光子訳）『徳川イデオロギー』ぺりかん社、1990年。

Matsuda, Koichiro. “Book Review: The Age of Visions and Arguments: Parliamentarianism and the National Public Sphere in Early Meiji Japan by Kyu Hyun Kim.” *The Journal of Japanese Studies*, Volume 35, Number 2（Summer 2009）.

Matsuda, Koichiro. “Book Review: Civilization and Enlightenment: The Early Thought of Fukuzawa Yukichi By Albert M. Craig.” *Monumenta Nipponica*, Vol. 65, No. 1（Spring 2010）.

Matsuda, Koichiro. “The Concept of ‘Asia’ before Pan-Asianism.” In *Pan-Asianism: A Documentary History: Volume 1, 1850–1920*. Edited by Sven Saaler and Christopher W. A. Szpilman, Rowman & Littlefield, 2011.

Matsuda, Koichiro. “Patriotism and Nationality in the 19th Century Japanese Political Thought.” In *Patriotism in East Asia*. Edited by Jun-Hyeok Kwak and Koichiro Matusda. Abingdon, Oxon; New York, NY: Routledge, 2014.

MacFarlane, Alan. *The Making of the Modern World: Visions from the West and East*. Palgrave Macmillan, 2002. 同書の福澤に関する章は電子版でダウンロードができる。 http://www.alanmacfarlane.com/TEXTS/FUKUZAWA_final.pdf.　2016年1月25日アクセス。

May, Larry. *Limiting Leviathan: Hobbes on Law and International Affairs*. Oxford: Oxford University Press, 2013.

Minear, Richard H. *Japanese Tradition and Western Law: Emperor, State, and Law in the Thought of Hozumi Yatsuka*. Cambridge, Mass.: Harvard University Press, 1970.

R. H. マイニア（佐藤幸治、長尾龍一、田中成明訳）『西洋法思想の継受——穂積八束の思想史的考察』東京大学出版会、1971年。

Nakai, Kate Wildman. “The Naturalization of Confucianism in Tokugawa Japan: The Problem of Sinocentrism.” *Harvard Journal of Asiatic Studies*, Volume 40, Number 1（1980）. W. J. Boot, ed. *Critical Readings in the Intellectual History of Early Modern Japan*, Vol. 1. Edited by Leiden; Boston: Brill. 2012に再録。

Nakai, Kate Wildman. “Chinese Ritual and Native Identity in Tokugawa Confucianism.” In *Rethinking Confucianism: Past and Present in China, Japan, Korea, and Vietnam*. Edited by Benjamin A. Elman, John B. Duncan and Herman Ooms. Los Angels; University of California, 2008.

Ogden, *Charles Kay. Bentham's Theory of Fictions*. London: Kegan Paul, Trench,. Triibner & Co., 1932.

Rottleuthner, Hubert. “Biological Metaphors in Legal Thought.” In *Autopoietic Law: A New Approach to Law and Society*. Edited by Gunther Teubner. Berlin: Walter de Gruyter, 1988.

Runciman, David. *Pluralism and the Personality of the State*. Cambridge: Cambridge University

Press, 1997.

Theis, Laurent. “Guizot et le problème religieux.” Dans *François Guizot et la culture politique de son temps: Colloque de la Fondation Guizot-Val Richer*. Textes rassemblés et présentés par Marina Valensise. Paris: Hautes études; Gallimard; Seuil, 1991.

Thornhill, Chris. *German Political Philosophy: The Metaphysics of Law*. London: Routledge, 2007.

Tooley, Marian J. “Bodin and the Mediaeval Theory of Climate.” *Speculum*, vol. 28, no. 1 (1953).

Van Sant, John E. ed. *Mori Arinori's Life and Resources in America*. Lexington Books, 2004.

Varouxakis, Geogios. “Guizot's Historical Works and J. S. Mill's Reception of Tocqueville.” *History of Political Thought*, Vol. XX. No. 2 (Summer, 1999).

Varouxakis, Geogios. *Victorian Political Thought on France and the French*. Basingstoke and New York: Palgrave Macmillan, 2002.

Woodside, Alexander. *Lost Modernities: China, Vietnam, Korea, and the Hazards of World History*. Cambridge, Massachusetts: Harvard University Press, 2006.

オンラインデータベース

慶應義塾図書館デジタルギャラリー「デジタルで読む福澤諭吉」データベース
http://project.lib.keio.ac.jp/dg_kul/fukuzawa_tbl.php
福澤諭吉の著書を刊本の画像とテクスト化されたデータで読むことができる。

平山洋「福澤健全期『時事新報』社説・漫言一覧及び起草者推定」
http://blechmusik.xii.jp/d/hirayama/the_newspaper_archives_and_conclusion_on_the_writer/ 2015年12月15日アクセス。